岩　波　現　代　文　庫

増補
# 平清盛　福原の夢

髙橋昌明
*Masaaki Takahashi*

学術 482



岩波書店

# 目　次

# 序章　清盛の死

## 1　人となり

治承《じしょう》・寿永《じゅえい》の内乱(源平内乱)が二年目に入った治承五年(一一八一)の閏《うるう》二月四日、清盛は平家の行く末を案じながら世を去った。ときに六四歳である(図序-1)。

清盛は、意外にも寛容でやさしい面がある。若いころは、人がとんでもない不都合な振舞をしても冗談のつもりでやったのだ、と思うことにしていた。やったことがちっともおかしくなくとも、相手への労《いたわ》りとしてにこやかに笑ってやり、間違いをしでかし、物を打ちちらかし、あきれた所行をしても、役立たずと荒々しい声をあげることはない。

冬の寒いときには、身辺に奉仕する幼い従者を自分の衣の裾の方に寝かせてやり、早朝、かれらが寝坊していたら、そっと床から抜け出し、存分に寝かせてやった。最下層の召使でも、家族や知り合いの見ている前では、一人前の人物として扱ったので、その者は大変な面目と感じ、心から喜んだという(『十訓抄《じっきんしょう》』第七―二七)。付焼刃でできることではない。

また、なかなかの合理主義者である。祈禱によって大雨を降らせた僧を、人々が誉め称え

**図序-1** 平清盛(京都国立博物館所蔵『公家列影図』より)

ると、春のころから日照りなら五月雨《さつきあめ》(梅雨)のころ雨が降るのは当然だ、病人でも時期がくれば勝手に治る、そのときたまたま診察した医者が名医と呼ばれるのと同じことだといった、と伝えられる(『源平盛衰記《げんぺいじょうすいき》』巻三澄憲祈雨三百人舞)。なにより先を読む力があり、世間の常識にこだわらない、思い切りのよさが持ち味だった。日ごろ中国人クルーが操るジャンク型の構造船(角材の竜骨に多数の隔壁を配して船体の骨格を造り、これに外板を張った中国伝統の優秀な大型船。外洋航海が可能な帆走船。比較してはるかに構造・性能の劣る同時期の日本の大型船については第五章4節を参照)を愛用していた。昭和世代の古めかしい表現でいえば、舶来の高級外車を乗り回す、新しもの好きのハイカラ人間である。

「入道本《もと》ヨリイチ(著)シルキ人ニテ」(『源平盛衰記』巻三同人成大将)といわれるように、もともと思ったことや感情をはげしくむき出しにする性質、いいかえれば情感豊かで表現にメリハリがある人だった。だからやさしさといっても、繊弱《せんじゃく》や族長的な恩恵とは異なる、自己抑制と気配りの努力がつくりあげた人格なのである。果断や情にもろい性格が一旦暴走すると、『平家物語』以来の悪逆無道の清盛入道という評価にもつながるだろう。確かに最晩年には、好き嫌いや強引さが目立つようになり、ここぞの判断にもかげりが見える。とはいえ、これは忍び寄る老いと、反対派を力で押さえこんだ、古今の権力者が陥りがちな一種の動脈硬化症で、生来の体質と考えない方がよい。

父の平忠盛《ただもり》が笛の名手だったから、音楽に親しむ素養や環境があった。本人も琴を愛し、女房や四天王と呼ばれた上手を招き寄せて、常に聞き親しんだという(『源平盛衰記』巻二清盛息女事)。甥の経正《つねまさ》と敦盛《あつもり》が、琵琶と笛をよくしたのも、この家系にそなわった才能である。

清盛と性格面で共通点があるのは、あるときは同盟者、別のときには最大の敵手になる後《ご》白河法皇《しらかわほうおう》である。「後白河論序説」を遺した亡友棚橋光男は、かれのことを「政争の修羅場において酷薄と謀略、行動において遍歴・漂泊と神出鬼没、気質において癇癖《かんぺき》と躁性、芸道精進において真摯と偏執、美意識において新奇とバロックを本領とした」と形容している(棚橋、二〇〇六)。とくに感情の起伏が激しく、目新しく珍しいものを好み、ときの法令に拘束されない点は、清盛と好一対である。

それもそのはず、清盛は伊勢《いせ》平氏《へいし》の棟梁《とうりょう》の実子ではなく、じつは白河法皇の落《おと》し胤《だね》で、忠盛は育ての親だった。かれは永久《えいきゅう》六年(一一一八)正月一八日、この世に生をうけた(『玉蘂《ぎょくずい》』建《けん》暦《りゃく》元年三月一四日条)。保安《ほうあん》元年(一一二〇)七月一二日、忠盛の最初の妻が急死しているが、この女性を清盛の母と考える点については従来異論がない。かの女の死に際して貴族の日記は、「仙院《せんいん》の辺《あた》り」、すなわち白河法皇の身近に仕えていた女性だと記す(『中右記《ちゅうゆうき》』)。

『平家物語』は白河法皇の子をみごもった祇園女御《ぎおんにょうご》が、寵臣《ちょうしん》の忠盛に下げ渡されて生まれたのが清盛だとしている(巻六祇園女御、以下ただ『平家物語』とだけ書けば、覚一本《かくいちぼん》という我々が普通接する文学性の高い語《かた》り本《ぼん》系のテキストを指す。その成立は応安《おうあん》四年〈一三七一〉。また滋賀県胡《この》宮《みや》神社文書の「仏舎利相承系図《ぶっしゃりそうしょうけいず》」には、祇園女御の妹こそ清盛の母だと記す。保安元年に亡くなった忠盛の妻(清盛の母)が、その後一〇年以上も健在だった祇園女御でないのはいうまでもない。「仏舎利相承系図」も史料の性格からして信ずるに足りない。が、法皇の子を懐妊した女性が忠盛に与えられ、清盛を生んだというストーリー自体は史実を伝えているだろう。

厳密にいえば、法皇の子だという確かな証拠はない。しかし、清盛のその後の立身を見てゆくと、常識では理解しがたい現象にいきあたる。それは清盛より二〇年後に生まれた――平家の家格が、一段と上昇した段階で生まれたことを意味する――嫡子重盛《しげもり》の位階昇進の速度が、清盛よりかなり遅いことである。重盛は、従五位上《じゅごいのじょう》になった歳で比較してみると、清盛の一四歳にたいし二〇歳であり、それも保元《ほうげん》の乱後の昇叙である。保元・平治《へいじ》の乱以前と以後で、平家の政界における勢力が比べものにならない点を考慮に入れるならば、尋常なことではない。納得できる理屈としては、清盛が皇胤《こういん》であったとするしかないと思う(髙橋昌、二〇一一a)。

院政を開いた白河法皇は後白河の曽祖父に当たる。したがって後白河(一一二七年生まれ)と清盛は、歳は九つしか違わないが、おたがいには清盛が大叔父、後白河が甥の子という間柄で、王家(そのころは天皇家をこのように呼んだ)の血を共有していた。

## 2　院政の時代

清盛が生きた時代の政治のあり方を院政《いんせい》という。院政とは何かという大問題は、本書全体で徐々に説明してゆく他ない。とりあえずは、当時王家の家長で天下を統治する君主を治天《ちてん》と呼び、治天が在位中の天皇の場合を天皇親政、かれが退位しても政治に積極的に関与し、その実際を動かすような政治のあり方を院政という、と説明しておこう。

退位したもと天皇を上皇《じょうこう》(太上天皇《だいじょうてんのう》の略称、上皇が出家した場合は太上法皇、略して法皇と呼ばれる)という。天皇の退位が続いて、同時に複数の上皇が存在する場合があるが、一四世紀の前期までは院政の主催者は、必ず現天皇の直系尊属(父や祖父)である。平安後期、応徳《おうとく》三年(一〇八六)の白河の退位をかわきりとする白河・鳥羽《とば》・後白河の三院政が、その最盛期である。院政の「院」の字は、本来建物の土塀の意味だったが、やがて周囲に垣をめぐらした大きな建物を指すようになった。上皇・法皇・女院・斎院《さいいん》の居住する御所《ごしょ》などで、その主である人をもいう。

天皇は生前に○○天皇と呼ばれることはない。過去のある天皇を識別するときは、諡号《しごう》(美称としての称号。国風と漢風があり九世紀前半以降は漢風のみ)か追号《ついごう》(賛美の意味は含まない称号。山陵名・在所名等を使用)が用いられる。いずれも死後贈られる称号で、仏門に帰した天皇には諡号は奉られなかった。法皇になった白河院や鳥羽院の白河や鳥羽は追号で、ゆかりのある在所名からきている。また初代神武《じんむ》から平安中期の村上天皇(在位九四六〜九六七年)までは、「諡号(追号)+天皇」の称号が使われたが、冷泉《れいぜい》(同九六七〜九六九年)から江戸後期の後桃園《ごももぞの》(同一七七〇〜七九年)までは、「追号(一部諡号)+院」が使用された。後桃園の次の光格《こうかく》からは「諡号+天皇」が復活し、明治以後は在位中の元号が追号されるようになった。なお現に生きて天皇位にある人物を天皇と呼ぶのは明治以降、称号から院の字が除かれるのは大正一四年(一九二五)以降の新しい慣習である(藤田覚、一九九四/日本學士院、一九七九)。

このように厳密にいえばやっかいな点があるが、本書では慣例に従い、ただ院とだけいえば上皇・法皇、およびその御所を指すことにしておきたい。天皇も現在・過去を問わず、その地位にあった人物にたいする称号として用いる。

清盛の幼・少年期は、白河法皇治世の後・末期に当たっている。まず天治《てんじ》元年(一一二四)四月二三日、伊勢《いせ》斎王《さいおう》が初斎院《しょさいいん》(潔斎のため宮城内の便宜の地を定め移り住んだところ)に入るとき行う禊《みそぎ》の行列中に、雑色《ぞうしき》(行幸や勅使、あるいは、高貴な人の外出の供として行列に加り、雑役に当たる者)として姿を見せた。七歳の貴族社会デビューである(以下、保元の乱までのかれの経歴は髙橋昌、二〇一一aによる)。

大治《だいじ》四年(一一二九)正月六日従五位下に叙せられ、正月二四日には左兵衛佐《さひょうえのすけ》に任ぜられた。ざっくりいえば従五位下以上の位階を帯びる者が貴族だから、一二歳で早くもその世界に足を踏み入れた。兵衛佐も「公達《きんだち》これに任ず、諸大夫《しょだいぶ》(公卿に次ぐ家柄で四位・五位の貴族)においては規模(名誉)なり」(『官職秘抄』)といわれるように、親王・摂関家・清華家《せいがけ》(摂関家の次、大臣家の上に位する家。近衛大将を経て太政大臣《だいじょうだいじん》まで昇り得る家柄）など上流貴族の子弟が任ぜられる職で、侍従とならんで殿上人《てんじょうびと》（昇殿《しょうでん》〈天皇の常の居所たる清涼殿《せいりょうでん》の南面の殿上の間に昇ること〉を許された人。四位・五位以上の一部および六位の蔵人が許された）となるための最短コースである。

一二歳からの青・壮年期は、鳥羽上皇治世の全期間に相当する。この時期、院政と貴族社会に一歩一歩着実に地歩を築いてゆく父に庇護されながら、存在感を増してゆく。保延《ほうえん》元年（一一三五）一八歳のとき、父の海賊追討賞の譲りによって従四位下《じゅしいのげ》となり、翌年また父の譲りで中務権大輔《なかつかさごんのたいふ》、さらにその翌年にも父の熊野本宮造宮賞の譲りで肥後守《ひごのかみ》になる。これが最初の受領《ずりょう》経験である。保延四年二一歳のとき、最初の妻との間に嫡子重盛が生まれた。

なお右の中務権大輔の権は以下頻出するが、権官《ごんかん》のことで、正規の定員（正官《せいかん》・正任《せいにん》）以外に権（仮）に任ずる官をいう。本来は繁忙の官を補う臨時的な性格で、本任の者が執務できない間の代行をするためなどに設けられた。また経歴や経験不足などの者をまず権官に任じ、のち正官にすることもある。権官は種々の要素を持つので、正任との上下関係なども、置かれる官によって異なる。一般的には正任が上位であるが、位階の臈次《ろうじ》（叙任以後の年次の順）や、兼任の場合は本官の高下により権官が上になることも多い。

久安《きゅうあん》二年（一一四六）二月一日、鳥羽院皇后得子《とくし》（なお女性の名はなんと訓ずるか不明な場合が多いので、一部を除き歴史学の慣例にしたがって音読みとする）の有する年給《ねんきゅう》（上皇などが官位を推挙することが認められる制度。その権利を有する者は、被推挙者からしかるべき対価を得て収入とする。一種の売位売官制度）で正四位下に昇った。翌年は三〇歳の節目の年であったが、その六月一五日、祇園社に宿願を果たすため田楽《でんがく》を奉納せんとして、かれの郎等《ろうどう》と神人《じんにん》(神社に所属して神事・雑役に奉仕する下級の神職や庶民)の間に乱闘事件が発生。祇園社の本寺である延暦寺《えんりゃくじ》が、忠盛・清盛父子を流罪に処せと要求し、京中に緊張が走った。さいわい鳥羽院の断固たる庇護で、罰金刑で済んでいる。同じ年、八歳年下の後妻平時子《ときこ》との間に宗盛《むねもり》が生まれた。

同五年、落雷によって炎上した高野山《こうやさん》の根本大塔再建のため、父の代官として登山。仁《にん》平《びょう》元年(一一五一)には安芸守《あきのかみ》になる。父忠盛もこの年最終官である刑部卿《ぎょうぶきょう》に任じた。翌二年三月以前のある時期より、鳥羽院庁の別当《べっとう》になり、異母弟の頼盛《よりもり》も判官代《ほうがんだい》を勤めている。院庁は院の家政機関かつ権力行使の拠点であるが、長官を別当、次官を判官代という。もっともこのとき、別当は忠盛も含め総計二六人、判官代も一七人の大人数で、清盛は序列二三番目の別当である。名目だけの長官が多いなかで、序列一三番目の父は年預《ねんよ》という名の院務の実際を処理する責任者的地位にあった。仁平三年(一一五三)正月一五日忠盛が死去し、一門は二カ月の喪に服する。

保元の乱の起こった保元元年(一一五六)には、三九歳になっていた。もはや分別盛りと断じてよい。伊勢平氏の棟梁として双肩に負った責任は、人物の成長を促さずにはおかないだろう。これから晩年にかけての期間は、後白河法皇治世の大半と重なる。

さて九条家(藤原北家の中で、摂政・関白に任ぜられる家柄の一つ)の祖九条兼実《かねざね》は(父は関白忠通《ただみち》。九条に邸第を構えた。**図序-2**(右))、清盛・後白河それぞれに距離をおいた、政界一の有識者。といえば聞こえがよいけれど、要するに一言居士のうるさ型である。かれの日記『玉葉《ぎょくよう》』は大部なものであるが、人の他界に際して、その一生を回顧して批評を加えている例は、自分の長男良通《よしみち》を除き、後白河院と清盛以外にない。他人の死を特筆するなど、執政《しっせい》の家（摂関家）に生まれたプライドが、許さなかったからである。少し長いが、それぞれにたいする評価を聞いてみよう。まず後白河（**図序-2**（左））、

**図序-2**　後白河法皇（左）と九条兼実（右）（皇居三の丸尚蔵館収蔵『天子摂関御影』より）

この日寅《とら》の刻、太上法皇六条西洞院《にしのとういん》の宮に崩御す〈御年六十六〉。鳥羽院の第四皇子、御母待賢門院《たいけんもんいん》、二条・高倉両院の父、六条・先帝（安徳《あんとく》）・当今《とうぎん》（後鳥羽）三帝の祖。保元以来四十余年天下を治む。寛仁の稟性《ひんせい》、慈悲を世に行ふ、仏教に帰依するの徳、ほとんど梁《りょう》の武帝《てい》より甚だし。ただ恨むらくは延喜《えんぎ》・天暦《てんりゃく》の古風を忘れしことを。去年の初冬より、御悩《ごのう》（貴人の病気の称）始めて萌《きざ》す、漸々《ぜんぜん》に御増し、つひにもつて泉《せん》に帰す。天下皆これを愁ふ、いはんや朝暮徳に狎《な》れし類をや。海内悉《ことごと》く傷《いた》む、いはんや名利《みょうり》恩に飽きし輩《やから》をや。（建《けん》久《きゅう》三年三月一三日条。原漢文、以下漢文史料は歴史的仮名遣いで読み下す）

一応はその治世を評価しているかのようであるが、「天下皆これを愁ふ」以下の文末は皮肉の毒を利かせている。一方清盛はといえば、

准三宮《じゅさんぐう》入道前太政大臣《さきのだいじょうだいじん》清盛〈法名静海《じょうかい》〉は、累葉武士の家に生まれ、勇名世に被《こう》ぶる。平治の乱逆以後、天下の権偏《ひと》へにかの私門にあり。長女（徳子《のりこ》）は始めて妻后に備はり、続きて国母《こくも》たり。次女両人（盛子《もりこ》・完子《かんし》）ともに執政の家室たり。長嫡重盛、次男宗盛、あるいは丞相《じょうしょう》（内大臣）に昇り、あるいは将軍（近衛大将）を帯ぶ。次々の子息、昇晋（進）心を恣《ほしいまま》にす。およそ過分の栄幸、古今に冠絶するものか。就中《なかんずく》去々年以降、強大の威勢海内に満ち、苛酷の刑罰天下に普《あまね》し。つひに衆庶の怨気《えんき》に天答へ、四方の匈奴《きょうど》変を成す。なんぞいはんや天台・法相《ほっそう》の仏法を魔滅するをや（南都焼討など）。ただに仏像堂舎を煙《いん》（堙）滅《めつ》するにあらず。顕密《けんみつ》の正《しょう》（聖）教《ぎょう》悉く灰燼になり、師跡相承の口決《くけつ》（口伝《くでん》）抄出、諸宗の深義、秘密の奥旨《おうし》など、しかしながら回禄《かいろく》（火災）に遭ふ。かくの如くの逆罪、かの脣吻《しんぷん》（口先）にあらざるはなし。つらつら修因感果の理《ことわり》を案ずるに、敵軍のためにその身を亡ぼし、首を戈鋒《かほう》に懸けられ、骸《むくろ》を戦場に曝すべきのところ、弓矢刀剣の難を免れ病席に命を終る。まことに宿運の貴き、人意の測る所にあらざるか。ただし神罰冥罰の条、新たにもつて知るべし。日月地に随（堕）ちず、ここにして憑《たの》み有るものか。この後の天下安否、ただ伊勢太神宮・春日大明神に任せ奉るのみ。（養和元年閏二月五日条）

ただただ悪口を連ねている。因果でいえば、戦場で敵に討たれて死ぬべき身なのだが、宿運の不思議で病没した、しかし神仏の罰はさすがにてきめんだ、と。政治的巨人の威圧からの解放感と、功なく罪ばかりの生涯だったという冷淡な評価が、ない交ぜになっている。

## 3　明石の海をみつめて

清盛の遺骸は京都の愛宕《おたぎ》(六波羅《ろくはら》館《やかた》近隣の珍皇寺《ちんこうじ》の辺り)で荼毘《だび》にふされた。『平家物語』は、側近の円実《えんじつ》法師が遺骨を首に懸けて摂津《せっつ》に下り、経《きょう》の島《しま》に納めたという(巻六入道死去、『平家物語』のその他のテキストでは福原に納めたとある)。経の島は第三章3節で論ずるように、清盛がきたるべき中国貿易にそなえ、大輪《おおわ》田泊《だのとまり》の近くに新たに築いた平安版ポートアイランドである。

大輪田泊は大阪湾北西部、現在の神戸市兵庫区、和田岬の北にあった古代以来の港で、経の島は鎌倉時代より兵庫津《ひょうごのつ》と呼ばれるようになった。大輪田泊の一角、現在の兵庫区切戸《きれと》町南端の道路沿いに、清盛塚と呼ばれる花崗岩製の十三重の石塔がある(図序-3)。伝承では清盛の遺骨を供養するために造られたものという。もともといまより一〇メートル程南西に位置していたが、一九二三年(大正一二)、道路の拡張工事にともなって琵琶塚のある現在地に移された。その際発掘調査が行われ、墳墓でないことが確認されている。石塔は、基礎部分に「弘安九(一二八六年)二月　日」の銘があり、後述(一二八頁)するように前年奈良西大寺《さいだいじ》

図序-3　清盛塚と呼ばれる石塔
（著者撮影）

の叡尊《えいそん》が、兵庫津で営んだ石塔供養にかかわるものだろう（『感身学正記《かんじんがくしょうき》』）（藤田明、一九九九）。

清盛塚のすぐ近くの北逆瀬川《きたさかせがわ》町に能福寺《のうふくじ》がある。寺伝には、仁安《にんあん》三年（一一六八）、清盛が当寺で出家し、清盛が没すると、その遺骨が円実法眼によって兵庫に埋められたとある。清盛が当寺で剃髪したという主張は事実ではない。

これにたいし『吾妻鏡《あずまかがみ》』（鎌倉幕府自身が編纂した幕府の歴史書）には、遺言によって、遺骨は播磨国《はりまのくに》山田の法華堂《ほっけどう》に納められたと見える。治承四年（一一八〇）三月二一日、位を清盛の孫安徳に譲った高倉上皇が、厳島詣のため西に向かい「播磨国山田といふところ」で昼食をとった。ここは「心ことにつくりたり。庭には黒き白き石にて、霰《あられ》の方に石畳にし、松を葺《ふ》き、さまざまの飾りどもをぞしわたしたる」立派な邸宅である（『高倉院厳島御幸記《たかくらいんいつくしまごこうき》』）。

同地は、『平家物語』の数ある異本中、最も古態を残すとされる読み本系の延慶本《えんぎょうぼん》というテキストにも、「花見ノ春ノ薗ノ御所、初音尋ル山田御所、月見ノ秋ノ岡ノ御所、雪ノ朝ノ萱ノ御所」（巻七平家福原仁一夜宿事付経盛事）と見え、これらから清盛が福原とその近辺に造った別荘の一つ、初夏の青葉がさわやかな邸宅と思われる。高倉上皇はこの厳島詣の帰途「播磨国やまと(た)浦」で下船、輿《こし》に乗って福原に向かった(『平家物語』巻四還御)。

その山田別荘の片隅に、法華経読誦《どくじゅ》の道場があったのだろう。そして、人の死後、遺骨を仏縁ある堂舎で一定期間供養し、ついで床下に唐櫃《からと》を造って骨壺を納め、上に信仰仏を奉安して加護を念ずるのが墳墓堂であり、これは平安期以降一定の社会階層以上の人々の世界で流行した葬法である。墳墓堂は阿弥陀堂《あみだどう》ないし法華堂の形式を取る(日野一、一九七五)。奇しくも源頼朝《みなもとのよりとも》の墓も法華堂だった。

**図序-4** 山田(現神戸市垂水区西舞子)からの眺望(著者撮影)

山田は、現在の神戸市垂水《たるみ》区西舞子に流れ出す山田川の下流左岸、明石海峡大橋のすぐ西で、眼前に淡路島・明石海峡を望む地である。柿本人麻呂が詠んだとされる伝承歌「ほの〲と明石の浦のあさ霧に嶋かくれゆく舟をしぞ思ふ」(『古今集』巻九、羇旅《きりょ》歌)も、この地がつくる眺望である。現在は国道二号線・JR・山陽電鉄が走り、住宅地になって昔日の面影はない(**図序-4**)。

明石海峡は、最速時七ノット(時速一三キロメートル)を越える潮流が、一日四回その流れを反転させながら、川のように流れている(神戸新聞明石総局、二〇〇〇)。現在でも全国有数の通行船舶の多いところで、瀬戸内各地を結ぶフェリーや外国の貨物船・タンカーが頻繁に通過する。和船や小舟では逆巻く激流は相当な難物であるけれど、ここを西に越えれば、瀬戸内海への航海はぐっと楽になる。垂水から明石の間には緊急の避難港らしきものがない。あるとすればこの山田川の河口で、少し遡れば、南に山をもつ船溜りもあった(田中久、二〇〇四)。

かれの墓所を経の島、山田の法華堂、いずれかに決定する材料はない。『吾妻鏡』の成立は一三世紀末から一四世紀初頭、『平家物語』の原型の成立は一二三〇年代と考えられている。しかしその最古態を留めているとされる延慶本でも、応永二六・二七年(一四一九・二〇)の写本(再写本)しか残っていない。これは延慶二・三年(一三〇九・一〇)に書写されたものに増補・改変が施されたもので、全体が延慶年間時の文面を伝えているわけではない(櫻井、二〇一三)。『吾妻鏡』編纂の材料の一つが『平家物語』であったので、その影響は否定しがたいと思われるが、少なくとも清盛の墓所については、『吾妻鏡』は『平家物語』以外の、別情報をもっていたのであろう。

筆者は、清盛は、海峡をしげく行き交う船の櫓櫂《ろかい》の音を聞きながら、永遠の眠りにつくことを望んだのだ、と思っている。おいおい述べてゆくが、その教養のあり方からいっても、中国貿易にかけた生涯からいっても、明石海峡の景勝を望む地ほど、かれの墓所にふさわしいところはないからである。

# 第一章　権力への道

## 1　保元の乱とその後

藤原道長《みちなが》の政治に代表される摂関期、天皇は外戚《がいせき》(母方の親族)の力で即位した。天皇は、皇位継承者も、その皇子を生む后《きさき》も、また自らの財産処分も、自分の主体的な意志で決めることができなかった。そこでは、天皇位を父系で継承するという原理こそ貫かれていたが、王の家らしきものは客観的には存在せず、天皇と皇子女は、外戚の家(道長と御堂流《みどうりゅう》〈道長直系の子孫〉が当主の家)に包摂されていた。いいかえると、家長である外戚によって運営される〝大摂関家〟とでもいうべきものが、当該期「王家」の実態だったのである。

この関係が大きく変化するのが、御堂流とは直接外戚関係にない後三条《ごさんじょう》天皇(在位一〇六八～七二)の出現と、白河上皇による院政の開始だった。後三条天皇は、北方遠征、内裏《だいり》再興、荘園整理、沽価法《こかほう》(一一二頁参照)、宣旨枡《せんじます》の制定(一定していなかった枡の容量を公定)などを矢継ぎ早に行い、中世王権の立ち上げにまい進した。つづく白河天皇は、皇統を確実に自分の子孫に伝えるため、応徳《おうとく》三年(一〇八六)皇子善仁《たるひと》親王(堀河《ほりかわ》天皇)に譲位する。白河は幼い堀河天皇を後見し、かれが結婚年齢を迎えると自ら正妃を選定。皇子宗仁《むねひと》(鳥羽天皇)が生まれると、年の内に早々と皇太子に立てた。院が天皇の後宮を差配することによって、皇子誕生の過程に深く介入し、さらに皇位の行方も自ら決定する皇位継承システムが出現したのである(伴瀬、一九九六/栗山、二〇一二a)。堀河天皇成長後は、まだ天皇と上皇が分担して政務を行うような状態だったが、白河の孫鳥羽天皇、曽孫の崇徳《すとく》天皇がそれぞれ幼弱で即位したため、これを護る形で上皇の執政が前面に出るようになった。

こうした成立事情が院政の形態、性格を決定する。王家とその家長(治天)の権力が姿を現し、院と天皇の父―子(祖父―孫)関係が重んぜられ、治天の意志が天皇に強く反映する構造が形成された。しかし、それは王家内部に一家の家長たる治天と国王たる天皇という二つの中心が生まれ、場合によっては、それぞれを戴く勢力の対立という事態に発展する可能性が生じたことを意味する。

治天の家長権が重きをなし始めると、それに反比例して外戚の影響力や地位が後退した。院政期に入って天皇の生母が御堂流出身者であるケースは、堀河天皇の母中宮賢子《ちゅうぐうけんし》(関白藤原師実《もろざね》の養女、実父は右大臣源顕房《あきふさ》)のそれしかない。白河・鳥羽・崇徳・後白河と四代にわたって天皇の外戚となったのは閑院《かんいん》流(閑院太政大臣公季《きんすえ》から出た公卿の家)であったし、近衛《このえ》の生母は善勝寺《ぜんしょうじ》流(藤原末茂《すえしげ》流の一流)の藤原得子(美福門院《びふくもんいん》)で、諸大夫《しょだいぶ》という中下級貴族層の出身、二条の母は師実の三男権大納言経実《つねざね》の娘懿子《いし》である(図1-1)。

一方、鳥羽天皇即位にあたって、天皇の生母の兄だった大納言藤原公実《きんざね》が、外祖《がいそ》(母方の祖

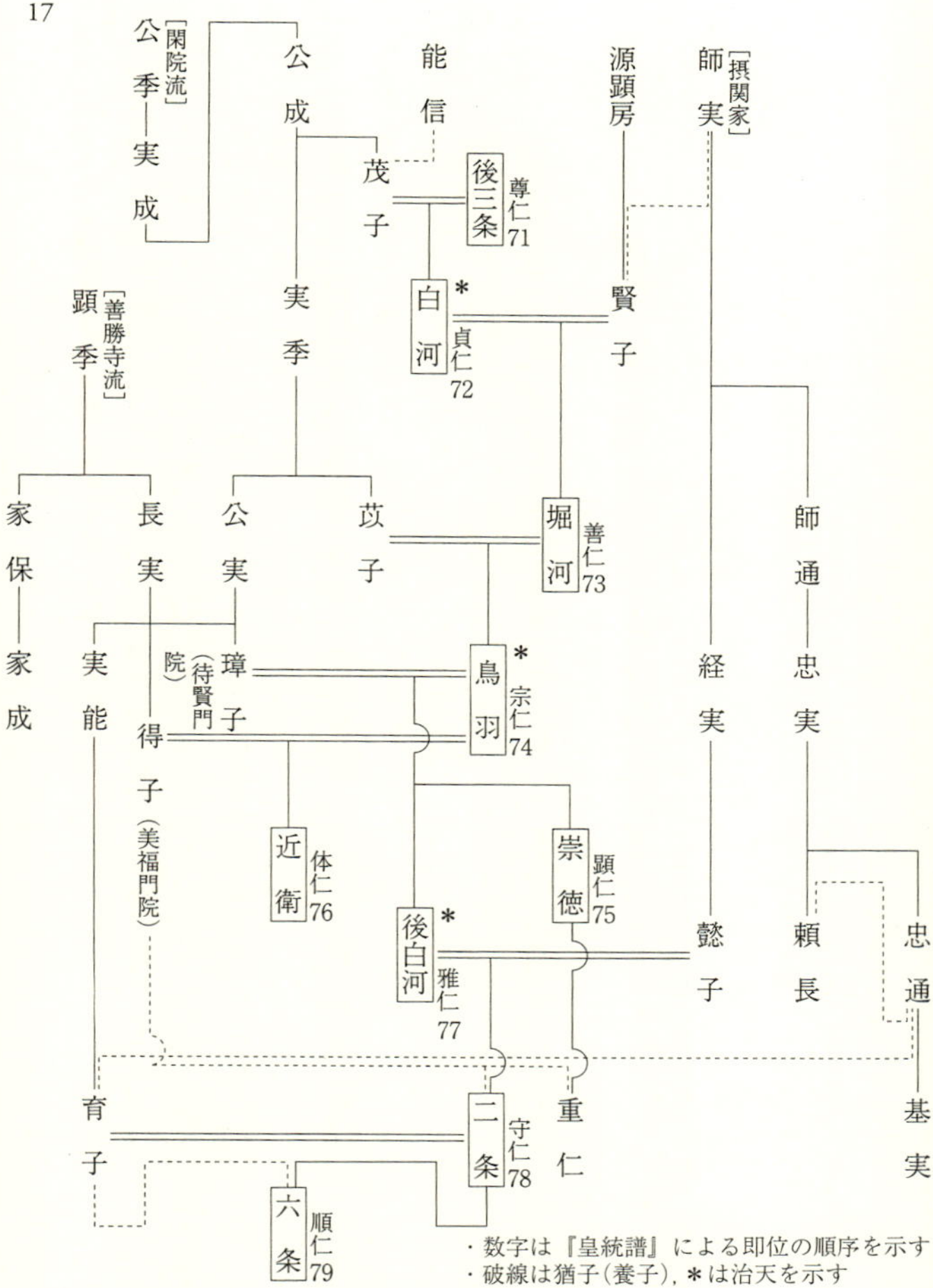


・数字は『皇統譜』による即位の順序を示す
・破線は猶子（養子），＊は治天を示す

図 1-1　天皇婚姻関係図

父）・外舅《がいきゅう》（母の兄弟）でない人が摂政となった例はないと主張し、自ら摂政への就任を望んだ。しかし、代々摂籙《せつろく》（摂政・関白）の子孫でない者が摂政になった例はないことを楯に、その要求は退けられ、前代の関白だが外戚関係のなかった藤原忠実《ただざね》が摂政になった。以来天皇と外戚関係がなくとも、摂関の子孫が代々摂政・関白に任じられるようになる。御堂流は摂関を出し摂関を独占する家、すなわち摂関家となり（摂関家の誕生）、かくして摂関家は王家と区別される臣下の家になった（橋本義、一九八六ａ）。

以上のような院政の展開を背景として、保元元年（一一五六）七月、保元の乱が起こった。乱にいたる経過については、著者の旧著『［増補改訂］清盛以前――伊勢平氏の興隆』も含め既往の研究に詳しいので（髙橋昌、二〇一一ａ／橋本義、一九六四／河内、二〇〇二／元木、二〇〇四）、簡略にすませたい。

すなわち摂関家では、摂政忠通が摂関職継承をめぐって、父の前関白忠実および弟の左大臣藤原頼長《よりなが》と反目していた。忠通は頼長を養子にしており、摂関職は頼長に譲られる予定だったけれど、忠通に長男基実《もとざね》が生まれたため摂関職譲与を渋った。そこで久安六年（一一五〇）、忠実は忠通を義絶し、本来摂関職と一体化していた藤原氏の氏長者の地位を、忠通から奪い頼長に与える。

久寿《きゅうじゅ》二年（一一五五）、近衛天皇が危篤状態に陥った。鳥羽法皇と藤原得子（美福門院）の間に生まれ、永治《えいじ》元年（一一四一）崇徳天皇を皇位から退けて即位させた天皇である。政界では次の皇位をめぐって、崇徳上皇の皇子重仁《しげひと》を推す勢力と、崇徳の同母弟雅仁《まさひと》親王の子で守仁《もりひと》親王(のち二条天皇)を推す勢力が対立する。両者はともに美福門院に養育されていた。

近衛が没すると鳥羽は忠通の進言に従って、「即位ノ御器量ニハアラズ」と考えていた雅仁を、守仁までの中継ぎとして即位させる(『愚管抄《ぐかんしょう》』巻四後白河)。雅仁の乳母紀《めのとき》(伊)二位《いのにい》(朝子《ちょうし》)の夫で、鳥羽の近臣として台頭著しい信西入道《しんぜい》(藤原通憲《みちのり》)が、美福門院に働きかけた結果だった。美福門院は、自分と関係のよくない崇徳が治天になることで、影響力が低下するのを恐れていたからである。即位した雅仁が後白河天皇その人で、かれはそれまで今様《いまよう》(当世風の新興歌謡)など芸能に没頭する生活を送っており、芸に惑溺《わくでき》するこの性向は生涯一貫していた。つづいて忠通は、忠実・頼長が近衛を呪詛《じゅそ》していたとの噂を広め、かれらへの鳥羽の信用を失わせ、孤立に追いこむ。

保元元年七月、鳥羽法皇が没すると、美福門院・忠通は崇徳・頼長が謀反を企てていると決めつけて挑発。追い詰められた崇徳方が白河北殿《しらかわきたどの》に楯籠《たてこも》って軍兵を召集すると、平清盛・源義朝《よしとも》らを派遣、短時間の戦闘で打ち破った。頼長は戦闘中に負傷、奈良に逃れる途中没し、忠実は京都郊外に幽閉された。崇徳は讃岐《さぬき》に配流《はいる》。崇徳方に参戦した清盛の叔父忠正や義朝の父為義は、乱ののち、身内の清盛・義朝の手で処刑された。

恩賞が清盛に厚く、義朝に薄かったという昔からの意見がある。義朝は左馬頭《さまのかみ》に任ぜられたが、薄いという評価はかれの乱前の地位からすれば見当違いである。また重仁親王の乳母が忠盛の後妻池禅尼《いけのぜんに》であった縁からいえば、清盛率いる伊勢平氏の主力が崇徳方につく可能性があった。乳母とかの女が育てた貴人の子(養君《やしないぎみ》)との関係は生涯にわたって続き、若君

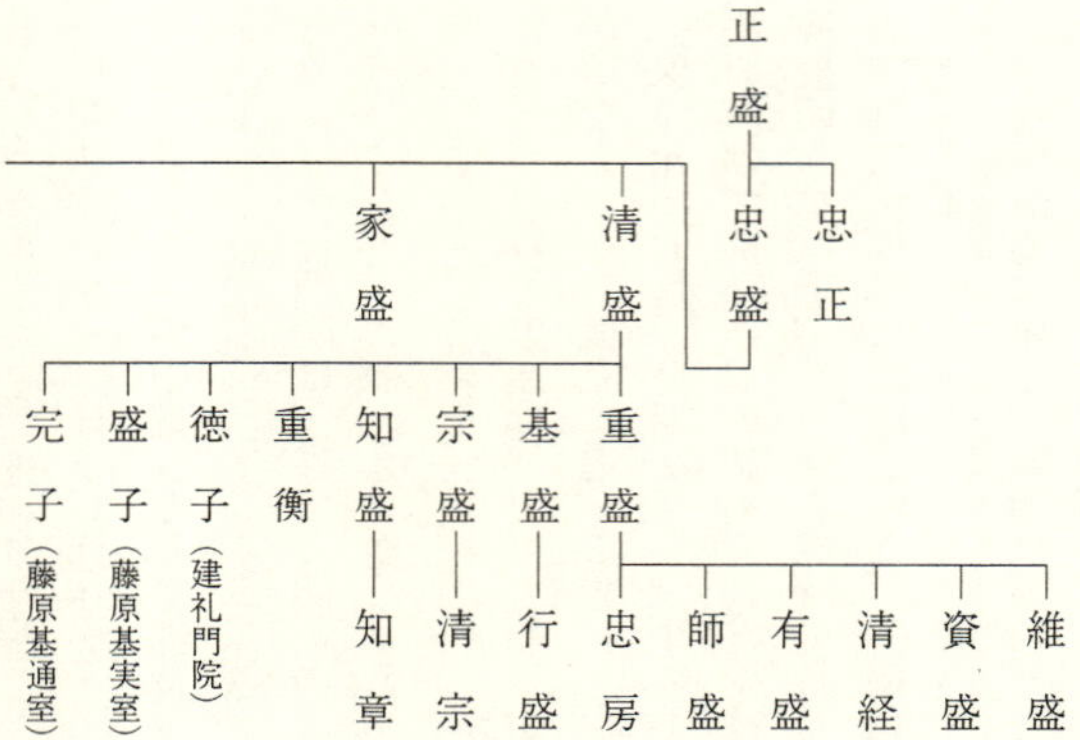


が権力の座に就くと、乳母とその夫(乳父《めのと》)、乳父《めのと》子《ご》(養君の乳兄弟)は後見人として権勢を振い、養君が逆境に陥っても最後まで苦難をともにする強い人間的な絆を有していた。当時最大の武装勢力が崇徳方についたら、勝敗はどう転んだかわからない。清盛に恩賞が厚かったのは当然である。

乱直後の一一日、清盛は播磨守に任じられた(『兵範記《ひょうはんき》』)。平安後期播磨と伊予《いよ》は全国のなかで最高格付の国である。その国守には院の愛顧を受けた近習で、四位の貴族の序列トップが就任する慣例である。六日後には、清盛の申請によって弟頼盛・教盛《のりもり》の昇殿が許され、九月一七日に別の弟経盛《つねもり》が安芸守(『兵範記』)、翌保元二年正月重盛が従五位上《じゅごいのじょう》に昇った(『公卿補任《くぎょうぶにん》』長寛元年尻付《しづけ》)(図1-2)。

同年正月、播磨守清盛宛に「鎮西《ちんぜい》(九州)凶悪の輩、召《め》し進《まい》らしむべき」旨の宣旨が出る(『兵範記』保元二年冬記紙背文書《しはいもんじょ》)。このとき清盛は軍勢派遣

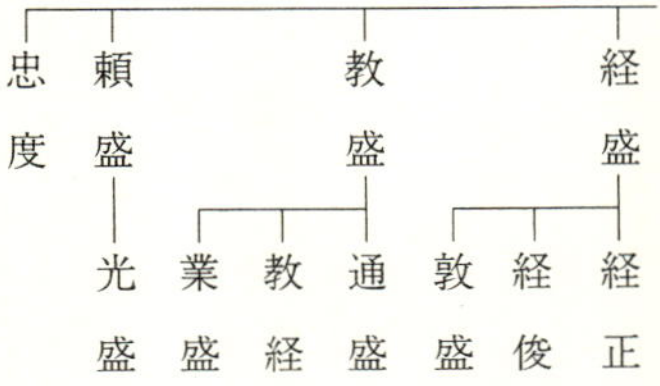


図1-2　平家略系図

による現地の荒廃を怖れた大宰大弐《だざいのだいに》(大宰府の次官)の要請で、追討軍派遣を控えた(五味、一九九九)。ところが翌年三月にも「九国二嶋の謀《む》反濫《ほんらん》行《ぎょう》の輩」追討の宣旨が出る。「謀反人光直《みつただ》」たちによる公私の田地押領、多数の人民殺害、さらには国法に背き国守の政務を妨げる行動があり、清盛は腹心の郎等筑後守平家貞《いえさだ》を鎮圧に差し向けた。

家貞は九州諸国の平家家人《けにん》(従者)を引率してことにあたった。肥前《ひぜん》の国では押領使幸通《おうりょうしゆきみち》なる人物に、「交名《きょうみょう》(家人のリスト)に任せ、一人も漏らさず催促を加え、おのおの武勢をあい慨《はげ》んで家貞の命に随」うことが命ぜられている(『薩摩《さつま》佐々木文書』一)(山口、二〇〇〇)。押領使とは国衙《こくが》(諸国の国府内に置かれた政庁や官衙《かんが》の所在地、またはそれらによって構成された地方統治機構の総称)の軍事にかんする権限を握る地方有力武士であり、のちの守護につながるとみられる存在である。もっとも、あれこれの理由をつけて催促に遅れる者がいたなら、「かの謀反人光直の類《たぐい》として、その身を追討せしむ」といっているので、動員を命じられた平家家人のなかにも、従わない者が出る事態が予想されている。具体的には謀反人光直につながる人々、形勢を観望する武士たちであり、こうした場合、追討する者、される者の区別は流動的であり、その運命も紙一重の差だった。

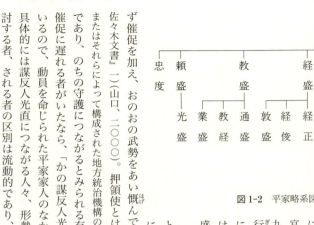

よく知られているように、保元の乱勝利の裏方の功労者信西入道は、乱後大内裏《だいだいり》の復興、荘園整理などの政策を推し進めた。清盛は内裏造営で仁寿殿《じじゅうでん》を担当する。保元二年一〇月、内裏がめでたく竣功すると、清盛はその功(功績)を嫡子重盛に譲り、重盛は正五位下《しょうごいのげ》に叙せられた。清盛の弟たちでは、頼盛が貞観殿《じょうがんでん》造営の功で従四位下《じゅしいのげ》、教盛が陰明門《おんめいもん》の功で正五位下、経盛が淑景舎《しげいしゃ》の功で従五位上に叙されている(『兵範記』一〇月二二日条)。

清盛が造営した仁寿殿は、紫宸殿《ししんでん》の北、清涼殿の東にある。内裏造営を主導した信西は、それ以前仁寿殿や清涼殿は「小寝《しょうしん》」だと述べたことがある(『大日本古文書　石清水文書之四』)。天子・諸侯のいるところを寝、儀式や政事を行う表御殿が正寝《せいしん》、休息の室や勝手の間を小寝という。つまり仁寿殿は天皇のプライベートな空間である。だから、清盛は正三位藤原忠能の紫宸殿(正寝)に次いで重要な建物を分担したわけである。

保元元年一〇月七日、右大弁《うだいべん》(太政官《だいじょうかん》の三等官、弁官は中央・地方行政の各執行機関を統括する中心的事務機関。左右の大・中・少弁の下に大・少の史を置く)平範家《のりいえ》が後白河天皇の後院《ごいん》別当に任じられた(『弁官補任』)。範家は先祖をたずねれば、清盛と同じく桓武《かんむ》天皇に行き着く(高棟王《たかむねおう》流)。しかし、かれらは日向《ひなた》臭くもある武士の平氏(高見王《たかみおう》流)とは違い、宮廷世界で生きる道を歩んだ。二代前までは中流貴族の諸大夫、摂関家の家司《けいし》(家政機関の職員)、いまは実務官僚の家柄である。

また後院とは、上皇の「院」に発展すべき機構として天皇の在位中に設定され、別当以下の後院司《ごいんし》(複数)が任命され、天皇資産(邸第・荘園・累代の宝物など)を管理した。それが院政期に入ると、治天の死去や政変による院政の停止によって、天皇が新たな治天たりうる状況になって始めて設置されるようになってゆく(栗山、二〇一二a)。

前治天の鳥羽法皇が没し、保元の乱の後始末が一段落したこの時期、後白河はひとまず治天の資格を得たわけである。清盛も同年一〇月一三日の時点で後院別当に在職していると判断されるから(『平安遺文《いぶん》』二八五四号)(髙橋昌、二〇一一a)、後院設置と同時に別当に就任したに違いない。他には執事役として信西の息俊憲《としのり》を女婿とする内大臣藤原公教《きんのり》がいたらしく、かれらは、来るべき後白河退位時には、院庁の別当にスライドすることが予約され、実際清盛と公教はその通りになった。清盛は永暦《えいりゃく》元年(一一六〇)五月五日後白河院庁が発した文書に別当の一人として署判している(『平安遺文』三〇九三号)。

乱の翌年保元二年三月二九日、頼長らの旧領合計四二カ所が没官《もっかん》(没収)され、後院領に編入された(『兵範記』)。後院領は、以前は天皇の代替りにともない新天皇に移管されていたが、そのころは家長たる治天が管領するようになっていた。天皇位に付属する国家財産であったものが、王家の家産へと変質したのである。そればかりか内乱によって没収された謀反人所領が一時的に後院領になり、これらはやがて後白河の譲位、院政の開始とともに、あれこれの御願寺《ごがんじ》(天皇・皇后・皇子などの発願によって建てた寺)、女院たちに配分され、広義の王家領へと性格を変えて伝領されてゆく(栗山、二〇一二a)。

保元三年八月一〇日、藤原季行《すえゆき》が大宰大弐を辞し清盛が後任となった。清盛自身の希望もあったのだろうが、相次ぐ九州の不穏な情勢に対処可能な軍事力保持者である点が考慮されたと思われる。九世紀以降大宰府の長である帥《そち》は親王が任命され、かれらは現地に赴かなかった。権帥《ごんのそち》(左遷者は除く)または大弐が実質的な長官である。このころ権帥と大弐が同時に置かれることはないから、清盛は大宰府のトップだった。当時権帥・大弐は赴任しない慣例だったので、清盛も現地には行かず、目代《もくだい》(代官)として家人の藤原能盛《よしもり》を下している。かれは少監物《しょうけんもつ》という経理担当の実務吏僚を経験した過去もある下級官人だった(正木喜、一九九二)。同日重盛が遠江《とおとうみ》守に就任する(『山槐記《さんかいき》』)。

## 2　二条の即位と平治の乱

翌八月一一日、信西と美福門院が協議した結果、後白河が守仁に譲位する。二条天皇の践祚《せんそ》である。信西は後白河の乳父だが、その帝王としての資質には疑問を持っていた。ずっと後年の『玉葉』元暦《げんりゃく》元年(一一八四)三月一六日条には、信西が後白河を「和漢の間、比類少なきの暗主なり」と見なしていたことが暴露されており、その容赦ない口調に驚かされる。しかし、平時の賢王が乱世の舵取りとして有能とは限らない。明敏・辣腕ではあるが、政治的には常識人たる信西は、後白河という人物の真価を見損なっていた。

むろん信西も後白河が中継ぎなのを承知している。きたるべき二条政権内に居場所を確保するには、自らを高く売りこむ必要がある。かれは先述のように内裏の新造、大内裏の復興を主導した。それは一般的にいえば王権の伸張、そのための朝儀《ちょうぎ》の舞台確保を目的とするわけだが、当時大内裏、その中心たる八省院《はっしょういん》（大極殿《だいごくでん》を含む）は、主に天皇の王位就任にともなう儀礼（即位儀《そくいのぎ》・大嘗会《だいじょうえ》）挙行の場として使われていた（髙橋昌、二〇一五）。

後白河は久寿二年（一一五五）七月二四日に践祚し、すでに同年一〇月即位儀を、同一一月に大嘗会を済ませている（践祚・即位儀・大嘗会についてより詳しくは二四三頁及び二七五頁の説明参照）。大内裏の復興は後白河のためではなく、遠からず即位するはずの守仁のためにこそ必要なのである。信西の嫡男俊憲は、東宮学士《とうぐう》として守仁の学問の師、二条即位の前日には右中弁・蔵人頭《くろうどのとう》（蔵人は天皇に直属し、詔勅の伝達、宮中の行事や王家の家政をとりしきる職員。頭はその長官、弁官の頭〈頭弁《とうのべん》、天皇と太政官を結ぶ要職〉と近衛中将の頭〈頭中将《とうのちゅうじょう》〉の二人制。蔵人や検非違使《けびいし》は別に本官を持つ官人《かんにん》が兼任する。この場合は右中弁が本官）に就任、という具合に二条天皇の側に貼りついていた（元木、一九九六c）。信西のその他の政策の意味も、二条即位を見越したものという角度から見直す必要がある。

同じ年、信西は妻紀二位が生んだ成範《しげのり》のために清盛の娘を迎えた。『愚管抄』には、源義朝が信西の別の子是憲《これのり》を婿に取りたいと申し入れたとき、信西は我が子は学生であり汝《なんじ》の婿にはふさわしくないと断ったという有名な話がある（巻五　二条）。その時点の信西と義朝では家格的にも釣り合わず、史実かどうか疑わしい。

保元四年（一一五九）二月一三日、清盛建立になる白河の千体新阿弥陀堂落慶供養会《らっけいくようえ》のリハーサルが行われる。同堂は保元の乱の主戦場白河北殿が灰燼に帰した跡地に、故鳥羽院の冥福を祈るため建立されたもの。本番は二二日後白河の臨幸を得て行われた。

それに先立つ一九日には上西門院《じょうさいもんいん》の殿上始《てんじょうはじめ》が行われている(『山槐記』)。上西門院は後白河の実の姉にあたる鳥羽の皇女統子《とうし》内親王で、保元三年二月後白河の准母《じゅんぼ》(天皇の生母に准ずる女性と認められた人。内親王に皇后の称号または女院号を賜るときに呼ぶ称)として立后《りっこう》され、千体阿弥陀堂供養のリハーサルがあった同じ日、院号定《いんごうさだめ》があって上西門院と号するようになった。准母を立てるのは、自分がいかなる皇統に属し、自己の権威が誰に由来するものかを明示する意味を持った、と考えられている(栗山、二〇一二b)。

後白河と統子はともに鳥羽の后待賢門院璋子《しょうし》の子であり、璋子は白河の権威を背景に強勢を誇った。しかし、鳥羽院政展開のなかで上皇の愛を美福門院に奪われ、斜陽のまま没する。統子を准母に設定することは、後白河が自分は近衛や二条天皇勢力とは異なる皇統であることを主張するためだったのだろう。また統子は二条の妃姝子《しゅし》内親王を養女にしていた。かの女は後白河にとって二条の後宮の掌握を可能にさせる存在である(佐伯智、二〇一五)。

准母立后といい院号定といい、要は後白河が自らの王権を強化するためとった措置である。殿上始とは、女院庁に別当・判官代《ほうがんだい》・主典代《さかんだい》・蔵人などの院司や殿上人が集まり、院庁開きの儀式を行うことをいう。この日清盛は殿上人の次席として出席し、宴席にも臨んでいる。儀礼的な酒事には、主客・身分・長幼などの順に従い、厳粛に勧盃《かんぱい》が行われる。最初に主人または主賓に酒盃を勧めることを初献の献杯という。献杯役を努めたのは蔵人源頼朝、そう、あの鎌倉幕府を開いた頼朝だった(『山槐記』)。ときに一三歳、清盛四二歳。少年頼朝は政界の要人たる清盛に、どんな思いでまみえたのだろう(村井、一九七三)。保元四年三月、清盛は出家した平範家に代わって後院の年預に就任、後院の庶政を切り回す中心になった（五味、一九九九）。

二条が即位すると、後白河を棚上げして天皇親政を推進せんとする、藤原経宗《つねむね》・惟方《これかた》ら側近の動きが活発になった。かれらにとって、引き続き政界を牛耳ろうと画策する信西は邪魔である。後白河の近習たちのなかにも信西に反発するグループが生まれた。その筆頭は藤原信頼《のぶより》である。前述したように、信西が後白河を「和漢の間比類少なきの暗主」と酷評したのは、信頼のような「謀叛の臣」が傍らにあっても、知ろうとする気持が全く無い、と驚いたからだった（『玉葉』元暦元年三月一六日条）。反信西で手を握った二つの勢力が起こしたのが平治の乱である。

平治元年（一一五九）一二月九日、二条親政派や源義朝と結んだ信頼は、清盛が熊野詣《くまのもうで》に出た隙に兵を挙げ、二条天皇と後白河上皇を内裏などに幽閉した。信西は宇治田原《うじたわら》まで逃れたが自殺、挙兵の報を聞いた清盛は、熊野から引き返して六波羅に入った。清盛は信頼に服従の意を示して油断させるとともに、裏では経宗・惟方を信頼から離反させ、天皇を内裏から脱出させて六波羅の自亭に迎える。上皇も仁和寺《にんなじ》に退避した。天皇・上皇を失った信頼らは、逆に謀反人として追討を受ける身となり、二六日大内裏・六波羅合戦に及んだ末、敗北。信頼は六条河原で斬首された。義朝は知多《ちた》半島に落ちのびたところを家人によって殺され、嫡男頼朝も翌年捕らわれて伊豆に流された。

信西を失い、都を占拠され、天皇・上皇も敵方に確保されている。このどう見ても分の悪い戦いを鮮やかに逆転勝利した清盛について、上横手雅敬氏は、清盛は猛将・勇将ではないかもしれないが、やはり「非凡の名将」で「この合戦は、彼の生涯における最も快心の戦いであったろう」と評している(上横手、一九七三)。同感である。

『平治物語』諸本のなかには、熊野で事態を知って動揺した清盛を、嫡子の重盛が叱咤激励したとある。実際は、かの地の豪族湯浅宗重《むねしげ》・熊野別当湛快《たんかい》の応援や、信頼に名簿《みょうぶ》(長上や師匠に初めて会うときに差し出す名札。服従を示すしるし)を提出するという奇策を授けた内大臣公教やその父太政大臣藤原実行など、有力貴族層らの後押しが大きかったというところだろう。が、それも常日頃の信用あってである。

一二月二八日、乱の賞として重盛に伊予守、清盛三男宗盛は遠江守、頼盛は尾張《おわり》守、教盛は越中《えっちゅう》守、経盛は伊賀《いが》守に任じられ、信頼の仲間は解官《げかん》配流された。翌二九日、二条天皇が美福門院の八条室町第《むろまちてい》に行幸、清盛以下は甲冑《かっちゅう》を着し、輿の前後に供奉《ぐぶ》した(『百練抄《ひゃくれんしょう》』)。

平治二年(一一六〇)正月重盛は、院のその年の御給で従四位下に進み、翌年さらに左馬頭を兼ねる(『公卿補任』長寛元年尻付)。六月二〇日清盛は、平治の乱時二条天皇が六波羅に行幸した賞として、正三位に叙された(『山槐記』)。正三位なら公卿という上流特権貴族の仲間入りである。三位は諸大夫層にとって、容易には越せない高い障壁だった。父忠盛も直前の正四位上《しょうしいのじょう》まで昇ったが、九年間据え置かれたまま死去、清盛も久安二年(一一四六)二月正四位下(正四位上は普通は任じられる者がいない、飛ばすのが普通の位階)に叙せられて以後、一四年間昇叙がなかったのである。

清盛はこの時点では、まだ朝廷政治にかんする議事に参加できる参議《さんぎ》にはなれてないが、八月一一日晴れて参議になり、現任公卿の末席に連らなることになった(『山槐記』)。武人としては九世紀初頭の坂上田村麻呂《さかのうえのたむらまろ》以来の快挙である。九月二日にはさらに右衛門督《うえもんのかみ》を兼ねた(『山槐記』)。

同年一二月一五日、二条天皇の八十嶋《やそしま》使が発遣された(『山槐記』)。八十嶋祭は、平安・鎌倉前期に施行された天皇一代に一度行われる宮廷儀式で、即位大嘗会が行われた翌年、勅使が難波《なにわ》の津(摂津国西成郡)に遣わされる。時代が降るにつれて禊《みそぎ》・祓《はらい》の要素が大きくなってゆくが、本来は海辺に祭壇を築き、天皇の乳母の典 侍《てんじ・ないしのすけ》が天皇の御衣を納めた筥《はこ》(箱)を開き、琴の音に合わせて振り動かす行為が、祭儀の中心のようだ。その本質は、難波の海に浮かぶ大小さまざまの島々を天皇の版図である大八洲《おおやしま》(日本国の古称)に見立て、その霊(生島《いくしま》・足島《たるしま》神)を新天皇の体内に付着させ、国土の支配権を呪術的に獲得するところにあった、といわれている(岡田精、一九七〇)。

注目すべきは、勅使役が清盛の妻時子であった点である。かの女は二条天皇の乳母だった。そして伊予守重盛が騎馬で供奉、清盛腹心の郎等である検非違使平貞能《さだよし》が従っているところから(『山槐記』)、この儀式が清盛の財力奉仕や人的支援で挙行されたことがわかる。天皇の乳母は普通二、三人いて、実際の授乳役は別に御乳人《おちのひと》と呼ばれた女房があたる。御乳人は乳母より身分が低い。信西入道の妻朝子などは後白河院の御乳人で、のちに乳母に昇ったレアケースである。時子は授乳役ではない正規の乳母で、乳母になった時期は不明だが、おそらくは平治の乱後だろう。

八十嶋祭の挙行主体と祭使が清盛とその妻であるところから、清盛が後白河院の実力派院司であるだけでなく、二条天皇をバックアップする有力な後ろ盾である事実が明らかになった。というよりまさにそれを内外に見せつける機会である。同月二四日、時子は八十嶋使奉仕の賞として、従三位に叙された(『山槐記』)。一条天皇のころから乳母は典侍に任ぜられ、ついで三位に叙せられるのが通例で、かの女もその例にならう。

一二月二九日、清盛は大宰大弐の地位を女婿藤原成範に譲った。清盛は蔵人頭中山(藤原)忠親に書を送り、辞任の意志を述べ、今日必ず後白河上皇に奏上するよう促している(『山槐記』)。翌永暦二年(一一六一)正月二三日には、検非違使の別当を兼ねた(『公卿補任』)。

## 3 後白河対二条

永暦元年(一一六〇)一〇月二三日、後白河院は熊野に出かけた。白河上皇から後鳥羽上皇までの院政期、九七回もの熊野御幸があった、最も熱心だったのは後白河で、本山への参詣三四度といわれる(『鎌倉遺文』三一五〇号)。うち実際に記録で確認できるもの二八回、計画倒れに終わった例を含めれば三〇回らしい(宮地、一九五六)。永暦度のそれは後白河初めての熊野詣だった。

清盛はその記念すべき御幸に供した。上皇は、先達《せんだつ》(修験道《しゅげんどう》において、峰入りなどに際し一行の道中の案内役を務め、参籠行事の指導者役を務める者)の夢に促され、道々の王子社《おうじしゃ》(熊野権現の末社)で今様を謡わねばと思っていた。清盛に意見を徴したところ、それならばとやかく論ずるまでもありますまいと、後押しをされている(『梁塵秘抄《りょうじんひしょう》』口伝集巻一〇)。

さて、少し前まで院政の研究といえば、白河・鳥羽期の、それも政治過程を叙述する研究が主で、後白河院政そのものについての分析はほとんどなかった。唯一の例外が龍粛《りょうすすむ》の研究である(龍、一九六二)。保元・平治の乱からしばらくの間、とくに一一六〇年代前半は、政治史にとって基本的な史料である貴族たちの日記の残り具合が良くない。研究者は、史料が乏しく成果も期待し難いテーマを、敬遠しがちである。

加えて歴史家もその一人である国民の脳裏に深く刷りこまれた『平家物語』的な、乱後清盛や平家が躍進し一気に政権を握った、という先入観がじゃまをする。そんなわけで、これといった研究もないまま、平家が権力を独占している時代、と漠然と考えられていた。その平家の政権にしても、江戸時代以来の貴族化して堕落した政権、鎌倉幕府以前の未熟で半端な武家政権と、偏見と独断にもとづく過小評価が一般的だった。平家の陰に押しやられた後白河院政など、ますます印象が薄い。後白河院政期の王権や国家権力の構造への関心は低く、議論は低調のままで終始してきた。

近年になり院政期の国家意志の決定方式、および国政運営の大筋について研究が進み、具体像を展望できるところまできている。その成果を要約すると、院政期の国家意志は蔵人・弁官を介した天皇・院・摂関間の連絡調整によって決定されるようになっていた。この王家と摂関家の合議による国家意志形成を、補完・下支えする役割を果たしたのが、各種の公卿会議である。すなわち、国家の大事を審議する院の御所での会議（院御所議定《いんごしょぎじょう》）、ついで天皇の御前や清涼殿の殿上の間で行われる会議（内裏御前定・殿上定）、さらに内裏近衛陣で行われる律令の議政官《ぎせいかん》会議の性格を継承した陣定《じんのさだめ》と呼ばれる現職公卿による会議である。また有力貴族諸家の家長を諮問の対象にする在宅諮問制と名づけられた制度もあった（玉井、二〇〇〇／川合、二〇〇四a／田中文、一九九四a／井原、一九九五ab／美川、一九九六／下郡、一九九九a）。

ただし、天皇・院・摂関間の連絡調整とはいっても、すでに見たように摂関家は、院権力に追随を余儀なくされている。陣定は重要度が低下し、その他の公卿会議では、案件も招集されるメンバーの選定も、院がその都度の判断によって決め、前官や出家した人まで諮問にあずかるケースが生まれた。しかもこれらの会議は決定の場ではなく、審議内容が院を拘束するとは限らない。在宅諮問制にいたっては、院近臣や蔵人が公卿の邸宅を廻って個別に意見を徴する形であるから、一致団結して貴族層の利害を表明する形にはなりにくい。いいかえれば各個撃破的に院の意志を押しつけられる。

研究の進展にともなって、白河・鳥羽期とも違う後白河院政期の国家意志決定の特色も明らかになってきた。一言でいえば、この時期は、天皇と院の力関係に顕著な変化がくり返される政局不安定な時代だった。具体的に平家都落ちまでのあいだを時期区分すると、第一期から第六期までが設定できる。各段階を画する最大の要素は、清盛率いる平家の動向だった。

第一期・第二期は本書第一章であつかう。比較的長い第三期は、第二章から第四章で述べる。第四期は第四章で、第五期は第五章と第六章であつかう。第六期は後白河の院政が復活し、平家が都落ちして政権の座から下りるまでだが、本書では終章で清盛の死を述べる時点までしかあつかえない。それ以後のことは、拙著『都鄙大乱「源平合戦」の真実』(岩波書店、二〇二一年)をご覧いただければさいわいである。

第一期は、後白河院政の開始から応保《おうほう》元年(一一六一)九月一五日までの期間である。後白河・二条の共同執政期で、職事弁官《しきじのべんかん》(職事〈蔵人頭および五位・六位の蔵人の総称〉が弁官を兼ねるもの)が使者になって、院や天皇、摂関家の大殿忠通や忠通の後継者である関白基実の間を往来して、意見の調整と合意をはかり、日常的な政務が処理されていた段階である。

後白河はかれの軽躁なキャラクターや、平治の乱で信西・信頼など有力側近を失ったこと、もともと中継ぎ的な位置づけの天皇であったことなどが災いし、治天としての権威確立に成功しなかった。一方、二条天皇は年少ながら本命の天皇という自負がある。「天子ニハ父母ナシ、上皇ノ仰《おおせ》ナレバトテ、政務ニ私ヲ存ズベカラズ」(『源平盛衰記』巻二 二代后付則天皇后)と親政に意欲を見せた。摂関家は保元の乱での分裂・抗争によって勢威が低下していたけれど、事実上の政策運営者であった信西とその一党が姿を消し、一方で後白河と二条双方に政治力不足の事情があって、豊富な経験と精熟した判断力を有する忠通が相対的に浮上していたのである(佐伯智、二〇一五)。

後白河と二条の最初の衝突は、永暦元年(一一六〇)一二月二〇日に起こった。これより先、後白河法皇が八条堀川の藤原顕長《あきなが》亭の桟敷《さじき》で、大路にいた身分の低い者どもを呼び寄せたりしていたところ、大納言藤原経宗・参議惟方らが嫌がらせのため、桟敷に板を打ち付け、外が見えないようにした。経宗は妹懿子が後白河の親王時に妃となり、守仁(二条)を生んでいる。一方惟方の母は二条天皇の乳母だった。ともに二条親政派の代表である。

両人は政治の実権を後白河にわたしてはいけない、政治は二条天皇が執られるべきだといっていたのであるが、それを聞いた上皇は清盛を召し出し、自分の院としての政治生命はこの二人の掌中に握られている、思う存分戒めよと命じた。清盛は有力郎等藤原忠景《ただかげ》・源為長《ためなが》の二人を遣わして、禁中で経宗・惟方らを捕らえた。噂では内裏の近衛陣前で両名に拷問を加え、悲鳴を後白河に聞かせたという(『愚管抄』巻五 二条)。二人は二月二八日解官《げかん》され、経宗は阿波《あわ》、惟方は長門《ながと》に流される。惟方が信西ののちに知行していた武蔵《むさし》国は没収されて清盛のものになり、武蔵守には四男知盛が就任した(五味、一九九九)。

経宗・惟方は平治の乱初発時、信西打倒のメンバーに名を連ねていた。それが中途で信頼と袂を分かったとはいえ、功労者顔して乱後の政界で幅を利かせる態度に、他の貴族層の反感もあったのだろう(元木、二〇〇四)。それだからこそ、後白河は清盛をだきこんで、親政勢力の代表格に痛撃を食らわすことができたのである。ついで六月一四日には、前出雲《いずも》守光《みつ》保《やす》・光宗《みつむね》父子が、上皇に危害を加えようとした疑いで薩摩に配流され、光保は開聞岳《かいもんだけ》東麓の川尻で誅殺《ちゅうさつ》、息子は途中で自害した。かれらは鳥羽院政末期に台頭してきた美濃源氏《みののげんじ》で、二条天皇側近の武力だった(五味、一九九九)。美濃源氏の没落により、平家の軍事面でのライバルが朝廷から一掃された。

翌永暦二年(一一六二)九月三日、上西門院の女房が、八条河原の右衛門尉《うえもんのじょう》平盛国《もりくに》宅で後白河の第七皇子(憲仁《のりひと》、のちの高倉天皇)を出産する(『師元朝臣記《もろもとあそんき》』)。女房の名は小弁《こべん》、名字《めいじ》を滋子《しげこ》という。かの女の伝記的事実は角田文衞氏の研究に詳しい(角田、一九九三)。鳥羽上皇の近習であった平時信《ときのぶ》の娘、つまり清盛の妻時子の腹違いの妹である。上西門院に仕えたのをきっかけに、美貌と聡明さで後白河の寵愛を一身に集めるようになった。時信は桓武平氏高棟王の子孫、娘のおかげで死後左大臣を贈られたが、本来家筋は諸大夫の階層で、四代前の行《ゆき》義《よし》以降ずっと四位どまり。父の知信《とものぶ》も従四位上・出羽《でわ》守で生涯を終えている。代々摂関家の家司を勤めており、また有職故実に通じ、その系譜は「日記の家」と称された(図1-3)。

盛国宅は序章で紹介したように、清盛が没した場所である。腹心の郎等宅での出産であり、清盛は上西門院の有力殿上人だった。後白河が滋子に心奪われるようになったのは偶然だろ

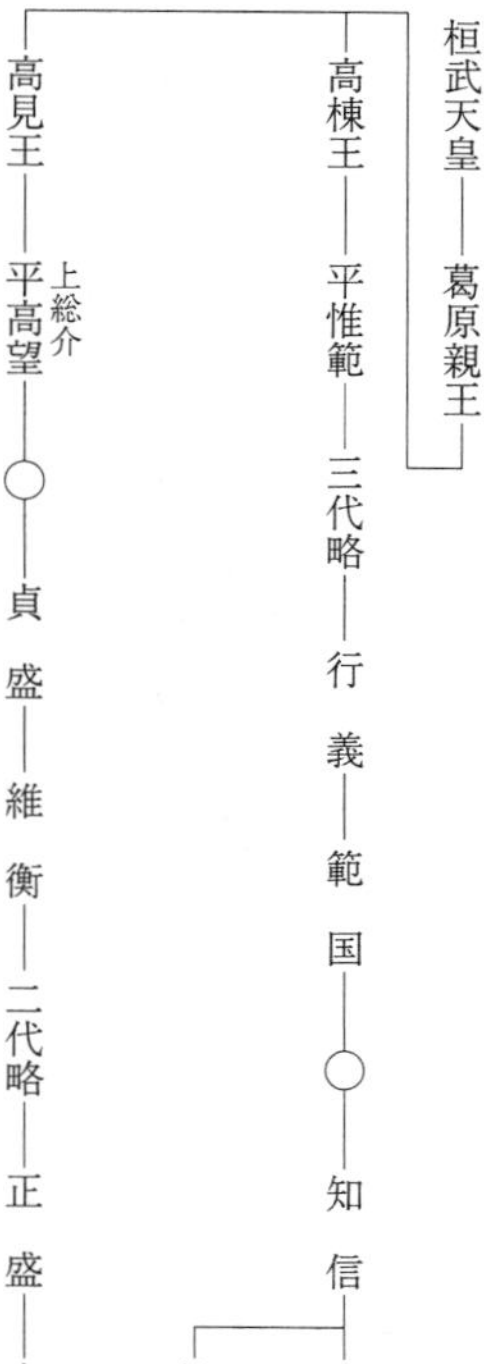


図1-3　平時信の略系図

うか。果たせるかな、憲仁の誕生には「世上嗷々《ごうごう》(不満・批判などの声がさわがしいこと)の説」があったという(『百練抄』九月一五日条)。

九月一三日、清盛は権中納言に昇任する(『公卿補任』)。中納言になれば、天皇の命や太政官会議の議定事項を弁官に告げて、太政官符《だいじょうかんぷ》(太政官から八省諸司または諸国に下した公文書)や官宣旨《かんせんじ》(弁官から勅命を伝えるために発布される文書)を作成させることができる。廟堂での重みは一段と増した。九月一五日になると、生後間もない憲仁を立太子させようとする陰謀が発覚。「院中の人々」左馬権頭《さまのごんのかみ》平教盛・右少弁時忠《ときただ》が解官され(『帝王編年記』)、少納言で五位蔵人の平信範《のぶのり》も左京権大夫《さきょうのごんのだいぶ》に左遷された(『公卿補任』承安元年尻付)。

処分された教盛は、忠盛の三男で清盛の異母弟。時忠は時信の息子、時子の実の弟で、「此《この》一門にあらざらむ人は、皆人非人《にんぴにん》なるべし(平氏にあらずんば人にあらず)」(『平家物語』巻一禿髪)と放言した、と伝えられることで知られる。平信範は時信の弟で、滋子や時子にとっては叔父にあたる。摂関家ひとすじに奉仕し、朝廷では少納言・弁官として太政官の政務にも通じていた(米谷、二〇〇六)。かれの日記『兵範記』は、記事まことに綿密で諸儀式に詳しく、保元の乱を始め、時代の複雑な政情や摂関家の家政を知る貴重な史料になっている。

この事件が国家意志形成や国政運営方式転換の流れをつくった。二条・後白河の共同執政期は終わりを告げ、以降二条天皇と大殿忠通および関白基実の合意で、政務が処理される時世が到来する。後白河院政第二期で、その期間は応保元年(一一六一)九月から永万《えいまん》二年(一一六六)七月の基実の死までであろう。

事件で弟や義理の弟が解官配流され、おまけに憲仁の母が義理の妹だった点から、一見清盛が後白河側の黒幕であったかに見える。しかし、「イカニモ〳〵清盛モタレモ下ノ心(心中)ニハ、コノ後白河院ノ御世ニテ世ヲシロシメスコトヲバ、イカヾトノミオモヘリ」、多くの廷臣同様、かれも内心後白河上皇が政治をとるのはいかがなものかと思っていたようだ。それでも清盛は、対立する二条天皇と後白河院の間を、「ヨク〳〵ツ、シミテ(用心して)イミジクハカラヒテ(深く考え)、アナタコナタ」していたという(『愚管抄』巻五　二条)。

だが、時子が二条天皇の乳母であるのは大きい。清盛が天皇を後見する立場だったわけで、最後は天皇の側を選択する必然性がある(玉井、二〇〇〇／元木一九九六ｃｄ)。とすれば、憲仁立太子を画策した時忠らは、いまだ尚早のフライングとして一旦退けられたのだ。『源平盛衰記』は、事件にかかわって「又上皇政務ヲ聞召《きこしめ》スベカラザルノ由、清盛卿申行《もうしおこな》ヒケリ」と記しており(巻二　二代后付則天皇后)、武力を背景にする清盛によって、院の政務が否定され、後白河が国政運営から閉め出されたらしい。

その年のうちに年号が変わり応保元年となった。九月二八日には「上皇近習の輩」右馬頭伊隆《これたか》・左中将成親《なりちか》以下が解官された(『百練抄』)。応保元年一一月一八日、この日蔵人頭忠親は天皇の御前に参って、ある案件にかんする忠通の意見を、直接二条に報告した。天皇がこれに先立ち、右兵衛佐宗盛(清盛三男、当時一五歳)を介して忠親に、「職事(蔵人)は皆直《じか》に御前に参りて奏し申すべし」と注文をつけていたからである。天皇と「疎遠の人」との自覚があった忠親は、「凡《およ》そ職事は近習すべきなり、しかるに近代全く然《しか》らず、今旧儀に復されるか」

と反省している(『山槐記』)。この件は、後白河を封じこめたのちの天皇の政治への意欲を語る一こまであろう。

翌応保二年正月五日、重盛は正四位下になった。前年八月二〇日と二五日に二条天皇の平《ひら》野《の》社と大原野《おおはらの》社への行幸があったが、清盛が行事役を務めた賞であり、それを息子に譲った結果である(『公卿補任』長寛元年尻付)。同月九日、右衛門督・検非違使別当を辞したいという清盛の希望が却下され、翌々月の閏二月九日には両職を旧の如くならしむとの命が下った(『公卿補任』)。宮廷に対立と緊張が続く時期、二条天皇が、軍事警察面での責任ある地位の辞任を認めるはずがない。清盛もそれを見越してのポーズだったのだろう。

同年四月七日、清盛は皇太后宮職《こうたいごうぐうしき》の権大夫《ごんのだいぶ》に就いた(『公卿補任』)。田中穣氏旧蔵本『山槐記』(歴史民俗博物館蔵〈通番号一七〇〉、『増補史料大成』に未収録。応保二年三月のみ伝存)(樋口、二〇〇七)によると、それ以前の三月一八日、蔵人頭の忠親は、太政大臣藤原伊通が清盛を同職に補すべきだと申している、と奏請している。天皇は、この件は清盛が自ら希望したのであろうが、その間の詳しい事情が不明なので、伊通に趣旨を尋ねよと命じた。

皇太后は伊通自身の娘で近衛天皇の皇后であった呈子《ていし》(後の九条院)である。皇太后宮権大夫の前任者は呈子の兄弟伊実《これざね》で、永暦元年(一一六〇)九月のかれの死後、ポストは空席のままになっていた。呈子の後ろ盾はいずれもかの女を養女にした美福門院得子と摂政忠通だった。二人は保元の乱以前から、近衛—二条の王位継承を推し進めてきた政界の実力者である。美福門院は同年一一月二三日に亡くなり、忠通も清盛の権大夫就任から二カ月後の六月八日、自亭法性寺殿《ほっしょうじどの》(現東福寺域と重なる)で出家引退する(『百練抄』)。清盛は後宮の役所の幹部に就任することによって、二人の政界での立場を継承する姿勢を鮮明にしたかったのではないか。

六月二日、以前から賀茂《かも》社で二条天皇の絵姿を呪っていたとの密告で、「院中の人々」の一人である修理大夫《しゅりのだいぶ》源資賢《すけかた》らが解官、六月二三日流罪に処される。資賢は音曲の大家、とくに郢曲《えいきょく》の家の棟梁として、今様を中心とする雑多な謡物(歌い物、日本音楽の声楽の一系譜)などの歌謡にすぐれ、後白河院の音楽芸能の師であり、寵臣であった。バランスをとるかのように、高倉の立太子を望んで失言した時忠も同日流罪となった(『百練抄』『帝王編年記』、『愚管抄』巻五　二条など)。

この前後清盛が国政を左右する存在になった事態を示す事例として、以下が注目される。

(ア)、永暦二年(一一六一)四月一日、清盛は初斎院司(初斎院で斎王《いつきのみこ》の世話をする職員のこと)除目にあたり、伝奏《てんそう》(奏請を伝える役)として公卿たちの所望を二条天皇に取り次いだ。除目《じもくの》聞書《ききがき》(叙位任官の理由を書いた文書)が院(後白河)・大殿(忠通)・関白(基実)・大理《だいり》(検非違使別当の中国風の呼び名。清盛)に遣わされる(『山槐記』)。

(イ)、応保元年(一一六一)九月三〇日、二条天皇から蔵人頭藤原忠親に、五節沙汰《ごせちのさた》遅延の処理を大殿と計らい、次いで負担させるべき人物の人選を清盛と相談するよう指示が出る(『山槐記』)。

(ウ)、応保二年三月七日、流人経宗以下を召し返す件について、蔵人重方が天皇の仰せを奉じて参院、次いで清盛亭に向かい、さらに大殿に申す(田中本『山槐記』)。

わずか三つだが、記録者が蔵人頭在任中であってこそ書き記される性質の情報で、たまたまその地位にあった忠親の緻密な日記『山槐記』の当該時期分が今日に伝存した、という幸運で知り得る貴重な事実である。(ア)は後白河院政の第一期、(イ)(ウ)は第二期のもの。(ア)では除目聞書を届けられている。これは清盛が公卿たちの希望を二条天皇に取り次いだからで、人事を決定する側に位置していたわけではない。たいするに、(イ)(ウ)の清盛は、摂関家の大殿忠通とほぼ同格の存在として扱われ、その立場は格段に向上している。とくに(ウ)は、国事犯の復権問題という、国政にとっては(イ)よりはるかに重要問題だった。天皇はまず後白河院、次いで清盛に復権の意向を示し、大殿忠通への連絡は最後に回されている。経宗は二条天皇親政派の筆頭で、二年前後白河が清盛の力を借りて政界から放逐した人物である。院と清盛の同意なしにあり得なかったのは当然にせよ、清盛の存在感の増大を感じさせる一件である。

## 4　平家と内裏大番役

院政期は武士の存在感が増大した時代である。鳥羽院政期に入ると、王権による国土の上からの分割の形をとって、諸国に続々と大型の荘園が形成されていった。荘園の激増は、国衙と荘園間あるいは荘園相互間に、官物《かんもつ》(政府に納める租税や上納物)・雑役《ぞうやく》(種々の夫役《ぶやく》・雑事《ぞうじ》)負担の免否、荘域や住民の帰属などを原因とする各種紛争をもたらした。いまや、受領に国内支配を任せていた摂関期と違い、現地における紛争・対立が、荘園の支配命令系統を逆にたどって中央に持ちこまれるようになった。荘園領主と在地側の負担をめぐる争いも起こる。形成途上の王家内部で治天の君である院と天皇の摩擦があり、王位の継承をめぐって諸政治勢力の対立と連合が見られ、摂関家の分裂も深刻化した。また院政期は、法皇による権門寺院の統制が進み、各寺院は王権への忠誠競争に駆り立てられていた。ために寺院間の競い合いがしばしば力の対決に発展し、寺領をめぐる国衙との紛争もあって、それらを有利に解決するため寺院大衆《だいしゅ》(いわゆる僧兵)の強訴《ごうそ》もあいついだ。武士が存在意義を増したのは、これら各種の衝突が社会の緊張を著しく高めたからである。

ところで、一九七〇年代に入るころまでは、武士の発生と発展は、在地領主制の成立との関係で論じられてきた。すなわち、平安中期、地方とくに東国農村で、開発などを通して新たに成長してきた在地の領主たちが自領を守るために武装し、武士団の形成が進む。かれらは国司支配に反抗したり、逆に国衙の武力に編成され地方の治安維持にあたったりした。こうした地方武士を従者として組織したのが、平将門《まさかど》・藤原純友《すみとも》の乱の鎮圧者の子孫にして、下級貴族でもあった清和源氏・桓武平氏らで、とくに源氏は一一世紀後半の前九年・後三年合戦を通じて、東国武士団との主従関係を強め、「武家の棟梁」と呼ばれるようになる。さらに院政期以降、その政治的力量を増大させ、ついに貴族を圧倒して鎌倉幕府を樹立するにいたる、などと説かれてきた。

だが、武士に生まれた者が「武家」と呼ばれるためには、三位以上で官職についていなければならず、清盛以前には有資格者はいない。「天下の将軍」が「武家の棟梁」と表記されるようになるのは、一四世紀中ごろ成立の『梅松論《ばいしょうろん》』などが早い例で、ずっと後世の文献を待たねばならない。鎌倉時代以降の本格的な中世社会になると、確かに武士の経済的・社会的実体は多く在地領主であった。しかしそのときでも、すべての在地領主がみな武士であったわけではない。また、右の説明にあるとおり源平武士の首長は、身分的には中下級貴族である(かれらを学問的には軍事貴族と呼ぶ)。武士を在地領主制論の枠内に押し込めてしまうには無理がある。

さらに、当時自力救済《じりききゅうさい》(権利を侵害された場合に、法の定める手続きによらないで、自己の実力により権利を回復・実現すること)が社会の紛争解決手段として広く行われていた。そこでは、貴族から寺院大衆、下は民衆まで、程度の差こそあれ武装しているのが普通だった。ゆえに、たんに武装しているというだけでは、まだ武士の出現を云々できないし、まして武士身分が公認されたとはいえない。問題は、誰がいかなる状況の下で、何を目的に、どのような人々(家筋)に武器の携帯と武力行使の権限をゆだね、社会もまたそれを容認したかである。

いいかえれば、ある物理的な実力(暴力)の行使や、人にたいする殺人・傷害が、粗暴・危険な犯罪ではなく、やむない措置もしくは賞揚すべき勇敢有益な行為だと認められるためには、他からの侵略を防ぎ、全体社会の安定や秩序維持に資するといった大義名分と、それに対処することが可能な高い技能を持った武力専業者の存在が前提になければならない。武士身分とは本来そのようにして生まれてきたもので、かれの身分と武力発動の正しさを認定する者は、当然、全体社会の安定・安全に責任を負うべき人びとないし機関であるはずである。前近代にあっては、その特別の人びととは、第一に国家・社会を理念的に代表する王(天皇)もしくは各行政単位における王の正統な代理人(国守ら)である。

新しい武士研究の先達の一人である石井進氏は、国内武士の組織化や武士身分認知の方法として、国司の館への結番《けちばん》や参勤、国守主催の大狩《おおがり》への動員、諸国一宮への流鏑馬《やぶさめ》など軍事的儀式の奉仕などがあった、と説いた(石井進、一九八七)。この見解は、石井氏自身自覚していたかどうかわからないが、しかるべき存在がしかるべき方法で身分的な認知を受ける以前は、かれはまだ武士ではなく、たんなる武に堪能な存在にすぎないという視点を初めて提起した、武士研究史上画期的なものだった。かれを武士と認知する国守は、天皇の地方における代理人そのものである。

石井氏の右の主張は、学界で広く認められるものになっているが、武士の身分認知を国守や国衙との関係だけで説いているのは、論文の主題が国衙レベルの軍制研究にあったからで、武に堪能な存在が武士化する方途は、実際には他にもいくつかあろう。さしあたり、αα源平武士の首長たちの傘下に入り実績を積む、β中央の武官・武職に就くなどの方法が考えられる。βは国家が必要とする日常の武力警察組織の一員になるわけだし、αは官職外的な存在だが、すでにいくつかの内乱の鎮圧によって天皇以下に実績を認められ、いざというときには謀反の鎮定に起用される武力組織に属することを意味する。

筆者は一九九〇年代以降、武士は平安初期までに発生し、王権と都の平安を守る(それが国家社会安定の要である)衛府の武官の一部などをさしていたが、一〇世紀後半以降源平の下級貴族(軍事貴族)がこれと交代した、近衛府を中心に蓄積された衛府の武芸の伝統や武器・武具の形態も、かれらの正統性の証として発展的に受け継がれたとする見解を提起した。つまり武士は平安の前期に、農村からではなく都と天皇の周辺から発生した、地方の武士は都の武士の地方版、その延長波及だとする主張である(髙橋昌、一九九九b)。これは、国家を代表する天皇こそが武士身分の最終的な認定者である、という前述の原理的な把握を基礎にしている。ともに天皇の臣僚である貴族と武士を、新旧両勢力であり本質的に敵対しあうものと考えたかつての常識は、論理・史実の両面で成り立ち難い。

保元・平治の乱の結果、平氏は武士勢力のサバイバルゲームに独り勝ち残る。院の親衛軍たる北面《ほくめん》は事実上機能停止に陥り(米谷、一九九三)、頼長挙兵の裏づけとなった摂関家領内武力は解体され、家産機構内の武士の大半も失われた(元木、一九九六a)。平氏は突出した武力集団になり、かつ自ら一個の権門へと躍進していった。以後三位以上の上流貴族になったという意味で、かれらの家筋を平氏という氏族名ではなく、特定の政治勢力を表示するため平家と呼ぶことにする(髙橋昌、二〇一三h)。

ところで、安元《あんげん》三年(一一七七)四月、加賀白山宮《はくさんぐう》・延暦寺の大衆が加賀守藤原師高《もろたか》の配流を訴えた。事件そのものは第四章4節で詳しく述べるが、その間閑院内裏を護っていた武士のなかに「大番《おおばん》の兵士」がいた(『吉記《きっき》』『顕広王記《あきひろおうき》』四月三〇日条)。かれらは「四大番の者ら」ともいわれているので、グループをつくって交替で勤務していたことを推察させる。閑院内裏は二条大路の南、西洞院大路の西にあった里内裏《さとだいり》であるが、高倉天皇の日常的な政庁であり生活空間として機能するようになる。鎌倉時代中期に炎上するまで、約九〇年の間、王家の正邸として用いられ、歴代の皇居と呼ばれるに至った。

大番役といえば、鎌倉幕府御家人《ごけにん》による京都大番のことだとされているが、平家の時代にも大番制があり、これについては、『承久記《じょうきゅうき》』に「日本国ノ侍共、昔(平家時代)ハ三年ノ大番トテ、一期《いちご》ノ大事ト出立《いでたち》、郎従・眷属《けんぞく》ニ至迄、是ヲ晴トテ上リシカ共、力尽テ下シ時、手ヅカラ身ヅカラ蓑笠ヲ首ニ掛、カチハダシニテ下リシヲ」とあるのがよく知られている(古活字本『承久記』上)。『吉記』などに見えるそれは、内裏警備のため、平家の指示のもとに交替で上洛した諸国武士を指していた可能性が高い、最初で確実な史料である。警備対象も同じく閑院内裏であるところから、鎌倉時代の京都大番役はこの平家のそれを前提・継承したものと考えられる(木村、二〇一六)。

平家時代の大番の開始は何時までさかのぼるのであろうか。二条親政の始まりを記す『愚管抄』に、「サテ主上〈二条院〉世ノ事ヲバ一向ニ行ハセマイラセテ、押小路東洞院《おしこうじひがしのとういん》ニ皇居ツクリテオハシマシテ(応保二年〈一一六二〉三月)、清盛ガ一家ノ者サナガラ(残らず)ソノ辺ニトノヰ(宿直)所ドモツクリテ、朝夕ニ候ハセケリ」とある(巻五 二条)。「宿直」の語は、律令制では「夜に仕ふるを宿と曰ひ、昼に仕ふるを直と曰ふ」(『令集解《りょうのしゅうげ》』職員令神祇官条)とされ、諸官司の職員が昼夜に分番して、職務にあたることをいった。

押小路南、東洞院西の皇居は、前年秋から造営され始めたもので、そのうち紫宸殿の造営者は、清盛の次男越前守基盛《もともり》だった。基盛自身は完成と同時の三月一七日二四歳で夭折したが、同月二八日二条天皇はかまわず新宮に遷幸している(田中本『山槐記』)。中心になる晴れの殿舎を清盛の次男が造営しているので、新皇居造営事業全体で、平家の貢献は極めて大きいだろう。そこに宿直所を造って平家の一族が昼夜詰めていたというのであるから、天皇をいわば丸抱えにしたのである。武門の一族挙げての奉仕であるから、「トノヰ」の中身を、警固と考えるのも無理がない。高倉天皇時代の閑院内裏への大番の発端はここにあったと考えたい。

平家にとり内裏警固を主催するのは、自らが王権の守護者であることを周知させる宣伝効果がある。一方、動員される側の地方武士にとって、大番で上洛する行為にどんな意味があるのか。じつは鎌倉御家人の京都大番役は、鎌倉殿からの反対給付のない奉仕だった。それでもこれを勤めたのは、自らを御家人と主張する者にとって身分のあかしになったからである。その事実を前提として、青山幹哉氏は、御家人にとって京都大番は「武士身分確保のための権利=義務であった」と、踏みこんだ解釈をしている(青山、一九八七)。平家の大番衆が、「一期ノ大事」または「晴」の機会と意気ごんだのも、それが武士であることの認知・確認の機会であり、オーソライズされる場だからであろう。

問題は、大番役賦課が国衙の軍制を構成する地方武士全体に及ぼされるものだったか、それとも平家の家人に限られていたのかである。学界では、ニュアンスの違いはあるが前者だとする諸氏の見解と(石井進、二〇〇四b/五味、一九八四a/飯田悠、一九八二)、後者を主張する筆者の説が並立している(髙橋昌、一九九九c)。関係史料の乏しい現状では断定に躊躇を覚えるが、少なくとも前者だという積極的徴証は見いだせない。本書でも大番役を勤仕したのは、引き続き平家家人だとしておく。

かれらに大番の役を催促し、一国の単位でとりまとめ上洛させたのは、平家にしたがう諸国の「押領使」「守護人」と呼ばれる存在、または国内でも最も平家と密着した武士＝「国奉《くにのぶ》行人《ぎょうにん》」だったらしい(野口、一九九四)。だがそうした体制が整うのは、一一七〇年代の後半ぐらいまで降ると思われ、二条天皇段階では、まだ平家大番制度の萌芽が現れ出た段階と解するのが穏当だろう。

ともあれ、今生の名誉だと精一杯の武装を整えて入京、大番衆の一員として日夜内裏を警固、ときには寺院大衆の強訴を阻止し、またあるときは院御所付属の馬場で居並ぶ貴顕に流鏑馬など弓馬の妙技を披露するといった実績や体験は、かれらを正規の武士と認知せしむるに十分である。先に地方武士の身分認知方法として、α「源平武士の首長たちの傘下に入り、実績を積む」ことを想定したが、具体的には大番役を勤めるのが実績の中心だったと考えたい。石井氏のいうように、国司の館への結番や参勤、国守主催の大狩への動員、諸国一宮への流鏑馬など軍事的儀式の奉仕が武士身分の認知方法だったとすれば、右は本質的にはそれと同じ、しかしそれよりはるかに格高く晴れがましい体験だったはずである。

平家の家人がただの家人でなく、「家人」＋「御」で「御家人」と呼ばれたのも(『薩摩佐々木文書』二号、『鎌倉遺文』八八号、『平安遺文』三九八二号)、奉公している主人にたいする敬称でなく、大番役勤仕というかれらの国家的役割に由来する(五味、一九七五)。なお先に述べた武士身分の認知方法のβは、その背景に国家財政の行きづまりを補塡するため採用された成功《じょうごう》制(売官制)の存在があった(上島、一九九二a)。この場合肩書きばかりで、武官として中央で日常勤務するとは限らない。方式としては主要なものにはなり得なかったであろう。

平家が内裏大番を差配しているという事態は、鎌倉幕府の例を参照すれば、国家の軍事警察部門の最大の担い手だということである。それがまだ既成事実にとどまっているか、制度として公認されたものかは、今は問わないとして。右の件と関係あるのが、永暦元年(一一六〇)五月一五日、清盛の郎等筑後守平家貞が、肥前国住人日向通良《ひゅうがみちよし》とその従類七人の首を京師に持ち帰ったという事実である。平家貞は「平家第一の郎等、武士の長《おさ》なり」といわれ(『顕広王記』仁安二年五月二八日条)、『平家物語』では、忠盛を殿上で闇討ちにする陰謀を聞きつけ、殿上の小庭に武装して祗候、主が危難を逃れるのに功のあった人物である。

通良は前年「朝威を傾けんとする聞え」があったので、清盛に追討の命が下った。家貞は大宰府に下向し通良を攻め、討ち取った首を携えて凱旋、上皇は鳥羽殿で見物した(『百練抄』、『源平盛衰記』巻二日向太郎通良懸頸)。保元二～三年に播磨守清盛宛に「鎮西凶悪の輩」「九国二嶋の謀反濫行の輩ら」追討の宣旨が出たことについては前に見たが、そちらはなお国家の軍事警察権掌握途上のものと見られる。

同じ永暦元年七月八日、薩摩国の相撲人《すまいびと》が自らを管轄する左近衛府に、薩摩平氏の阿多忠景《あたただかげ》・忠永《ただなが》の訪《とぶらい》を停止すべきことを訴えている(『山槐記』)。忠景・忠永は兄弟で、忠景は阿多郡司・権守などの肩書きを帯しているので、薩摩国衙のトップクラスの在庁官人《ざいちょうのかんにん》(国司の庁に勤務し、行政事務を担当した役人。地方豪族や土着した国司があたった)であろう。かれには大宰府の役人との人脈もあったようだ(『平安遺文』二三九八・三二二〇号)。かの保元の乱の英雄鎮《ちん》西八郎為朝《ぜいはちろうためとも》は、乱以前に「阿蘇平四郎忠景」の婿になって九州を荒らし回ったとあるが(『保元物語』上)、阿多忠景と同一人物かも知れない。

「訪」には、詳しく聞く、問い詰めるの意味があるので、国衙の威を背景に薩摩の相撲人に何らかの圧力を加えたのであろう。忠景・忠永はその後「無本(謀反)」を企て、荘園や国衙領に賦課された「召物《めしもの》(国家機関が臨時の事業のため、諸国から収納した物品)」を押取ったという理由で、筑後守家貞によって追討を受け、ついには鬼界島《きかいがしま》(薩摩南方の島)に逐電したといわれる(『平安遺文』四一〇一号、『吾妻鏡』文治三年九月二二日条)。これも平家の国家的な軍事警察権行使の具体例であり、家貞は九州地方における清盛の名代、その実際の担い手だったのではないか。もっとも、家貞自身はその時点で八〇歳以上の高齢だったから(『顕広王記』仁安二年五月二八日条)、かれの子貞能あたりがさらにその役を代行していたはずである。

## 5　平家納経

後白河院政の第二期(実は二条親政期)はあしかけ五年続いた。清盛はその第二年目の応保二年(一一六二)九月二〇日、従二位《じゅにい》に叙されている(『公卿補任』は八月二〇日とするが疑問)。こ

図1-4　平清盛(皇居三の丸尚蔵館収蔵『天子摂関御影』より)

れは八月二四日の二条天皇の稲荷社・祇園社行幸の行事官を務めた働きにたいする賞である。九月二三日には右衛門督と検非違使別当を辞任。一〇月三日には勅授《ちょくじゅ》を許されている(『公卿補任』)。勅授とは中納言以上の文官が、参内時に帯剣を勅許されることである(図1-4)。

一方左馬頭・内蔵頭などを歴任してきた重盛は、一〇月二八日右兵衛督に任ぜられ、さらに翌応保三年正月五日、二六歳で従三位に叙された。右兵衛督は元のままである(『公卿補任』)。こうして清盛に続き、家嫡が順調に公卿に列した。重盛は位階で先行した叔父頼盛を抜き去った。

同年二月二七日の祈《き》年穀奉幣《ねんこくほうべい》(年穀の豊穣を祈って神社に幣帛を奉じる朝廷臨時の神事)にあたり、清盛は石清水八幡宮《いわしみずはちまんぐう》に勅使として赴く。同宮に公卿の勅使が派遣された初例で、以後それが慣例となった(『顕広王記』)。

翌長寛《ちょうかん》二年(一一六四)二月一九日、鳥羽天皇以来四代三八年にわたって摂政・関白を務め、多年政界のドンであった忠通が、法性寺殿で没した。その二カ月後の四月一〇日、清盛は忠通の嫡子関白基実をわずか九歳の娘盛子の婿に取る(『愚管抄』巻五 二条)。摂関家の側からいえば、若い基実の後見を期待したのだろうが、清盛にとっては摂関家にたいする発言強化の手だてである。

同年九月、権中納言清盛は一門の繁栄を祈願して、厳島神社に今日平家納経《へいけのうきょう》と呼ばれているワンセット三三巻の装飾経を寄進した。厳島神社が広島湾南西部に浮かぶ宮島北西の海浜にあるのは周知の通り。祭神は伊都岐嶋《いつきしま》神とされ(『日本後紀』弘仁二年七月一七日条)、一〇世紀の『延喜式《えんぎしき》』の「神名帳《じんみょうちょう》」にも「伊都伎嶋神社」の名が見える。

装飾経とは料紙《りょうし》・経文・軸などに装飾をこらした経巻のことで、通常の写経や版経とは別に、特殊な願いや供養に際して制作された。経巻は仏陀の教えを伝える機能を持つものだが、そのころは経巻自体が仏舎利と同じように尊崇を受ける。そこで、仏堂や法会儀式と同様美しく飾り立てられた。

『法華経』は日本では諸経の王といわれた。平安貴族社会では、その『法華経』を読誦・供養する法華八講・法華二八講と呼ばれる法会が盛んで、それにともない『法華経』二八品《ほん》(品は、仏典で章・編の意)、その序説にあたる『無量義経《むりょうぎきょう》』一巻、同じくその終章を承けた内容をもつ『観普賢経《かんふげんきょう》』一巻、併せて三〇品三〇巻を、多くの者が分担して書写調巻する儀礼が生まれた。これを法華経一品経《いっぽんきょう》供養(結縁経供養)という(小松、一九九六a)。

平家納経もそうしたやり方にならって、弟子《ていし》(清盛)と家督三品《ぽん》(この品は位の意味)武衛《ぶえい》将軍(重盛)および他の子息ら、舎兄将作大匠《しゃけいしょうさくだいしょう》(頼盛)・能州刺史《のうしゅうしし》(教盛)・若州刺史《じゃくしゅうしし》(経盛)、それに門人家僕ら併せて三二人が制作にあたったという。正確には前記三〇巻に、『阿弥陀経』一巻、『般若心経《はんにゃしんぎょう》』一巻(ただし現存する『般若心経』は仁安二年の書写奉納)、清盛の自筆願文一巻を加え、全三三巻で一揃いになっている。

各巻の題簽《だいせん》(書名・巻数などを記して表紙に貼付したもの)は、ほとんどが銀製の額形のなかに経の題を打ち出し、巻首の発装《はっそう》(八双)も銀製鍍金《ときん》金具で精緻な透彫《すかしぼり》細工がほどこされ、軸端は水晶を透彫の金具でつつみ飾っている。見返しには多彩な絵や模様が描かれ、料紙も金銀の砂子《すなご》撒《ま》きや切箔《きりはく》、銀の野毛《のげ》(芒《のぎ》、銀箔を細長く切った切箔の一種)が多用され、葦手絵《あしでえ》の文様を散らすなど、意匠をこらしている。これらを納める金銀荘雲龍文銅製経箱も伝存しており、その善美を尽くしたさまは、現存する装飾経中の白眉、当時の絵画・書跡・工芸の最高水準といって過たない。

清盛の「自筆願文」には、かれの伊都岐島大明神にたいする篤《あつ》い思いが示されている。曰わく、『法華経』二八品が顕れて人になったのが観世音菩薩で、伊都岐島神は観音の「化現《けげん》(仏・菩薩が衆生済度のために、姿をかえて世間にあらわれること)」だと。伊都岐島神を観音の垂迹《すいじゃく》(化現に同じ)とするのは、この「自筆願文」によって初めて知られる事実である。

鎌倉前期成立の説話集『古事談《こじだん》』には、清盛が安芸守再任を願って高野山の根本大塔造営の務めにあたっていたとき、弘法大師の化身である僧が現れ、厳島に奉仕するように勧めた。後日清盛が神拝に赴いたところ、巫女が託宣して、従一位の太政大臣にまで昇ることなどを告げたという(巻五―三三)。『平家物語』巻三大塔建立にも同工異曲の話がある。これらは清盛の厳島信仰を高野信仰に結びつけた伝承で、そのものとしては事実とは考えられない。が、自筆願文にも、「一沙門《しゃもん》」が厳島社の功徳を説き、ひたすら敬い仰いだ結果その恵みは顕著だったとあるから、確かに清盛には似通った神秘の宗教体験があったのだろう。

平家納経に四年先立つ永暦元年(一一六〇)八月五日、大宰大弐清盛は「年来の宿願」だった厳島に詣でている(『山槐記』)。同じ月の一一日太政大臣以下の人事発令があった。このとき清盛は参議に就任しているが、当然本人は厳島にあって不在だった。もちろん信仰心によるのであろうが、安芸守の経験があり瀬戸内海で海賊追討などに従事したこともあるかれが、このとき最初の参詣というのも考えにくい。こうした人事は事前の内示があるわけで、それを承知で出立するところに、栄誉・官位の昇進に恬淡《てんたん》たる態度を示す効果が狙われているのであろう。その後、かれの厳島神社への傾倒はさらに深まり、ついに前述の装飾経三三巻の奉納にいたった。

平家納経制作にあたっての発想やその含意については、美術史家梶谷亮治氏の近年の研究が注目される(梶谷、二〇〇一・二〇〇五)。氏は諸方面の研究を総合しながら、次のように述べる。まず清盛には濃厚な竜神信仰があり、それとのかかわりで『法華経』を信仰していた。福原(和田浜)や厳島でしばしば行われた千僧供養《せんそう》(本書第三章3節参照)は、『法華経』をもって海神(竜王)を鎮めるためのものであったとする。『法華経』の第一二巻にあたる「提婆達多《だいばだった》品《ほん》」には、文殊菩薩《もんじゅぼさつ》が海中で『法華経』を説いて、沙竭羅《サカラ》竜王の娘を即身成仏《そくしんじょうぶつ》(現世のこの肉体のまま仏になる)させるという竜神教化の説話が見える。竜は水神・海神であり、その怒りは風波をまき起こし海難の原因になった。さらに「観世音菩薩普門品《ふもんぼん》第二十五」(観音経)には海難救済の思想がある。

右の和田浜や厳島での千僧供養への評価は、実は筆者の論述を踏まえているのであるが

図1-5 『提婆達多品』見返絵(嚴島神社所蔵,画像提供＝便利堂)

(髙橋昌、一九九九a)、それに加え氏は次のように説く。平家納経中「提婆達多品」は特別の巻で、その表紙は海浜の情景を表現し、題簽に嵌めこまれたガラスの深い碧色は海を意識している。見返絵は竜女成仏の図様で、海中から出現した竜女が、釈迦の前に宝珠を捧げながら進み出たところを表す。釈迦上方の楼閣の棟中央部に金泥《きんでい》で描かれた宝珠は、五輪塔と同一で、胎蔵大日如来《たいぞうだいにちにょらい》を意味する。経巻軸端にも水晶五輪塔がついている。以上この巻には竜女・宝珠・竜神にかかわる平家の特別な信仰が反映している、と(図1-5)。

確かに、中世には厳島の祭神は市杵《いちき》嶋姫《しまひめ》など三女神で、神仏習合思想の展開のなかで「娑《しゃ》竭羅竜王《かつらりゅうおう》の第三の姫宮、胎蔵界の垂跡也(厳島明神は、大日如来が人々を救うために仮の姿をとって現れたもの、との意)」(『平家物語』巻二卒都婆流)との説が行われていた。梶谷氏の解釈は妥当だろう。さらに氏は大胆に踏みこんで、長寛二年(一一六四)当時清盛の娘徳子が八歳だったことから、かの女は海中に住む八歳になる竜王の娘に見立てられていた可能性があるとする。ただし、かの女を八歳とする史料もあることはあるが、より信頼できる『山槐記』治承二年(一一七八)六月二八日条には、当年徳子二四歳とある。それなら長寛二年には一〇歳だから、主張としては弱い。厳島の祭神に奉納する経巻だから、竜女の神徳を讃えるというのが穏当な解釈だろう。

梶谷氏はつづいて自筆願文の作者について、マイケル・ジャメンツ氏の説を引きながら、信西の息藤原俊憲だとする。自筆願文中の章句には、叡山文庫本『類句集』(諷誦《ふうじゅ》願文表白の重要な語句〈あるいは発句〉を抄出した本)や『真俗雑記問答鈔《しんぞくざっきもんどうしょう》』巻一〇に見える俊憲作に一致する部分があるからである(ジャメンツ、二〇〇三)。有能な実務官僚として参議に昇っていた俊憲は、平治の乱の最中に解官され越後に配流、出家して帰京後も政界から離れていた。かれは他にも清盛の願文や表白を代作しているので(『鳩嶺集《きゅうれいしゅう》』)、それで間違いないだろう。

平家納経の書風は、経典の書写を専門とする経師《きょうじ》や能書家など、複数の手跡が認められるが(提婆達多品の書跡は清盛の弟頼盛のもの)、梶谷氏は島谷弘幸氏などの説によりながら、その一人に世尊寺《せそんじ》(藤原)伊行《これゆき》がいるとする(島谷、一九九七)。伊行は平家周辺の人物で、その娘伊《い》子《し》は、のちに清盛の娘建礼門院徳子のもとに出仕した。歌人で知られる建礼門院右京大夫《うきょうのだいぶ》である。伊行は『源氏物語』の初めての注釈『源氏釈』を著している。また伝貞成《さだふさ》親王筆『源氏物語注釈』(宮内庁書陵部蔵)に引用された「古注」の記事から、建礼門院のもとには「源氏の御絵」が所蔵されており(伊井、一九八〇b)、それは平家滅亡後鎌倉将軍家に伝来した二十巻本源氏物語絵巻(白河院と待賢門院の企画により作成された源氏絵巻、近年国宝『源氏物語絵巻』そのものではないかといわれる)と同じものだという(伊井、一九八〇a／三谷・三田村、一九九八)。

そして梶谷氏は、平家納経各巻の見返絵は、「五百弟子品《ごひゃくでしほん》」「提婆品《だいばほん》」「妙音品《みょうおんほん》」のように経の内容に即したものもあるが、「譬喩品《ひゆほん》」「寿量品《じゅりょうほん》」「普門品」「陀羅尼品《だらにほん》」「勧発品《かんぽつほん》」など中国宋風のモチーフを受容したもの、さらには「序品《じょほん》」「勧持品《かんじほん》」「分別功徳品《ふんべつくどくほん》」「神力品《じんりきほん》」「薬王品《やくおうほん》」「厳王品《ごんのうほん》」のように『源氏物語』を髣髴《ほうふつ》とさせる物語絵風の表現で、宮廷の貴顕男女の信仰生活を描いたもの、「湧出品《ゆじゅつほん》」「勧普賢経《かんふげんきょう》」のように女房を十羅刹女《じゅうらせつにょ》に見立てたものがある。また「法師功徳品《ほうしくどくほん》」の幽玄な趣の普賢菩薩影向図《ようごうず》は、金泥を駆使した表現法が「勧持品」に近いという。

氏はこれらの内、「提婆達多品」と王朝の物語絵風のグループには、その制作背景に清盛の特別の意志が感じられるとして、「分別功徳品」は『源氏物語』にあてれば初音《はつね》巻、「厳王品」は匂兵部卿《におうひょうぶきょう》巻、「法師功徳品」は藤裏葉《ふじのうらば》巻にそれぞれ対応するという。藤裏葉巻は、光源氏の唯一の娘である明石の姫君が無事東宮に入内《じゅだい》を果たし、光源氏が太政大臣から准太政天皇となり栄華を極める内容である。つまり梶谷氏は、清盛は竜王の娘になぞらえられる徳子が、藤裏葉巻のようにめでたく入内を果たすことを願っていた、と主張しているのである。

氏の主張の前提には源氏(物語)供養の習俗がある。平安最末期には、紫式部が『源氏物語』を書き、狂言綺語《きょうげんきご》を記し好色を説いた罪で、地獄に堕ちていると信じられていたので、それを救うため歌人たちが集まって和歌を詠じ、一品経供養(『法華経』二八品を一品ずつ各人が分担して供養すること)を行っていた。これを源氏供養という。その際『法華経』二八品と『源氏物語』五四帖がどのように対応していたかについて、日本文学研究者の寺本直彦氏は「宇治十帖を一括し、これをそれ以前の並《なら》びの巻十七帖を除いた二十七帖に加えて二十八帖としたものに宛てた」と推測している(寺本、一九七〇年b)。並びの巻とは、物語の本筋と並行する話を記した巻で、帚木《ははきぎ》の並び一空蟬《いちうつせみ》、並び二《に》夕顔といった風に本筋の巻と一揃い、一まとめになる巻のことをいう。

世尊寺伊行の『源氏釈』では、この中世の注釈書に引き継がれる特有の巻数の数え方をしている。梶谷氏は、だから『源氏物語』の第一九帖目にあたる藤裏葉巻は、「法師功徳品第十九」との対応が成り立つのだと主張する。

右の梶谷氏の主張はまことに興味深いけれど、難点は平家納経の「法師功徳品」見返し絵の、持経者の前に姿を現した普賢菩薩を表す画像は、藤裏葉巻の内容に直接対応していないことである。この図はもと「普賢菩薩勧発品」に付されていたものが、補修時などに取り違えられたものではないかといわれている(奈良国立博物館、二〇〇五)。そうだとしても、元の画像が不明な以上、この説はそのままでは承認し難い。ただ奥書《おくがき》の署名で「法師功徳品第十九」に結縁したのは、清盛自身であるのがわかる。結縁経の場合、各巻末に結縁者の自署を加えないのが不文律で、平家納経の大部分もその原則に忠実である。そのなかであえて清盛結縁の事実を明示した巻の見返絵に秘められた意図が何であったか、興味は尽きない。

平治の乱後五年しか経たない長寛二年(一一六四)という段階で、清盛が娘の入内やその産んだ子の東宮への冊立《さくりつ》まで願っていたというのは、時期尚早といわざるをえない。「自筆願文」の「子弟の栄華を験《み》るに、今生の願望すでに満つ」というくだりとも整合しない。しかし、人間の欲望は叶うほどに増殖するものだし、権力政治家が正直に自らの野望を告白するはずもないだろう。いまや忠通も亡く、二条政権最大の支柱の位置にある状況で、その可能性は相当程度以上と考えるべきかもしれない。なによりも清盛が『源氏物語』の光源氏の須《す》磨《ま》・明石《あかし》流寓《りゆうぐう》、明石入道と明石の君の物語に強い関心を持っていたという梶谷氏の指摘は、今後のかれの行動を考えてゆく上で、大きな示唆を与えている。詳しくは第三章6節で展開するが、その点について、あらかじめ読者の注意を喚起しておきたい。

同じ年の一二月一七日、後白河上皇は新造の蓮華王院《れんげおういん》に御幸した。この日落慶の供養会が行われたからである。後白河上皇はこれに先立つ永暦二年(一一六一)年四月京都東山《ひがしやま》の法住寺殿御所に遷った。その中央部に本堂として建造されたのが蓮華王院である(川本、二〇〇六／上村、二〇〇六／山田、二〇〇六)。内陣の柱の間数《まかず》(柱と柱の間)が三三あるので俗に三十三間堂という。長大な単層入母屋《いりもや》造り。すなわち京都観光の目玉の一つ国宝三十三間堂で、現在の本堂は鎌倉中期の再建だが、院政期の旺盛な堂塔建築のさまをしのばせる数少ない遺構である。内部に観音千体を安置したので、法住寺殿千体観音堂とも呼ばれた。後白河の多年の宿願であったので、清盛が承り自分の知行国《ちぎようこく》である備前国の財をもって造営したものである。

上皇は供養の席への二条の行幸を望んだが、天皇は全く関心を示さず、寺の諸役人の功労を賞するため、位や物を授けるよう申請しても音沙汰がなかった。後白河は勧賞《かんしよう》の勅許がないことにたいし、目に悔し涙をいっぱい浮かべて、「ヤ、、ナンノニクサ(何の憎さ)ニ〳〵」と怒って八つ当たりしたという(『愚管抄』巻五 二条)。

一方、造営の賞として重盛が即日正三位《しょうさんみ》に叙された。この賞は備前国守平国盛(後改名して教経)が譲る形で、重盛に授けられた(『公卿補任』は二月一七日叙とするが、これは「十二月」の「十」が脱漏したもの)。ここで背景にある知行国制について簡単に説明しておこう。公卿のような高い位階の貴族は格下の地方官には任じられない。しかし国家財政が窮迫し、公卿・廷臣らへの俸禄が有名無実になってゆくと、一一世紀半ばごろから特定の公卿などに、実入りの多い諸国の国主(知行国主)の地位を与え、国主は子弟や親近者などをその国守に任じ、実際にはかれが支配の実権を握り、その間の収益を得るのが慣例化していった。それが知行国制で、つまり国盛はたんなる名目上の国守、実質は清盛が国主で、清盛への賞が重盛に譲られたのであった。

# 第二章　太政大臣から福原禅門へ

## 1　異例づくめの昇進

長寛三年(一一六五)二月四日、束帯《そくたい》姿で六波羅の清盛亭を訪ねた神祇伯《じんぎはく》の顕広王は、寝殿の東の妻《つま》(建物の棟と直角に配された空間)に招き入れられ、しばし談笑した。王は政界の超大物との会見を、「これ生前の面目なり」と感激している(『顕広王記』)。当時清盛が人びとにどのような目で見られていたかを語る一幕である。面談の内容は不明だが、かれは正月二四日に神祇伯に任じられているので、そのお礼回りのための訪問と思われる。

同じ年の四月中旬以降二条天皇は病に冒され、改元あって永万と年号が改まっても、回復の兆しが見えなかった。容態悪化のまま六月二五日、ついにわずか二歳の第一皇子順仁親王《のぶひと》に譲位する(『顕広王記』永万元年六月二五日条裏書)。六条天皇である。順仁の生母の父は大蔵大輔伊岐致遠《いきのむねとお》という閑院流徳大寺家《とくだいじけ》の家司だった(佐伯智、二〇〇三)。致遠は貴族社会では取るに足らない存在のため、二条天皇が深く愛した中宮育子《いくし》が六条の養母になっている(『顕広王記』同前)。育子は徳大寺実能《さねよし》の娘で、忠通の猶子《ゆうし》(兄弟・親戚、または他人の子を養って自分の子としたもの。名義だけの場合も多い)にもなっていた。

乳児六条の乳母には中宮亮《ちゅうぐうのすけ》藤原邦綱《くにつな》の娘成子《せいし》が任じられた(『尊卑分脈《そんぴぶんみゃく》』)。邦綱は右馬権助盛国《もりくに》の子という低い身分の生まれで、文章生《もんじょうしょう》より出身し、伊予守・播磨守など第一級の大国受領を経、他方では関白忠通・基実二代に家司として仕えた。「平大相国とさしも契《ちぎり》ふかう、心ざしあさ(浅)からざりし人なり」(『平家物語』巻六祇園女御)といわれたように、清盛とも関係の深い人物である。

譲位四日後の六月二九日、二条は太上天皇(上皇)の尊号をたてまつられる。同日院司が補任され、執事別当には参議重盛と越中守で皇太后《こうたいごう》(呈子《ていし》)宮亮《ぐうのすけ》の藤原定隆《さだたか》が任ぜられた。さらに七月二五日には邦綱が六条天皇の蔵人頭に就任する(『山槐記』)。五月九日重盛が参議に任ぜられた件を含めたこれら一連の人事には、後白河の動きを封じこめ、平家に依拠しながら自らの院政を進めようとする二条の執念が表れている。

七月二八日、二条上皇は押小路東洞院御所で没し、八月七日遺骸は蓮台野《れんだいの》の奥、船岡山《ふなおかやま》に葬られた。この葬儀の場で興福寺《こうふくじ》と延暦寺が墓所に立てる額の席次を争い、延暦寺の大衆が興福寺の額を切り落とした。『平家物語』巻一が語る「額打論」である。両寺の対立は激化し、九日には延暦寺大衆による興福寺末の清水寺《きよみずでら》焼討があり、興福寺側の報復から系列下の祇園社を守ろうとして、山門大衆が終夜気勢を上げた。その後、後白河は六波羅に御幸する(『顕広王記』八月七日・九日・九日条裏書、『帝王編年記』『歴代皇紀《れきだいこうき》』)。

「一院(後白河)、山門の大衆に仰《おおせ》て、平家を追討せらるべし」との風評が立ち、そのため軍兵が内裏に参り四方の諸門を警固、平家一門は六波羅に結集、後白河も誤解を解くべく六波羅に御幸した。『平家物語』はそのように語る（巻一清水寺焼上）。『顕広王記』の九日条裏書に「人その故事を知らざるか」とあるから、同時代人にとっても後白河の行動は不可解だったようである。二条の死後しばらく、清盛と婿の摂政基実が乳児の六条天皇政権を支えていた（五味、一九九九）。後白河が自らを押さえこんだ清盛を、内心快く思っていたはずがない。平家追討の噂があったとしても、全くの流言蜚語《りゅうげんひご》とはいえないだろう。

後白河は暫時六波羅にあって還御した。『顕広王記』の九日条裏書には、重盛が乗車に付き随って送ったと一度は書き、その後抹消し「不参」、つまり重盛の護送は誤報だったと書き添えている。重盛は四月二二日、後白河上皇が延暦寺に登山した折にも参加している（『顕広王記』『帝王編年記』）。かれは政治的には院に近いところに位置していたので、このような誤報が流れたものか。

八月一七日清盛は権大納言に昇任。大納言は大臣と同じく重要な儀式・行事の上卿《しょうけい》（それらを指揮する担当の公卿）を務める。鳥羽院政期には権勢を誇った院の近臣でも権中納言止まりである。九月一四日には出雲に配流されていた時忠が召還され（『百練抄』）、翌年三月二七日本位に復した（『公卿補任』仁安二年尻付）。配流から四年目の復帰となる。すでに六月三〇日、内蔵頭《くらのかみ》教盛・左京権大夫信範に内昇殿《うちのしょうでん》（清涼殿の殿上の間に出仕すること）が許されていることと相俟って（『山槐記』）、応保元年九月の政変が公式に否定された。潮目は緩やかに変わ

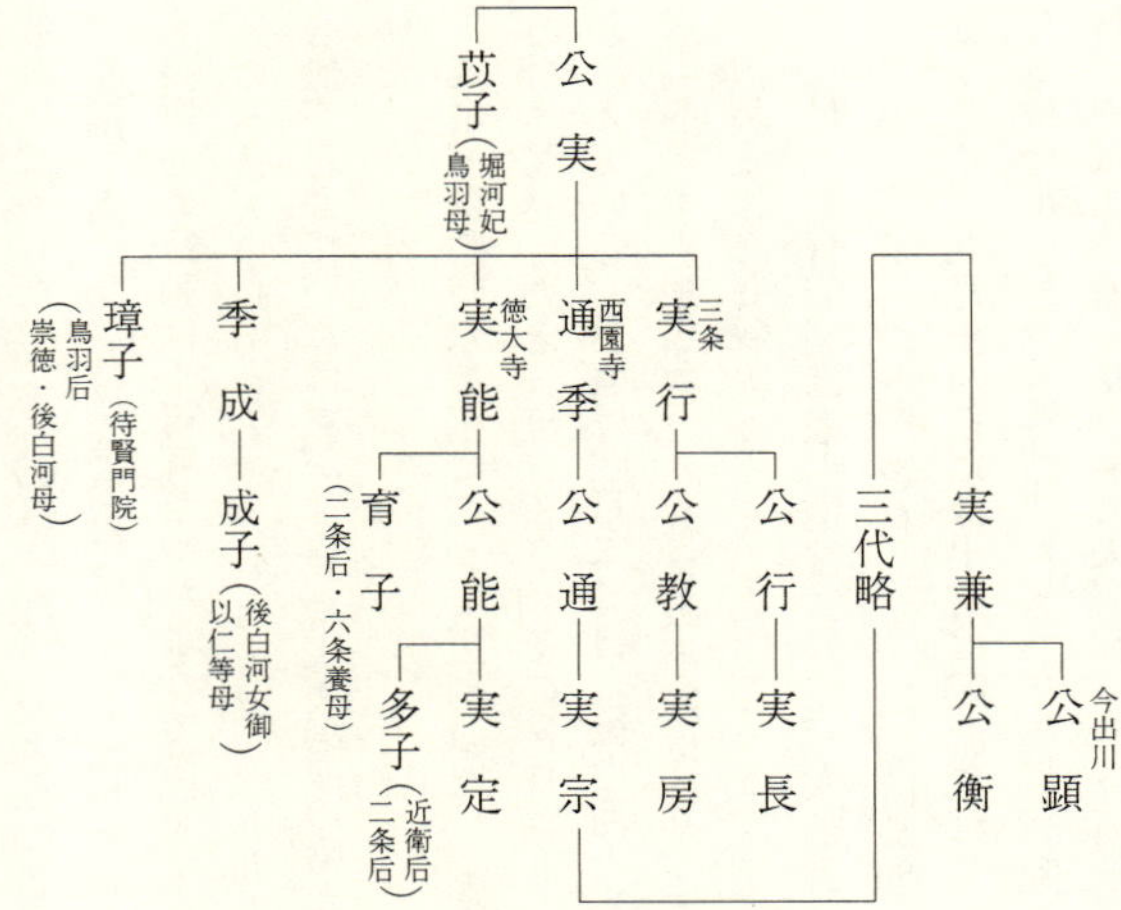


図 2-1　閑院流の流れ

りつつあった。同年一二月二五日、平滋子が後白河との間に生んだ憲仁に親王宣下があり、清盛は大・中納言がなる親王家の勅別当《ちょくべっとう》(勅旨により補任される別当)に補されている(『顕広王記』)。

清盛が権大納言に昇任したその同じ日、三条家の藤原実長と激しく官位を競い合っていた従二位藤原実定《さねさだ》が、権大納言の辞任と引き替えに正二位に進んだ。実定は閑院流の中心たる徳大寺家の嫡流で、二条の中宮育子はかれの叔母だった。鎌倉以降の貴族社会では、七清華《しちせいが》と呼ばれる諸家が、五摂家に次ぐ家格を有するようになる。清華家とは太政大臣に就任可能な家格で、摂関家傍系の花山院《かざんいん》・大炊御門《おおいみかど》と、閑院流藤原氏の三条・西園寺・徳大寺・今出《いまで》川《がわ》(菊亭《きくてい》)(図2-1)、および村上源氏の流れを汲む久我《こが》の諸家を七清華という。

徳大寺家は鳥羽院政期には忠実・頼長に近く、保元の乱前から後白河に接近した。実定は後白河の天皇時代異例の昇進をするが、育子入内により二条天皇派に取りこまれてゆく(佐伯智、二〇一五)。清盛昇任のため権大納言の空席を作った形の実定は、以後前権大納言のまま据え置かれ、元職に復帰するのは、じつに一二年後の安元《あんげん》三年(一一七七)三月五日で(『公卿補任』)、その前年七月の六条上皇(六条天皇は仁安三年〈一一六八〉二月一九日退位)の死を待ってのことだった。後白河は二条の死によって時節が到来すると、実定の離反に、冷ややかな仕打ちをもって報いたのである。

永万二年(一一六六)四月六日、重盛は右兵衛督から左兵衛督に転ずる。六月六日には臨時の除目があり、清盛は正二位に叙され、盟友藤原邦綱も従三位に進んだ。さらに七月一五日、重盛は権中納言に昇任し、同日右衛門督に転じた。八月二七日には頼盛も従三位に昇り、修理大夫と大宰大弐を兼ねている(以上『公卿補任』)。一族の官位が順調に上昇している傍ら、七月二六日には摂政基実が赤痢で薨《こう》じた。清盛はまだ二四歳の若い婿の死に、「コハイカニ」と大いに落胆する(『愚管抄』巻五　六条)。相携えて二条―六条の王統を支えていた基実の死は、政界の変化を加速した。

結果、後白河院が復活、後白河院政第三期が始まる。その期間は安元三年(一一七七)六月の鹿《しし》ケ谷《がたに》事件までの一二年間で、比較的長期間続いた。もともと清盛は義妹の産んだ憲仁の即位に利益を有しており、ここにあらためて後白河と清盛の政治同盟が成立した。『源平

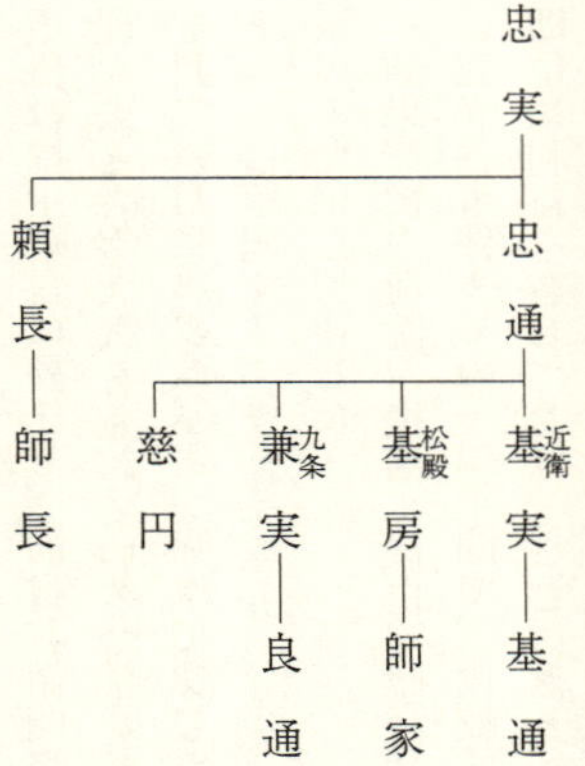


図 2-2 摂関家の流れ

盛衰記』は、「(後白河は)年来ハ打籠《うちこ》メラレテ御《ご》座《ざっ》テ幽《かす》カ也ケルガ、今ハ万機ノ政《まつりごと》一院聞コシ召」(巻三高倉院春宮立御即位)すと記す。天下の政務はようやく後白河の摂するところ、懸案の憲仁立太子も思うままだった。あらゆる権力と同じく、治天権力の核心は人事権で、その究極は次期天皇の指名権である。

元号が仁安元年に改まった同年九月六日、法住寺殿の殿上で憲仁の立太子定があった。同じ日、基実追善のため女房たちが一品経供養を行い、後家である清盛の娘盛子は『法華経』「方便品」に結縁している(『兵範記』)。基実死後、膨大な摂関家領を始めとする相伝の家産類は、かれの弟で摂政・藤氏長者職を継承した松殿基房《まつどのもとふさ》にではなく、正妻の盛子が後家の立場で伝領することになった(図2-2)。もちろん後家といっても、まだ一一歳であるから、摂関家の家政運営の主役になれるわけがない。『愚管抄』によれば、盛子による摂関家の相続を清盛に献策したのは藤原邦綱であり、邦綱は「北政所《きたのまんどころ》(盛子)ノ御後見《おんうしろみ》」になった(巻五 六条)。また清盛は一門・家人を摂関家の家政機関に送りこみ、かれらに指示を与えることによって、摂関家の家産機構を掌握した。つまり、盛子を介し摂関家を包摂する立場に立ったのである(樋口、二〇一一)。

盛子は白川押小路という祖父刑部卿忠盛ゆかりの地に邸宅を新造して移った(『兵範記』『顕広王記』仁安二年一一月一〇日条)。これは葛野《かどの》川《がわ》(桂川の中流嵐山《あらしやま》の近辺、大堰《おおい》川《がわ》とも)の景勝の地、梅津《うめづ》に置かれた摂関家の山荘(梅津御所)を移建、邦綱の私力と荘園の負担により急きょ造立されたもので、以後かの女は白川殿と呼ばれるようになる。

第三期前半における後白河と清盛の密着ぶりは、仁安元年一〇月一〇日の憲仁立太子式に端的に現れている。式全体を指図したのは後白河で、式場の東三条亭《ひがしさんじょうてい》に向かう後白河の牛車の警固責任者は権中納言重盛、その席の除目で東宮大夫《とうぐうだいぶ》(東宮にかんする事務をつかさどる機関の長)に任ぜられたのが清盛であった。権大夫は藤原邦綱、次官の亮《すけ》は清盛弟の教盛、三等官の大進《だいじょう》は清盛の四男知盛、乳母に重盛の室(経子《けいし》)および邦綱の娘(綱子《こうし》)が選ばれる。水も漏らさぬ布陣であった(『兵範記』)。かくして天皇が後白河の孫で三歳、皇太子が子で六歳という異例、逆立ちした組み合わせが出現した。

一一月一一日になると、右大臣藤原経宗が左大臣に、内大臣《ないだいじん》九条兼実が右大臣に、そして清盛が内大臣に進む。内大臣は左右大臣の補佐、代行の役である。大納言以下は除目で任ぜられるのにたいし、大臣は宣命《せんみょう》(天皇の命令を国文体で読み上げ広く群臣に知らせる文書)をもって任命される。清盛の場合はとくに「勲労久しく積もりて、社稷《しゃしょく》(国家・朝廷)を安全にせり、その功振古《しんこ》(大昔)にも比類少なければ、酬賞無くてやは有るべき」と告げられた(『兵範記』)。

軍事的な功労が賞されているが、清盛は大納言時に近衛大将を兼ねていない。これまで大将を兼ねない者が大臣に任じられたことはない。さらに兼宣旨《けんせんじ》を蒙《こうむ》らず、任大臣大饗《にんだいじんだいきょう》も行われなかった。兼宣旨とは大臣・大将に任ぜられる人を事前に宮中に召し、任ぜられる日時を選ぶように、との天皇の言葉を蔵人頭に伝えさせることで、兼は事前に、の意味である。また任大臣大饗は大臣に任じられたとき行われる、貴族社会の大饗宴である。兼宣旨と任大臣大饗は一体のもので、両者がなかったのは、安和《あんな》二年(九六九)大納言から右大臣に進んだ藤原在衡《ありひら》や、天禄《てんろく》三年(九七二)権中納言からいきなり関白・内大臣になった藤原兼通《かねみち》以来だった(『兵範記』一一月一〇日条)。まさに異例づくめである。事前の異論を許さぬ電光石火の人事だったからと思われる。

内大臣が常置されるようになるのは、永延《えいえん》三年(九八九)の藤原道隆《みちたか》からだが、平安末には摂関家や清華家以外の者の最終官、と位置づけられるようになっていた(北山、一九八九)。しかし、たとえそうだとしても、当時大臣への昇任の条件は「大納言の中《うち》、近衛大将を兼ね、春宮坊官を歴《へ》る、ならびに一世源氏、二世孫王、執柄《しっぺい》(摂関)、大臣の子息、皇(后)宮の父・当今《とうぎん》(当代の天皇)の外舅など、これを任ず」である(『官職秘抄』)。実際院政期に入ってからでも、摂家相続孫《せっけそうぞくそん》(道長の嫡流)・摂関家傍流(花山院・大炊御門・中御門・坊門)・村上源氏(久我)・後三条源氏・閑院流(三条・徳大寺)以外は、その地位から完全に閉め出されていた。大臣の重さは、一五〇年も前の話だが、二二年間大納言を務めた藤原道綱が、欠員ができそうだったので、弟の道長に一、二カ月でよいから大臣の席を借りたいと懇望したが、貴族社会は「一文不通の人、いまだ丞相《じょうしょう》(大臣の異称)に任ぜ」ずと、これを許さなかった(『小右記』寛仁三年六月一五日条)。

そもそも父忠盛は公卿にすら昇れなかった。その後継者がいまや大臣の栄誉に輝いたのである。かかる破格は平安中期以降では、左大臣源高明《たかあきら》が失脚した安和の変(九六九年)の余禄で、七八歳の高齢にもかかわらず右大臣に昇任した藤原在衡の例があるのみである(『花園天皇宸記《しんき》』元応元年六月晦日条)。皇胤《こういん》という清盛の出生が不可能を可能にした。

一一月一六日内大臣拝賀があった。任官・叙位にあずかったとき、天皇や力添えをしてくれた人、またその人の氏寺・氏社などに参上して、お礼を申し上げる儀式である。六波羅の清盛亭では巳の刻(午前一〇時ごろ)になり公卿・殿上人多数が列立するなかを、清盛が寝殿の南の階段を降り、門外の車に乗った。行列の威儀を整えるため、馬に乗って先導する前駈《ぜんく》が三十余人、牛車でつき従う公卿は権大納言源定房《さだふさ》・権中納言藤原隆季《たかすえ》・同平重盛・治部卿藤原光隆《みつたか》・東宮権大夫藤原邦綱・三位中将藤原兼雅《かねまさ》・皇大后宮権大夫藤原俊盛・左近衛中将藤原成親・参議平親範《ちかのり》の面々。まず土御門《つちみかど》東洞院亭に参り後白河院と対面、次いで東宮憲仁に慶び(お礼)を申し、さらに大内裏八省院で六条天皇の御前に召され、中宮育子に喜びを申し、最後に摂政基房の亭に向かい、六波羅に帰った。

同日蔵人頭朝方・実家《さねいえ》が職を止められ、後任の一人に右中弁時忠が補された。両名は五節《ごせち》(朝廷で新嘗祭・大嘗祭に行われた少女楽の行事)の間家に閉じこもり、節会に出席しなかったのを咎められたのである(『兵範記』)。その五節舞を舞う舞姫(童女)は、公卿の娘三人受領の娘二人が選ばれるが、平家から公卿では重盛、受領で宗盛・知盛の計三人が舞姫を献じた。大いに晴れがましいものとなるはずが、蔵人頭二人ほか不参者が出てケチが付いた(『兵範記』

一一月一三日条)。

一二月二日、東宮大夫が清盛から権中納言重盛に交代した。東宮大夫は普通大納言が任じられるのであり、権中納言が兼任するのは道長の息教通《のりみち》以来だという(『官職秘抄』)。重盛を大臣に昇任させるための布石である。

明けて仁安二年(一一六七)清盛は五〇歳の節目を迎える。正月には法住寺南殿《なでん》(寝殿)の建て替えが完成した。後白河院が御所とした法住寺殿は、鴨川と東山の間の地に既設の多くの堂舎を強制撤去して「四郭(四保《ほ》)」分(およそ八〇〇メートル四方)の空間を確保したもの(『山槐記』応保元年四月一三日条)。もとの法住寺南殿は、平治の乱で焼失した信西の八条坊門の末《すえ》(平安京の街路を京外に延長したものを〇〇の末という)の屋敷地に、藤原信頼の中御門《なかみかど》西洞院の殿舎を移築して造られた、という因縁めいた建物だったが(『重方記《しげかたき》』応保元年四月一三日条)、狭くて儀式に対応しにくかったため、このとき蓮華王院の南に建て替えられたのである。

法住寺御所域には、このころになると、七条末、平安京の七条大路を鴨川の東にまで延長した街路の北に東宮御所としての七条上御所《かみごしょ》(北御所)、後白河と滋子の住まいとしての七条下御所《しもごしょ》(西御所)、七条末より南に蓮華王院・儀式用の南殿・新熊野《いまくまの》社などが建ち並び、洛南の鳥羽殿が持っていた機能を吸収、さらに鳥羽や白河とは違って院が常住する唯一の本宅兼院御所議定の場になっていた(図2-3)。

後白河は鳥羽ではなくこの東山山麓の地に、なぜ院政の拠点を築いていったのだろうか。鳥羽離宮の地は白河・鳥羽両法皇の墓所がある。長寛三年(一一六五)には近衛の遺骸もこの

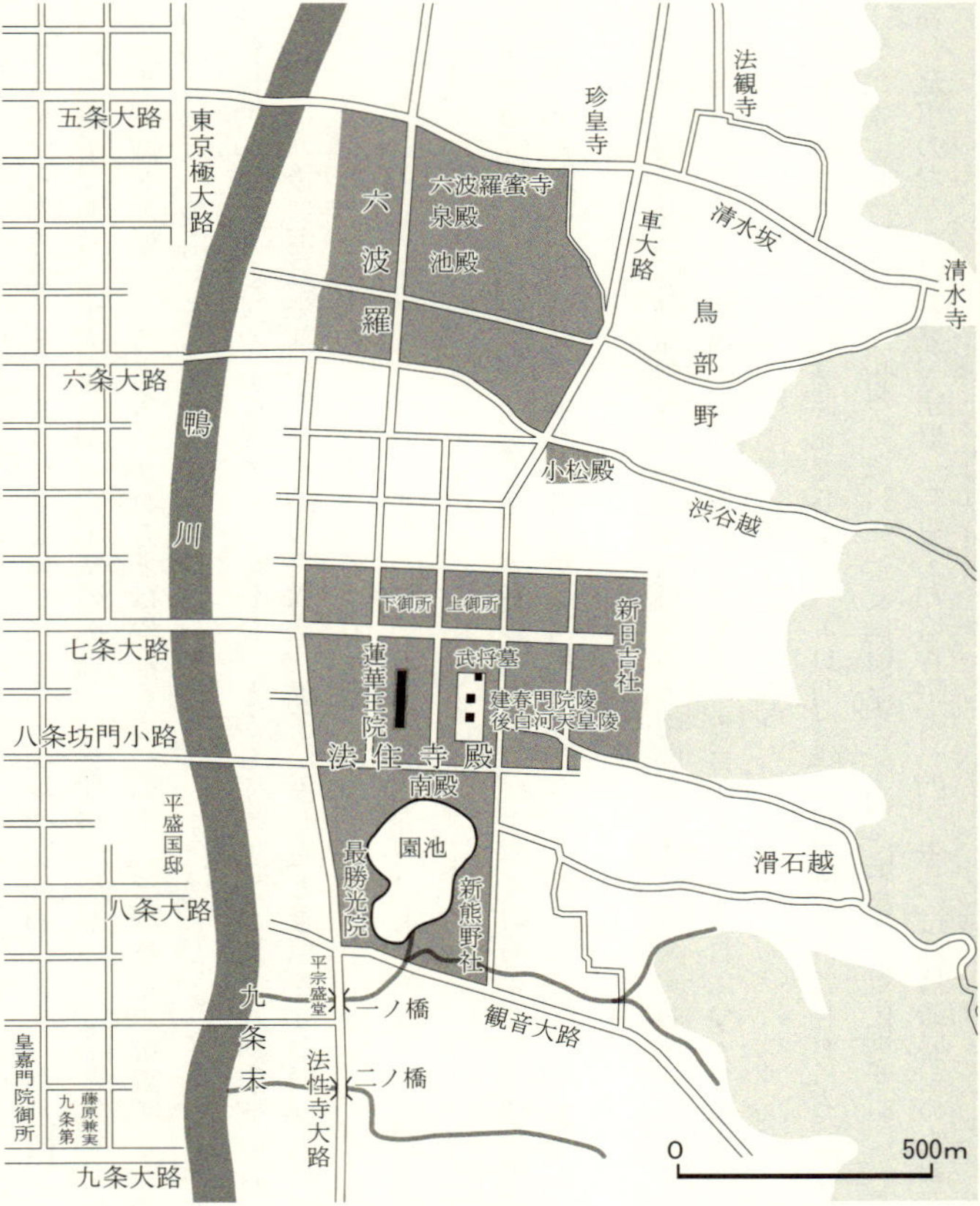


図 2-3　六波羅・法住寺想定図(筆者の想定にもとづき山田邦和氏作成)

地に改葬されてきた。そのようにここは、鳥羽院と美福門院の間に生まれた近衛天皇、美福門院の養子である二条天皇、かれら王統の拠点という性格が色濃い。二条と対立した後白河は鳥羽の地を忌避することで、かれらとは異なる自らの王統を創る意志を表明したのではないか。最近の美川圭氏の提言である(美川、二〇〇六)。なるほど、それなら実の姉上西門院を後白河の准母として立后させたことの延長、しかしずっと大がかりな新王統の宣言だ。実際ここに、後白河は生前から自ら墓所を構え、滋子が没したとき急きょかの女用の墓に宛て、自らが没するとその南に並んで葬られている(山田、二〇〇六)。

　話を続けよう。正月一九日の夜になって、新造の法住寺殿に上皇・滋子が渡御《とぎょ》し(『兵範記』『山槐記』など)、二〇日には皇太子憲仁が法住寺殿に朝覲行啓《ちょうきんぎょうけい》した(『兵範記』)。天皇が、年始(恒例の儀)や即位・元服(臨時の儀)などの挨拶のために、上皇や母后の宮に威儀を整え行幸することを朝覲行幸といい、東宮の場合には朝覲行啓という。東宮大夫たる重盛はもちろんこれに従った。

　行啓が終わり公卿勧盃の後、内大臣清盛・右大将藤原忠雅《ただまさ》・権大夫藤原邦綱・参議平親範らが急ぎ参内する。東宮の母従三位滋子に女御の宣旨が下り、それについて親族拝が行われるためだった(『兵範記』『百練抄』)。親族拝とは任官・叙位などの儀の終わった後、その親族の殿上人が庭に下りて行う拝礼であるが、院政期以降は親族以外の者も加わったらしい。

　翌仁安二年(一一六七)正月二七日には女御滋子の家司・職事・侍が補された。多数の家司・職事のなかには教盛・宗盛・時忠・知盛ら平家一門、また侍には清盛家の家司である安芸守能盛《よしもり》・紀伊守源為長《ためなが》・右衛門尉平盛国《もりくに》・その孫の右衛門尉盛澄《もりずみ》ら有力家人の名も見えている(『兵範記』)。

正月二八日、六条天皇が後白河上皇御所へ朝覲行幸し、院司公卿以下二六人に勧賞があった。院司の重盛も従二位に叙され、頼盛は正三位に叙された(『兵範記』)。もっとも頼盛は、大宰大弐としてその身は鎮西にあった(『公卿補任』)。

## 2　無冠の実力者へ

二月二日、兼宣旨が出された。内大臣清盛を太政大臣に任じ、内大臣の後任には右大将忠雅を任ずる内容である。蔵人頭藤原実綱が六波羅の清盛亭に赴いて、用件を伝えた(『山槐記』)。太政大臣の場合はそれ以下の人事と違って、本人が宮中に参内することはない。

二月一一日、「大将を経ざる人」清盛が従一位《じゅいちい》太政大臣になり、随身兵仗《ずいじんひょうじょう》(天皇から身辺警備のため近衛府の官人を賜ること)を許される(『百練抄』)。この日宣命で、大臣の転昇任や新任にともなう納言・参議の異動が述べられ、重盛が権大納言になり帯剣を許された。清盛亭では公卿らを迎えての恒例の饗宴は催されなかった。一方、同日の人事で権中納言に昇任した中山忠親は、兄忠雅亭で行われた任大臣の盛大な饗宴の模様を詳しく伝えている(『山槐記』)。

二月一四日、清盛の太政大臣拝賀があったが、従う者は公卿以上は六人で、権中納言以上は一人もおらず任内大臣時に比べずっと控えめな行列だった(『山槐記』、『顕広王記』一三日条裏書）。任大臣大饗も省略、礼回りも目立たぬそれだというのは、反発を意識した自粛と解せる。任内大臣からわずか三カ月後の昇任だからでもあろうが、内大臣昇任の時点ですでに内々太政大臣に昇るのが了解されていたのだろう。

清盛の太政大臣就任については、『平家物語』が「偏《ひとえ》に執政の臣（摂関）のごとし」といい、『職員令《しきいんりょう》』を引いて「『其《その》人にあらずは則《すなわち》闕《か》けよ」と言へり。されば即闕《そっけつ》の官とも名付たり」といっているものだから（巻一鱸）、一般に非常な栄進と見られている。確かに太政大臣は律令制発足当初は、最高の権力をともなう官と考えられた。しかし平安中期以降になると、それ自体に具体的な職務がないため、別に摂政・関白や内覧《ないらん》（太政官から天皇に奏上、もしくは天皇が太政官に下すべき文書を事前に内見すること）の宣旨を賜らない限り、実権を有しない官職、摂関家以外の高位の長老貴族が最後に就く名誉職的な官職になっていた。すでに寛和《かんな》二年（九八六）には、摂政は三公《さんこう》（太政大臣・左大臣・右大臣）の上に列すべしという一条天皇の詔《みことのり》が下っている（『公卿補任』寛和二年藤原兼家尻付、『水左記《すいさき》』承暦《じょうりゃく》四年一〇月九日条）。同年の政変によって一条天皇を即位させ、自ら摂政となって政権を握った藤原兼家《かねいえ》にたいする優遇の詔である。

こうしたことによって、現任時よりむしろ辞任後前《さきの》太政大臣とか前大相国《さきのだいしょうこく》（大相国は太政大臣の中国風の呼び名）の名で、政界に隠然たる力を振るうことの方が重視されていた（橋本義、一九八六c）。清盛は同年五月一七日、在任二、三年が普通なのに、わずか三カ月で太政大臣を辞任する。位階の従一位はそのまま保持するが、摂政・関白が摂関家の独占物である以上、清盛が就くべき官職はもはや残っていない。

それに先立つ五月一〇日、重盛に東山・東海・山陽・南海道らの山賊・海賊を追討すべしという官宣旨が下った。『兵範記』同日条により、その発給手続きは、蔵人頭で権右中弁の信範自身が、院の指示を文章化したもの（仰詞《おおせことば》とか口宣《くぜん》とかいう）を摂政基房が内見し、院に上奏した上で、左大臣藤原経宗亭に出向いて了解を得、弁官の筆頭を世襲する大夫史《だいふのし》（小槻《おづきの》隆職《たかもと》）に下知して発給させたものとわかる。経宗は上卿と呼ばれる当日の政務担当公卿だった。宣旨は本来天皇の命を受けて出されるものであるが、院の意志がそのまま宣旨になっている事実がわかる好例である。清盛に相談されていないのは、この件が清盛自身の意志から出たものだからである。

内容も極めて興味深い。このころ追討すべき具体的な山賊・海賊の脅威はなかったから、これは重盛に東山道以下の地域にたいする国家の軍事指揮権を委ねた措置であろうと考えられている（五味、二〇二〇）。清盛の現職返上の直前だから、間もなく平家の氏長者となる重盛に、清盛が実質的に握っていた職務を改めて確認した行為と見なされる。氏長者は、貴族社会におけるそれぞれの氏族の統率者で、氏人《うじびと》中官位第一の者を充てるのを原則としたが、かれが現職を離れても依然政治に力を振るうようになると、子弟で一族中最高官にあるものが、その地位に就いた。王家でも摂関家でも見られた、家の長（治天としての院や摂関家の大殿）と国制上の最高位（天皇と摂関）の分離であり、前者優位の現象である。清盛が太政大臣を退けば、権大納言の重盛が平家一門中最高官職の保持者、つまり新氏長者になる（上横手、一九八九）。

清盛は無冠になっても政界を引退したわけではないから、その後も変わらず実力者であり続けた。翌々日の五月一九日には臨時の除目叙位があり、平信範が院の使として基房（大殿忠通が死去しているので）、ついで清盛の家に向かい相談をしている（『兵範記』）。以下『兵範記』には、政務・人事の案件にかんし、記主の信範が院の使として、摂政や清盛の亭に参向する記事がたびたび見える（閏七月二一・八月二九・八月三〇日条）。蔵人頭としてのかれの当然の務めだった。

一二月三〇日には、除目・叙位・僧侶の人事について、院の御使として六波羅の清盛亭に向かい、二度往復し深更にいたりようやく院の「御定《ごじょう》」が決まり、それを「別紙」に記したものを摂政に内覧してもらって、最後に参内したのは暁も近くなっていた。人事は宮廷人の最大の関心事だけに難航した様子がうかがえるが、この時邦綱の娘で六条天皇乳母の邦子《ほうし》も従三位に叙されている（『兵範記』）。

こうして清盛は太政大臣をやめた後も実力者ぶりを発揮していたが、翌仁安三年（一一六八）二月二日、突然病に倒れる。病は「寸白《すばく》（素白）」と伝わり（『兵範記』二月六日条）、二月九日、娘の故基実夫人白川殿が極秘で見舞いにやってきた（『兵範記』）。寸白とは、さなだむし（条虫）など寄生虫のせいで、貧血・浮腫《ふしゅ》・腹痛などの症状をともなう病である（服部、一九七五）。治療は普通の腫物の場合と同じだが、道長全盛のころの藤原実資《さねすけ》の場合など、「はなはだ堪へ難」いので、早朝より湯治を行い、薏苡《よくい》（はとむぎ）湯《とう》を処方し、蓮葉に塩を交ぜて煮たものを付け、また中国から伝わった雄黄《ゆうおう》(砒素《ひそ》の硫化鉱物)を付け、ようやく治まった(『小右《しょうゆう》記《き》』寛仁三年三月二四日条)。

二月一〇日には六波羅に人びとが詰めかけ、滋子もこっそり渡御している(『兵範記』)。病状は重く、翌一一日には天台座主《ざす》明雲《みょううん》を戒師《かいし》として急な出家をした。五一歳であった。一年前の太政大臣就任の日に出家したというのは、心中期すところがあったのだろう。法名を清《じょう》蓮《れん》という(のちに静海《じょうかい》、浄海《じょうかい》と改名)。以後法名で呼ぶのが正しいが、なじみ薄いだろうから、便宜、清盛の名を使い続ける。妻時子も同時に出家。かの女は八つ年下の四三歳である(『兵範記』)。

その後、一五日には熊野より帰還した上皇が、参詣時着ていた潔斎《けっさい》の礼服のまま六波羅亭に直行し、翌日にも御幸があった(『兵範記』)。清盛が欠ければ政界の激変を招く。右大臣兼実は「猶々《なおなお》前大相国の所労《しょろう》(病気)、天下の大事ただこの事に在るなり、この人夭亡《ようぼう》の後、いよいよもつて衰弊《すいへい》か」と書き記している(『玉葉』二月一一日条)。政治的な後ろ盾を失うことを怖れた後白河は、六条の退位、憲仁の即位を急いだ。二月一七日危急の報が伝わり、その後やや持ち直すが、三月一三日になっても快方に向かわなかった(『玉葉』)。

二月一九日六条天皇が譲位、憲仁が践祚して高倉天皇になる(図2-4)。三月二〇日天皇の即位儀が行われ、平滋子は皇太后になった。宗盛は皇太后宮権大夫に補されている(『兵範記』)。歌人藤原定家の同母姉である健御前《けんごぜん》が、滋子のところに宮仕えに上がったのは一二歳のときである。几帳《きちょう》の合い間から見えた滋子は、「あなうつくし、世には、さは(そのように

図2-4　高倉天皇(皇居三の丸尚蔵館収蔵『天子摂関御影』より)

は)、かかる人のおはしましけるか」(『たまきはる』)と、思わずため息をついたほどの美貌である。かの女の日記からうかがえる滋子の宮廷は、凛とした格調があり、由緒正しく教育の行き届いた女房たちが、各々の役割を控えめに、しかも無駄なくきびきびとこなしていた(今関、一九八七)。

憲仁は即位以前には基実亭で盛子の養育を受けたので、即位とともに盛子は准母《じゅんぼ》(養母)・准后《じゅごう》(太皇太后・皇太后・皇后の三者に准ずる待遇を与えられる人)になる(『山槐記』治承三年六月一七・二〇日条)。四月六日、即位後の女叙位が行われ、天皇乳母の藤原綱子(邦綱の娘)、同経子(重盛の妻)、典侍の平清子《せいし》(滋子の妹で宗盛の妻)が従五位上に任ぜられた(『兵範記』)。

天皇即位のころからしだいに清盛の病報が伝わらなくなり、病は快方に向かったらしい。そのため仮病ではなかったかという放胆な意見もあるぐらいだが、高倉の即位を急がせる効果はあったわけで、それが正しければどうしてしたたかな名優である。いくら何でもそれはあるまいと思うのは、筆者のような政治に素人の感想かも知れない。

清盛倒れるの報で、人びとが清盛亭に詰めかけたから、遅まきながら六波羅についても紹介しておく。六波羅館《やかた》は東山の西麓、後白河の法住寺殿の北方にある。時間順序からいえば六波羅館の建設が先行するから、その存在を意識して法住寺殿が造られた可能性がある。

最盛期の六波羅館は、北は六波羅蜜寺《ろくはらみつじ》のある五条末、平安京五条（現松原通）を東に延長したライン、南は同六条延長のラインで、その間南北約五〇〇メートルに及び、東西は現鴨川東岸約一〇〇メートルの地点から東に約六〇〇メートル以上、積算して面積で「廿余町」、そして周囲は外塀によって囲まれていたらしい（七一頁、図２-３参照）。この空間には一族親類から郎従眷属の家々が密集して建ち、精細に数えれば「屋数三千二百余宇」に達した（延慶本『平家物語』巻七平家都落ル事）。大番役勤仕の平家御家人らのなかにも、ここに宿所を求めるものがあったに違いない。筆者はこの一大軍事集落を、六波羅団地と呼ぶ。住宅が集団をなして建っている、同時代に類例のない区域だからである。

六波羅団地の中心は清盛の泉殿《いずみどの》で、父忠盛から受け継いだ。泉殿の構造については、建築史学の太田静六氏が、文献と差図《さしず》（家屋などの見取り図）をもとに復原研究を行っている（図２-５）（太田、一九八七）。要点を紹介すると、母屋《もや》（殿舎の本体）三間《げん》（間は柱と柱の間のこと）の周囲に各一間の庇《ひさし》が付く。寝殿としては最小の平面で、東西の対屋《たいのや》は存在しない。西二棟廊《ふたむねろう》とそこから延びる西中門廊《ちゅうもんろう》、東方では東泉廊《いずみろう》が張り出しているだけ。透渡殿《すきわたどの》もすでに失われるなど、前代の寝殿に比べ簡略化が進み、全体が極端に小規模になっている。

権勢を誇った平家にしては意外な感じだが、力不足というより、儀礼や饗宴本位の大寝殿が実生活中心の小寝殿に変わってゆく当時の傾向の反映という。母屋のなかまで列柱が立っていたこと、寝殿北庇《きたびさし》が私的空間として使われ、明障子《あかりしょうじ》（現在の障子）と蔀《しとみ》が用いられているのは新機軸、小寝殿で釣殿《つりどの》と泉廊（泉殿《いずみどの》）をともに備えているのも珍しい。釣殿は南の池に張

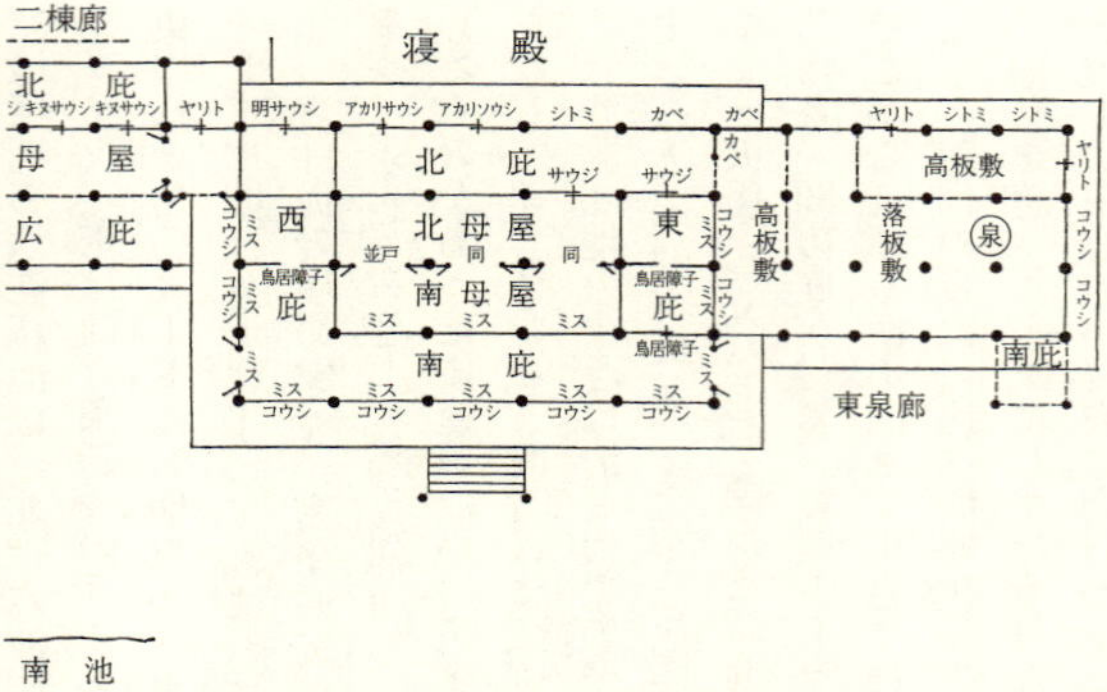


図 2-5　六波羅泉殿復元図（太田静六『寝殿造の研究』吉川弘文館，1987 年より）

り出して釣りする所、泉殿（泉廊）は、湧き出ずる泉を建物内に取りこんだもの。涼しげで雅趣があって豊潤、それが目玉だったから、名を泉殿と呼んだのだろう。そのほか、この建物は西に表門があり門は二つ（『山槐記』治承二年一〇月二七日条）。東門もあるが、小門で普段は使われていなかった（『山槐記』治承二年一一月一二日条）。

泉殿の東南の角には常光院《じょうこういん》がある。六波羅館の起源は清盛の祖父正盛《まさもり》がこの地に造った阿弥陀堂で、かれの遺骨はその堂下に納められた。常光院は正盛堂の清盛時代の姿である（『吉記』『百練抄』寿永二年七月二九日条）。子孫たちは中興の祖の鎮まる堂を泉殿内に取りこみ、精神の故郷として日々仰ぎ祀っていたのである。その常光院の鎮守として総社《そうじゃ》があり、祭神を安芸の厳島神社から勧請《かんじょう》しているのも興味深い。

六波羅団地のもう一つの中心は、その南にある弟頼盛の池殿である。こちらは東山の音羽川《おとわがわ》

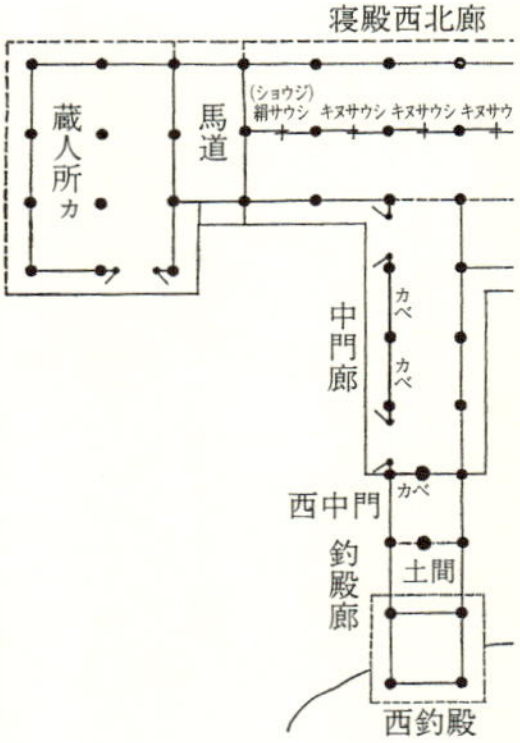


を水源とする名水を引き入れた池が名高かった。両者は建物の規模や造りの立派さだけでなく、歴史的由来、政治的な意味も含め拮抗・競合する関係にあった（髙橋昌、二〇一一a）。清盛は父忠盛の長男で嫡子であるが実子ではなく、白河院が妊娠させた女性を妻に与えられた結果のいわゆる御落胤。一方、頼盛は『源平盛衰記』が「当腹《とうぶく》の嫡子」と書くように（巻第一忠雅播磨米）、忠盛の後妻であり正室となった藤原宗子《そうし》の生んだ長子である。いや正確には同母の兄に家盛《いえもり》がいたが、久安五年（一一四九）二月若くして亡くなった（髙橋昌、二〇一一a）。だから事実上の長子である。宗子は白河・鳥羽院の代表的近臣、藤原顕季《あきすえ》・家成《いえなり》らの縁者であり、頼盛自身も後白河院政期、院の近臣や鳥羽と美福門院の間に生まれた八条院（暲子《しょうし》）など女院勢力と政治的に連携していた。

　奥州藤原氏の国衡《くにひら》・泰衡《やすひら》兄弟にかんする『愚管抄』の表現を借りれば（巻五後鳥羽）、清盛は「父太郎（父の長男）」、頼盛が「母太郎（母の長男）」で、互いに平家の家の継承に正当な理由を持つ関係にあった（田中大、二〇〇三a／大石、二〇〇一）。忠盛の二人の「嫡子」は一族の主導権をめぐって陰に陽に競い合い、それが泉殿と池殿という二つの建物の拮抗という形で表現されていた。頼盛を後に池大納言、宗子を池禅尼と呼ぶのは池殿からきている。

先を急ぐ。仁安三年六月一六日、院は頭弁信範より奏聞のあった諸案件について、信範を使者として六波羅入道清盛亭に派遣、相談させた(『兵範記』)。かれが政界に復帰した証であり、入道ながらいぜん国政に大きな発言力を有している事実を物語る。

清盛の辞任で欠員となった太政大臣は、一年以上の空白をおいて、内大臣藤原忠雅が昇任した。八月二五日、忠雅は大臣任官の礼を申すために、内裏や諸院宮に向かった。公卿殿上人および一家の人びとがこぞって従ったが、警固責任者として検非違使右衛門尉平有成《ありしげ》が忠雅の車に同乗した。有成は清盛の有力郎等である(『顕広王記』永万元年正月二六日条)。行列中には信範の子の左《さ》衛門佐信基《えもんのすけのぶもと》も加わっていたが、これは清盛の命によって勤仕したという(『兵範記』)。併せて新太政大臣が清盛の庇護下にあることを示している。

夕刻、皇太后宮すなわち滋子の宮の所宛《ところあて》が行われた(『兵範記』)。所宛はその家の行う年中行事の費用や、家政機関の蔵人所や侍所などの職務の主催者について、あらかじめ負担者や担当者を定める儀式をいう。

## 3 厳島神社の造営

仁安二年二月二五日太政大臣拝任の二週間後、清盛は厳島神社詣に出立した。その異例さに、人は「そもそも大相国城外《じょうがい》(畿外・地方に出かけること)の例始なり」などと評した(『顕広王記』『山槐記』)。平家納経中の清盛自筆『般若心経』は、その奥書により同年二月二三日に書写し終えているので、この参拝に間に合わせようと努めたのがわかる。平家納経奉納後も、清盛の厳島にたいする信仰は、いよいよ盛んになった感がある。

それに先立つ長寛二年（一一六四）六月、権中納言（清盛）家政所は、厳島神主掃部允佐伯景弘《かもんのじょうさえきのかげひろ》に宛て、安芸国山県郡《やまがたぐん》（国の北西部）の地主凡家綱《おおしのいえつな》を志道《しじ》領の下司職《げししき》に任ずる旨の下文《くだしぶみ》（上位者から管轄下の役所や人民などに下した公文書）を与えた（『平安遺文』三二八五号）。佐伯氏は、もともと佐伯郡（安芸国の西部）代々の郡司として、その方面に勢威を振るった豪族である。厳島神社の神主は、佐伯一族の族長的立場にある者が任じられたが、一一世紀中葉以降、一族は厳島の社家衆《しゃけしゅう》（有力神主たち）と安芸国衙を拠点とする田所《たどころ》氏など在庁層に分かれたらしい。

右の下文の背景は少しややこしいが、以下のようになるだろう。在地有力者の凡家綱が、かなり以前に山県郡の山県本郡と賀茂郷内に散在する荒野を厳島社に寄進し、国守から社領として認定を受けていた。佐伯景弘は、家綱寄進の荒野が散在所領であったため、安芸国衙にたいし国衙領の村々との交換を申請し、これによって、山県本郡と賀茂郷には厳島社への貢納に宛てるための一円領《いちえんりょう》（全体がひとまとまりの所領）たる村々が指定された（『平安遺文』補三四二号）。景弘はそのうち賀茂郷の志道原《しじはら》村を清盛に寄進し、荘園（志道原荘、現北広島町域）ができあがった。つづめて言えば、清盛への寄進にあたり、国衙領を割き取って厳島社領とする裏工作が行われたわけである。これは清盛の権勢を後盾にする景弘の働きかけの成果で、したがって荘園支配の実際は預所《あずかっそ》（領家《りょうけ》）的地位にある景弘が掌握していたと推測される。清盛家から凡家綱への下司職補任状が、景弘宛に発給されているのはそうした事情による。

さらに同年八月になって、景弘は国衙に、凡家綱寄進の散在荒野のうち、一円領化された村々の境界から除かれてしまった部分の開発を申請し、所当官物《しょとうかんもつ》(土地を対象とした年貢)は国衙に納入、万雑公事《まんぞうくじ》(人間を対象とする雑多な賦課)は厳島の神役(奉仕)に充てる所領(これを半不輸という)にしたい旨を、安芸国衙に申請し承認を得た(『平安遺文』同右)。この半不輸領はやがて厳島神社の一円領に組みこまれたらしい(田村、一九七八)。景弘の横車に国衙側が押された結果である。

それから二年後の仁安元年一一月には、広島湾に注ぐ大田川の河口に立地していた志道原荘の倉敷地《くらしきち》(現広島市安佐南区祇園町)が拡張された(『新出厳島文書』九一・九二・九三号)。倉敷は、荘園から年貢などを荘園領主に送るとき、一時的にそれを保管しておく中継地のことで、海岸・河口などの交通の要所に置かれ、のちには独立した荘園になることもあった。志道原荘は安芸国北部、山陰の石見《いわみ》国と境を摂する山間地方の荘園だから、年貢積み出しの便宜を求めての倉敷である。同所には厳島神社に身分的に所属する神人《じんにん》や供御人《くごにん》らが住んでいた。かれらは元来広島湾を生活の舞台とする海民たちで、年貢・物資の倉庫保管や舟を利用しての物資の運漕、生魚などを商品とする商業活動にもたずさわる人びとである。そして、この倉敷地の拡大も国衙の承認の下に行われた。そのとき安芸の知行国主は清盛その人で、名目上の国守はかれの有能な家司藤原能盛であった(田村、一九七八/角重、二〇〇一)。

似たケースは、のちに高野山領として知られるようになる備後《びんご》国内陸部の大田荘で、永万二年(一一六六)正月、清盛の息重衡が自領を後白河院に寄進。重衡が預所に任じられた(『平安遺文』三三七五号)。重衡はこのとき一〇歳だから、実質的な預所は清盛である。その実態は院の近習であった備後国守(備後は後白河の院分国《いんぶんこく》〈知行国〉らしい)藤原雅隆《まさたか》が、平家領として立荘するのに便宜をはかり、広大な国衙領を割き与えたものである。そして翌々年一〇月、藤原雅隆は、大田荘下司らの申請を承け、尾道《おのみち》水道に面する尾道村の田畠を倉敷地とすることを認可している(『平安遺文』三四七八号)。尾道は鎌倉時代に入ると、他荘の米や塩などの年貢や商品を輸送する船も多く寄港するようになり、風光明媚な内海中央部随一の港町として栄えるようになる。

　安芸国では、志道原荘に続き山県郡壬生荘《みぶのしょう》・高田郡七カ郷・安芸郡安摩《あま》荘など厳島を領家とする荘園が次々に成立していった。壬生荘は滋子の祈禱料所、安摩荘は平頼盛領で荘域は江田《えた》島・波多見《はたみ》島(現倉橋《くらはし》島の北部)および広島湾沿岸部にまたがる海の荘園である。倉橋島と呉《くれ》市警固屋《けごや》の間にある水路が有名な音戸《おんど》の瀬戸《せと》で、もと地峡だった所を清盛が開削したという伝承がある。広島湾から瀬戸内の東西に抜けるための重要水路であるが、最も狭いところでも幅八五メートル、水深四～一〇メートルで、秒速二・五メートルを超す潮流が流れる。これを人工的に開削するのは、当時の技術力では無理だろう。

　仁安二年正月三〇日、景弘は清盛の任太政大臣の直前、民部大丞《みんぶだいじょう》に任ぜられた。このとき平姓を名乗っている(『兵範記』)。つづいて閏七月一二日、従五位下に叙せられ貴族の仲間入りをした(『兵範記』)。

　仁安三年一〇月一八日、大宰大弐頼盛が数十年大切にしてきた仏舎利《ぶつしゃり》一粒を厳島大明神に奉納した(『平安遺文』補三五二号)。頼盛はこの日待望の参議を兼ねている(『兵範記』)。察するに「夢想の事」だった任参議が実現したので、そのお礼であろう。

ところが同年一一月二八日になって、頼盛とその子尾張守保盛《やすもり》は、後白河院の逆鱗《げきりん》に触れ、すべての官職を解かれた。高倉天皇即位の大嘗会に五節舞姫を献上した保盛が、舞姫参入や童女《わらわ》御覧の儀の準備にかんし一切院の指示に従わず、おまけに三月二六日の皇太后滋子の代始め入内の際にも何か失策があったようで、譴責五度に及んでいた。にもかかわらず休暇願を出さず厳島社に参詣している。清盛が諫めたところ急きょ上洛、所定の準備を進めたが、他にも年来の積悪や種々の違勅《いちょく》があり、父頼盛も大嘗会費用を九州諸国に賦課しながら、大宰府が負担すべき分をまったく上納せず、それらにたいし訴えがあった。まるで失点のデパートで、頼盛はその都度釈明を試みているが、ついに後白河の怒りが炸裂し、摂政基房・左大臣経宗にその旨を伝え処分を断行する(『兵範記』)。

頼盛は永万二年(一一六六)七月一五日大宰大弐を兼ね、大宰府の長は現地に赴任しないというこの四十余年来の慣例を破り、一〇月二日自らかの地に赴いた(『百練抄』九月二九日条)。大宰府は博多を中心に行われていた対外貿易を管理統制していた。頼盛が現地に乗りこんだ理由の一つは、それらを直接掌握するところにあったに違いない。

頼盛が赴任して二カ月後、宇佐神宮の大宮司宇佐公通《うさのきんみち》の大宰府権少弐《ごんのしょうに》への任命が行われた(『吉記』養和元年四月一〇日条)。公通は大宰府の府官《ふかん》(大宰府の行政を担当する現地の有力者で三等官の監《げん》、四等官の典《てん》をとくに府官という)でもあった。中央官庁でもそうだが、次官(少弐)と三等官は一階違いながら、身分待遇上決定的な格差がある。少弐は中央の下級貴族が任じられるのが不文律だから、権官とはいえ現地勢力からの起用は予想外のできごとだった。異例の人事であるが、九州大半の地方に影響力を持ち、大宰府とも不可分の関係にあった宇佐宮の勢力を、平家が鎮西支配に利用しようとしたためである。

同時に公通の側にも平家と連携する理由がある。公通は父の実子ではなく何らかの事情で養子として大宮司職を相続したらしく、神宮内部での地位は不安定であった。また、社内の混乱に乗ずる在地領主らの押妨《おうぼう》により、宇佐宮の社領経営は順調とはいい難かった。平家との連携は公通の立場を安定させ、社領支配にも好結果をもたらす(工藤、一九九二a)。

頼盛の大宰府赴任の五年前、宇佐八幡宮は恒例の三三年に一度の神殿の建て替えに忙しかったが、まさにその年清盛が参拝している(『山槐記』応保元年七月一七日条)。このことから両者は面識・交流があったと思われる。そして、頼盛の赴任は公通との連携を一層固いものにしただろう。

そのほか、平家は武士化していた府官の組織化にも努めた。その代表は府官の雄、原田(大蔵)種直《たねなお》である。大蔵氏一族およびその所領の分布は、筑前・筑後はいうまでもなく豊前・肥前・薩摩にも及んでいたという(藤野、一九七四)。仁安三年正月一一日の地方官を任ずる除目において、種直の子種成《たねしげ》が父と並んで大宰大監《だいげん》に補任された(『兵範記』)。後世種直は頼盛の女子を妻にしたといわれるようになるが、実否はともかく親密さのほどがしのばれる。以前から頼盛は異母兄清盛に忠実ではなかったが、厳島信仰や大宰府支配の強化という点では、共通の志向を持っていた。

源平内乱最中の治承五年(一一八一)、原田種直は権少弐に任命された(『吉記』四月一〇日条)(石井進、二〇〇四a)。平宗盛が強力に上奏した結果であるが、府官の昇格に反対の声があったせいか、前例を調査したなかに宇佐大宮司公通のケースが挙がっている(有川、二〇〇四)。

後年の頼盛の家領目録には、筑前国香椎《かしい》社・安富《やすどみ》領、筑後国三原荘、肥後国球磨《くま》臼間野《うすまの》荘や、八条院領の筑前国宗像《むなかた》社・三箇《さんが》荘・日向国国富《くどみ》荘などの九州所領が見えるが(『吾妻鏡』元暦元年四月六日条)、多くは仁安元年の赴任以降に合法・非合法とりまぜて獲得したものであろう。

話を院の怒りに戻すと、かれも多少の我慢はしたかもしれぬが、さすがに高倉天皇の即位儀礼や愛妻滋子にかかわる失点なので清盛を追及し(『兵範記』一一月一八日条)、それが清盛の保盛への諫めとなったのだろう。この件につき、『兵範記』の記主平信範は「奉公の間は自他をあひ存じ、なほ跼蹐《きょくせき》(ひどく怖れ慎むこと)すべきものなり」と感想を述べている(一一月二八日条)。頼盛父子の振る舞いは、信範の目にも余るものがあったのである。

頼盛・保盛両名の解官に続いて翌一二月一三日には頼盛の家人六人が解官された。かれらはいずれも右衛門尉・左兵衛尉・右兵衛尉・右馬允《うまのじょう》の武官の職を帯していたのであり、相当有力な御家人である(『兵範記』)。自らの解官と併せ頼盛家にとって痛撃で、一門内におけるかれの立場も、後退は避けられなかっただろう。

さて、頼盛らも赴いた厳島は、それ自体が神体山であり、古代には神を対岸の里宮《さとみや》(後世の外宮《げぐう》に迎えて祭を行ったと考えられている。仁安以前のある時期までは、島内には社殿らしきものが存在しなかったようだ。社殿が今日の規模になったのは、佐伯景弘と清盛の力によってである。入江の潮干潟に建てられた内宮《ないぐう》社殿の中心は、本社(大宮)と摂社《せっしゃ》の客社《まろうど》で、両社はともに本殿《ほんでん》・拝殿《はいでん》・祓殿《はらいでん》を備える。本社は海中の大鳥居を北西方向に見る位置にあり、客社はこれと直交する軸をもって東南に鎮座する。この両社殿を中心に能舞台・能楽屋・朝座屋《あさざや》などが海浜に配され、これらは右に三度、左に四度曲折する回廊によって結ばれている(図2-6)(福山、一九六三)。幾多の災害で修理がくり返され、現代の社殿は清盛時代から数えて四代目にあたるが、基本部分は清盛時代に完成したものを踏襲してきた。

　社殿の大規模化は、長寛二年(一一六四)の平家納経の奉納に前後して始まったと考えられ、仁安三年(一一六八)一一月に完成をみる。完成時の神主佐伯景弘の解状《げじょう》(上申文書)には、「この社は昔から海浜に建ち波にあたって壊れやすい、社殿が破損したときは安芸国司と佐伯郡司が朝廷に上申し、修造を加える建前だったが、今回は社家の力が及び難いので、景弘の私力で悉く社殿を造り終えた、神殿以外の社屋はもと板葺きであったが檜皮葺《ひわだぶき》にし、神殿・舎屋の間数を増し、あるいは新造し、あるいは金銅金物をもって華麗荘厳にした、今後破損のときは負担が大きすぎるので、諸社修造の先例にならい、安芸守の重任遷任の功により修造するようにされたい」とある。

　確かに力説するような面目を一新する大工事であったわけだが、景弘の私力といっても、社領の獲得の項で見たように、絶大な力を持つ清盛の後援があったことはいうまでもない。

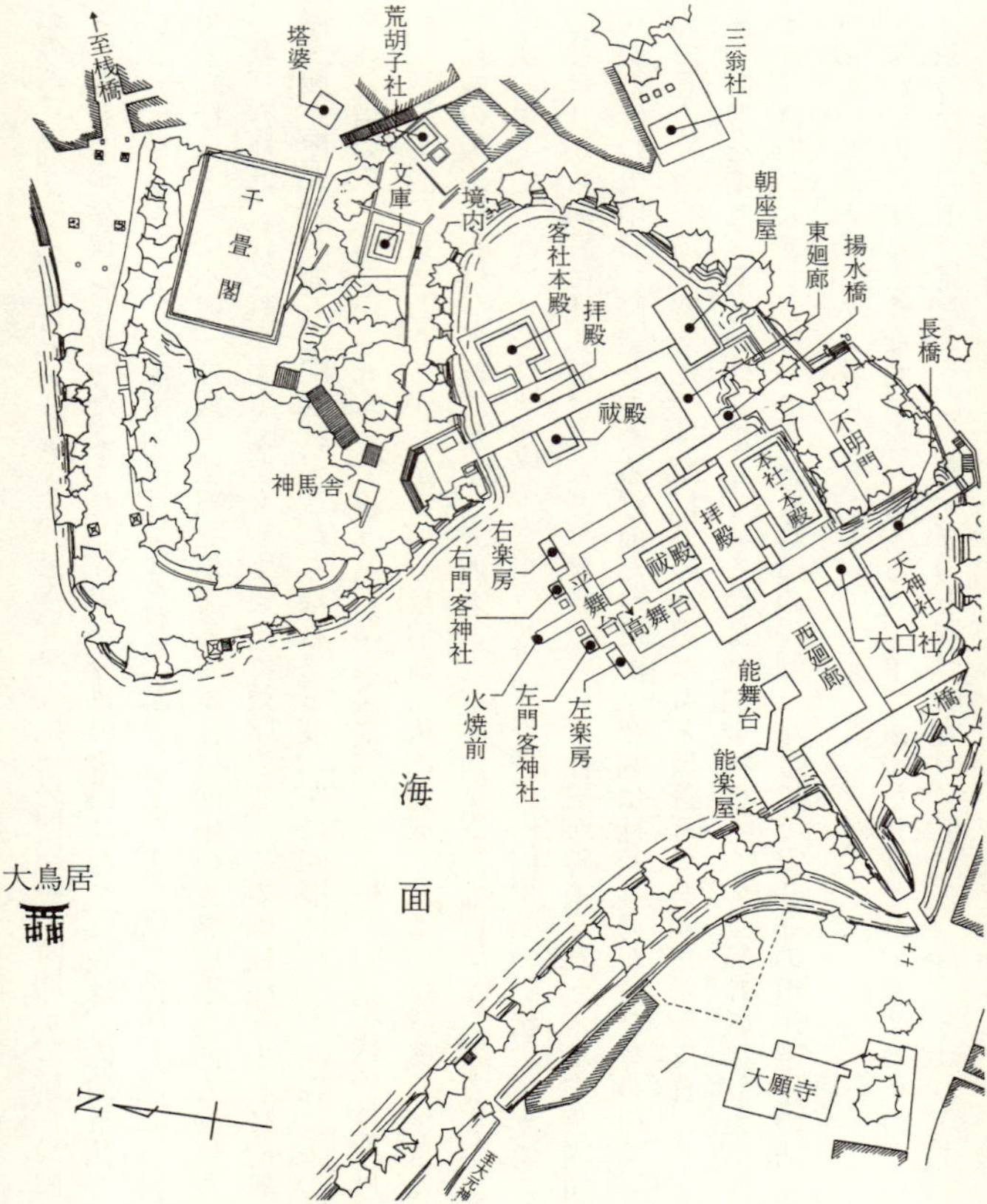


図 2-6　厳島神社社殿配置図(野坂元良編『厳島信仰事典』戎光祥出版, 2002 年より)

景弘が記す当時の規模は、本宮分が九間二面檜皮葺の宝殿を始め三七宇、間数合計三〇〇間、各々を回廊で連結、外に塀・垣各一と鳥居四基があり、外宮(地御《じご》前社《ぜんしゃ》)分は六間一面檜皮葺の宝殿を始め一九宇、間数合計七七間と鳥居一基に及ぶ(『広島県史　古代中世資料編Ⅲ』)。

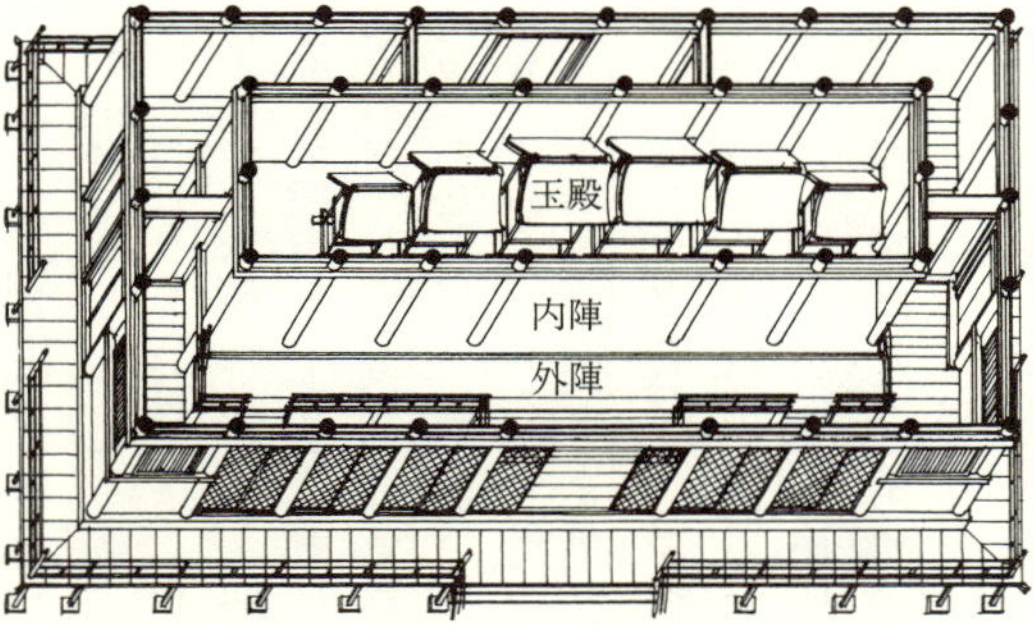

図 2-7　厳島神社本殿(中世)推定復元図(広島大学名誉教授三浦正幸氏作成，前掲『厳島信仰事典』より)

本宮社殿の寝殿造風に横に伸びた姿は、おおらかに美しい。秋の大潮の満潮時でも、海水が回廊の床下ぎりぎりの所までしか上がらないという事実は、社殿が緻密な自然観察と非常に高度な設計をもって建造されたことを物語っている。島上を避け海浜に造営されているという点も他に類例を見ない。そして、古文書を駆使して復原された鎌倉期の本社本殿は、非常にユニークである(図2-7)。

社殿の一番奥にあるため気づかれにくいが、まず異常に大きい。正面の間口が二三・七メートルもある。床面積にして二七二・六平方メートル。並の神社本殿の一〇〇倍、大きさで知られる出雲大社の本殿のさらに二・三倍の面積を持ち、日本一の巨大さである。二つ目に非常に開放的である。正面側から見ると壁も扉もない。外陣と内陣の間には柱列があり、そこには御簾《みす》が下がっているが、それを上げると本殿の外から安置された神体が見通せる。日本で唯一の例である。

三つ目は左右非対称な点。正面向かって左の方が一柱間分だけ長くなっている。これも神社本殿では厳島だけである。四つ目は、本殿のなかには玉殿《ぎょくでん》(厨子《ずし》)が六基並ぶ。玉殿は神社本殿を小型化したようなものだから、本殿のなかにさらに小型の本殿が六つ並んでいるようなものだ。しかし玉殿だけで普通の神社本殿の大きさに相当する。それが本社社殿の最大の特色であるという。鎌倉期の本殿は清盛時代のそれの再建であるから、そのころの独創になるものである。

以上の厳島神社本殿の斬新・特異さは、建築史学の三浦正幸氏によってはじめて指摘された。氏は、そのころ建築技術者が勝手にこのようなものを造ることは許されないから、スポンサーである清盛の創造的な発想によって、はじめて現実化したと主張する(三浦正、一九九七・二〇〇二)。確かに厳島神社の建築は、清盛の新しものがりやで開放的、気宇壮大な気性なしには、ありえなかったであろう。

## 4　福原退隠

出家後も入道前太政大臣として政界ににらみをきかせていた清盛は、ややあって摂津福原に退隠した。すでに氏長者職は、太政大臣辞任時に嫡男の重盛に移っていたから、以後重盛が一門の代表者となり、表むき全体を差配するようになる。その段階で、六波羅の泉殿も重盛に譲られた。

清盛の退隠の時期は、仁安四年(一一六九)春のころである。というのは、清盛の六波羅居住を示す最後の史料は『兵範記』仁安四年正月一日条で、この日頭弁信範は先ず参院し、次いで六波羅の禅門亭に参り、さらに内裏に向かった(『兵範記』)。これにたいし重盛が六波羅の主である事実を示す史料の初見は『兵範記』嘉応元年(一一六九)一一月二五日条、清盛の福原居住を示す初見は『兵範記』嘉応元年三月二〇日条裏書である。福原山荘の造営は当然その前になるだろう。

清盛を『平家物語』は六波羅入道などと称するが、入道になって六波羅に住んだ期間は一年程しかなかった。かれは福原に退隠するとき、六波羅の泉殿を重盛にきれいに明け渡し、その後、治承二年(一一七八)娘徳子が安徳を出産したときぐらいしか足を踏み入れた形跡がない。それまで泉殿で同居していた清盛と時子の夫婦は、ともに六波羅を出て、かたや福原、かたや西八条に居を移した。

JR京都駅発大阪行きの電車が少し走ると、北側に広々とした梅小路《うめこうじ》公園が見える。京都線の南縁が、ほぼ旧平安京の八条通だから、梅小路公園辺りがかつての西八条地域だった。この地域が平家の京都における第二の拠点として拡張整備されるについては、清盛の内大臣就任が契機になっている可能性がある(髙橋昌、二〇一三a)。

その後も多くの史料が西八条を「二品亭《にほんてい》」としている。二品というのは入道相国室、時子のことで、西八条殿は時子の持ち物だった。そして、清盛が福原から上洛したときには決まってここに入る。清盛夫婦は氏長者重盛と、そういう形で完全に棲み分けした。

西八条といえば京内に聞こえるかも知れない。しかし、そのころ京の南の境は九条ではなかった。平安京造営の当座、九条まで条坊などの区割りはしたが、もともと建物施設で充塡されていたわけではない。やがて右京が衰退、左京でも南が廃れていく。そうしたなかで、七条以南は貴族の観念のレベルでも都市の実態の面でも、都のなかとは見なされなくなっていた（大村、二〇〇六）。六波羅はもとより、西八条殿も実質京外の邸宅群に他ならなかった。

一方、平清盛が神戸市域と特別な関係を持ったのは、福原転居の七年前に遡る。応保二年（一一六二）といえば平治の乱勝利後三年目、二条天皇の親政が進められていたころである。清盛は摂津国八部《やたべ》郡の国衙領を領有する権利を得たらしく、家司の藤原能盛《よしもり》に一郡全域の検《けん》注《ちゅう》（土地の調査把握）を命じた。八部郡は摂津国の最西部に位置し東は兎原《うはら》郡、北は有馬《ありま》郡および播磨国美嚢《みなぎ》郡、西は播磨の明石郡に接している。南に開けるのはもちろん大阪湾。現在の行政区でいうと神戸市中央区の西半（旧生田区地域）、兵庫区・長田区・須磨区の全域、北区の一部にわたっている。

能盛の一郡検注の実施にともない郡内七カ荘も検注を受け、その際最勝金剛院《さいしょうこんごういん》（忠通の妻宗子《そうし》の持仏堂）領輪田《わだ》荘の三一町が、小《こ》平野《ひらの》荘・井門《いと》荘・武《む》（兵の誤記）庫《こ》荘・福原荘のために押領されたという（『鎌倉遺文』一二九〇号）。輪田荘は現兵庫区の湊川《みなとがわ》神社から和田岬の沿岸地域にかけての地域である。これにたいし福原荘は、旧湊川の中流域、現兵庫区荒田町・平野町から、かつて宇治野と呼ばれた現中央区中山手通付近にかけた地域を中心に、海浜部にまで及んでいた。小平野荘はその一部かと思われる。兵庫荘は長田区の刈藻川《かるもがわ》(新湊川)と須磨区の妙法寺川に挟まれる地域、井門荘も長田区から須磨区にかけて存在したと推定される。

これらの諸荘は近接して存在し、しかも相互に入り組み状態にあった(今井林、一九八二／正木有、二〇〇七)。平家が八部一郡を知行していた間、郡内七カ荘は事実上平家領と化し、輪田荘のなかにあった和田の浜も福原荘に押領されてしまったという。和田の浜には古代以来の重要港大輪田泊《おおわだのとまり》が存在した。

つづいて清盛は永万年間(一一六五〜六六)、東大寺領摂津国八部郡山田荘と自領越前国大蔵荘を交換した(『平安遺文』三五二二号)。清盛が獲得した山田荘は、六甲山地の裏手、福原の後背地である。八部郡の北半分にあたる広大な荘園で、現在の神戸市北区山田町一帯、その中心は戦前から「関西の軽井沢」のキャッチフレーズで開発が進み、鈴蘭台の名で親しまれてきた高原的風土の住宅適地である。

さらに『公卿補任』によれば、太政大臣を辞した後の八月一〇日、清盛は播磨国印南野《いなみの》・肥前国杵島《きしま》郡・肥後国八代《やつしろ》郡南郷・土比《どひ》郷などを大功田《だいこうでん》として子孫に伝えるべし、との官符を賜っている(仁安二年散位尻付)。大功田は律令制で功労のあった人にとくに賜う田で不輸租田。大・上・中・下の四ランクの功田があり、大功田はその子孫に永久に伝えることのできる定めである。大功田は永世私有を原理的に否定する律令制では唯一例外的な田種で、実例としては乙巳《いっし》の変(大化改新)の功績によって中臣鎌足に与えられ、藤原氏に伝世された大功

田百町がある(『続日本紀』天平宝字元年一二月九日太政官奏)(高橋崇、一九七〇)。

八月一〇日の朝、左大臣経宗のもとに五位の蔵人吉田(藤原)経房が「太政大臣に公田を給はるの宣旨」を持参してきた。先例を一条天皇以後の「宣旨目六(録)」で調べたが、それらしき所見がなく、太政官に尋ねると「天暦年中(九四七〜九五七)の例」によったという。一〇世紀初頭の国制や収取体系の大転換を主導し、摂関政治の形式を創出した関白藤原忠平《ただひら》(九四九年没)に賜った例に準拠したようだ。経宗は、一条天皇以前の事例なので、「宣旨目録」で調べても見えなかったのは道理だ、と納得している(『愚昧記』同日条)。

清盛が大功田という古色蒼然たる名目で獲得した所領の内、肥前国杵島郡については、第一章4節で触れた筑後守家貞が追討した通良の所領の一つが、杵嶋北郷の宇佐八幡宮領大町(現佐賀県杵島郡大町町)にあったので(『平安遺文』三四二三号)、その没収地が与えられた可能性がある。そして印南野《いなみの》とは、東播磨の明石川と加古川《かこがわ》およびその支流美嚢川《みのうがわ》との間の台地である。印南野台地は当時大半が未墾の原野だったから、清盛に与えられた大功田は、印南野のあちこちに点在していた小耕地をかき集めたものである。石田善人氏はそれが、広大な印南野全体が大功田の形で清盛の永世私領として認められる端緒となったと説く。

氏はいう。清盛は、大功田拝領を口実に付近の五つの荘園を取りこみ、それら一帯を五箇《ごかの》荘《しょう》と名づけた、平家隆盛の時期だから他からの抗議の動きもなく、容易く立券荘号が認められた、取りこまれた五つの荘園は、賀古・今福《いまふく》・大国《おおくに》・印南《いなみ》・魚住《うおずみ》の各荘であろうと。そうするとこれは、東は明石の西郊から加古川まで、印南・賀古・明石三郡にまたがる途方もな

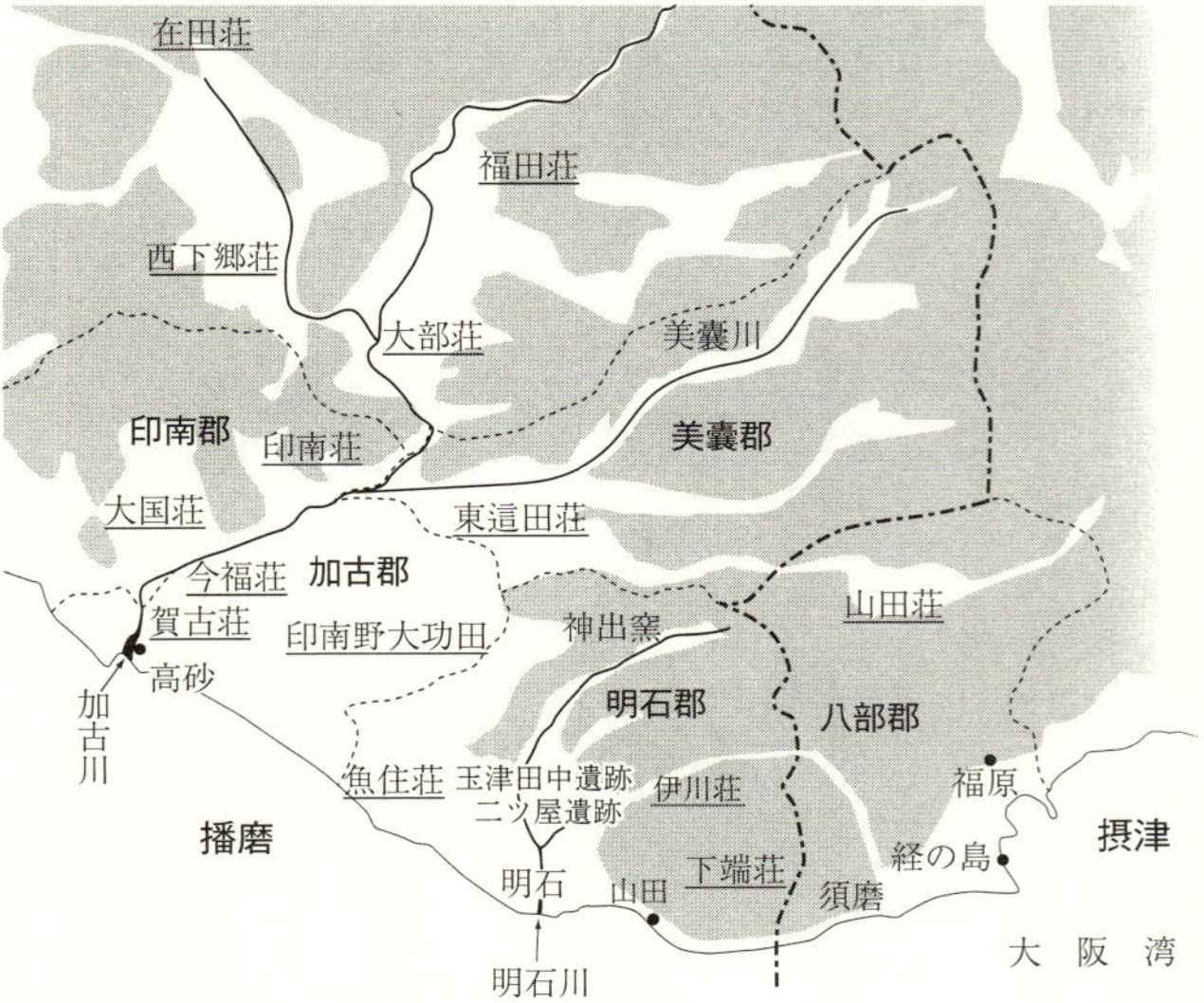


**図 2-8　西摂津・東播磨の平家勢力図**

く巨大な荘園である(石田、一九八九)。(以下図2-8参照)

加古川をはるかに遡れば現加西市の頼盛領在田《ありた》荘がある。この在田荘と摂津八部郡の山田荘、そして五箇荘が作る範域のなかには、三木市の東這田《ほうだ》、小野市の大部《おおべ》郷、小野市社町《やしろちょう》の福田の各荘、加西市の西下郷《にししもさと》荘が点在した。これらは五箇荘ともども源平内乱の終末期に播磨に進駐してきた梶原景時《かじわらかげとき》率いる軍勢によって占領された荘々で(『吾妻鏡』文治二年六月九日・文治四年六月四日条)、元来平家関係者の所領だったと考えられている(市澤、二〇〇七/三好、二〇〇二)。

また明石の周辺では、明石川沿いにある玉津田中遺跡（神戸市西区辻の内地区）で、周囲を幅六メートルの壕に囲まれ、二〇〇〇平方メートルを超える園池を備えた東西約一町、南北一町以上の居館址が見つかっている。鬼瓦・軒瓦を含む大量の瓦が出土しているので、瓦葺きの建物があったことは疑いない。なかには法住寺殿の蓮華王院東側で出土した唐草文軒平瓦《からくさもんのきひらがわら》や、後述する清盛の福原の別荘推定地付近で採集された播磨産の唐草文軒平瓦と同文のものもある。その年代は一二世紀後半、それも第4四半期の内に収まる。池のなかには大量の土《は》師器《じき》（平安時代以降の手づくねで成形された素焼きの焼き物）皿が棄てられており、宴会で使用の上投棄されたもの。

明石川を約七キロ遡ると、中世窯業を代表する生産地の一つ神出《かんで》窯址《ようし》群があり、玉津田中遺跡からは神出窯で焼かれた須恵器も大量に出土する。だから同窯で生産された製品を、京都など消費地に搬出するに際し設けられた中継施設の可能性が高い。国守に連なる有力者の邸宅であることは確実で、短期間の存続という年代観からも、平家の関係者が有力候補と考えられている（兵庫県教育委員会、一九九五）。さらにその東約一キロ、同じく明石川支流の櫨《はぜ》谷川《だにがわ》沿いの二ツ屋遺跡からも、母屋を中心にコの字形に配置された掘立柱《ほったてばしら》建物六棟、瓦類をともなうので持仏堂と考えられる礎石《そせき》建物一棟、池一基、井戸一基、溝、土坑《どこう》などの遺構が発掘され、常滑《とこなめ》の甕《かめ》も出土した。これらはすべて一二世紀後半に納まり、平家時代の地方支配層の宅と考えられる（神戸市教育委員会、一九九五）。

また明石川の支流伊川《いかわ》の流域に位置する伊川荘は、内乱終末期から鎌倉極初期にかけて梶原景時が支配するところとなっていたので、旧平家領と考えられる(京都大学謄写本太山寺文書)。加えて、明石海峡を望む西舞子の山田には、序章で見た通り清盛の別荘が造られていた。その東北には下端荘《しもはた》がある。ここも平家没官領の一つで、建久三年(一一九二)播磨山田領(清盛別荘の地)など二〇個所とともに、頼朝の妹で京都の貴族一条能保《よしやす》の妻となっていた女性に譲られている(『吾妻鏡』一二月一四日条)。

以上の事実を総合すると、摂津の西端から播磨東部の内陸部にいたる広大な領域の要所要所が平家領化しており、同地域全体を影響下に置こうとした清盛の意欲がうかがえる。そしてそれは同地域の交通路や明石海峡を通る海路を全体として支配することをも意味していた。まず八部郡北部を占める山田荘では、その中心を西流する山田川(志染《しじみ》川)沿いの道が播磨国美嚢郡三木を経て国包《くにかね》(現加古川市上荘《かみそう》町)で加古川と交差する(湯山街道＝三木街道)。そこから加古川を下れば、河口に瀬戸内の要港たる高砂がある。東方は有馬から生瀬《なまぜ》(現西宮市生瀬町)を経て昆陽《こや》(現伊丹市昆陽)で山陽道に接続し、畿内の中心に向かう(山陽道の裏街道)。そして山田荘と福原・大輪田泊方面は幾本ものルートで繋がっていた(野村、二〇〇二／市澤、二〇〇七)。

一方、山陽道は昆陽から六甲連山の南麓を通って、現JR三ノ宮駅辺りから南南西に向かう。古代の駅家たる須磨駅と明石駅の間は摂津と播磨の国境にあたり、鉢伏《はちぶせ》山塊が急峻な沈降海岸を形成し、それ以西でも海岸段丘が各所で汀線《ていせん》に迫る交通の難所である。このため山陽道は海岸に沿って走っていたという説以外に、鉢伏山の北の鉄拐山《てっかいさん》を迂回し多井畑《たいはた》峠を越え塩屋に出る道だとする説、妙法寺河谷から白川峠を越え伊川谷を降り明石駅家に達するさらに大きな迂回道(白川街道)だとする説が競い合っている(吉本、一九八五)。

伊川荘はこの明石に出る白川街道を押さえ、下端荘は多井畑峠越から塩屋に出る途中にある。そして西舞子の清盛別荘は、多井畑峠越道と合した海岸沿いの道を明石の手前でチェックする機能を持つ。いずれのルートにせよ山陽道を通る人と物資は、入り口・出口で平家の監視を受けるようになっている。むろん西舞子の清盛別荘は明石海峡という海の要衝も睨むし、山陽道の裏街道と連絡する高砂港も清盛の勢力圏に含まれる。明石対岸の淡路の国守が、保元以前から仁安まで一時期を除いて教盛・基盛・宗盛・経正の平家一門によって占められていた事実も見逃せない(菊池紳・宮崎康、一九八四)。

これら平家勢力圏の中心は、もちろん福原荘内にあった清盛の別荘だった。その場所については治承四年二月の入道前太政大臣家解状のなかに、「近年摂州平野の勝地を占め、遁世退老の幽居となす」と記されている(『山槐記』治承四年三月五日条所引二月二〇日付太政官符)。

平野は近世の八部郡奥平野村である。六甲山地の南麓、現在の神戸市兵庫区平野にあたる。天王谷川《てんのうだにがわ》が山あいを縫って流下し平野部に抜けたところで、石井川《いしいがわ》と合流して湊川《みなとがわ》になる。両川が作るY字状空間の中央部には、明治期まで「雪之御所」という小字《こあざ》があった。この小字名は延宝《えんぽう》年間(一六七三〜八一)の検地帳写に見えるので(『兵庫史談』、一九二八)、少なくとも江戸前期まで遡る。一方、『山槐記』治承四年一一月二二日条には、「禅門の家、雪御所の北なり」と記す。これにより清盛の別荘は小字「雪之御所」の北、湊山《みなとやま》町の一角にあったことになる(二八九頁、図6-2Dの位置)。

清盛の別荘の具体的な様子については、『山槐記』治承四年一〇月一八日条に、ラフな描き方ながら見取り図が載っている。建築史の多淵敏樹氏の考察によれば、寝殿の規模は五間四面、つまり建物正面の柱と柱の間《ま》が五つあって、簀子《すのこ》縁《えん》がつき、西には対屋がなく、すぐ廊がとりついていて南に延びている、そんな建物だったようだ(元木、二〇一〇)。

福原には清盛の別荘のみならず、漸次一門の邸宅が建設されていったと思われ、その重要な一つに頼盛亭があった。治承三年六月八日に、前太政大臣の藤原忠雅が厳島に詣でる途中福原に立ち寄り、左兵衛督《さひょうえのかみ》頼盛の「宿所」で禅門の歓待を受けている(『山槐記』六月二二日条)。この頼盛亭は『平家物語』では、荒田にあったとされている(巻四還御)。

帝位を退いた高倉上皇が、治承四年三月から四月にかけて厳島に詣でた旅の模様を、随行した近臣源通親《みちちか》の目で描いた『高倉院厳島御幸記』という紀行文がある。その三月二〇日条には、往路の途中福原に立ち寄り、清盛の歓待を受けた記事が見える。そのときの邸宅が清盛のそれか前記頼盛の邸宅か難しいところだが、高倉院は厳島からの復路にも福原に立ち寄り、「あした(あらたの誤記)といふ頼盛の家」で笠懸《かさがけ》・流鏑馬を見物しているので、後者の可能性が高いと思う。

頼盛亭は、六波羅の泉殿と池殿との関係に比すべき、清盛別荘と並ぶ福原におけるもう一つの中心とみられ、この時点では賓客をもてなす迎賓館の役割を果たしていたからである。

通親はこの邸宅を仙人の居所に喩え、「木立庭の有様、絵に描きとめたし。音に聞きしにもや、過ぎて、めづらかに見ゆ」、「山蔭暗う、日も暮れしかば、庭に篝《かがり》をともして、もろこしの魯陽《ろよう》入日を返しけん桙《ほこ》もかくやとぞ覚ゆる」などと記している。

ちなみに、文中の「もろこしの魯陽入日を返しけん桙《ほこ》」というのは、楚《そ》の魯陽公が敵と激戦の最中に日が傾きかけたので、桙を手にして太陽を招き返した『淮南子《えなんじ》』覧冥訓《らんめいくん》に見える故事にもとづく。安芸の音戸の瀬戸開削にあたっても、一日で完成させるため、清盛が沈みゆく夕日を扇で招き返したという著名な伝説が伝わるが、それは魯陽故事の変則バージョンであろう。この入り日を返すという話題・表現は、清盛在世のころから宮廷社会で好まれたものだった。たとえば、平安末期の歌人、左中将源有房《ありふさ》(妻は清盛の父忠盛の娘)は平家歌人の主催する歌合《うたあわせ》に度々出詠しているが、清盛孫の資盛の歌合で「いる日をばかへすためしもありときくかたぶく月をわれいかにせん」と詠んでいる(『有房集』Ⅱ194)(中村文、二〇〇五)。

近世の荒田村は、現在の兵庫区荒田町一丁目から四丁目にあたっており、とくに一丁目・二丁目の辺りは天井川化した湊川の左岸、もとの氾濫原で、出水の被害を受けやすい地形である。迎賓の場も兼ねる邸宅を氾濫原に造るはずはないから、頼盛亭は、荒田村のなかでも高台になる大倉山(旧名安養寺山)から続く段丘の西部、現在の荒田八幡宮から神戸大学医学部附属病院敷地のあたりに設けられた、と考えねばならない(図6-2、Aの位置)。

そして『山槐記』は、頼盛の「宿所」に「禅門の亭を去ること四五町」という割注を付しており、現地は平野が北、荒田が南の位置関係にあるから、荒田から四、五町(一町は一〇九メートル、平安京の街区なら一二〇メートル)北上させたところに「禅門の亭」があったわけである。清盛別荘と荒田の頼盛亭は、六波羅の泉殿と池殿の関係に比すべき、福原における二つの中心ではないか。

同じ記事で、忠雅は清盛に呼び出されて「湯屋」で対面をしている。この「湯屋」にも「禅門の居を去ること一町許《ばか》り」という注記が付く。「湯屋」は沸かし湯を浴びて垢を洗い落とす浴室で、少し時代が降ると湯気を浴室内に送るスチームバス形式の「風呂」も出現する。

場所については、最晩年の豊臣秀吉が、兵庫津の正直屋寿閑《しょうじきやじゅかん》という者に、「湊川の上の温泉」に「湯坪」(湯船)の建設を認可している(『樽井《たるい》文書』)。天王谷川左岸の上三条《かみさんじょう》町には「湯の口」という小字があり、同地には最近まで営業していた天王温泉があった(図6-2、Gの位置)。対岸の湊山町にも現役の湊山温泉という天然温泉がある。おそらくこの辺りが清盛と対面した「湯屋」の場所で、そこから一〇〇メートル前後のところに清盛の居宅があった。西に一〇〇メートルなら湊山町にあたる。荒田の辺りからいえば北およそ七〇〇メートルにあたる。第六章3節で詳述するが、相互の位置関係としてまず問題はない。

当地は冷泉だから鉱泉から汲み上げて大釜で沸かし、樋管《ひかん》で浴槽に流し込んでいたのだろう。「湯屋」で対面するのは、旅の疲れを癒す歓待の意味からだろうが、清盛自身も入浴好きだったに違いない。傍らを北上する有馬道(現国道四二八号)は有馬温泉に通じる。しかし、かつては天王谷越えと呼ばれた難路で、車や馬の通れる道ではなかった。有馬温泉は日本最古の温泉の一つだが、清盛も日常は平野の「湯屋」で我慢せねばならなかっただろう。

# 第三章　対中国貿易と徳子の入内

## 1　嘉応の強訴

清盛が福原に退隠して間もない嘉応《かおう》元年(一一六九)四月一二日、皇太后滋子の院号定があり、以後かの女は建春門院《けんしゅんもんいん》と呼ばれるようになる。別当には太政大臣藤原忠雅・大納言兼左近衛大将藤原師長《もろなが》・権中納言兼検非違使別当平時忠・参議兼皇大后宮権大夫平宗盛ら六人が任ぜられた(『兵範記』)。太政大臣のような重職が女院庁の別当に補されるのは極めて異例で、さらに一九日には内大臣源雅通・権大納言藤原公保・蔵人頭兼権右中弁平信範・左近衛権中将平知盛ら六人が別当に加わった(『兵範記』『成頼卿記』)。堂々の陣容だろう。

同じ年の一一月二五日、八十嶋祭の祭使らの盛大な行列が、六波羅の重盛亭(泉殿)から進発した。勅使役は藤原経子(『兵範記』)、重盛の正妻である。かの女は鳥羽院の権臣藤原家成の四女で、兄が後白河院の近臣成親だった。経子は左大臣藤原経宗の猶子になり、重盛は経宗と親交が深かった。このような関係から重盛の妻になり、憲仁親王の乳母として宮中に入った。一カ月前には高倉天皇の典侍に任ぜられている。

「一族の人々廿余人、家僕・諸大夫廿余人」が前駈を務め、経子の牛車の後方には警固責任者の知盛が騎馬で従った。公卿では権大納言藤原隆季・権中納言藤原兼雅・同藤原成親・右衛門督時忠・参議右中将宗盛・参議教盛・大宰大弐藤原信隆らの車が連なり、五位一〇人、検非違使左衛門尉知実《ともざね》以下三十余人が続き、他に武士貞頼(平貞能の一男)が随兵七〇人を引率する。法皇と建春門院は法住寺御所七条殿の桟敷で見物した(『兵範記』『愚昧記』)。平家の代表が交替したことを世人に印象づけるとともに、二条天皇のときと同様、平家が天皇の後見勢力である事実をデモンストレートしたのである。

年の暮れの一二月一七日になって、延暦寺・日吉《ひえ》社の所司(三綱《さんごう》)らは、尾張国守藤原家教の目代(代官)が、延暦寺領美濃国安八《あんぱち》郡平野荘(現岐阜県神戸《ごうど》町)の住人らに乱暴した、と朝廷に訴えた。記録では住人は「(根本)中堂の御油寄人々」と記されているけれど(『兵範記』)、延慶本『平家物語』には、尾張に赴任途上の目代が、美濃の杭瀬《くいぜ》川に葛《くず》で織った布を売りに来ていた平野荘の住人(神人)と、値段の点で口論になり、刃傷に発展したとある(巻一成親卿流罪事付鳥羽殿ニテ御遊事成親備前国へ着事)。山門の大衆が目代の解官・禁獄にとどまらず、後白河法皇の近臣として知られる権中納言藤原成親の流罪(遠流)を要求したのは、成親が国守家教の実兄であり、尾張の知行国主だったからである。

その後、裁許がないのに怒った延暦寺衆徒・日吉神人は、同月二三日夜神輿《しんよ・みこし》を奉じて下山。翌朝には京極寺《きょうごくじ》(三条京極)・祇陀林寺《ぎだりんじ》(中御門南、京極西)に参集、示威行動を始めた。山の大衆京極寺に参集という報に洛中は騒然となり、召しによって検非違使・武士らも院の陣(警固の兵士の詰所)に集結、「その数雲霞《うんか》の如し」といわれた(『兵範記』『玉葉』『愚昧記』)。たいするに山僧の数は案外少なく三百余人だという(『歴代皇紀』巻四高倉天皇条)。

後白河法皇は法住寺殿で要求を聞こうとするが、大衆は予期に反し、高倉天皇滞在中の大《おお》内《うち》(大内裏内の本内裏)へと向かう。大内裏外郭一二門のうち待賢門や陽明門など東側の諸門は閉鎖されていた。そのため待賢門に向かった一団は南側の美福門より侵入、日吉社・祇園社併せて六基の神輿を内裏外郭の建礼門の壇上にかき据えた。一方、陽明門に向かった大衆はこれも内裏外郭の建春門にあった左衛門府の詰所に押し入り、同門に北野社の神輿二基を安置する。

警固する側は、清盛の甥平経正、重宗流源氏の源重定(貞)らが、建礼門より一つ西の修明門外左右に郎従を率いて立ち(『玉葉』一三日条)、大内裏の待賢門では、経正の父内蔵頭経盛が随兵を率いて大衆に対陣した(『兵範記』同日条)。また、後年の記録によれば、建春門付近には源頼政の兵が布陣していたらしい(『玉葉』治承元年四月一九日条)。

この間、法皇は現場に幾度も使者を派遣、「衆徒早く院に参り訴へ申すべし、専《ほしいまま》に内裏に参るべからず」との意志を伝え、天台座主明雲に、もしなお大衆が院にやって来ないのなら、「座主、僧綱《そうごう》(仏教界を統率する僧官)・已講《いこう》(国家の要請により法会の講師を務めた僧)を引率し院に参るべし、そのとき尋沙汰《たずねさた》(事実の調査)有るべし」との命を伝えさせた。それにたいして大衆は、朝廷の裁きがないから内裏に向かった、「かくの如き時、幼主といへども参内するは、これ恒例なり」と、統治権は天皇にあることを楯に相手にしない(『玉葉』一三日条)。

後白河は公卿たちに議定を命じた。それについて検非違使別当の時忠は、衆徒らの要求を聞き入れるのなら、速やかにそのように仰せ下さるべきだし、さもなくば武士を内裏に派遣すべきだと主張した。ここで問題になっている武士とは、院の陣に召集されていた「前大納言重盛の卿以下三人〈件の卿二百騎、宰相中将宗盛百三十騎、前大弐頼盛卿百五十騎〉」率いるところの合計「五百騎」である（『兵範記』二三日条）。三人を代表する重盛は、そのころ病によって権大納言を辞任していた。かれの異母弟宗盛は前々年参議従三位に昇り、清盛正室時子の長子として次第に一門中に重きをなしつつあり、また頼盛は解官から一年後の一一月一六日出仕を許され、年末の一二月三〇日には前官の参議に復していた（『公卿補任』）。

時忠の発言にたいし、諸卿は武士派遣に慎重論を唱え、内大臣は武士の実力行使で神輿が破壊される恐れがあり、加えて暗闇を理由に出動に反対した。武士を率いる重盛も、すでに夜であり、また外から攻めれば衆徒が内裏中に乱入し大事発生の恐れあるとして、法皇の三度にわたる出動命令に、「明暁向ふべし」と応じなかった。このため、当夜の武士派遣は停止され（『兵範記』、『玉葉』二四日条）、結果として大衆の要求が裁許されるという形に落ち着く。

翌二四日の公卿議定で、成親は除名（罪を犯した官人に対する付加刑。本刑〈遠流〉に加えて官位・勲位をともに剥奪）の上備中国に配流、目代《もくだい》政友《まさとも》は西の獄舎に拘禁と定まった。喜んだ衆徒は宮城に放置した八基の神輿を撤収する（『愚昧記』『百練抄』、『玉葉』二四・二五日条）。

ところがこの後、法皇の姿勢が一転した。二七日には座主明雲が高倉天皇護持僧《ごじそう》の役を停止された。大衆を制止せず、むしろ肩入れしたという事情を院が聞いて、その罪を問うたものである(『兵範記』)。二八日になると、西七条(七条朱雀)に留め置かれたままになっていた成親が召し返され、代わりに平時忠が出雲に、平信範が備後に配流されることになった。両人の院への奏上に事実でない点があったことを咎められたからだというが(『玉葉』『百練抄』)、要するに成親をかばうための身代わりである。さらに三〇日成親は本位に復し還任、翌年正月五日の叙位・除目では、時忠に代って検非違使別当を兼ねた(『公卿補任』)。

これでは延暦寺が収まるはずもなく、正月七日・一三日それぞれに衆徒入洛の噂があった。院は、前者は多数の武士を高野川の河原に遣わして防がせ(『玉葉』)、後者は検非違使に命じて西坂本を警固させ、「制止に拘はらざれば、法に任せ射禦《いふせ》ぐべ」しと命じている(『百練抄』)。検非違使庁の長官が成親であるから、紛争の一方当事者に対立相手の行動を抑止させるという、まことに偏頗《へんぱ》拙劣《せつれつ》な措置である。

清盛は後白河の未熟な手法に危うさを感じたようで、一三日夜には頼盛を福原に呼び寄せ、翌日には重盛も福原に向かった(『玉葉』)。さらに一七日には清盛本人が福原より上洛する。成親は事態の急展開に恐れをなしたのか、検非違使別当の辞任を申し出た(『玉葉』)。二一日ごろには、武士が六波羅辺りに群集し、「幾多なるを知らず」といわれるありさま(『玉葉』)。

二二日になって法皇は公卿を召集、衆徒が要求した成親の配流、時忠・信範召還の二カ条を議論させた(『玉葉』正月二三日条、『百練抄』)。しかし、結論は出なかったようで、二七日延暦寺の僧綱以下がさらに処分を訴えた。そのとき法皇は、この件は認めてやるが、「自今以後台山の訴訟、一切沙汰有るべからず」と凄んでみせたので、僧綱らは一言も無く退出したという（『玉葉』正月二六・三〇日条）。月を越した二月の一日、要求に応ずるという後白河の内意が山上に告げ知らされたが、宣下は一寸延ばしになり、六日に至って、ようやく僧徒の訴え通り成親解官、時忠・信範召還が決定された（『百錬抄』）。

事態が二転三転したのはなぜだろうか。はっきりしているのは、延暦寺を屈服させようとする後白河法皇の意欲と、その制約から自由であろうとする延暦寺衆徒の意志が、陰に陽に火花を散らしたことである。

白河・鳥羽院政期において、武士は頻発する寺院大衆の強訴への対処手段であった。院はその必要から、武士を親衛軍（北面の武士）に組織する。顕密寺院間の競い合いと寺院大衆の強訴は、王法・仏法の相互依存を建前とする国家権力秩序を揺るがし、政界の流動化・不安定の要因になっていた。院権力は寺社勢力を統合する役割を果たしていたので（平、一九九二）、本来一権門の私的武力に過ぎない北面の武士が、暴走を制止する力として機能したのである。伊勢平氏が台頭し得た理由の一つはそこにあった。

保元・平治の乱を経て、右の構図は若干の変化を見せた。保元元年に出された法令が寺社勢力、とくに衆徒・神人・寄人らの行動規制に力点を置いているように、後白河院は寺院指導部を無視した大衆らの暴走にたいし、強硬な姿勢で臨んだ。本事件はまさにその典型だったのである。

加えて、事件六カ月前の嘉応元年六月一七日、後白河は法住寺御所の懺法堂《せんぽうどう》で出家している。このときの儀式では、戒師《かいし》覚忠《かくちゅう》以下役人に至る併せて八人という多数の僧が、同じ天台系ながら延暦寺と骨肉の争いを続ける園城寺《おんじょうじ》(三井寺)の門徒だった(『兵範記』『玉葉』)。法皇の前々からの園城寺重視の姿勢への反発の気分が、今回大衆の行動をいやが上にも過激にしていたに違いない。

後白河と延暦寺大衆の綱引きは、具体的には成親を処分するか否かを焦点にしていた。延暦寺統制を急ぐ後白河の過剰な意欲は、大部分の廷臣にとって困惑する他ないものであり、それゆえ院御所での議論は慎重論に傾き、大内への武士派遣の躊躇ないし反対論として現れた。一二月二四日事態が山徒の訴え通り決着したのは、後白河の思いが公卿たちの同意をえられなかったことを意味している。その後、法皇は強引なまきかえしに出たが、公卿たちは山徒の圧力を背景に、事実上その決定を覆したのである。「もし叡心《えいしん》果て遂げんと欲するの事あらば、あへて人の制法に拘はらず、必ずこれを遂ぐ」と評された後白河にとって(『玉葉』元暦元年三月一六日条)、一件の結末は大きな屈辱と評すべきであったろう。

事件に関して平家がどう動いたかといえば、一二月二三日当日、待機していた重盛が三度にわたる法皇の出動命令を無視した点に示されているように、他の公卿たちと同一歩調を取った。重盛は成親の妹経子を妻にし、長子維盛《これもり》も成親の婿である。成親の曽祖父顕季《あきすえ》―祖父家保《いえやす》―父家成の流れを善勝寺《ぜんしょうじ》流というが、伊勢平氏と善勝寺流は白河院政期以来深い関係で結ばれており、平家はかれらの助けを借りながら、立身の階段を昇ってきた(図4-1・2参照)(髙橋昌、二〇一一a)。

清盛が、平治の乱後藤原信頼に与した成親を助命したのは、そのような両家の歴史を背景にしている。その提携の深さを集中的に表していたのが、まさに重盛―維盛の小松家であった。したがって出動拒否は重盛の意志というよりは、平家全体、なかんずく清盛の判断と決意を踏まえての選択と考えるべきである。重盛は一門の代表であったが、重要案件については福原の清盛の判断が優先している。重盛の軍事行動における裁量権も、大幅に制約されたものであっただろう。

ために衆徒を前に大内・大内裏を守護した武力は、平経盛・経正父子と、源重定《しげさだ》、および源頼政といった限られた兵力にとどまった。源重定は当時検非違使の任にあった。経盛は内蔵頭で太皇太后宮大夫を兼ねている。清盛を中心とする平家権力を構成する三人の弟、経盛・教盛・頼盛のなかでは、位階官職の昇叙最も劣り、清盛の評価も低かったと見られる人物である(多賀、一九七七)。経盛は後の安元強訴のときも院から内侍所(神鏡)守護を命ぜられているから、平家一門中宮廷守護を担当する存在だったらしい。

源頼政は大内守護、つまり「内裏宿直人《とのいびと》」なるがゆえの出動であろう(『山槐記』応保元年四月二〇日条)(髙橋昌、二〇二〇)。なお『平家物語』巻第一御輿振《みこしぶり》に見える、安元三年強訴の際頼政が神輿に恭順の意を表し、その矛先を巧みに平家の固める待賢門に向けたという有名な話は、実際にはこの嘉応元年時のこととする説がある(富倉、一九六六)。

そして、強訴の噂があった嘉応二年正月一三日に頼盛、翌日には重盛が福原に呼びつけられたのは、清盛の情勢判断の必要からであろうが、国家の側からいえば重大事態を前の職務放棄である。一七日に清盛自身が上洛したのは一門の引き締め、後白河にたいする示威、延暦寺にたいする支持の政治的シグナルを意味していたのであろう。

一件が後白河不本意に落着してしばらくの四月一九日、法皇が奈良に御幸、清盛は重盛・教盛を従えて宇治でこれに合流。翌二〇日東大寺において法皇と清盛の同時受戒《じゅかい》があった。康治《こうじ》元年(一一四二)五月五日の、東大寺における鳥羽法皇と摂関家の大殿藤原忠実の同時受戒の例に倣ったものという(『玉葉』『兵範記』)。法皇のふるまいは延暦寺にたいする当てつけともいえそうである。この時期の平家は、院との協調を重視せざるをえないから、御幸に従うのをためらわなかった。

## 2　承安の外交

清盛が福原に居を定めたのはなぜか。いくつか理由が考えられるが、ふつう挙げられるのは、大輪田泊《おおわだのとまり》の存在である。山荘の南約三・五キロにあったこの港は、瀬戸内水運の要港だった。大阪湾は大小河川が運びこむ大量の土砂で水深が浅く、大船の出入りに難がある。このため近世では、京への物資は大輪田泊の少し北にあった兵庫津《ひょうごのつ》(大輪田泊との関係は本章3節で後述)で小船に積みかえ、淀川を遡上するのが定法だった。つまり、この地の港は瀬戸内海を東に進んだ大型船の最後の寄港地になる必然性がある。ここを押さえてしまえば、西国の物流の多くを我が手にたぐりよせられる。

いや、たんなる内海水運にとどまらない。嘉応二年(一一七〇)九月になると、福原に宋人がやってきた(『百練抄』九月二〇日条)。このとき京都では城南寺の競馬《くらべうま》の競技が行われていた。後白河法皇はそれが終わるとすぐ福原山荘に駆けつけ、直接宋人を「叡覧」する。九世紀末の宇多《うだ》天皇などは皇子に、どうしても外国人を接見せねばならぬときは簾《みす》ごしに見よ、直に対面してはならないと訓戒していた(『寛平御遺戒《かんぴょうのごゆいかい》』)。後白河の放胆なふるまいに、一言居士の右大臣九条兼実は「我が朝《ちょう》延喜以来未曽有の事なり、天魔の所為《しょい》か」と嘆いた(『玉葉』九月二〇日条)。

宋人の福原来訪ルートが海・陸いずれだったかは不明である。いずれであれ、そもそも宋人が都近くやってき政界の最高権力者と直接会う、それ自体が絶えてなかった。外国船は九州の博多で応対させ、門司関《もじがせき》をぬけ瀬戸内海に入ることがなかったからである。

寛平六年(八九四)遣唐使の派遣が中止されてから、日本は中国と正規の国交をもたないまま歳月を過ごした。しかし民間貿易は続く。対日貿易に従事する中国商人は、東シナ海を渡って大宰府の外港博多津付近に来着した。そうすると大宰府が商人の身分、来航目的、積載貨物等について尋問し(これを存問《ぞんもん》という)、朝廷ではその報告に基づいて商人の滞留の可否、貿易の許否などを決めた。貿易許可となると、弁官局のち蔵人所から選ばれた唐物使《からもののつかい》が派遣され、朝廷の必要とする物品を優先的に買い上げたのち、民間の交易を許す方法がとられた。

やがて唐物使の派遣がなくなると、大宰府に貿易管理がまかされるようになり、それが一二世紀前半まで続いている(山内、二〇〇三)。また朝廷は、最低二年以上の間隔をあけて来航すべきことを定め(年紀制、九一一年制定)、それをたてに、規定を守らない船には帰国を命じたが、実際には貿易が許される場合が多かった。これは支配層自身が、海商のもたらす唐物を欲しがったからである。もちろんその帰り船、のちには明州《めいしゅう》からやってきて博多に定住した宋の商人が仕立てた船で、日本産品を輸出することがあった。

一二世紀後半になると博多では、貴族や僧侶(寺社)が大宰府の頭越しに宋の商人と接触、貿易商品を取得するようになった(河辺、二〇〇七)。それより一世代早い例だが、長承《ちょうしょう》二年(一一三三)、宋商の船が博多にあった、代々の治天が管理する王家領神崎《かんざき》荘の倉敷に来着した。すると、同荘の預所だった清盛の父忠盛が、鳥羽院のご意向ありと称し、大宰府府官の存問を排除せんとした(『長秋記《ちょうしゅうき》』八月一三日条)(髙橋昌、二〇一一a)。

のちの平家の対中国貿易も基本的にはその延長線上にあった。清盛時代が忠盛のころと違っていたのは、忠盛が院の手足として働いたのにたいし、平家自体が権門化し自らのために貿易を行った点である。すでにみたように、清盛と弟頼盛は前者が保元三年(一一五八)、後者は永万二年(一一六六)、大宰大弐(府の次官)に就任した。とくに頼盛は当時の慣例を破って現地に赴任している。その目的の一つは、府官を手なずけ、中国貿易を自らの統制下に置くところにあった。

本題に返って宋人は何故に福原にやって来たのか。むろん偶然のはずがない。じつは、南宋時代に編まれた中国側の仏教史書『仏祖統紀《ぶっそとうき》』には、その三年前の乾道《けんどう》三年(仁安二、一一六七)に、日本が宋に「使」を派遣し、「四明《しめい》の郡庭《ぐんてい》」に書をもたらして「仏法の大意」について問うた、という記事が見える。「郡将(郡守)」は僧侶を募ったが、畏縮して命に応ずる

図 3-1　甬江側から見た三江口
(著者撮影)

ものがなかった。そこに棲心維那《せいしんいな》なる僧が現れ、日本の書を読み、七カ所について「疏謬《そびゅう》」を指摘した。「使」は「慚懼《ざんく》」して退去したという(巻四八)。託された使命から考えるとかれは僧侶に違いなく、『愚昧記《ぐまいき》』仁安三年一二月一三日条にみえる「入唐上人《にっとうしょうにん》」と同一人物だろう(髙橋昌、二〇一九)。すなわち中国浙江《せっこう》の地を経めぐり、仁安三年(一一六八)九月、栄西《えいさい》と同船で帰国した俊乗坊重源《しゅんじょうぼうちょうげん》その人である。後年平家に焼き討ちされた東大寺再建に辣腕《らつわん》を振るったことは、よく知られている。

四明は明州の別名である。中国浙江省の東部、寧波《ニンポー》の市街地の南西にある一〇〇〇メートル前後の四明山にちなんで、明州と名づけられた。杭州湾の南岸東端の甬江《ようこう》下流平野中央で、甬江と余《よ》姚江《ようこう》・奉化江《ほうかこう》の合流点(三江口《さんこうこう》)にある(図3-1)。この地はかつて越州に属しており、唐の初め州内に鄮県《ぼうけん》が設置され、甬江流域と舟山列島が開元《かいげん》二六年(七三八)に鄮県から独立し、明州の名称と行政領域が成立した(斯波、二〇〇一)。明州は南宋後半に慶元府《けいげんふ》、元代は慶元《けいげん》路《ろ》、さらに明代には寧波と改名される。中国では、漢代以降、州が細分化され郡と大差なくなった。唐初に郡が廃止され、州・県二級の行政区が採用されたので、「四明の郡庭」とは明州の政庁をさしている。

明州の発展は唐中期にはじまった。地勢や海流、風向きなど自然条件に恵まれ、南シナ海・東シナ海の海上交通が集中し、余姚江を遡れば杭州《こうしゅう》・大運河《だいうんが》に至る。中国の最重要海港の一つとして栄え、日本からも遣唐使以来、多くの船舶が向かっている（斯波、一九九二・二〇〇二）。日本に来航する中国商人も明州付近を拠点にしていた。

当地には市舶司《しはくし》が置かれた。海港に置かれた貿易管理機関で、外国船の積荷の臨検、約一〇分の一の課税、専売品（香料・象牙など）の買収や販売、出港許可証の交付、船籍管理、貿易振興、密輸禁止にあたった。市舶司は開元二年（七一四）広州《こうしゅう》に初めて設置され、アラブ人の活動・居住でにぎわう。宋代に入り中国の造船・航海術が飛躍し貿易が発展すると、広州・泉州《せんしゅう》（以上南海貿易）、明州・杭州・秀州《しゅうしゅう》（以上南海および日本、高麗貿易）、密州（高麗貿易）などに置かれている（藤田豊、一九四三a）。

ところで『攻媿集《こうかいしゅう》』巻一一〇所収「阿《あ》育王山妙智禅師《いくおうさんみょうちぜんじ》塔銘《とうめい》」（一一八八年撰）には、「日本国王」が阿育王山の寺主・妙智禅師の偈語《げご》に啓発され、国を譲って仏門に入り、毎年「弟子の礼」を修め、幣物《へいもつ》を奉り、また良材をもって明州の阿育王寺に舎利殿《しゃりでん》を建立した、という記事がある。阿育王寺は現在の寧波市中心街の東約一六キロの場所にある。南宋の時代、中国禅林の五山《ござん》・十刹《じっせつ》の制が設定されたとき、五山の第五位にランクされた名刹だった。同寺は平安後期の日本では舎利信仰の寺として聞こえていた（奈良国立博物館、二〇〇九）。国を譲って仏門に入った「日本国王」とは、嘉応元年(一一六九)六月、出家して法皇となった後白河上皇が該当する。

金の南進によって山西省の五台山《ごだいさん》がその支配下に入り、日本の入宋僧の巡礼先も天台山(国清寺《こくせいじ》)をはじめ浙江東部の諸寺院、阿育王寺・天童寺・普陀山《ふださん》などに移っていたから、後白河はかれらから、阿育王寺の盛況ぶりについて聞くところがあったのだろう。それで阿育王寺と妙智禅師を深く信仰し、舎利殿の建立を志すにいたった。その事実については、古く日野開三郎氏、近年は藤田明良・横内裕人両氏が言及し、さらに渡邊誠氏が詳論を展開、重源や栄西の渡宋との関係についても説き及んでいるので、ここではそれらに譲りたい(日野開、一九八四/藤田明、二〇〇〇/横内、二〇〇九/渡邊、二〇一〇)。

つまり日本が乾道三年宋へ派遣した使いは、後白河の願望によるもの、嘉応二年の宋人の来訪は、後白河の熱意と幣物にたいする返礼使とみなすことができる。だからこそ、後白河法皇も宋人来るの報を聞いて、急ぎ福原に駆けつけ引見《いんけん》したのだろう。そして宋人が福原にやってきたことが物語っているように、乾道三年に宋へ使を派遣できたのは、清盛の助力があったからと考えねばならない(榎本、二〇一〇/髙橋昌、二〇一九)。

ついで承安《しょうあん》二年(一一七二)九月、明州から、後白河法皇と清盛入道に「供物《くもつ》」(土産)が届いた(『玉葉』九月一七・二二日条)。供物には送文《おくりぶみ》が付き、一通は「日本国王に賜ふ」とあり、いま一通は「日本国太政大臣に送る」とあった。貴族たちは、これは孝宗《こうそう》皇帝(在位一一六二〜八九)からの直接の土産でなく、「明州の刺史《しし》(州の長官、宋代は知州《ちしゅう》と改称)」からのもので、しかも「日本国王に賜ふ」というのは、「相互に差別無」き過去の外交慣例と違っている、我が国を見下して無礼だから受け取らない、返牒《へんちょう》(牒は直属関係にない役所間で交換される公文書のこと)も出してはならない、と反発する。かれらの感覚では「賜ふ」が無礼なだけでなく、「日本国王」号も問題である。それは中国皇帝が朝貢《ちょうこう》してくる周辺諸国の王に授ける臣下の称号だからである。

宋は高度に中央集権的な国家だから、建国当初の全国約二五〇の州は皇帝直属、知州も中央政府の官職の肩書きを持つ官僚が、皇帝の名代として臨時に派遣されてくるという建前をとっていた(宮崎市、一九九二b)。知州からの使といっても、決して一地方官のスタンドプレーではありえない。

多分筆者が初めて指摘したことだと思うが(髙橋昌、一九九九a)、このとき貴族たちが「明州の刺史」といっているのは、正確には明州の沿海制置使《えんかいせいちし》のことである(『師守記《もろもりき》』貞治《じょうじ》六年〈一三六七〉五月九日条)。沿海制置使は南宋の時代、水軍を統轄して南海貿易(中国と東南アジア・南アジアとの間の海上貿易。九世紀ごろからは中国人商人が直接それら各地に進出した)に害をなす海賊を取り締まり、海路の平静を実現するため、浙江・福建《ふっけん》などの沿岸地方に設けられた制度である(『宋史』職官志七)(日野開、一九三七)。浙江では、紹興《しょうこう》三年(一一三三)明州に設置され(『宋会要輯稿《そうかいようしゅうこう》』職官四〇之五)、明州の長官が兼任していた。同地には水軍も二〇〇〇人配備されていた(『宋史』兵志二)。

同時期この職に起用された人物は、いずれも王族や皇帝の外戚、皇帝親衛軍の最高司令官を経験したような大物で、海賊平定に熱を入れていた(『宋史』外戚伝下など)。承安二年日本に使を送ってきた知明州兼沿海制置使は、孝宗皇帝の同母兄趙伯圭《ちょうはくけい》である(『宝慶四明志《ほうけいしめいし》』巻一郡守)。かれは猖獗《しょうけつ》を極めた海賊にたいし、人を遣わしてまず一人の有力者を説得して帰降させ、つぎにかれを派遣して別の仲間を擒《とりこ》にした。二人は凶暴で狡猾《こうかつ》だったが、伯圭が手なずけて用いたので、賊党はついに散り散りになった(『宋史』列伝三宗室一嗣秀王伯圭)。

かれが後白河と清盛双方に供物を送ってきたのは、二つの異なった目的があったと考えられる。一つは後白河の明州の阿育王寺に舎利殿を建立するという後白河の志を実現する件で、そのための、実務的な協議を目的にしていたのだろう。ついでながら『平家物語』には、有名な話がある。安元のころ(一一七五~七七)、平重盛は鎮西《ちんぜい》の妙典《みょうでん》という船頭に黄金三五〇〇両を渡し、一〇〇〇両は育王山《いおうざん》(阿育王寺)の僧に贈り、二〇〇〇両を中国の皇帝に奉り、田地に代え、それを育王山に寄進して、わが後世を弔うよう伝えよと語った。妙典がその通り実行したので、いまも、重盛の後世善処を祈ることが続けられているという(巻三金渡《かねわたし》)。

この話自体は、フィクションと考えられているが、妙智禅師は理財経営に巧みで、孝宗より寺田の寄進を受け、「長生局《ちょうせいきょく》五所」を造るなど営利事業を展開し、信者による「金帛《きんぱく》」の捨施《しゃし》を営利事業の資本としたという(横内、二〇〇九)。その勧誘にしたがって、平家一門のなかに、育王山や妙智と仏縁を結ぼうとした人物がいたことまで、否定する必要はない。

二つ目は清盛のそれで、これこそ日宋貿易にかかわるものである。そもそも舎利殿を建てるための日本産材木の助成にしても、他の事例から考えると無償の喜捨ではなく、対価をともなう輸出事業だった(榎本、二〇〇八/渡邊、二〇一〇)。乾道三年の遣使を清盛が実現させたのも、材木売り込みの意図があったからに相違ない。『平家物語』の「金渡」のような信仰は信仰として、清盛の狙いは、日宋貿易を盛んにすることにあったのだろう。その意味でこの件にかんしては、後白河と清盛は同床異夢、少なくとも重点の置き所に違いがあった。

近年承安の日宋交渉の目的を、渡邊誠氏のように事実上後白河の舎利殿建立に絞りこむ見解がある(渡邊、二〇一〇)。氏は「この時期の日宋交渉の目的は複合的にとらえねばならない」といいながら、経の島築造や宋船の「輪田泊」への寄港、宋銭の大量流入など、貿易に深く関係する諸事実を無視する結果になっている。残念である。

翌承安三年二月後白河法皇は、清盛に返牒を遣わすよう「内々(公卿会議を経ることなく)」に命じた(『百練抄』三月三日条)。返牒は「日本国沙門《しゃもん》静海(清盛の法名《ほうみょう》)牒す　大宋国明州沿海制置使王」と書き出され、内容も「進物の美麗珍重」を大いに誉めたもので、外交慣例と違うことを詰問せよとの声は無視された(『師守記』貞治六年五月九日条、『玉葉』三月一三日条、『異《い》国牒状記《こくちょうじょうき》』)。対等であるべきといっても、それは日本側の一方的な願望で、清盛には、世界の超大国と張り合うなど、一顧の余地もなかったのである。後白河が清盛の名で沿海制置使宛てに返書を出させたのは、実質担当者だからというだけでなく、貴族たちの反発に配慮し、相手方の身分とつり合わせるための措置だと思う。

後白河法皇は宋の使者に、蒔絵《まきえ》の厨子《ずし》に入れた色革《いろかわ》(色や模様を染めつけた革。そめかわ。古来より武具・馬具などに用いられた)三〇枚と蒔絵の手箱に納めた砂金一〇〇両の贈物を賜い、清盛も「剣一腰《こし》」「手箱一合《ごう》」「物具《もののぐ》(鎧《よろい》)」などの贈物を添えた(『玉葉』三月一三日条)。

承安二年の日本への使は、沿海制置使司の名で送られてきた。同一人の兼務とはいえ、文官職たる知州ではなく、海賊制圧を任とする沿海制置使名での派遣だった点に、軍事・治安問題が懸案事項だったことを読みとるべきである。『宋会要輯稿』によれば、乾道九年(承安三)五月二五日、日本の返牒・進貢品が南宋皇帝のもとにもたらされたとき、孝宗は枢密院《すうみついん》に命じ、沿海制置司に、日本へ往復した綱首《こうしゅ》(運送業の親方)荘大椿《そうだいちん》・張守中《ちょうしゅちゅう》におのおの銭五〇〇貫、水軍の使臣(使節)施閏《せじゅん》・李忠賁《りちゅうほう》に三〇〇貫を支給し、その労をねぎらわせた(蕃夷《ばんい》七歴代朝貢)。なお『宋史』には、この件が、乾道九年に日本が始めて「明州の綱首」に附して方物《ほうぶつ》(その他に産するもの)をもって入貢した、と記されている(列伝外国七日本国)。

枢密院は中央の軍政・軍令を総轄する機関で、宋代各軍の司令官は、兵は指揮するが統帥権はもたず、枢密院を通して皇帝の命令がこなければ、一兵たりとも動かすことができなかった(髙橋昌、二〇一六c)。『宋会要輯稿』の記事は、今回の日本への使節派遣が、皇帝の指示にもとづいて行われた性格のものだったことを、雄弁に物語っている。

推測をたくましくすれば、使を日本に遣わした中国側の意図は、貿易を本格化するにあたって、航海の安全が条件、ということなのではないか。海賊は大海原のただなかには出ない。出発港・目的港近辺の海域や島々こそ海賊の巣窟である。となれば島々が点在する日本近海・瀬戸内海は危ない。予想される海賊の脅威排除は絶対の必要だから、そのためには、日本の軍事面での最高実力者・清盛入道の力が欠かせない。しかも、平家は祖父正盛以来瀬戸内海の海賊平定に実績をあげてきた（髙橋昌、二〇一一ａ）。瀬戸内航路の整備とは、施設の問題というより、人災、すなわち海賊への対策を万全にすることである。

こう考えてくると、清盛が剣と鎧を返礼の贈物にしたのは、それへの同意のシグナル、と解することができる。これを兼実は、「武勇の具を境外に出す」と批判した（『玉葉』三月一三日条）。武器搬出禁止という東アジア国家の原則からいえば、一応正論であるが、宋側の要求内容まで理解しての発言とは思われない。

その後『師守記』前掲条には「去年（承安三年）の秋比《ごろ》より大宋国の牒状数通到来すと云々」とあり、宋側にも積極的な姿勢があったことがわかる。清盛はそれらに応えて翌四年二月五日、宋に返牒を送った。これで交渉は一段落したようだ。承安二〜四年の日宋の接触は、両者間にかなり綿密なやりとりがあったことがわかり、その交渉が交易上のなんらかの合意に達しなかったとは考えにくい。だとすれば、清盛の日宋貿易は、宋の海商相手の権門貿易が基本だとしても、中国では皇帝、日本では後白河が認知する、半ば公的な性格をもっていたということになる。

以後日宋貿易は量的に拡大したと考えられるが、残念ながらその実況を直接示す史料は残っていない。わずかに『平家物語』が、平家の繁栄を語るのに「揚州《ようしゅう》の金・荊州《けいしゅう》の珠・呉郡《ごきん》の綾・蜀江《しょっこう》の錦、七珍万宝《しっちんまんぽう》一として闕《かけ》たる事なし」（巻一吾身栄花《わがみのえいが》）と中国の貴重品をあげているのは、美辞麗句でなく、清盛の中国貿易への熱中ぶりと、その結果としてのおそるべき富力を示すねらいであろう。

これまでの研究によれば、日宋貿易の輸入品は香料、絹織物、白檀《びゃくだん》・紫檀《したん》などの貴木、陶磁器、獣皮、ガラス製品、書籍、オウム・クジャクなどの珍鳥、紙・硯《すずり》などの文房具が主要なものである。もちろん流入品は、高価・珍奇なものばかりではない。平家の時代になると、銅銭が大量にもたらされるようになり、中世日本に貨幣経済が発達するのに決定的な影響を与えた。よく知られているように、皇朝十二銭《こうちょうじゅうにせん》の流通が停止した一〇世紀の末以降、日本国内では貨幣は造られなかった。一二世紀後半以降、再びその使用が始まるが、流通したのは中国で現に使用されている銭(主に北宋銭)だった。つまり日本は、交換手段を自前で用意するのでなく、中国に頼ったのである。中世日本は、その後も中国銭を輸入し続ける。

一一世紀にはまったく使用の絶えていた銭が急に出まわれば、社会や経済の混乱は避けられない。事実、宋銭の大量流通は、社会問題の発生をともなっており、治承三年(一一七九)麻疹《はしか》らしき病が流行ったとき、人々は「銭の病」と呼んで銭への忌避感を露わにした(『百練抄』同年六月条)。同年七月、高倉天皇は万物沽価法《ばんぶつこかほう》の制定に意欲を示したが、その内容には「近代渡る唐土の銭(宋銭)」の流通公認が含まれていた。それは清盛の強い意向にもとづいていたが、この件については第四章7節で、より詳しく述べることにしたい。

一方、南宋側では、産銅額が頭打ち傾向にあるにもかかわらず、海外貿易の発達により、おびただしい量の銅銭が国外に流出することが政治問題化している。沿海制置使の趙伯圭も、日本に使を派遣する前年の三月、南海から高麗《こうらい》・日本、山東に及ぶ沿海地域で、銅銭の私的な海外流出の取り締まりを厳にするよう建言している(『宋会要輯稿』刑法二刑法禁約)。宋使と清盛の会談でも、当然この件が議題になったはず。

従来日本からの輸出品では、砂金・水銀などが重視されていたが、重要なのは硫黄《いおう》である。硫黄は主に黒色火薬の原料に使われた。北宋は火薬を西北の西夏《せいか》との戦闘用に配備し、そのため硫黄を日本から大量に買い付けた、と考えられている(山内、二〇〇九)。

硫黄と並ぶ重要輸出品は杉・檜・松などの板もしくは角材である。日本産の木材は良質で知られ、孝宗も淳熙《じゅんき》年中(一一七四〜八九)禁中に「日本国の松の木」をもって一堂を建て、「翠寒堂《すいかんどう》」と名づけ風雅を愛したという(『建炎以来朝野雑記《けんえんいらいちょうやざっき》』甲集巻一孝宗恭倹条)。また中国では一般民衆まで遺骸を納める棺材に金をかけることをいとわなかった。乾道四年(一一六八)の序を持つ陸游《りくゆう》の『放翁家訓《ほうおうかくん》』には、「四明(明州)・臨安にて倭舟至りし時、三十千(三〇貫)を用ふれば、一佳棺《かかん》を得べし」とあり、日本材による良質な棺の需要が大きかった(岡、二〇〇三)。明州城内には棺材を加工製作する「棺材巷」もある(『開慶四明続志《かいけいしめいぞくし》』巻七)。中国では、産業の躍進によって自然の収奪が進み、森林がどんどん消滅、薪炭《しんたん》から石炭へのエネルギー転換が進行し、木材は貴重になりつつあった(宮崎市、一九九二a)。

中国側史料で見ると、日本産木材の輸入が始まったのは一二世紀三〇年代以降で(藤田豊、一九四三b)、日本における銭の流通再開期にやや先行する。輸出むけの何万銭という銅銭は、船に積みこまれたとき、重心を調整し復元力を維持するためのバラストの役割を果たす。帰りの船荷が砂金や真珠だけだと、軽すぎて危険である。硫黄や木材を積むことで重心も下げられるのである。

## 3　経の島と千僧供養

承安二年から四年にかけての日宋交渉は、この地の歴史に新しい一頁を開いた。清盛が貿易船の来航を見越して、当地に埠頭《ふとう》や船溜《ふなだま》りとしての人工島の築造を始めたからである。この施設を「経《きょう》の島」というが、その築造は、従来大輪田泊と同一場所のように考えられてきたので、大輪田泊の改修と理解されてきた。果たしてそうだろうか。

それにはまず、大輪田泊の位置を確認しておかねばならない。治承四年（一一八〇）六月六日、いわゆる福原遷都で、都を立つのが一足遅れた蔵人藤原親経《ちかつね》は、「海船」を使って「輪田崎」に着き、「沙浜《すなはま》に於て冠を着け、内（安徳天皇）・院（高倉上皇）に参」っている。そして夜に入って「沙浜」に帰った。翌日は「沙浜より所々に参り、たまたま宿所を尋ね得、居住」したと書いている（『親経卿記』）。

和田岬近傍の砂浜の上陸地という条件にかなっているのは、大村拓生氏も指摘するように須佐《すさ》の入江である（大村、二〇〇八）。この入江は兵庫津を描いた最古の地図である元禄九年（一六九六）の「摂州八部郡福原庄兵庫津絵図」（棰井家蔵・神戸市立博物館に寄託、以下「兵庫津絵図」と略称）では、和田明神付近で現神戸港の海面と別れ、南北に長い浜地で隔てられながら細長く北北西に深く入りこんでいる（図3-2）。入江は古湊川《こみなとがわ》の流路が、神戸港の海面にそそぐ河口に形成されたもので（藤本史、二〇〇八）、浜地は湊川の運ぶ土砂と当地の東南から寄せ

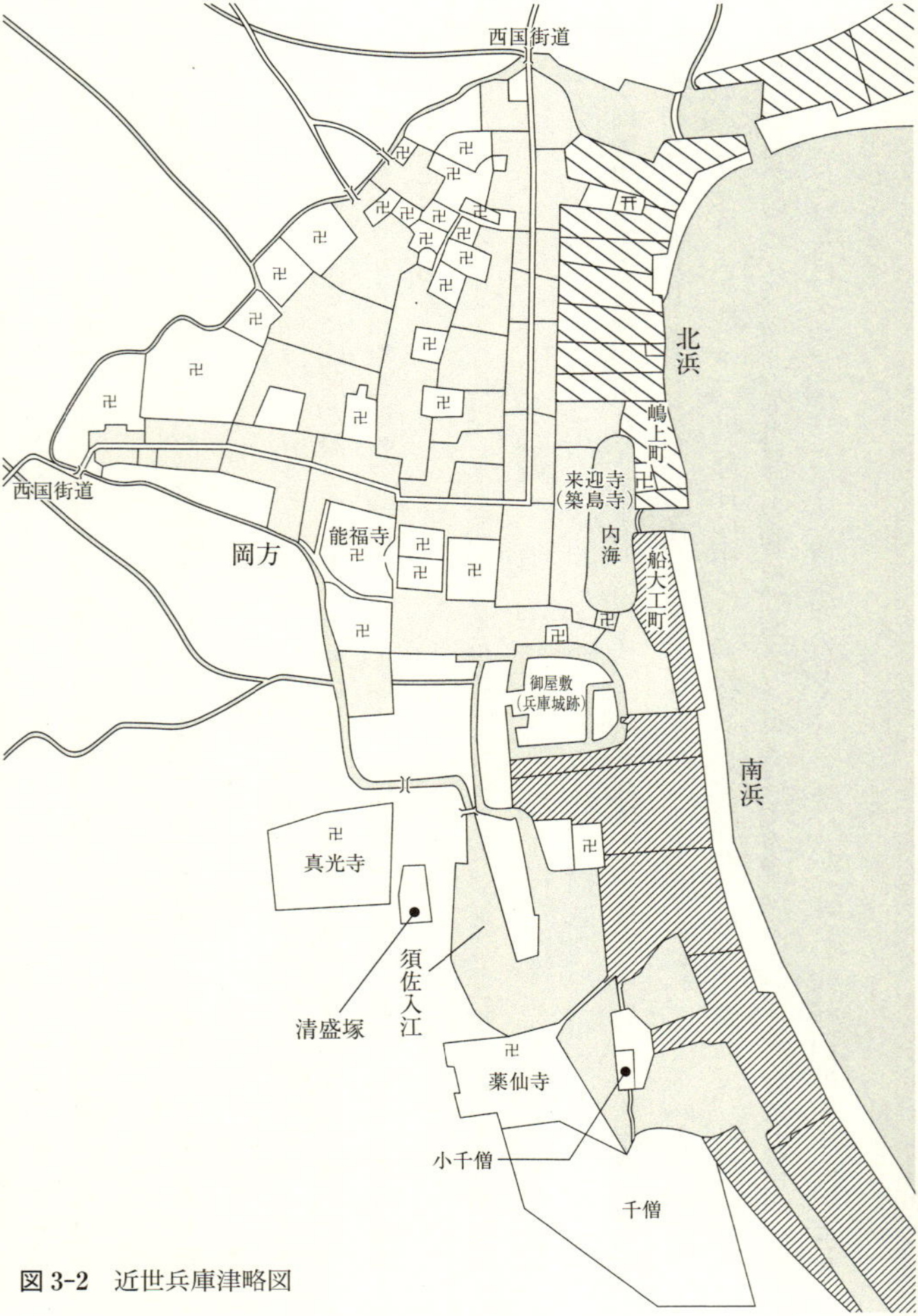

西国街道
西国街道
北浜
嶋上町
来迎寺
(築島寺)
内海
船大工町
能福寺
岡方
御屋敷
(兵庫城跡)
南浜
真光寺
須佐入江
清盛塚
薬仙寺
小千僧
千僧


図 3-2　近世兵庫津略図

る風波の作用で生まれたものだろう。大輪田が大曲《おおわだ》なら、海や湖や川の「水面の深く入り込んだ所、入江」を意味するから(『岩波古語辞典』)。大輪田泊は、この入江を利用したものと考えるのが理にかなっている。

「兵庫津絵図」では、入江の一番奥まったあたりに真光寺《しんこうじ》があり、南東にはややひろい水面が広がる。真光寺は時宗の開祖一遍《いっぺん》ゆかりの寺である。『一遍上人絵伝』(歓喜光寺《かんきこうじ》蔵)によれば、一遍は正応《しょうおう》二年(一二八九)八月二三日、輪田の観音堂で臨終を迎え、前の松の根元で荼毘《だび》に付され、そこに廟所《びょうしょ》が設けられた。廟所に建てられたのが真光寺で、現在寺内には一遍の廟所があり、立派な石造の五輪塔が建っている。南北朝期に再建したとみられる五輪塔(県指定文化財)である。

また真光寺のすぐそばには、清盛の遺骨を供養するため造られたと伝承される十三重の石塔が、あたりを圧して立つ(本書一一頁、図序-3)。十三重石塔すなわち清盛塚の台座には「弘安九　二月　日」という造立の歳月が刻まれており、清盛時代から一世紀も時代が降る。

これに関係するのが、西大寺流律宗《りっしゅう》の叡尊《えいそん》が、弘安八年(一二八五)八月に、兵庫の安養寺で説法し、道俗九七二人に菩薩戒を授け、また「淫女《いんじょ》」千七百余人に持斎《じさい》を説いたイベントであろう(『感身学正記』下)。菩薩戒の中身は漁民など住人たちへの殺生禁断で、持斎は港町につきものの遊女への節食と自戒の勧めである。石塔はその記念碑と考えられる(藤田明、一九九九)。これらによって、真光寺や清盛塚のあたりこそ、かつての大輪田泊の中心域と見なすことができる。

須佐の入江は、「兵庫津絵図」が描かれた半世紀後の宝暦《ほうれき》元年(一七五一)には、すでに逆瀬《さかせ》川《がわ》の一部に縮小して陸地化しているので(宝暦元年に作られた森幸安の二つの「兵庫地図」、国立公文書館蔵本と大阪歴史博物館蔵本参照)、近世中期の土木技術、労働力動員で埋め立て可能な水深だった。こうした浅い水域に、当時の宋船(全長三〇メートル前後、船幅八～一〇メートル前後、外洋航海に必須の波切り可能なＶ字型の断面と船底を有する大型のジャンク船)が進入し、碇泊することはできない。さらに宋船は、季節風にのって太陽暦九～一〇月に来航し、また季節風にのって太陽暦四～五月に帰国する。このため、半年間にわたり繋留《けいりゅう》できる安全な碇泊地が必要である。だから対中国貿易を始めるにあたっては、水深のある海中に張り出した人工島を用意しなければならなかった。

清盛は、のちにこの人工島を築造した理由を、「輪田の崎は上下諸人の経過絶ゆること無し。公私諸船の往還数《あまた》有り。しかるに東南の大風常に扇《さわが》しく、朝暮の逆浪凌《しの》ぎ難し。これ則ち無《む》泊《はく》の致る所なり」(『山槐記』治承四年三月五日条所収同年二月廿日太政官符)と説明している。「無泊」とは、水深の浅い入江以上のものではなかった大輪田泊の、大型船を収容する能力の欠如を表現する文言であろう。となれば清盛の「経の島」は、いよいよ須佐の入江とは別場所に築造されなければならなかった。

それでは「経の島」の場所はどこにあったのか。弘安八年叡尊が訪れた二カ月後、亀山《かめやま》上皇も兵庫を訪問し、それに随行した三条実躬《さねみ》は当地の港について、次のように書き記している。

福原より兵庫嶋に出て、和多御崎《わだのみさき》・経嶋を歴覧す〈平相国禅門、この嶋を築き出す所と風聞す。風雨を防ぎ往来の舟の宿泊となすと云々〉。数百艘の舟をこの入海に繋ぐものなり。遊君等、笠を差し、扁船《へんせん》を掉《さお》さして、汀《みぎわ》を廻り、おのおの郢曲《えいきょく》(俗曲)を施す。(『実躬卿記』一〇月二一日条)

藤田明良氏は、港の中核部分が、「経嶋によって外海と区切られた入海(入江)」だったこと、「築き出す」という表現から、「この人工島は海中に独立したものでなく、岸から延長した半島状のもの」で、船を風から守る良港となっていたこと、誇張はあるが入江に繋がれた船の数を「数百艘」と表現しているように大いに賑わっていたこと、などを読み取っている(藤田明、一九九九)。

須佐の入江とは別場所で、その内側に船を係留できる突堤状の構築物ということなら、自ずと場所は決まってくる。前出の「兵庫津絵図」では、海岸部中央に「長《たけ》百十九間(約二一六メートル)、横二十七間半(約五〇メートル)」と文字表記のある「内海」(船溜り)が描かれている。その内海と外海とをつなぐ細い水路には太鼓橋《たいこばし》がかかり、橋の北側が嶋上《しまのうえ》町、太鼓橋を渡った南が船大工《ふなだいく》町と注記がある。嶋上町には来迎寺《らいごうじ》があり、別名築島寺《つきしまでら》、山号を経島山という。清盛塚のおよそ北北東六三〇メートルの地である。この町名・寺名がかつての「経の島」のおよその位置を伝えていると考えるのが素直である。そして、対面の船大工町は近世前期の埋め立てによって成立した町で、中世にはまだ存在しなかった(髙橋昌、二〇一三・i)。「内海」は下方(南)でそのまま現神戸港の海面に向かって大きく口を開けていたはずである。

砂浜の停泊地の域を出なかった大輪田泊にほど近い場所に、「経の島」という「人工島」の築造に着工したのが承安三年だった(『帝王編年記』)。しかし、海中に人工の突堤島を造るのは容易なことではない。せっかく築いたものも翌年風波でたちまち崩れ去った。そこで無数の石の表面に一切経《いっさいきょう》(仏教聖典の総称)を書いて船に積み、船ごと沈める工法が取られたという(延慶本『平家物語』巻六太政入道経嶋突給事)。人工島を「経の島」と呼んだのは、これに由来する。海に「石椋《いしくら》(石を積み上げて作った垣、防波堤)」を構築するために、破損した和船の船底材に大量の石を積んで沈める工法は他にも例がある(『鎌倉遺文』八四七号)。

「経の島」の工事責任者になったのは、阿波を本拠とする平家の有力家人粟田成良《あわたのしげよし》(阿波民部大夫《あわのみんぶのだいふ》)である。阿波民部の名字を普通は田口とするが、五味文彦氏のいう粟田姓が妥当であると思われる(五味、一九八四b)。成良は平家水軍の一翼を担う有力者であり、吉野川下流南岸の沖積地たる桜庭《さくらば》(現徳島市国府町桜間)を本拠に勢力を有した。

「経の島」完成後、福原遷都最中の治承四年(一一八〇)一〇月一〇日、権中納言の中山忠親は、前月一六日より「輪田泊」に停泊中の宋船に「侍男《さむらいのおのこ》」を使わし「薬種《やくしゅ》」を交易させている(『山槐記』)。この「輪田泊」は前述の理由から経の島でなければならないが、この地に不慣れな都人にとっては両者は一体のものと認識されていたのであろう。当地に直接宋船が来航した確実な例は、現在この一例しか知られていないが、記事からは忠親にとって宋船の来航はもはや驚きの対象ではなく、当然の既成事実という口吻が感じられる。過去すでに一定数の来航があったものと考えるべきであろう。宋船のなかに博多津を素通りし、経の島で直に舶来品の荷下ろしをするものが現れたとすれば、それまで外国貿易の管理をしていた大宰府の府官や博多の海商たちの利権が損なわれ、平家やその息の掛かった海商のものになることを意味する。

『兵庫北関入船納帳《ひょうごきたぜきいりふねのうちょう》』という史料により、一五世紀の畿内には、阿波・土佐の産の榑《くれ》(山出しの半製品・中間製品の板材、平安時代の規格では長さ三・六メートル、幅一八センチ、厚さ一二センチ)・木材が大量に流入していたことがわかる。その産地の中心は、杉の美林として知られた土佐国安芸郡の魚梁瀬《やなせ》(現高知県馬路村北部)である。高温多雨で生育に適し、筏《いかだ》による搬出と海運の便に恵まれていたからで、この条件は平安末期でも変わらない。成良やかれの関係者は、木材の漕運にかかわりながら、富と勢力を拡大していった可能性がある。発生期の海軍と海賊と海商は三位一体である。阿波から淡路島以西の瀬戸内海に向かうには、鳴門海峡の渦潮が航行の大きな障害であり、北方に大きく迂回する明石海峡が利用された。「経の島」の築造は自らの商売の利益にも叶い、港修築のノウ－ハウももっていたのだろう。かれの積み出した魚梁瀬の杉材の一部が、経の島に来航した宋船の帰りの荷となって、はるか南宋の地に運ばれ、詩人や美姫に木目の美しさを愛でられた、との空想は楽しい。ただし、阿育王寺の舎利殿は周防《すおう》の材で建てられたことがわかっている(『南无阿弥陀仏作善集《なむあみだぶつさぜんしゅう》』)。

さて、清盛が福原に住むようになってから、当地では三月と一〇月中旬過ぎの年二回、それぞれ三日の日程で千僧供養《せんそうくよう》（多くの僧を招いて行われる法会）の儀式が催された。記録に残るものだけで六回に達する（表3-1参照）。たとえば、承安二年三月一五日には、入道大相国の福原亭に後白河を迎え、一〇〇〇人の持経者《じきょうしゃ》（法華経の修行者）が『法華経』を供養している（『百練抄』）。『古今著聞集《ここんちょもんじゅう》』によれば公卿・殿上人からの布施はいうまでもないが、諸国の民衆も結縁のため、釘や餅四、五枚を差し出した。前者は供養の場を清盛の福原亭とするが、実際には和田浜で行われたようで、浜辺に仮設の建物を設け道場にした。仏が一〇〇〇体準備されたというから僧一人につき一体である。当然『法華経』も一〇〇〇部準備された。このときの一〇〇〇僧のなかには後白河自身も加わっている。四十八壇《だん》（壇は密教の修法を行う際に、仏や菩薩の絵像や彫像を安置したり、供物を置いたりする場所）の阿弥陀護摩《あみだごま》もあったようだから、千僧供養とは別に阿弥陀如来を本体として修する護摩も行ったのであろう（巻二―五九）。

この『法華経』、千僧供養では転読《てんどく》をしたという。転読とは経題や毎巻の初め・中程・終りの数行を読み、全巻の読誦《どくじゅ》に代えることをいう。折本を空中で翻転する華やかな形式が流行したが、それは『大般若経』六〇〇巻などの大部の経典の場合で、このときは『法華経』の経文を、順を追って読誦したのだろう。「読」は経を見て読む、「誦」はそらで読む、つまり声を出して経文を読むことで、読経ともいう。

法会では園城寺の法印公顕《こうけん》が導師を務め、その説法に感激した後白河は僧正に任ずといい出した。公顕の師匠の公舜《こうしゅん》がまだ僧正になっていなかったので、兼実などは、事実なら未曽有と反発している。一〇〇〇人の転読は一七日まで続いて法皇は二〇日に京都に帰った（『玉

表 3-1　和田(福原)千僧供養一覧

| | 日　時 | 事　項 | 出　典 |
|---|---|---|---|
| 1 | 仁安4年<br>(1169)<br>3月21日 | 入道大相国，福原亭において千部法華経を供養す，僧千口読誦．導師明雲，後白河その斎庭に臨む．24日上皇還御． | 『兵範記』<br>『百練抄』 |
| 2 | 承安2年<br>(1172)<br>3月15日 | 後白河，入道大相国福原亭において，持経者千僧にて『法華経』を供養す．3日間これを行う． | 『玉葉』<br>『百練抄』<br>『古今著聞集』 |
| 3 | 承安2年<br>10月15日 | 13日法皇，輪田千僧経に向かうと云々．15日より清盛，輪田浜において，千壇阿弥陀供養法并びに四十八壇同護摩を修す．中央に法花道場を建て，法華法を修す．大阿闍梨太上法皇一身阿闍梨．伴僧20人皆園城寺の僧，僧綱8人，有職10人，非職2人．護摩檀権僧正公顕，仁和寺守覚法親王・延暦寺覚快法親王，前大僧正覚忠，自余の僧綱済済，法皇臨御．千壇行法によってその浜を千僧と謂う．19日還京． | 『玉葉』<br>『百練抄』<br>『歴代皇紀』，<br>『帝王編年記』<br>(同記は承安4年10月とするが誤記) |
| 4 | 承安3年<br>3月14日 | 清盛福原で護摩を修す(～20日)．但し，法皇は建春門院が病のため不参加の模様． | 『玉葉』 |
| 5 | 安元元年<br>(1175)<br>10月13日 | 11日法皇，禅門相国の福原別業に密々御幸．来る13日より千僧持経者を供養すべきによりてなり．15日還京． | 『玉葉』 |
| 6 | 安元3年<br>3月15日 | 14日法皇暁福原に御幸．15日より3日間千壇供養法，18日より3日間千口持経者の供養．前者は入道の修すところ，後者は建春門院のために法皇の行わせるところ，持経者は殿上の侍臣以下・北面・武者所・主典代・庁官皆ことごとく宛てられる． | 『玉葉』<br>『顕広王記』<br>『百練抄』<br>『転法輪抄』 |

葉』)。

また同じ年の一〇月一五日からも和田浜で千僧供養が行われる。それに先だって、後白河は一身阿闍梨《いっしんあじゃり》に任じられた。一身阿闍梨は、名門の出であることで、一代を限って阿闍梨の僧位を与えられた者をいう。後白河自らが清盛に加持祈禱を加える予定があり、そのためには大阿闍梨でなければならないとのことで、とくに資格授与があったという。兼実はこれにも「希代の珍事、上代にいまだかくの如きこと非ず」と苦言を呈するのを忘れていない(『玉葉』一〇月一一日条)。

一〇〇〇人の僧というのはオーバーにも見えるが、厳島神主の佐伯景弘など、承安二年三月のときには、河内国の七つの寺院の僧侶と厳島の住僧、計一〇人をリストアップしている(『平安遺文』五〇五五号)。あちこちでこうしたリクルート競争が繰りひろげられたのだろう。

千僧供養の主催者になることは、だれにでも可能だったわけではない。承安二年一〇月に和田浜に集まった僧は、一身阿闍梨としての後白河、伴僧《ばんそう》(導師や主役を勤める高僧に従って、威儀を整え雑事を勤める僧)は皆園城寺関係者で僧綱八人、有職《うしき》(凡僧《ぼんそう》〈僧綱に任じられていない法師位の僧〉で阿闍梨などの職に就いている僧)一〇人、非職《ひしき》(凡僧で阿闍梨などの職についていない僧)二人で合計二〇人、他に権僧正公顕、仁和寺《にんなじ》の守覚法親王《しゅかくほっしんのう》(後白河の第二皇子)・延暦寺の覚快《かくかい》法親王(鳥羽天皇の第七皇子)、前大僧正覚忠も顔を見せ、自余の僧綱済済という豪華な顔ぶれだった(『帝王編年記』承安四年〈二年が正しい〉一〇月条)。当然莫大な費用がかかった。

その主催場所も、院政期には大極殿・法勝寺・延暦寺・興福寺・東大寺に限られている

(小松、一九九六b)。京都で行うならともかく、この顔ぶれをこの地に揃えること自体が一大事である。分不相応の思い上がりだという非難を許さない門地・身分も必要だ。清盛の富と勢威、および白河の落胤という生まれがそれを可能にした。

だが、なぜ和田浜での千僧供養なのか。この問いについては、同地で『法華経』を転読した事実が答えになるだろう。和田浜の範囲は明確でないが、「千壇行法《ぎょうほう》によりてその浜を千僧と謂ふ」という記述もある(『帝王編年記』承安四年一〇月条)。近世兵庫津では、西国街道の宿駅に指定された背後の陸部を岡方《おかがた》、港湾機能を持つ南北に細長い一帯の北部を北浜、南部を南浜、併せて浜方《はまがた》といった。前出の「兵庫津絵図」には、南浜に近接した須佐入江の南に「千僧」、入江のなかに「小千僧」という地名が見える(図3-2)。それらから、南浜の途中から和田岬まで海浜の一帯が法会の会場だった、と思われる。

そして『法華経』「提婆達多品」には竜神教化の説話が見える(五三頁参照)。竜は水神・海神であり、その怒りは風波をまき起こし海難の原因になった。『源氏物語』若紫《わかむらさき》巻に、近隣の須磨・明石の沖には海竜王が住むと見えているのを念頭に置くと、和田浜での『法華経』読経に、海神をなだめ海の平安を実現する願いがあった、と見ておかしくない。

『法華経』第二五章の「観世音菩薩普門品」(『観音経』)には、人が七難に襲われたとき一心に名《みな》を称えるならば、災難から免れるよう救ってくれるとある。七難のうち羅刹《らせつ》(鬼)の難については、金・銀その他の宝を求めて大海に乗り出したとき、黒風が吹いて、船が鬼の国に吹き流されたとき、観音さんと称えたら、皆その難を逃れることができるという。

同じく観世音菩薩の救済の働きを説いた箇所では、「或いは巨海《きょかい》に漂流して、竜・魚・諸《もろもろ》の鬼の難あらんに、彼《か》の観音の力を念ぜば、波浪も没すること能《あた》はざらん」、大海原に漂流して、諸々の難があったとしても、観音の力を心に念じれば、大波も我々を海没させることができないという。船乗りにとって航海の安全、海難よけの信仰は不可欠のものだし、『法華経』はもともと商人の世界で信仰せられたもの。観世音菩薩が、日本・朝鮮・中国さらには東南アジアの海外貿易を行う商人、船乗りの世界で広く信仰されたゆえんである(山内、一九九八)。千僧供養の『法華経』読誦は、やはり浜辺で海に向かって行われねばならなかったのである。

余談だが、筆者は二〇〇六年の二月下旬、寧波や天台山に小旅行する機会があり、そのおり阿育王寺を訪れた。同寺は平安後期の日本では舎利信仰の寺として聞こえていたが、現在ではむしろ観音信仰が、人びとの心に深く根を下ろしている。中国では宋代以後、禅宗を除き仏教は一般に衰退するが、観音信仰はあらゆる階層に浸透流行したからである。

筆者の訪問時も、阿育王寺のそれぞれの堂舎の前には、大型の鉄製灯明《とうみょう》立てに、赤く太いロウソクをあげる人びとがいた。そのロウソクには「大吉大利《だいきちたいり》」などのほか、「一帆風順《いっぱんふうじゅん》」の文句が浮き彫りにされており、以前から観音と海難救済の信仰の関係に注目していたので、なるほどとの思いを深くした(図3-3)。

その際には、旅程の関係で島影すら望見できなかったが、寧波の東北方海上にある舟山《しゅうざん》群島は竜王宮や観音信仰・泗洲《ししゅう》大師(観音が姿を変えて現れたもの)信仰の盛んなところで、なか

図 3-3　阿育王寺の灯明(著者撮影)

でも普陀山《ふださん》島は、宋代以降観音の霊場として最も崇信され、文殊《もんじゅ》を祭る山西省の五台山、普賢を祭る四川省の峨嵋山《がびさん》とともに、天下の三大仏教道場とされた。とくに海上商人や漁師の信仰を受け、紹興から明州を通って普陀山に至る観音霊場めぐりが流行し、その場面が絵画に描かれたりしたという。

清盛は、海外貿易を盛んにするには、『法華経』の力を借りねばならぬ、との思いをいだいていたのではないだろうか。これらより、千僧供養は、それに参加・結縁・見物する法皇から百姓までの広範な人びとに、平家こそ海路の安全保障を実現する力、と印象づける意図がこめられていた、と見なし得る。その意味では、これも海賊対策とならぶ瀬戸内航路整備の一環といえよう。

千僧供養が行われた日取りが旧暦の三月・一〇月の一五日から三日間だというのは、満月からの三日間、すなわち大潮の日からの三日間を意味した。潮汐は一日にそれぞれ二回の海面の高まり(満潮)と低まり(干潮)を経験する。大潮の日はその差(潮差)は最大になり、小潮の日に最小になる。つまり、大潮は浜辺が最も大きく表情を変えるときであり、翌日翌々日と次第に潮差は小さくなっていく。それは『法華経』と千僧供養の威力で次第に海が穏やかになってゆくことを印象づけるだろう。春の大潮は昼に高く、秋の大潮は夜に高い。これらも計算に入れ日取りや時間が設定されていたのだと思う。

清盛の「静海」「浄海」、静かな海または浄い海という法名も、海を鎮める、航海の安全を保障する、というかれの政治目標を、内外にアピールするためのものだったに違いない。

承安四年(一一七四)三月は、恒例の千僧供養が記録に見えない。清盛はこのとき、福原を出て法皇や建春門院の厳島御幸に合流している(『吉記』三月一六日条)。また治承元年(一一七七)一〇月にも、和田の代わりに、厳島で盛大な千僧供養が営まれた。一四日から始まる千僧供養のいわば前夜祭として、万灯会《まんどうえ》も行われた。

万灯会は一万の灯火を点じて罪障を懺悔《ざんげ》する法会である。このときは、宮崎と西崎という厳島の社殿を抱きかかえる如く突出した両陸地先端の間、現在の大鳥居の位置より外に東から西に海中に柵(棚)を仮設し渡し、その柵に三尺の間隔で、松明《たいまつ》を上下二段に結びつけた。はるか対岸にも同様の松明の柵を作り、厳島神社の回廊に列座する千僧の座の背後にも、各一本の大松明を立てる。やがて三重の松明の柵に一斉に火が点じられ、天をも焦がす烈々たる明かりが白昼をあざむく。波に映る一大光明世界について、記録は「海底、ひとへに火を敷くが如し」と記している(『伊都岐島千僧供養日記』)(小松、一九九六b)。

実は和田浜の千僧供養時にも、万灯会が行われており、これを実見した歌人西行《さいぎょう》は次の歌を詠んだ。

六原太政入道、持経者千人集めて、津国輪田と申所にて供養侍けり、やがてそのついでに万灯会しけり、夜更くるまゝに灯火《ともしび》の消えけるを、おの〳〵灯《とも》し継ぎけるを見て

消えぬべき法《のり》の光の灯《とも》びをかゝぐる輪田の泊《とま》りなりけり　（『山家集』中、雑）

西行は清盛と同年生まれ（一一一八年）で、若いころは鳥羽院の北面仲間で相識の間柄だったから（髙橋昌、二〇一六e）、その縁で和田にやってきたのかも知れない。

## 4　徳子の入内

後白河法皇がたびたび福原に御幸し、和田浜の千僧供養にも参加していたことを述べた。来訪の最初は仁安四年（一一六九）三月で、その後文献に残るものだけで、嘉応二年（一一七〇）九月、承安元年（一一七一）一〇月、承安二年三月、承安二年一〇月、安元元年（一一七五）一〇月、安元三年三月の前後七回に上る。この内、承安元年のそれは注目に値する。

一〇月六日、来る二一日上皇が福原に御幸あって両三日滞在するだろう、という情報が流れた（『玉葉』）。実際には二三日の到着で、建春門院をともない、院の近習源資賢《すけかた》・藤原成親、清盛の娘婿藤原兼雅、重盛・宗盛・時忠の公卿六人、殿上人一〇人が随行した。福原では船遊びなどがあり、遊女に禄が賜与された（『玉葉』『禅中記抄《ぜんちゅうきしょう》』）。

両院は一一月一日帰京したが、お供の権中納言（源資賢もしくは藤原兼雅）が蔵人頭・左中弁の藤原長方《ながかた》に語った談話のなかに、院が入道相国に馬二疋を賜わったので、入道は庭中に降り、馬の口取縄《くちとりなわ》の末を取り、次いでこれを重盛・宗盛の両息に引き渡したとある。宮内庁書陵部所蔵の長方の日記『禅中記抄』に見える話で、直話ならではの情報であろう。

その記事に続けて「福原を院の御領となし了んぬ、近辺の庄園両三所これを押し召さる、葺屋庄《ふきやのしょう》はこの内なり、先祖右兵衛督領〈朝頼〉、蔵人大夫親頼これを伝領す、今収公せられ了んぬ、憐《あわれ》むべし憐むべし」とあるのには驚かされる。なんと清盛の本拠福原が後白河院領になったという。また併せて近辺の荘園二、三個所が法皇に強引に召し上げられ、院領になったともある（図3-4）。その一つが葺屋荘で、同荘は現神戸市中央区、福原の東隣で、生田川左岸東方の脇浜に及ぶ一帯を指し、建久《けんきゅう》二年（一一九一）には確かに後白河院領になっていた（『鎌倉遺文』五五六号）。またこれを書いている藤原顕隆《あきたか》流の長方からすれば、従兄弟の子にあたる親頼が、八代前の先祖、一〇世紀中葉の藤原朝頼以来伝領し来たった所領を収公せられたのであるから、大いに同情しているのである。

もちろん、福原が後白河院領となったといっても、支配の実質が変更になったはずはない。形式的な名義変更であるわけだが、それにしてもなにゆえにこうした事態が起こったのだろう。思い合わされるのは、この年の暮れ、一七歳になっていた清盛の娘徳子が六歳年下の高倉天皇に入内したことで、角田文衞氏は一〇月の福原御幸において、後白河・清盛の間に、その件にかんする最終的な合意が成立したのではないかとしている（角田、一九九三）。確か

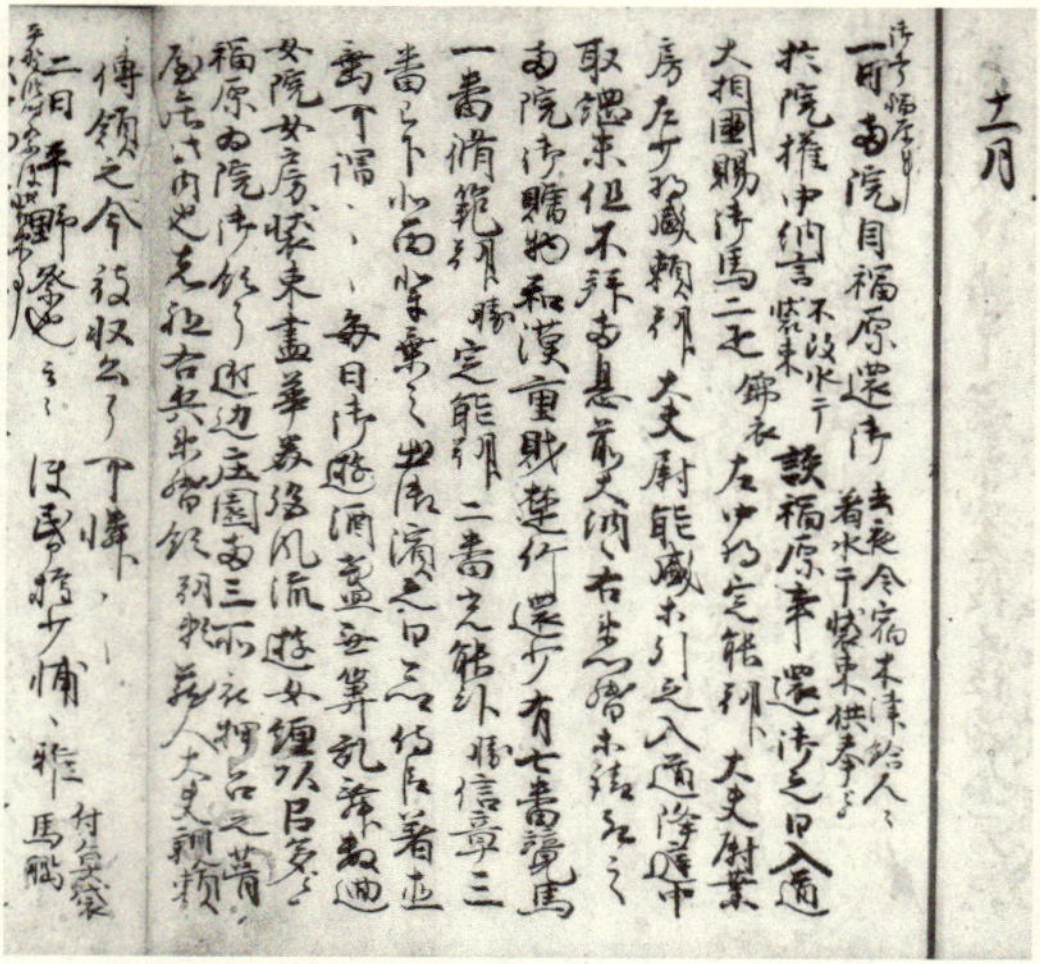

図 3-4　『禅中記抄』承安元年 11 月 1 日条(宮内庁書陵部所蔵)

に今回の福原御幸は、同じ一〇月とはいえ下旬の一週間ばかりで、千僧供養の行われる中旬からは一〇日ほどずれており、それが目的とは考えにくい。加えて建春門院が同行した。福原はかの女には始めての地である。自らが産んだ高倉天皇の結婚問題がテーマなら、行啓も不思議はない。

　政界の最高実力者清盛が、いつの時点から娘の入内を考えるようになったかははっきりしない。が、後白河との連携が開始された仁安初年のころからは、現実味のあるテーマとして意識されていたのであろう。一方、後白河の側からすれば、清盛の娘を娶れば、ただの后のまま留め置けるはずがない。かの女と高倉との間に男子が産まれれば、当然清盛サイドから立太子・即位を望む強い圧力がかかる。政権維持に清盛の力は欠かせないとしても、皇位継承者指名については、自らの裁量の余地を残しておきたいというのが、治天としての本音だろう。

この種の問題に限っては、法皇の逡巡を押し切る清盛側の誠意と譲歩が必要である。福原という自らの本拠を院に献上するというのは、後白河に恭順であるという姿勢を示す思い切った方策に違いない。また御幸時に法皇は清盛に馬を賜与した。馬の賜与は臣従者への恩恵的行為であった。清盛はときにあたり庭中に降り、自ら馬の口取縄の端を取ったのであるから、かれとしても最大のパフォーマンスで、それに応えたことになる。

じつは同年七月二六日、清盛は羊五頭・麝鹿《じやこうじか》一頭を後白河に進上している（『百練抄』）。ともに日本には生息しない動物で、中国大陸からもたらされたものに違いない。これは後白河の好奇心をそそる外国の珍獣を献上したというにとどまらず、『史記』秦本紀《しんほんぎ》第五に見える、前七世紀の秦の穆公《ぼくこう》（繆公とも、秦の九代目君主、春秋五覇に数えられる）と百里奚《ひやくりけい》（傒）の故事を踏まえた清盛側の政治的メッセージと解すべきであろう。

虞《ぐ》の大臣だった百里奚は、虞が晋《しん》に滅ぼされ捕虜になった。その賢人ぶりを聞いた穆公は、代価に五匹の羖《こ》（黒色の牡羊）の皮を献上してかれを購い、国政にあたらせた。それでかれを五羖《ごこ》大夫という。また『孟子』万章章句上には、百里奚は五枚の羊皮で自らを身売りして、牛飼をしながら穆公に仕官する機会を狙ったという作り話が見えている。これらによれば、五羊は百里奚自身の身代であり、五羊を献上するとは、有力政治家が自らの身体を君主に捧げるという寓意なのであろう。さらに鹿は帝位を意味した。中原に鹿を逐う、すなわち秦が滅びた後、群雄が天下を争ったのを、猟師たちが一頭の鹿を競って追いかける喩えに由来する(『史記』淮陰侯《わいいんこう》列伝第三一、『唐詩選』冒頭の魏徴《ぎちょう》の「述懐」)。

清盛は、一頭の麝鹿と五羊の組み合わせで、自分は保元の乱で後白河の帝位の安泰に貢献したし、今後も王権を支える力だとアピールし、さらに有能な臣下として身命を賭して奉仕する、という姿勢を公にしたと読み解ける。時期からいって、この献上は徳子入内に躊躇する後白河に、いま一押しの攻勢をかけたもの、といわねばなるまい。

ところが三カ月後に疫病が発生、貴賤上下が患った。院御所ではまだ羊三頭が生存しており、それが原因の「羊の病」だとの声が出、羊は清盛のもとに返却された(『百練抄』承安元年一〇月条)。確かに、過去にも異国の禽獣が疫病を流行らすという認識があったが(『江記《ごうき》』寛《かん》治《じ》七年一〇月二一日条)、今回に限っていえば、徳子入内の申し入れに対する貴族層の反発を表現しており、後白河側の一旦は白紙という回答なのであろう。

福原から帰った三日後、近日中に法皇が重盛の六波羅第に御幸の予定との情報が伝わった(『玉葉』一一月四日条)。難航の末大筋で入内が合意されたのち、改めて氏の代表者重盛に正規の申し入れを行うために違いない。一一月二八日になると、兼実に、来たる二日の徳子入内の雑事定《ぞうじさだめ》に出席せよとの院の命が伝えられた(『玉葉』)。そして翌月二日、院殿上において徳子の入内定が行われ、なにごとも永久の例(一一一七年、待賢門院璋子が鳥羽天皇の女御として入内した)に准ずることになった。徳子の家政機関の職員が選定され、かの女自身は従三位に叙され、法皇および重盛の猶子とされた(『玉葉』『兵範記』)。重盛と徳子は、腹違いながら兄と妹の関係である。重盛が父親役になったのは、徳子の産む子は天皇になるのを期待されている、そうすると後見人が大切で、清盛は飛び抜けた実力者であるけれど、世捨て人を装っている人物ではうまくない。こういう場合は、一門の公式の顔が必要だったのである。

入内に際し鳥羽天皇の后に入った待賢門院の例にならい後白河法皇の猶子の形を取った件については、兼実が、幼いころから白河法皇の養女だった待賢門院の場合とはわけが違う、また鳥羽天皇は白河法皇の孫だったのに、今度はかの女の父親役(後白河)が高倉天皇の実父だから兄弟姉妹の結婚で、なによりぐあいが悪い、と日記の末尾に異和感を記している(『玉葉』一二月一四日条)。なお徳子という名は、厳密には入内定のとき選定された「名字《めいじ》」、つまり入内に際し新たに与えられた呼び名で、本名とは別である(宮川、一九九一)。滋子の場合も同様で、かの女たちクラスでさえ、本名はおそらく永久に知りえないだろう。

一二月一四日、徳子は時子に伴われて法住寺殿に参上、裳着《もぎ》の儀(女性が成人したことを示すため、初めて裳を着ける儀式)をすませ、夜に入って大内裏に向かった。法皇と建春門院は七条殿の桟敷で、入内の行列を眺める。「明月の光朗《あきら》かにして、白沙は昼の如し」と形容された月光輝く明朗な夜だった。高倉天皇が清涼殿の夜御殿に入御の後、重盛は草鞋《そうかい》(天子が履く木沓《きぐつ》)を取って預かった(早々と婿が帰らぬよう、夫婦の契りがこまやかなようにとの娘の親の願いをこめた婚姻習俗)。徳子が入室すると重盛は二人に衾《ふすま》(覆い掛ける寝具)をかけた(『兵範記』『玉葉』)。一二月二六日、今日の披露宴にあたる露顕《ところあらわし》の日、徳子に女御の宣旨が下され、結婚が正式に認知された(『玉葉』『兵範記』)。翌年二月かの女は中宮に冊立される(『玉葉』二月一〇日条)。

## 5　絵巻にこめた後白河の思い

清盛との連携による後白河の執政期は、両者の過去の確執を含め種々対立の火だねをかかえていた。が、ともかくも初発は蜜月の関係として発進する。後白河が平家の協力を得るため、不快の思いをこらえてさまざまな配慮をしたことは、これまでの叙述からも明らかだが、その複雑な心情を直に語った史料はむろん残されていない。そこでかれの内面に迫るため、材料を変え『彦火々出見尊《ひこほほでみのみこと》絵巻』を取り上げてみたい。

同絵巻は、明通寺《みょうつうじ》(現福井県小浜市)蔵の近世前期の模本しか残されていないが、原本は、後白河院政期を代表する絵師常磐源二光長《ときわげんじみつなが》の手になり、詞書は能書をうたわれた藤原教長《のりなが》の筆、と推定されてきた。後白河院の制作関与がほぼ確実で、法皇の蓮華王院の宝蔵に納められていた数多の絵巻の一つとされるものである(小松、一九七九／竹居、一九九八)。

内容は、記紀神話《ききしんわ》の海幸《うみさち》・山幸《やまさち》の物語に取材したもので、天孫降臨《てんそんこうりん》したニニギノミコトの長子ホノスソリノミコト(海幸彦)と末子ヒコホホデミノミコト(山幸彦)、二人の兄弟の葛藤と山幸勝利の話、および山幸の海神宮(竜宮)訪問、海神の娘(豊玉姫《とよたまひめ》)との結婚の話からなる。娘から生まれた子がウガヤフキアエズノミコトで、神武天皇はその子である。一方、ホノスソリノミコトは隼人《はやと》(古代南部九州の住民)の祖先となった。

書紀神話において、この話は第一に隼人族の服属起源譚の意味を持つ。東西辺境の蝦夷《えみし》と隼人を服属させることは、古代国家確立のための必須条件だった。隼人は蝦夷より早く宮廷に仕え、服属儀礼として大嘗会で隼人舞を演じたり、また大嘗会や天皇の遠行に際し犬声を発して奉仕した。

第二に新王誕生の物語である。他界を意味する海神国を訪問し、女と宝物を得て蘇り、対立者を降して王になる話は、死と復活の儀礼を踏まえており、豊玉姫との結婚も、天なる父が母なる大地(海原)との婚姻を象徴的に演じ、自然の豊饒を招き寄せる王位就任儀礼の一環としての聖婚の説話化だった(倉塚、一九八四)。

『日本書紀』の伝える話と『彦火々出見尊絵巻』の相違点は多々あるが、注意したいのは①後者が神話のいかめしさではなく、全体に民話風の脚色が施されている、②「あにのみこ(兄の尊)」「をとゝのみこ(弟の尊)」とだけあって、ヒコホホデミノミコトのような具体的な神名が見えない、③「弟の宮はすることもなく」過ごしたとあるから、厳密には山幸ではない、④ミコトは陸地と竜宮の長い道程を自由に行き来する存在として描かれている、⑤竜王は前から日本《ひのもと》のミコに「我が女娶《むすめめあ》はせむ」と思っていたところにミコトがやってきたと述べ、初めから娘と結婚させることに積極的である(図3-5)、⑥弟が竜王よりもらった干満の玉で兄を苦しめ従える箇所がより詳しい、⑦出産時に産所をのぞくなとの警告を、弟が無視したため竜王の女が去ってゆくくだりがない、⑧ミコトの孫ではなく、ミコトが直接に帝王になる、などの点である(武者小路、一九九〇／稲本、二〇〇三)。

右の相違点は、絵巻に託した政治主張に原因があるだろう。すなわち、②の神名なしの

**図 3-5**　竜王(左)，ミコト(右)を娘の婿にと懸命に口説く(福井県小浜市明通寺所蔵『彦火々出見尊絵巻』より，著者による模写)

「をとゝのみこ(弟の尊)」「あにのみこ(兄の尊)」は後白河自身と崇徳《すとく》上皇、「竜王」は清盛、「竜王の姫君」は徳子を暗示している(髙橋昌、二〇一三c)[節末補注]。その点に着目すれば絵巻には、後白河は兄弟間の王位争いでもあった保元の乱を、清盛から与えられた力で勝ち抜き、その後も⑧のように日本国の頂点にあり、武家というかつて予想もしなかった勢力(異界の主たる竜王)の強い要請によってその娘を迎えたこと、さらに徳子との間に生まれる高倉天皇の皇子が皇位を継承し、それは子々孫々にまで受け継がれるべきものであること、などの主張がもりこまれていると解釈できるだろう。

つまり、絵巻の制作意図は後白河の皇統の正統なることを視覚化する点にあり、しかもそれが平家一門と徳子という外部の力に根ざすものであることを明示するところにある。ここでは海幸・山幸の物語は、後白河王権誕生の歴史とその支援勢力を開示する内容に読み替えられ、しかもそれが絵巻というトレンディな媒体の採用により、見るものに一層強い印象を与える効果を生んでいる。

ところで、大量の絵巻が蓮華王院宝蔵に秘蔵されたのは、知の独占であり、珍蔵する王権の権威づけである。隠すことは、見たいという欲求を一層かきたて、そのものの価値を実物以上に高める。その閲覧は王者の恩寵の賜物であり、それがまた臣下の忠誠を調達する手段になった(髙橋昌、二〇一六b)。この理解に立つとき、後白河は新たに制作した本絵巻を、真っ先に清盛に見せたのではないか、との想像が生まれる。清盛は、絵巻をいの一番に拝見する栄誉に感激し、しかも後白河―高倉王統の永続というテーマが、後ろ盾としての平家への期待という形で示されていることを確認し、目も眩《くら》む思いがするだろう。後白河は第一にそうした効果を狙っていたのだと思う。

付言すれば、④のミコトが陸地と竜宮を自由に行き来する存在に描かれているのは、福原へのたびたびの御幸をほのめかし、福原もいまは我が所領ぞ、という後白河のメッセージをしのばせているとも理解できる。⑤はこの結婚が清盛の側の強いイニシャティブで実現したことを述べている。産所をのぞき見したため竜王の女が去っていったという記紀神話の本来の主張は、平家との将来の不協和音を予想する点で不都合であり、⑦のごとく無視されねばならなかったのだろう。絵巻が民話調だという①は、白拍子から直に今様の教えを受け、その比類なき名手であり、『梁塵秘抄』の編者であった後白河の個性的な表現感覚がなせるわざだった、と解することができる。

以上の解釈からいえば、本絵巻の成立の時期は、後白河院政の第三期の前半、徳子の高倉天皇への入内があった承安元年末からあまり時間の経たない、高倉朝の前期段階までと考えねばなるまい。

むろん、所詮は証明する手だてのない仮説に過ぎない。しかし、絵巻制作はたんなる秘宝の収集ではなく、素材・メッセージ・技法・表現の選定や方向性の決定という積極的な営為をともなう。それら絵巻は後白河院の意志の反映でなければならない（佐野、二〇〇二）。絵巻を描き手ではなく、注文主（制作者）や鑑賞者の視点から読む試みとして、稲本万里子氏や佐藤康宏氏の研究を参照されたい（稲本、二〇〇三／佐藤康、二〇〇五）。後白河の乳父たる信西が、院の藤原信頼《のぶより》への呆れるばかりの重用・寵愛への反発から、『長恨歌絵《ちょうごんかえ》』を制作した件も参照されるべきだろう。そこでは、玄宗《げんそう》皇帝と安禄山《あんろくざん》の君臣関係との相似が寓意され、兵乱（平治の乱）発生の警告にもなっていた（『玉葉』建久二年一〇月五日条、『平治物語』上）。

本絵巻を後白河の政治的意図に即して読んでみたが、院政期宮廷社会において海幸・山幸の物語がどの程度知識として共有されたものだったのか、という問題が残っている。これについては近年、中世に読まれていた「日本紀」は原典そのものではなく、『日本書紀』を主に本地垂迹《ほんちすいじやく》説の立場から、多様かつ荒唐無稽《こうとうむけい》なまでに増幅改作した産物としての中世神話群（中世日本紀）だった、という指摘がなされ始めた（伊藤、一九七二／吉森、二〇〇三）。その大河に注ぎこむ一流になるのだろうが、大学者でもあった信西の名を冠する『日本紀鈔《にほんぎしょう》』も伝存し、そこには同説話に関連する注釈が散見している。『信西日本紀鈔』は講義を聞き書きしたもので、信西に極めて近い筋から出たのは確実だという（中村啓、一九九〇）。その一事からもそのころ海幸・山幸の物語は、かなりの伝播力をもっていたと理解される。そもそも後白河のこの件にかんする知識自体が、信西を発信源とするものだった可能性もあるだろう。

**補注**　「竜王の姫君」については、これを論じた筆者の最初の論文(髙橋昌、二〇一三c)で、弟のミコトの配偶者という点から、比較的安易に滋子とした。それは稲本氏の論文(二〇〇三)に後れること一年の発表で、当時不明にも氏の論文の存在を知らず、かつ本絵巻の制作意図を氏のように後白河の平家への対抗の視角からではなく、前者の王権が後者の力によって支えられていることを「肯定的」に描いたものと述べた。しかし、考察に幾つか不十分さを残していた。特に「竜王の姫君」が暗示している人物については、今回氏の論文に学んで徳子と修正したい。ただし、稲本氏は絵巻の海神の娘の出産が、現実の治承二年(一一七八)一一月の徳子の出産と重ねあわされているとするが、その時点では後白河と清盛の関係は非和解的な対立関係に入りつつあり、後白河にとって言仁(安徳)は、皇位継承者として必ずしも歓迎できない存在だった。絵巻はまだ両者の関係が破綻する以前に、予期されるできごとを完了形として描いたと考えるべきである。

## 6　後白河と清盛と『源氏物語』

後白河が海幸山幸説話におのれのメッセージを託そうと思ったとき、『源氏物語』が脳裏になかったはずはない。というのは、『源氏物語』前半の山場である光源氏の須磨流離譚は、同説話を典拠にしており、ヒコホホデミノミコトが光源氏、ホノスソリノミコトが源氏の兄

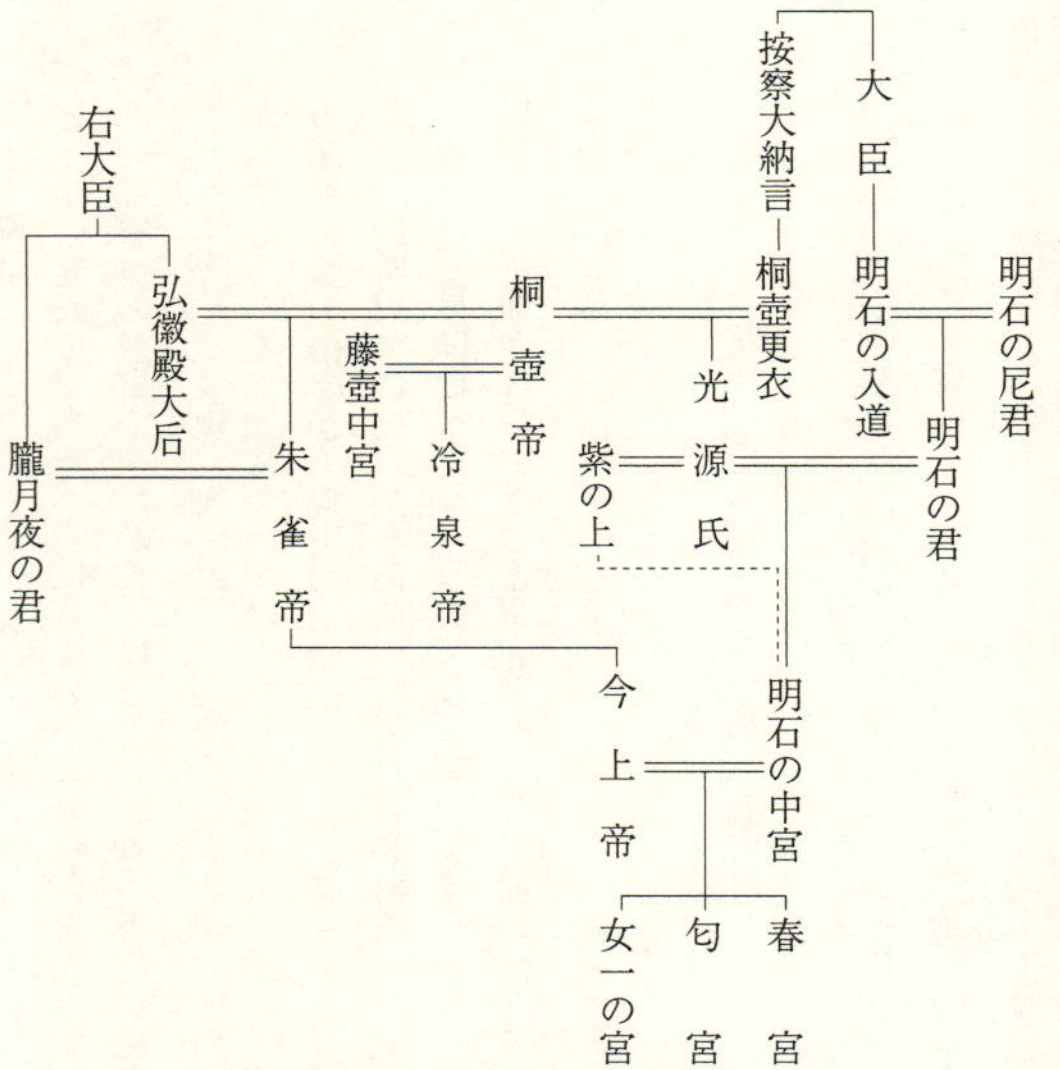


図 3-6　『源氏物語』明石の君の関係人物

の朱雀《すざく》帝、竜宮の竜王が明石入道、豊玉姫が明石の君の人間像に換骨奪胎されている、と考えられているからである（石川、一九七九ａｂ）。そこで、須磨流離譚、明石の君の物語の内容を確認しておく（図3-6）（今井源、一九六二／阿部、一九五九／東原、一九八八／金、一九九五など）。

光源氏は、朱雀帝の寵愛する朧月夜《おぼろづきよ》の君との情事により、罪せられそうな気配になったので、先手を打って須磨に隠遁する。翌年春、海辺で上巳《じょうし》の祓を行うと突然暴風雨に襲われ、天候不順が続く。一方隣国播磨の明石入道は、須磨に源氏が仮寓しているのを知って、源氏を娘（明石の君）の婿に、　と喜ぶ（須磨巻）。

源氏は故桐壺《きりつぼ》帝の夢告により須磨を離れ、これを明石入道が迎え入れた。娘と源氏は契りを結び、やがて懐妊の兆候が現れた。一方、都では朱雀帝の夢枕に桐壺帝が現れ、にらみつけ源氏のことにつき色々注意をした。帝は桐壺帝の遺言を履行できなかったことを後悔し、源氏赦免の宣旨を下し、帰京を命じる。源氏は明石の君に心を残しつつ京に急ぐ(明石巻)。

明石の君が産んだ源氏唯一の娘、明石の姫君は、東宮(のちの今上帝《きんじょうてい》)妃として入内(藤裏葉巻)。めでたく第一皇子を出産、姫君は東宮女御として重きをなす(若菜《わかな》上巻)。やがて今上帝即位とともに立后し中宮に冊立された(御法《みのり》巻)。

よく知られているように、康和《こうわ》の末(一一〇二〜〇四年)政治の世界で『源氏物語』受容の最初の高揚が見られた(寺本、一九七二年など)。そしてここが肝心な点だが、『源氏物語』と海幸・山幸説話の重なりを念頭に置くと、後白河が後者を媒介にして自らを光源氏、平清盛を明石入道、徳子を明石の君になぞらえていた可能性が高い。つまり、コインに喩えると、絵巻はあくまで表の意匠、裏面の図柄は『源氏物語』で、そこにはじつは表とは別の同時代政治への諷喩が刻印されているのではないか、といいたいのである。

これもおさらいすると、明石入道は光源氏の母方の祖父の甥にあたり、海上の守護神・住吉明神の霊験を信じ、世に希な偏屈者である。京官に見切りをつけて播磨守になって以来、明石の浦で豊かに暮らす。早くから慈しみ育てた娘の良縁を住吉明神に祈願していたが、霊夢により暴風雨を冒して舟を出し、源氏を明石に迎える(須磨巻・明石巻)。

一方清盛はまさしく入道しており、後白河の遠い親戚(曽祖父の子)。同じく航海の安全を祈る厳島の神を熱狂的に信仰し、己の意志で政界から引退し、第二章4節で明らかにしたように、明石とその後背地域を自らの勢力圏に入れ、後白河を自邸に迎える。明石の君は明石入道に「海竜王の后になるべきいつき女(秘蔵娘)」として品《しな》高く育てられ(若紫巻)、徳子もやがての后として育てられた。明石入道必死の努力の甲斐あって、源氏は明石の君と結ばれるのを承知するが(明石巻)、清盛も徳子の入内にやっきになる。明石入道は、源氏帰京後、娘と生まれた明石の姫君を妻ともども都に送り、自分は明石に残る(松風《まつかぜ》巻)。清盛も福原に常住し、妻は京都の西八条殿に住み、徳子も同居しそこで后教育を受けたはずである。

光源氏は、明石の君の数々の美点は認めながら、しかも身分低き受領の娘と差別し見下した(明石巻他)。清盛も祖父・父までは受領の階層に過ぎなかった。後白河も内心は平家を成り上がり者と貶視《へんし》していたであろう。また光源氏は自分の唯一の娘である明石の姫君を、紫の上の養女にした上で東宮に入れるが、後白河も徳子を自分の養女にして高倉に入内させている。

以上の諸点から偶然の一致以上の確率で、現実の清盛・平家のありようと、『源氏物語』ストーリーの相似性を確認できる。この観察に大過なければ、光源氏の明石の君にたいする感情同様、絵巻の背後には、後白河の清盛や徳子に対する、一面冷淡で皮肉めいた感情が隠されていた、と読むことが可能であろう。『彦火々出見尊絵巻』でも、姫の出産場面はあられもなく、決して美しいとはいえない。いわば異界の女徳子への後白河の評価が顔をのぞかせている数少ない場面かもしれない。表の絵巻では清盛の労と功を謝し徳子の入内をことほぐポーズを示しながら、裏面の『源氏物語』を借りて、その増長に釘を刺すのを忘れない。

さながら後白河の複雑な人格を物語るようである。

にもかかわらず、帰京後の光源氏の栄華が、明石の君の産んだ姫君、それを後見する明石一族によって開かれたように、後白河の政権は平家一門の圧倒的な軍事力の支えなしには持続しえなかった。これは『彦火々出見尊絵巻』や『源氏物語』のストーリーをなぞった、かれにつきまとう深刻なジレンマであった。だから、絵巻を見せられた清盛は、後白河の本音に聡くも気づきながら、しらばっくれていられたのだろう。

ここまで書いてきた勢いを借りれば、清盛自身が自らを光源氏に擬していた、との想定すらありえるだろう。ともに皇胤で太政大臣の経験者であるし、清盛も須磨にほど近い福原に自発的意志で移った。光源氏は琴《きん》(中国渡来の七絃、無柱の琴)を須磨・明石に携えたが、清盛は箏《そう》の琴《こと》(中国渡来の十三絃)を愛好したなどなど。

吉森佳奈子氏は、南北朝期の『源氏物語』古注釈書である『河海抄《かかいしょう》』の注釈にあげる例が、『源氏物語』成立以前のものだけでなく、以後の例に及んでいる事実に注目する。そして、『源氏物語』以前に例はないのに、物語に書かれたことがすぐ後の時代に実現しているとして、「『源氏物語』のありようが享受者を引きつけ、現実を動かすことになった」「謂わば、物語の史実化、先例化」があったと、主張している(吉森、二〇〇三)。『源氏物語』という物語世界の広がりが、先蹤や史実になって現実社会を創造する関係である(荒木、二〇一四)。

もし、清盛にとって、光源氏のふるまいが、かれの先例や行動の準則になっていたとすれば、後白河はそれを冷たく見据えながら、清盛が光源氏などとはとんでもない、お前はしょせん明石の入道に過ぎないのだ、と手のこんだ手法で決めつけていることになるだろう。

推論が合理性の範囲を超えて暴走したかも知れない。だが清盛が自らを光源氏に擬した云々はともかく、平家にとって『源氏物語』が予想以上に大きな意味を持っていた面は否定できない。すでに第一章5節で、徳子のサロンに二十巻本『源氏物語絵巻』が伝わっていたことを述べた(五五〜五六頁)。これは宮内庁書陵部に伝わる『源氏物語注釈』の「古注」逸《いつ》文《ぶん》(残された断簡・資料)に見えるところであり、その事実を発掘した伊井春樹氏によれば、絵巻は太皇太后宮(近衛皇后藤原多子《たし》)から中宮徳子に贈られた可能性がある(伊井、一九八〇b)。そして徳子に仕えた右京大夫は、多子から贈られた「おもしろきゑども」のなかには、父の筆跡の「ことば(詞書)」が付された「ゑ」もあったと証言している(これは二十巻本『源氏物語絵巻』とは別物)(『建礼門院右京大夫集』七八)。くり返すが、かの女の父は『源氏物語』研究の実績を持つ世尊寺伊行だった。さらに治承四年二月二八日、徳子の口利きにより安徳新帝の五位蔵人に追補された藤原光長(つまり平家追随者を意味する)は(『山槐記』二八・二九日条)、『源氏物語』の抄物《しようもつ》(書籍を抜書きしたもの。また、参考書・注釈書)を著作しており、福原遷都時にあってもその作業は続けられていた。伊井氏は「古注」逸文は光長の注釈書の一部だったかもしれないとしている(伊井、一九八〇b)。

『金葉集《きんようしゆう》』に入集した父忠盛の有名な作、「有明の月もあかしの浦風に波ばかりこそよるとみえしか」は、『異本忠盛集』の詞書から、伯耆《ほうき》守在任中もしくはその直後、たぶん保安《ほうあん》元年(一一二〇)秋に、殿上人から「あかしの月はいかが」と問われたのに応え詠んだもの(谷山一九八四)。これは普通「あかし」に明石と明し、「よる」に寄ると夜を懸けた機知の歌とされているが、『源氏物語』明石巻で、月の明るい夜、光源氏が琴《きん》を、明石入道や明石の君が箏の琴や琵琶を弾きあった日々のことが描かれているのを踏まえれば、いまは琴の音も絶え、夜明け前のまだ明るい月光のもと、吹き渡る浦風にただ波ばかりが打ち寄せている、という意味をしのばせているのではないか。つまり『源氏物語』を本説としているのではないか。「源氏見ざる歌よみは遺恨の事なり」(藤原俊成)といわれるように、歌人にとって『源氏物語』は不可欠の知識だとしても、人は歌も堪能な武人忠盛のなみならぬ古典の教養に驚愕したのだろう。最近、忠盛が薫物《たきもの》(練り香)の世界にも通じており、その処方や調合法を集めた現存最古の薫物書の一つを残している事実も明らかになった(田中圭、二〇〇七)。

さらに平安末期には『源氏物語』の巻名を詠じた一群の歌が諸歌集に見えるようになった(寺本、一九七〇a)。忠盛の子で清盛の末弟忠度《ただのり》の『忠度朝臣集』に、「源氏に寄する恋」の歌題で、「あふとみる夢さめぬればつらきかな旅ねの床にかよふ松かぜ」の歌がある。これは松風巻の名が入っているので、故郷をしのぶ明石の君の心境を詠んだものと考えられよう。また清盛の甥経正の『経正朝臣集』に、同じ歌題で「おもひかねこひなぐさめのゑあはせにきみがすがたをうつしけるかな」と見え、絵合《えあわせ》巻に題材を取ったとわかる。これらから、平家の歌人たちが『源氏物語』の知識を持っていたのは確実である。

多忙な清盛が実際に『源氏物語』を読んだかどうかはわからない。しかし、たとえ本文を読んでいなくとも、その概要を知る手だてはいくらでもある。伊行の『源氏釈』などは、注釈

図3-7　青海波を舞う光源氏と頭中将(堺市博物館所蔵『源氏物語図色紙』「紅葉賀」より)

に必要な本文掲出の他に、その理解を助けるため前後の場面をダイジェストするという方法を取っている(伊井、一九八〇a)。かれ個人の場合、こうしたダイジェスト版からの知識であった可能性も否定できない。

よく知られたことであるが、安元二年(一一七六)三月の後白河五〇歳の賀宴(安元の御賀)で、重盛の長子維盛が青海波《せいがいは》舞を舞った。建礼門院右京大夫は、この賀のハイライトたる青海波を見た人びとが、『源氏物語』紅葉賀《もみじのが》巻で光源氏と頭中将《とうのちゅうじょう》が青海波を舞う場面を意識し、「光源氏のためしもおも(思)ひいでらるゝ」といった、と書いている(『建礼門院右京大夫集』二一四)(図3-7)。その印象は決して突飛なものではなく、白河・鳥羽・後白河三上皇それぞれの五十賀における、天皇の行幸と青海波の上演その演出法は、まさにいずれも『源氏物語』の紅葉賀巻が先例になり、それをいやが上にも優美に再現するものだった。青海波の舞をしかけた人びとも、それに感嘆した人びとも、この世に引き写された『源氏物語』の世界に酔っていたのである（三田村、二〇〇〇）。

維盛の青海波舞は、平家が光源氏の物語世界を我がものにしている事実を顕示するまたとない機会であり、その成功には一門の威信がかかっていた。この意味で、平家が王朝盛時の文化に同一化し、その復原を目標にしていたという評価（生澤、一九九六）は的を射たものといえよう。文化の面でリーダーシップを執ることは、当該社会をなりたたしめている象徴と意味の体系を左右し、方向づける力であるがゆえに、高度に政治的な行為でもあった。

さて、清盛が我が娘の入内を猛烈に追求し、かつそれを首尾良く実現させたころより、観音＝竜女＝大日如来を祭神とする厳島神社の神格に、顕著な変化が現れるようになった。承安四年（一一七四）三月、清盛は後白河法皇や建春門院とともに厳島に参詣したが、このとき建春門院が捧げた願文には、厳島明神は、「内証《ないしょう》（内密のこと）を尋ぬれば則ち大日」であり、それゆえに「日域《じちいき》の皇胤を祈るに便《たより》あり」と断じられている（『源平盛衰記』巻三一院女院厳島御幸）。また、おそらくは同じとき清盛が宝前で披露した法華経供養の表白《ひょうびゃく》でも、厳島明神は「鎮護国家の明神」と位置づけられ、「大日遍照の尊」であり、厳島明神が顕れた我が国土は、「処は是れ東方君子の神国なり、地は即ち南浮《なんぶ》第一の勝地」と説明されている（『転法輪抄』神祇上）。

南浮は南閻浮提《なんえんぶだい》の略で、須弥山《しゅみせん》の南方にあるとされる島（洲）で、人間の住む世界。四洲の一で、諸仏に会い仏法を聞けるのはこの洲のみとされた。併せて密教における主尊で、諸仏・万物のもと（金剛界）、一切万物に遍在する仏（胎蔵）である大日如来が、皇子の生誕を祈って効果があり、国家・国土の鎮護の役割を果たすといっているのである。

大日は、梵語《ぼんご》マハー・ヴァイローチャナ(音を写して摩訶毘盧遮那《まかびるしゃな》)の訳で、「摩訶」は大、「毘盧遮那」は日、輝く太陽に由来するもの、を意味する。「万物を照らす偉大なる仏」の意味だから、日本密教では「光明遍照《こうみょうへんじょう》」と漢訳した。そこから太陽神的性格を有する天照大神への連想に導かれるわけである。

森由紀恵氏は、大日如来が皇祖神である天照大神《あまてらすおおみかみ》と同体であるという中世に広まる観念は、神仏の役割を日本の皇統の守護に当たるものと見なすという論理構造を持ったもので、この時期初めて明確な形を取った、このような皇統を中心とする神仏秩序の再編、国土観の変化は皇統や平家周辺で創出され、それが集中的に厳島社に現出していた、と論じている(森、二〇〇三)。

建春門院の願文や清盛の表白には、まだ大日如来即アマテラスオオミカミという明言はないが、厳島明神が観音＝竜女で、胎蔵が母親が胎内で子どもを慈しみ育てるように、仏の衆生に対する大悲《だいひ》より生まれたもの、という意味であるから、女神たるアマテラスへの連想や同一視は当然含意されていただろう。神格仏格の変化は、それを尊崇する信仰者の側の性格変化や願望の増大にもとづく。かくして、厳島明神は徳子入内を契機に、平家の氏神たるにとどまらず、王家や国家のための神へと成長せしめられてゆくのである。

# 第四章　六波羅幕府

## 1　平家の政治関与方式

仁安四年(一一六九)の春以降、『愚管抄』が「摂津国ノ福原ト云所ニ常ニハアリケル」(巻五高倉)と伝えるように、清盛はかの地に常住し、めったなことでは上洛しなくなった。したがって、第二章で見たような国家の意志形成への、日常的で直接的な関与は見られなくなる。ではその期間中、誰がどのような方法で、平家の利害要求を国政に反映させていたのだろうか。普通なら氏長者になった嫡男の重盛らが、その役を務めるべきだろう。だが平家一門の公卿は、院評定《いんのひょうじょう》を含め各種の公卿議定に参加していないことが、指摘されている(元木、一九九六d/下郡、一九九九b)。重盛ですら公卿議定に参加した形跡がない。

そもそも公卿議定は「有職《ゆうしょく・ゆうそく》(朝廷・院御所を中心とした公家の儀礼・行事・官職など〈いわゆる公事《くじ》〉の故実に通じていること、またその人)」の議政官《ぎせいかん》(現任公卿)と特に許された前官者が、参加の有資格者である。平家の公卿は残念ながら「有識」にはほど遠かったし、前官者や非《ひ》参議《さんぎ》(三位以上の位を有するが議政官でないもの)が多く、議政官は多いときでも五名しかいなかった(治承三年正月時点で、内大臣重盛・権大納言宗盛・権中納言時忠・同頼盛・参議教盛)。平家の公卿たちは、ほとんど並び大名の域を出るものではなかった。

右の点と、武家平家の公卿に弁官経験者が皆無であり、除目・叙位関係など重要な儀式・行事を取り仕切る上卿《しょうけい》を勤めた者が見られない、という事実は対応関係にある(松薗、一九九七)。儀礼や年中行事はたんなる虚礼ではない。繰り返されることで貴族社会の価値理念を目に見える形で表現し、朝廷内の秩序を維持し再生させる重要な機能があった。平安期は、政治が儀式化したのではなく、儀式がそのまま政治だったのである。

あたりまえの話であるが、保元・平治の乱を経て、位階・官職が飛躍したからといって、地道な研鑽と多年の経験、広い情報ネットワークに裏づけられた有職の知識、高度な政務処理能力が、一朝一夕に身に付くはずもない。音楽や和歌や『源氏物語』の享受発信など芸能・文化についての個人の力量なら、才能・努力、サポートしだいで水準を一点突破することは可能だろう。しかし、貴族社会と公事にかんする多様な知識の源泉が、日常参看できるよう日記・文書などの形で家に蓄えられ伝えられているか、政界全体をにらんだ上流貴族としてのバランスの取れた判断能力を養い、自ら実践する機会があったかといえば、昨日までの中下級貴族の家格で、軍事貴族の家系には無理な相談である。

自らの上に何重にも構築された家格の壁を一気に牛蒡《ごぼう》抜きしてきた平家には、それだけの準備を整える時間の余裕などあるはずもなかった。一般読者向けの歴史書などでは、いままで も「平家の貴族化」などと非難がましい言葉を投げかけられているが、有力貴族にとって必須の重要儀式を主宰する能力もないのに、そういわれたのでは、当人たち自身が一番びっくりするに違いない。

自分たちが公卿議定に参加できなければ、その意志は、参加可能な人びとに代弁させるほかないだろう(元木、一九九六b)。親平家の公卿たちについては、承安元年(一一七二)一二月二六日、徳子に女御の宣旨が下されたときの親族拝に列した顔ぶれが参考になる。親族拝とはすでに紹介したように、宮中で任官・叙位に預かった者のために、その親族の殿上人が参内して行う舞踊(拝と舞踏からなる謝意を表す礼の形式)のことで、院政期以降親族以外の者も加わる場合があった。このときの拝舞《はいむ》には平家一門のほか異姓の人々が参加した。その顔ぶれは「或いは由緒有り、或いは不審」といわれたが、左大臣藤原経宗、権大納言藤原隆季、権中納言藤原邦綱、同藤原兼雅、民部卿平親範、参議藤原家通、参議藤原実綱、参議左大弁藤原頼定の面々であった。なお従三位の平信範は散位《さんに》(位階だけあって官職についていない者)であったため、永久五年(一一一七)藤原璋子(のちの待賢門院)の前例では不参だという相談があり、拝舞には加わらなかった(『兵範記』)。

経宗・隆季・邦綱・兼雅は、すでに本書にたびたび登場した人物たちであるが、必要事項を確認しつつ若干の補足をしておく。

まず藤原経宗。経宗の父藤原経実は、摂関家傍系で清華家たる大炊御門家をはじめた人物である。経宗は保元三年(一一五八)権大納言に就任する。平治の乱では藤原信頼に与し、ほどなく離反、二条天皇を内裏より脱出させ、清盛の勝利に貢献した。乱後天皇親政を実現し

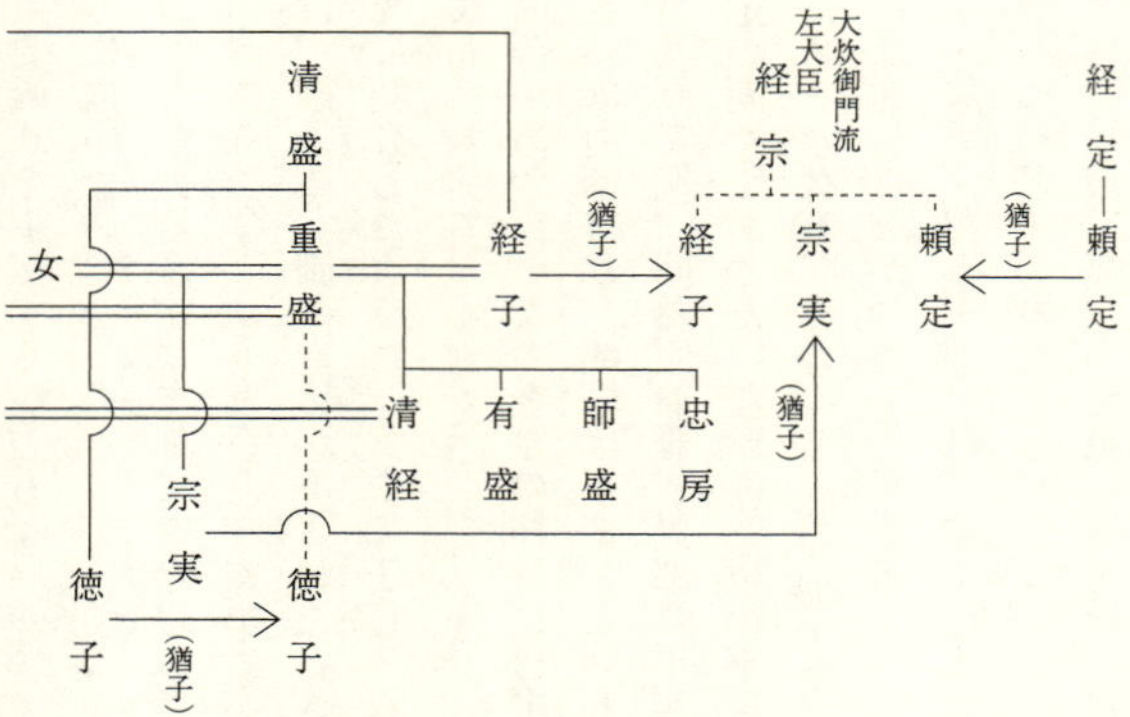


御門流及び善勝寺流の関係

ようとして、永暦元年(一一六〇)逮捕され、阿波に流される。応保二年(一一六二)赦免召還され、長寛二年(一一六四)正月には本位に復し還任。右大臣を経て、永万二年(一一六六)左大臣に進む。承安四年(一一七四)には従一位に昇進。以後を含めて大臣の在職二六年の長きに及び、「朝の宿老」「国の重臣」といわれた(『玉葉』元暦元年八月一八日条)。

「人ガラ有テ、(中略)公事ヨクツトメテ識者ガラモアリヌベカリケレバ」(『愚管抄』巻五 二条)といわれるように儀式に通じ、その知識に乏しい重盛ら平家の公卿に、朝廷の儀式作法を伝授しようと務めた人物である(松薗、一九九七)。もっとも承安四年(一一七四)七月二七日、保元三年(一一五八)以来久方ぶりの相撲節《すまいのせち》(年中行事の一つで、毎年七月に、諸国から召し集められた左右の

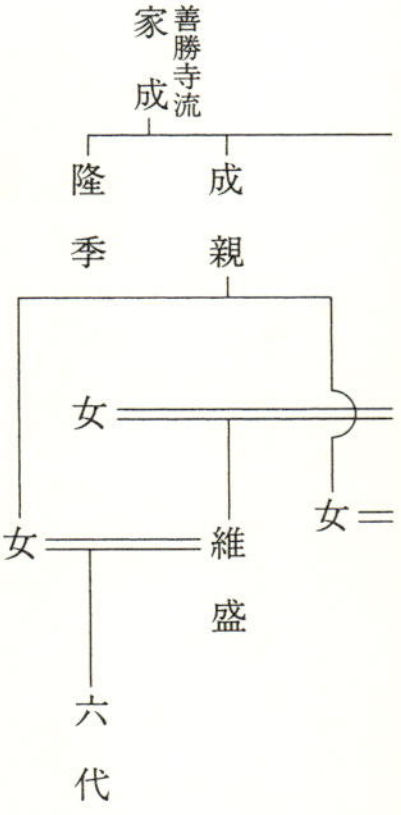


図4-1　平家と大炊

相撲人《すまいびと》が、天皇の前で勝負を競ったもの)が実施された当日、主催者としての右近衛大将重盛に「作法の違例」があった。後日それを聞いた九条兼実は、重盛の作法は経宗より伝わったのだろう、経宗は「口伝を受けず、大事を学ばず、よりて訛誤(誤り)等有るか」、と評している(『玉葉』一〇月八日条)。

経宗は嘉応二年(一一七〇)には、重盛の三歳の子宗実《むねざね》を猶子に迎えた(松島、一九九三)。親族拝に参列したとき、「養外祖父」といわれたのは、徳子の父親役である重盛の妻経子が、経宗の猶子だったからである(『兵範記』嘉応元年一〇月二五日条)(図4-1)。

つぎに善勝寺流第五代の長者である藤原隆季は、中納言家成の長男である。善勝寺流は藤原北家末茂《すえしげ》流に属する家系の一つで、院政期以前は振るわなかったが、顕季が白河天皇の乳母子であったため、大いに勢力を伸ばし、摂関家も一目置く権勢の家になった。かれが洛東白河の円勝寺の南に創建した善勝寺において、法事を主催する一門中の棟梁を善勝寺長者といい、それを継承する流れを善勝寺流という。顕季の孫で第四代長者の家成は、鳥羽上皇の無双の権臣といわれた。隆季は保元三年従三位、応保元年(一一六一)正三位・参議、永万元年(一一六五)には検非違使別当を兼ねた。権中納言、中納言を経て、仁安三年には父の極めた最高の官を越え権大納言となる。前年から従二位。隆季は、父祖の代からの平家との親密

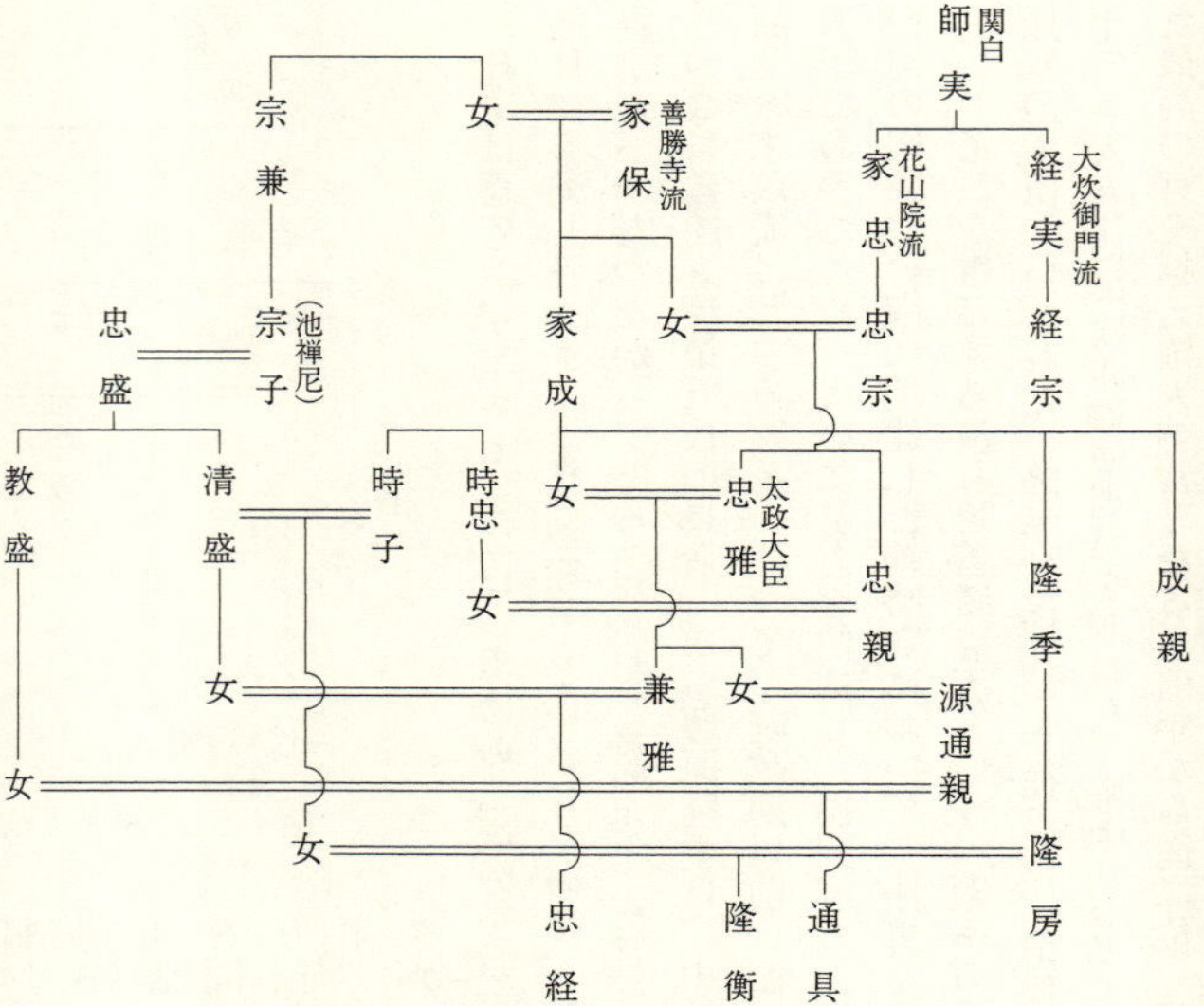


図4-2　平家と花山院流及び善勝寺流の関係

な関係を保持し、嫡男少納言隆房に清盛の娘を娶るとともに、承安二年(一一七二)の徳子立后に際しては、中宮大夫に就任した(図4-2)。

藤原邦綱は良門《よしかど》流藤原氏の出身。平安前期を除き先祖で公卿になった人物は見あたらない。関白忠通に家司として仕え、四人の娘を次々と天皇の乳母(成《せい》子《し》・邦子《ほうし》―六条天皇、綱子―高倉天皇、輔子《ほし》―安徳天皇)にした。清盛との関係は深く、息清邦《きよくに》を清盛の養子に、娘輔子を清盛息重衡の妻にした。また関白基実の没後、未亡人で清盛の娘盛子の後見役を務めている。富裕で邸宅も数多く、『平家物語』巻五都遷《みやこうつり》には、「大福長者にておはすれば」と記されている。

藤原兼雅は七清華の一つ花山院家の出身で、太政大臣忠雅の長男。母は善勝寺流の藤原家成の娘。長寛三年(一一六五)二条天皇の蔵人頭に補され、六条天皇即位後もその地位にとどまった。同年七月従三位に叙され公卿に列し、仁安三年(一一六八)には権中納言になった。かれの妻は清盛の娘で、以前信西の子藤原成範の許嫁《いいなずけ》だった(図4-2)。兼雅は日ごろかの女を養育し、父忠雅邸に住まいさせていた(『兵範記』同年八月二八日条)。

親族拝に顔を連ねた他の人びとのうち藤原家通は清盛の猶子、二条・六条天皇の蔵人頭を務める。藤原実綱は故内大臣公教の一男で清盛の「姉の前夫」とあり(姉については「節末補注」参照)、参議頼定は経宗の甥である。平親範は同じ平家でも高棟王の子孫で、時信とは別の公家平氏。その娘は重衡の恋人であったともされる(『平家物語』巻十内裏女房)。

親族拝には参加していないが、姻族なら近衛《このえ》(藤原、五摂家の筆頭)基通《もとみち》がいる。父基実の妻が清盛の娘盛子で、本人の妻も清盛娘完子である。他にめぼしい平家親昵の公卿として、前太政大臣藤原忠雅、忠雅の弟権中納言中山忠親、忠雅の女婿源通親などがいる(図4-2)。

兼雅の父忠雅は権中納言忠宗の次男。曽祖父は関白師実、母は善勝寺流の参議家保《いえやす》の娘。一〇歳で父を失った後は、家保の子家成の女婿としてその庇護を受けた。永治元年(一一四一)近衛天皇の蔵人頭、翌年一九歳で従三位に叙して公卿に列《つら》なり、さらに参議になった。これは鳥羽院政期中、摂関家を相続する直系子孫を除けば最年少の就任である。以後権中納言、検非違使別当、大納言、右大将などを経、仁安二年(一一六七)には清盛の後任の内大臣に、そして翌三年八月には空きポストとなっていた太政大臣に昇った。嘉応二年官を辞したので前太政大臣と呼ばれるようになる。当代きっての実務官僚吉田経房から「当世の国老只《ただ》一人坐《いま》し給ふか」(『吉記』建久二年二月一九日条)と形容されたほど時事・故事に通じていた。

中山忠親は忠雅の弟、兄や甥の兼雅との関係もあり、平家とは親密な間柄にあった。かれの妻は平時忠の娘で忠明・兼季の兄弟を生んでいる。「年来礼儀作法の道を営む、当時頗《すこぶ》るその褒《ほま》れ有り」(『玉葉』建久二年三月二八日条)といわれるように有職の公卿として知られ、その日記『山槐記』は、この期の政治を理解する上で第一級の史料とされる。

源通親は、鎌倉時代初期の政界で辣腕を振るった著名人である。父は内大臣雅通。保元三年従五位下に叙される。仁安三年高倉天皇即位後、側近として朝政の中枢に入った。同年従四位上さらに正四位下に昇進するというスピード昇進を遂げ、嘉応三年右近衛権中将となった。平家に接近し、同年以前に平教盛(その子通盛とも)の娘を娶《めと》っている(橋本義、一九九二)。

以上の面々は、ほとんどが公卿議定の常連メンバーである。婚姻政策を古めかしく姑息な政治手法と考える人もあろうが、政務未練の平家が盟友を増やし、軍事力だけに頼らず政界の局面局面をリードしてゆくにあたり、他にどんな手段があったというのだろう。

公卿議定が表のルートであるとすれば、裏ルートにあたるのが後白河の寵臣藤原成親を介して院に影響力を及ぼす方法である。成親は家成の三男である。忠雅も家成の庇護を受けたが、清盛はそれ以上に深い関係である。既述のように重盛は、成親の妹経子を妻に迎え、長子維盛も成親の婿となった(図4‐1)。このルートの活用は重盛の小松家が中心になっていたのだろう。

これとは別に、建春門院滋子を介する方法があった。建春門院は、引き続き後白河の愛を一身に受ける存在だった。かの女を願主とする最勝光院《さいしょうこういん》が後白河の法住寺殿のなかに建て始められ、承安三年(一一七三)一〇月二一日落慶供養された(『玉葉』)。御願寺《ごがんじ》には寺の運営維持費をはじめ、そこで頻繁に行われる除病延命をはじめとする個人的な仏事祈禱、恒例臨時の国家的な法会、あるいは僧侶の請用《しょうよう》(加持・祈禱などのために僧侶・修験者などを招くこと)や布施の被物《かずけもの》(功や労をねぎらうために賜う物)など、際限ない出費が求められる。その費用を捻出するため、院や女院自身の積極的な求めに応じて多数の荘園がつくられてゆく。

これら荘園は、すでに院に寄進されていた小規模な私領を核にして、当該国の国守などの協力の下に、その周辺に広がる国衙領を広範に囲い込み、割き取って立荘された。最勝光院では承安四年二月末ごろから立荘を望む者との間で、年貢などの交渉が開始され、九月ぐらいまでに陸続と荘園が設立されてゆく。その後、年中行事(その中核は願主である建春門院とその子高倉天皇の菩提を弔う法華八講〈国忌《こっき》〉であった)が増加するにつれ、その用途調達を理由に新たな荘園が立荘されていき、鎌倉末期には二〇カ荘となった(高橋一、二〇〇三)。

かの女の(異母)兄弟姉妹には、時子・時忠・親宗・重盛の室(女房坊門殿)(有田、二〇二二)・宗盛の室(中納言三位清子)らがいる。これらは親宗を除き皆武家平家に近い。従来、滋子は主に武家平家の利害を院に代弁する存在として理解されてきたが、栗山圭子氏は、滋子が後

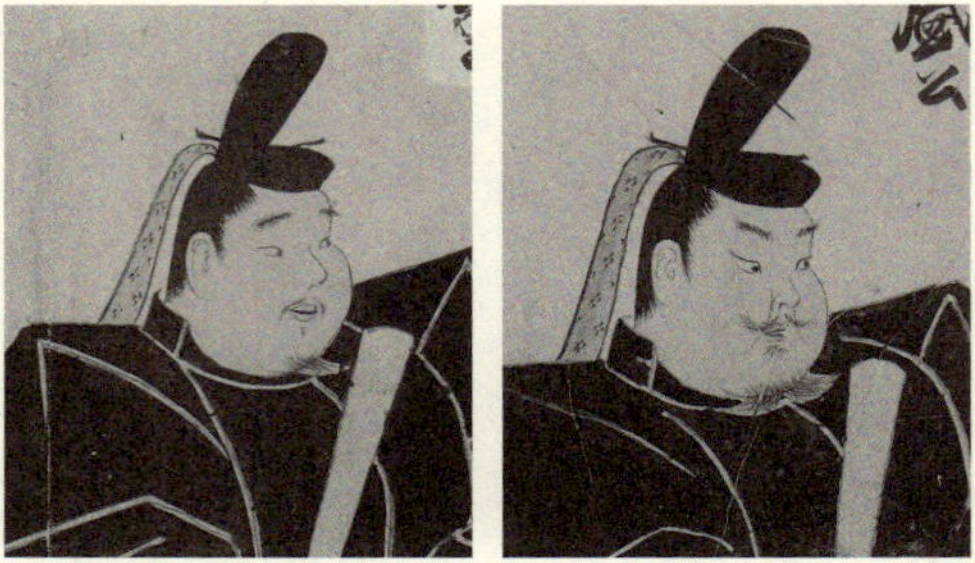

図 4-3　平重盛(右)・宗盛(左)(皇居三の丸尚蔵館収蔵『天子摂関御影』より)

白河院政に日常的に参画する存在で、熊野詣などで後白河院不在時には政務を聞き、後白河の代行機能を果たすなど、むしろ後白河院政の一分肢であった事実を明らかにした(栗山、二〇一二c)。

　氏が主張するように、かの女が相対的に自立し政治的にアクティブな存在なら、平家にとって存在意義、利用価値は一層大きい。そして建春門院を中心とする人的ネットワークのなかに位置を占めるのが、かの女の猶子宗盛で、女御のときは職事、皇大后のときは同宮職の権大夫、女院のときは別当と、一貫して身近に寄り添っていた(『愚管抄』巻五　六条・高倉、『兵範記』仁安二年正月二七日・仁安三年三月二〇日・嘉応元年四月一二日の各条)(下郡、二〇〇一)。かれは清盛の正妻二位尼時子の長男である。嫡子重盛の母は摂関家の大殿忠実の不義の子のようだが(高橋昌、二〇一一b)、重盛・基盛を産んだ後早く亡くなった。宗盛は叔父頼盛と同じく「父太郎(重盛)」にたいする「母太郎」の立場にあり(図4-3)、しかもその妻清子は滋子の子高倉天皇の乳母だった(『顕広王記』治承二年七月一六日条)。建春門院との関係の深さもあって、宗盛はしだいに平家棟梁重盛の地位を脅かす存在になっていく。

**補注**　清盛の姉とあるがときに清盛は五四歳であり、実綱は四四歳である。ありえないことではないが、姉だと実綱との間にかなり年齢の開きがあり、夫婦というのは不自然である。姉は妹の誤記であろう。『尊卑分脈』は清盛に三人の姉妹があるとしている。一人は中納言顕時《あきとき》の室、二人目は藤原信頼の兄隆教の室である。三人目は何の情報も記載されていない。この女性かも知れない。なお父忠盛の女性関係については、拙著（髙橋昌、二〇一一a）の第三章第四節参照。

## 2　距離が生む平家の自立と威信

清盛が福原に去った後の平家の政界への発言力は、親平家の公卿による代弁、院近臣や建春門院を通しての反映、すべてを併せても十分でないように見える。平家の国政への影響力は低下したのだろうか。

平家関係者以外が、福原在住の清盛の意志・意向を直接確かめた主な例として、以下の事実が知られる。まず、嘉応二年（一一七〇）一〇月三〇日、後白河法皇が、藤原光能《みつよし》を福原に遣わしている。『玉葉』同日条に「世人何事なるかを知らず」とあるが、平家が武士を使って参内途中の摂政基房を辱めた一件の、事後処理を講じるための使であろう。すなわち七月三日基房が法勝寺八講からの帰りに女車に出会い、下車の礼を要求したが無視されたので、誰のものともわからぬまま車を打ち破り、乗っていた若者に恥辱を与えた。若者は重盛の子資盛で、それを怨みとして四カ月近くも経った一〇月の二一日、報復のため基房の行列を襲い前駈らを馬より引き落とし髻《もとどり》などを切った事件である(『玉葉』)。『平家物語』巻一の「殿《てん》下乗合《がのりあい》」では首謀者を清盛とするが、じつは重盛であった。上皇の使として福原に向かった光能は、「院の近臣」を代表する人物の一人である(『玉葉』承安四年正月一日条)。

つぎに、承安四年(一一七四)八月一九日、平信範が入道相国のもとに向かった。『玉葉』には、基実の遺児近衛基通の三位中将拝賀の件に関して、清盛の命に従うためとある。盛子の猶子にして清盛の娘婿である右中将基通が、同月二日従三位に昇り、三位中将となった喜びの御礼を申す件で指図を受けるというのだから、信範の立場は、近衛家側の実務責任者としてのそれであろう。八月二一日、御慶《ぎょけい》の際には、清盛の指示によって、藤原邦綱・平宗盛・時忠・頼盛・教盛・経盛以下七、八人の「一家の人々」が近衛殿に参入している(『吉記』)。

安元二年(一一七六)一一月二四日、兼実は、兵仗《ひょうじょう》(随身《ずいじん》のこと、随身は貴人の外出のとき、護衛のために、勅宣によりつけられた近衛府の舎人《とねり》)を辞退したい意志を伝えるため、家人中原有安《ありやす》を福原に派遣しようとした。これは清盛が阿波に下向し、さらに紀伊水道をはさんだ対岸の熊野に詣でるとの報で、とりやめになった。有安は年を越した二月二日には、辞退は不可との清盛の返答を持ち帰っている(『玉葉』)。この兵仗辞退の件は、兼実にとって懸案だったようで、治承四年(一一八〇)三月一六日にも有安を福原に派遣し(『玉葉』)、最終的には元暦元年(一一八四)九月一八日になってようやく、病を口実に右大臣と兵仗の辞退を乞い、後者に成功している(『玉葉』『山槐記』など)。

また、安元三年六月一五日、兼実は、法眼(道快)の法性寺座主への就任の件で、有安を入道相国のもとに送っている(『玉葉』)。道快は兼実の弟慈円のことである。鹿ヶ谷事件という激震の後だから、清盛が在京していた可能性もあるが(『玉葉』によれば遅くとも同月二一日には福原に帰り着いている)、慈円が、師の覚快法親王から無事法性寺座主の地位を継承できるよう、清盛の同意をとりつける使であろう。

以上は摂関家という権門の社会的体面や摂関家関係者の人事にかんして、清盛の意向を聴取し、その了解をとりつけるための使の派遣である。清盛が盛子を介して摂関家の家政を左右する権限を握っていたがゆえに起こった事態であろう(樋口、二〇一一)。なお基通にかんしては、嘉応二年四月かれが元服したとき、兼実が加《か》冠役《かんやく》を務めている。それは藤原邦綱より清盛が望んでいるとの連絡があったからである(『玉葉』四月一八日条)。このとき清盛は東大寺で後白河と同時受戒をするため、上京していた。右の四例が摂関家関係のそれであるのは、それを伝える史料がすべて『玉葉』という九条家の日記であるから当然といえばいえる。しかし最初の件は摂関家も当事者であるとはいえ、国政の重要事件の処理にかかわる遣使である。他にもこうした国政関係の使派遣が少なからずあったことだろう。

このほか承安四年(一一七四)七月九日、重盛が三七歳で右近衛大将に任じられた。近衛大将は中納言の兼任もあったけれど、たいていは大納言の兼任官である。候補と目されたのは重盛と藤原兼雅であったが、「禅門の心重盛に有り」ということで、この決定になった。兼実は、日記に「将軍は顕要なり、古来その人を撰び補し来るところなり。今重盛の卿、当時(現在の意)においてはもつともその任と謂ふべし」と書きながら、「あゝ悲しきかな、悲しきかな」と平家嫌いの感情を吐露している(『玉葉』)。福原の清盛の意向が重要人事を左右している顕著な事例である。

しかし、清盛は、福原に居座って指示を送る、あるいは京都からの働きかけを待つだけの存在ではない。かれは必要とあれば速やかに上洛し、用件を済ますと風のように去っていった。清盛の上洛の事例を表4-1に並べてみた。すでに紹介済みのものを含め二〇の事例がある(2と3は併せて一回かも知れない)。

これらのうち妻や子の病気見舞いを名目にするものを除くと、上京の目的は、

(a)、高倉天皇らとの対面(3、14、16)。

(b)、後白河院の高野詣の見送りや、かれとの東大寺・延暦寺での同時受戒、あるいはその五〇歳の賀宴への対応(1、5、7、8)。

(c)、徳子の懐妊や言仁(安徳天皇)の立坊・着袴などの儀式とかかわって(12、13、17)。

(d)、強訴への対処、政変、クーデタ、福原遷都開始にあたって、福原からの還都のため(4、11、15、19、20)。

(e)、その他、建春門院の病勢把握と政情の行く末を見定めるため(10)。

などに整理される。

かれの上京は大きなインパクトがあり、それによって政治はときに安定、ときに激しく揺

れ動いた。かれの意欲と政治力にはいささかの翳りも見られない。でもそうなら、清盛はなぜわざわざ辺鄙な福原に引きこもったのだろうか。政界の実力者が、配流の結果でもないのに都から遠く離れて長期に居住するという事態は、かつて前例がない。情熱を傾けた対外貿易の拠点近くだからという理由だけでは、とうてい説明しきれない。二百数十年後、足利義《あしかがよし》満《みつ》が明国の使を迎接するためたびたび兵庫に下向したように(永島、一九七五)、宋船の来着時など必要に応じて福原に通えばよいからである。すでに述べたように筆者は、清盛には光源氏の須磨流寓に自らをなぞらえる気持があったかもしれないと考えるが、それに加え現実政治面では、以下の観点の導入が有益と考える。

つまり、清盛がいかほど実力と権威を兼ね備えた権力者であろうとも、臣下の埒を越えることはできない。それは徳子入内のときなどに否応なしに示された。臣下にとり王権は、容易に拮抗・反抗しがたい重みがある。その院の圧力をとりあえず逸《そ》らし、自らの意志を可能な限り保全するにはどうすればよいか。この場合、出家による世俗的秩序からの離脱は常套手段である。だが出家は、かれの場合病の結果だった。それに代わって、政治手法として意識的に採用したのが、福原への退隠だと思う。

そのころの交通・通信の状態では、政治家が近傍に立ち退くだけでコミュニケーションに障害が生ずる。コミュニケーション量の減少は、相手とのかかわりの減少を意味した。空間的・時間的な距離が相手との政治的・心理的な距離に対応するわけで、一種の非言語的コミュニケーションといえる(佐々木、一九九九)。この都と福原の絶妙の距離の効用をよく示した

| | | | |
|---|---|---|---|
| 11 | 安元3年5月25日 | 入道相国福原より上洛 →鹿ヶ谷事件 | 『顕広王記』 |
| 12 | 治承2年(1178)<br>6月2日 | 徳子懐妊により上洛．以後11月16日の暁まで京都にとどまり(期間中何度か福原に帰った可能性あり)，福原に下向． | 『玉葉』<br>『山槐記』 |
| 13 | 治承2年11月28日 | 上洛して言仁(安徳)を皇太子にするよう要請． | 『玉葉』 |
| 14 | 治承3年正月11日 | 院に参る，次いで内裏に参る．高倉天皇・中宮徳子・東宮言仁と対面．忠親，御堂(藤原道長)以後未だかくの如き事を聞かず，珍重のことなりと感想を述べる． | 『山槐記』<br>『百練抄』 |
| 15 | 治承3年11月14〜20日 | クーデタ遂行のため数千の軍兵を率いて上洛，反対派を大量解官し，院政を停止，後白河を幽閉． | 『玉葉』<br>『山槐記』 |
| 16 | 治承3年12月9日 | 上洛の風聞あり，12月16日西八条邸に東宮を迎える． | 『玉葉』 |
| 17 | 治承4年正月19日 | 時子二禁を患い，これによって上洛．入れ替わって宗盛が福原に下向．正月22日，福原に帰る．この間，20日には東宮の真菜，着袴の儀があったので，それへの対応の可能性あり． | 『玉葉』<br>『山槐記』<br>『百練抄』 |
| 18 | 治承4年5月10日 | 福原より上洛，翌日福原に帰る．8日夜からの息知盛の重病見舞いか．12日知盛平癒す． | 『玉葉』 |
| 19 | 治承4年5月26日〜6月2日 | 以仁王の乱への対応と福原遷都に向けての上洛． | 『玉葉』 |
| 20 | 治承4年11月29日〜<br>治承5年閏2月4日 | 福原より還都，以後在京．八条河原口の平盛国宅で死去． | 『吉記』<br>『吾妻鏡』 |

表 4-1　清盛の上洛の事例一覧

| | 日　時 | 事　項 | 出　典 |
|---|---|---|---|
| 1 | 仁安4年(1169)<br>3月13日 | 後白河上皇の高野山参詣にあたり，六条面に桟敷を構え見送る． | 『兵範記』 |
| 2 | 嘉応元年(1169)<br>9月13日 | 蔵人頭信範，院に参り，次いで清盛，次いで摂政基房のところ，次いで内裏に参る． | 『兵範記』 |
| 3 | 嘉応元年10月7日 | 時忠・宗盛を従えて内裏に参る，朝餉の間において高倉天皇に数刻対面，深更に退出． | 『兵範記』 |
| 4 | 嘉応2年正月17日 | 暁，山門強訴への対処で福原別業より上洛． | 『玉葉』 |
| 5 | 嘉応2年4月19日 | 後白河法皇の奈良御幸に宇治で合流，重盛・教盛らを従える．4月20日，後白河・清盛，鳥羽法皇・忠実同時受戒の例にならって東大寺で受戒．勅封蔵を開いて，宝物を見る． | 『玉葉』<br>『兵範記』<br>『百練抄』 |
| 6 | 承安元年(1171)<br>7月21日 | 時子重病により，前夕福原より上洛．重盛・宗盛ら八条大宮泉亭に参集．7月26日，羊5頭・麝1頭を後白河と建春門院に献じているので，このときまで在京か． | 平松家本『兵範記』<br>『百練抄』 |
| 7 | 承安4年2月15日 | 法住寺殿に参る． | 『吉記』 |
| 8 | 安元2年(1176)<br>3月4〜6日 | 後白河の50歳の賀にあたり在洛，賀宴のあと，西八条の清盛のもとに院宣が遣わされる． | 『安元御賀記』 |
| 9 | 安元2年4月27日 | 後白河，天台の戒を受けるため延暦寺に御幸，羯磨の沙弥としてそれに従う． | 『吉記』 |
| 10 | 安元2年6月30日 | 法住寺殿に参入．建春門院の病によりて上洛するも，自らの病によってこの時まで不参． | 『吉記』<br>『百練抄』 |

のが、嘉応元年(一一六九)から二年にかけての延暦寺の衆徒の強訴と、安元三年(一一七七)夏の同衆徒らの強訴のときである。

後者の詳細は追って述べるが、在京の平家公卿たちが、遠所にある清盛の指示を理由に、事実上院の要求をこばみ、あるいは時間稼ぎし、最後は清盛の上洛による政治決着にゆだねる、という対応を取っているのがわかる。めったに姿を見せない、しかし誰もが最高実力者と認める人物が頂上会談に現れるとき、懸案はなんらかの合意に達する、いや達しなければならぬ、そういう期待や心理的誘導を周囲や相手に呼び起こす。面談がコミュニケーションの王者だからでもある。清盛の福原居住が、京都不在による政治的マイナスを差し引いても、権門としての平家の威信や自立を保持するのに、有効な方法だった事実は疑えない。

六波羅には国家の軍事警察部門の担い手としての重盛以下が陣取り、閑院内裏の大番に駆り出された諸国の平家御家人たちも、蝟集《いしゅう》していた。そして、一門の公卿・殿上人は多数の知行国、荘園の領有で富を蓄積し、親平家の公卿たちに平家の意向を国家国政に反映させる。一方、明石入道ならぬ一門の司令塔は、後方の福原にあって摂津・播磨にまたがる広大な領域を押さえている。こうした京都(六波羅・西八条)と福原の二拠点を基礎に半独立的に構築された、院権力を相対化しうる権門勢力を、六波羅幕府と名づけたい。

日本人の常識では、幕府といえば鎌倉幕府以降の武家権力しかない。そして鎌倉幕府の成立は武家中心の新時代の開始と同義語、と見なされている。たしかに源平の内乱(治承・寿永の内乱)と鎌倉幕府の成立は、院政期にはじまる初期中世社会を、より本格的な中世社会に向かって前進成熟させてゆくエポック－メーキングな出来事だった。そのことの意義は疑いもなく大きいが、しかし国家論的にいえば、幕府は朝廷に取って代わった新国家ではなく、国家の軍事警察部門を担当する権門、単一の中世国家を構成する一重要機関(プラス東国にたいする広範な行政権限を掌握した地方政権)にとどまる。そうした理解(権門体制論)が現在の学界では有力である。

鎌倉幕府は万能の中央政権ではなく、京都ではいぜん朝廷が活動し、すくなくとも鎌倉前期には、そこで王朝貴族集団により日本国全体にかかわる政治が行われており、また国家を支える宗教・イデオロギー部門は、主に京都・奈良の諸権門寺院が握っていた。王権は鎌倉将軍家にはなく、京都の王家が、院・天皇の分業関係を維持しながら、これを掌握行使していた。現実には京・鎌倉間にはさまざまな疎隔、矛盾・対立があり、しかも両者の力関係は、承久の乱以後、一気に鎌倉側に傾いていった。が、それにもかかわらず幕府の本質・役割は、中世国家の一翼、その軍事・警察担当部門として日本国の平穏を実現するところにあり、それを象徴的に示すのが京都大番――天皇の住まいする閑院内裏の周辺に、諸国の御家人たちを交替で勤番させ、天皇を守護する姿勢を顕示する――であった。その意味では、平家はすでに見たように後白河院政のもとで、間違いなくその任にあたっていたのである。

そもそも、もとをたどれば王権を守護するというのは衛府の任務であった。そして、平安期に幕府といえば近衛府の唐名で、転じて近衛大将の居館、または、左右の大将その人を指していた(『小右記』長和四年六月一九日条など)。左大臣藤原実頼が天暦九年(九五五)に兼任の左近衛大将の辞任を願う上表をした際に、「近衛大将は、宮中の門外を掌る重任にして、非常の高官なり、……臣すでに戦略を運らすの才能無く、何ぞ幕府に枕を高くし、軍門に帯を緩くして、身を安んずるを得んや」と述べたように(『本朝文粋《ほんちょうもんずい》』巻五為清慎公請罷左近衛大将状)。重盛は承安四年(一一七四)七月以来右近衛大将であり、三年後には重盛・宗盛の兄弟が左右の大将を占める。前代までの幕府は容儀にすぐれた高位の宮廷貴族の地位の形容で、平家のそれは全国の精悍な武士を率いる軍事貴族の権力という内容上の大きな違いがあるとはいえ、前者を幕府と呼ぶのなら後者を幕府と称してどこがおかしい。

また中国では、天子を補佐する者や天子の委任を受けた者が、府を開き自らスタッフをリクルートした。野戦軍司令官の場合は府を帷幕《いばく》で設営するので、幕府という。そこから転じて一般官署の意味にも用いられる(『陔餘《がいよ》叢考《そうこう》』巻二一幕府)。そのような幕府は、近代以前の中国には、全土に数多く存在した。この意味用法に照らせば、奥六郡の支配権と陸奥・出羽押領使としての軍事・警察権を有していた院政期の奥州藤原氏も(大石、一九七八)、一箇の幕府といえる。

頼朝の幕府の画期性を信じて疑わない人々は、平家のそれとの共通性を見落としている。かれの歴史的評価は、初めて幕府を樹立したことにあるのではなく、平家の創り出したひな型を踏襲し、その手法をより厳格、より本格的に追求した点にもとめられるべきである。国家と社会を内乱の破滅の淵から救ったという「功」は、京都側にそれらの要求を受容させるに十分なインパクトだった。

頼朝は、福原以上に都から離れた鎌倉に幕府を開設し、清盛以上に上京を禁欲し（平家討滅後わずか二回）、親平家公卿を使う手法から一歩進んで王朝側に議奏《ぎそう》公卿制（文治元年〈一一八五〉一二月、右大臣兼実ら一〇人の親頼朝派の公卿の集議奏上によって政務を行わせて、後白河院の専断を抑制しようとしたもの）を押しつけ、そうして六波羅を鎌倉権力の京都での拠点として再編成した。これが京都守護（洛中警固、裁判その他の政務、朝幕間の連絡などにあたる存在）であり、のちに南北両六波羅（探題）に発展する。清盛が摂津・播磨にまたがる地域を基盤的勢力圏としたのにたいし、研究者によっては「東国国家」とまで規定する、東日本諸国への強力広範な行政権を掌握した。

両者の形態上の最大の違いは、軍事権門としての平家の本拠は、形式・実質ともに六波羅で、福原は最高実力者が退隠しているとしても、あくまでヒンターラント（後背地）に過ぎず、そこには鎌倉のような、しかるべき政庁も行政吏僚集団も見あたらない。しかし、それは鎌倉幕府が、平治の乱の敗者が流刑地で反乱軍を立ち上げ、やがてそのまま東国を実効支配し、支配領域として王朝に追認させたという、内乱期の特殊な政治過程に起因する点が大きいことを忘れてはならない。

しかも、近年の研究で、鎌倉には一部を除いて御家人は常住しておらず、軍事力はプールされていないとか（秋山哲、二〇〇五）、京都の六波羅御所こそ鎌倉将軍家の本邸であるという刺激的な主張さえ唱えられているのである（熊谷、二〇〇四）。鎌倉幕府論自体が、旧来の枠をつき破って新たな展開を見せつつある現在、平家から源氏への幕府の連続と断絶を、とらわれない眼で追究してゆく姿勢が肝要であろう。本書では鎌倉幕府に歴史的に先行する六波羅幕府の存在という問題提起にとどめ、より詳しい展開については他日を期したい(この点、本書「現代文庫版のあとがき」参照)。

ところで、清盛が福原に退隠して後白河との距離を保とうとするなら、後白河側は幾度でも福原に出向いて、その間を詰める必要があるだろう。内実はどうであれ、院と清盛の密着ぶりを内外に宣伝する機会でもある。なによりも、かの地滞在中の清盛の応接のさまざまを通して、世間に両者が君臣・上下関係にあると再認識させ、清盛自身にも思い知らせる必要がある。これは鎌倉・室町幕府の政治用語でいえば「御成《おなり》」にあたるだろう。

もちろん清盛もホームグラウンドという環境を生かして、たまさかの上京では言い尽くせない自らの抱負や要求を対置したに違いない。福原に流れる二人だけの濃密な時間に、どのような主張が火花を散らし、息づまるつばぜり合いがあったかうかがう術もないが、僅かに承安元年(一一七一)一〇月の上皇・建春門院の福原御幸で、その年末に実現する徳子入内が談合合意された、と見通せる件についてはすでに述べた。

さて、重盛・時子らの六波羅・西八条と、清盛の福原という二拠点方式を採る場合、荘園経営など平家の家政は、どのように行われていたのかという疑問が生じる。残存史料の関係で、その全体を明らかにするのは不可能であるが、次の事例が手がかりになる。

先に紹介したように備後国大田荘は、永万二年(一一六六)、平重衡(清盛)によって後白河院に寄進されて院領になり、重衡(清盛)が預所(領家)に補任された。立荘時この荘の年貢は、院御厩《いんのみまや》（牛車や牛馬を管理して御幸に供奉する院庁内の分課）用として、毎年長さ六丈の白布百反を進上するものと決められた（『平安遺文』三三七五号）。年貢は院庁（別当―判官代―主典代の指揮下で院中の雑事を処理する下級庶務機関）に進納された後、主典代の手で院御厩に送られた。

嘉応元年（一一六九）一〇月、例年通りの品を院庁より御厩に送ったところ、御厩舎人（御厩の職員で雑用に従う）が規格の品でないから受け取れないと騒ぎだし、白布も院庁につき返される事件が起こった（『平安遺文』四八六四〜四八七〇号）。

院庁の主典代中原基兼《もとかね》は対策に苦慮し、平家側の主馬判官平盛国にたびたび書状を届けて指示を仰いだり、たまたま摂津福原から上京中の入道相国清盛のもとに参上するなど、対策に大わらわであった。

今日に残る平安期の大田荘関係の文書は、この間のやりとりを中心とするものであるが、それらを精読すると、京都の八条河原にあった平盛国の私宅に保管されていた、と考えられるものばかりである。当時盛国の私宅が、清盛家政所として機能していたと考えて、間違いない（髙橋昌、二〇一三e）。

文書からうかがえる盛国は、院庁に年貢を納入し、主典代の要請に対応する平家側窓口である。その姿勢は清盛家の家政を牛耳るというよりは、実務的でいわば黒衣《くろご》の役に徹しているという印象がする。辣腕の家司というより、一見実直な家つき執事であろう。

清盛の家司については、これまで藤原能盛の活躍を紹介してきたが、かれの活動は仁安二年（一一六七）〜嘉応初年（一一六九）のころを境に見られなくなる（正木喜、一九九一）。まさに同じころ、盛国が清盛の家司集団の中心になった。やがてかれの長子盛俊も「入道前太政大臣家」の政所別当を務めるようになる(『平安遺文』三八九一号)。盛国とかれの次男盛信は、平家納経の「分別功徳品」「薬王品」それぞれの奥書署名者として見え、その制作への具体的関与も推測され、清盛の抜群の信頼ぶりがうかがえる。

かれの私宅は、鴨川対岸の法住寺殿とは指呼の間にあり、真西に西八条殿、北北東に六波羅があり、しかも双方一・五キロ前後のほぼ等距離である。盛国宅は空間的にも機能的にも、平家家政の管制塔になりえる、便利かつ重要な位置にあった。この宅は滋子が憲仁(高倉天皇)を出産しているほどだから、ただの家司風情の貧相な小宅ではあり得なかった。

そして、中原基兼が院御厩の年貢にかんするトラブル解決のため盛国を尋ね、「昨日は八条殿、また夜前は六波羅殿」に参上したが、他出していたので、むなしく帰ってきたと述べる書状が残されている(『平安遺文』四八六八号)。盛国が自邸と西八条殿と六波羅館、さらにはそれ以外の間を忙しく往来しながら、平家の家政を統轄していた情景を示唆するであろう。

## 3 建春門院の死

安元二年(一一七六)三月四日から六日にかけて、後白河法皇の五〇歳の賀宴が、法住寺殿で行われた。高倉天皇の行幸、中宮徳子の行啓、上西門院の御幸もあった。この白河院五〇の賀を先例とする盛儀にかんしては、『玉葉』や高松宮家旧蔵の『定能卿記《さだよしきょうき》』および藤原隆房が和文体で記録した『安元御賀記《あんげんおんがき》』に詳しい。第三章6節で述べたように、この賀のクライマックスは維盛の青海波の舞であり、青海波の垣代《かきしろ》(舞人を囲む人の輪)や楽屋入りに立ち並ぶ平家公達群の華やかで盛んな様は、維盛の舞を引き立て、相乗効果で平家全盛を印象づけるものになっていた。賀宴終えて法皇は、「此度《こたび》の御賀に、(平家)一家の上達部、殿上人、行事につけても、殊《こと》にすぐれたる事おほし、朝家の御かざりと見ゆるぞ」との謝辞を、西八条の清盛に届けさせた。清盛は、返礼に黄金一〇〇両を入れた銀の箱を送っている。

同年三月九日、法皇と女院は摂津の有馬温泉に出かける(『顕広王記』)。歴代后妃の中で、天皇ないし上皇と温泉に出かけた女性はいない。二人の親愛ぶりは比翼連理というにふさわしかろう。白居易《はくきょい》(白楽天《はくらくてん》)の「長恨歌」の一節に、「春寒くして浴を賜ふ　華清《かせい》の池《ち》／温泉水滑らかにして凝脂を洗ふ／侍児《じじ》扶《たす》け起こすに　嬌《きょう》として力無し」とある。楊貴妃が初めて玄宗皇帝の寵愛を受けたころの描写である。有馬の湯に遊ぶ建春門院は、驪山《りざん》は華清宮の温泉で湯浴みする楊貴妃を連想させる。楊貴妃は女盛りの三八歳で縊死《いし》させられたが、滋子はいまだ三五歳。しかし、その健康はすでに蝕まれていた。この点建春門院はむしろ桐壺更衣の現し身というべきかも知れない。かの女はもちろん「いとやむごとなき際」どころではない、ただの諸大夫層の出身である。

それからまもない六月八日、建春門院は病の床に伏す。病名は二禁《にきみ》だった。皮膚病の一つ、体表面に生ずる腫瘍で、飲水病(糖尿病)に併発した場合や、化膿が進行し、体力消耗・食欲不振に陥った場合は、死に至ることも少なくなかった。法皇は治療に加持に全力を尽くしたが、病は悪化する一途である。

六月一八日、建春門院の平癒を願って緊急の赦免があり、平治の乱時の義朝一味など流人一五人が召し返された(『吉記』『百練抄』)。六月二三日、高倉天皇が建春門院への見舞いを懇望したが、前太政大臣が、天皇自身の二禁がひどくなるとの理由でこれを押し止める(『玉葉』)。この前太政大臣は、『玉葉』には「前太相国」とあり、そうであるなら藤原忠雅であるが、内容からして清盛だろうという意見もある(角田、一九九三)。ちなみにこのころ清盛は上洛していた可能性がある。

糖尿を持病にしていたのが、かの女の命取りになった。息を引き取ったのは七月八日である(『顕広王記』)。後白河が悲嘆に暮れたのはいうまでもない。かの女の死によって一つの時代が終わり、以後平家・後白河の間にそれまで隠されていた対立が、あからさまなものとなってゆく。後白河にとって、平家への最大不満は、入内してはや六年、すでに二二歳になる徳子が、いまだ懐妊の兆候すらなく、皇位の継承にまったくメドが立たない点にある。王家の家長としては、皇統の連続を確保するのは絶対至上の命題で、皇位継承者不在のままでは王家は危殆《きたい》に瀕する。といって平家の威勢を考えると、他家の女性から生まれた皇子を東宮《とうぐう》に据えることもままならない。治天固有の権能としての皇位継承者指名権が、平家の皇子に限定されるどころか、凍結のままあてもなく先延ばしを余儀なくされている。王者最大の権能が侵された。それへの憤懣である。

建春門院諒闇《りょうあん》(天子が父母の喪に服する期間)中の一〇月二三日、法皇の皇子が密かに閑院内裏に参った(『玉葉』)。それから一週間経たない一〇月二九日、今度は別の後白河皇子参内の噂が流れ、翌月二日実際に時忠にともなわれて姿を現した(『玉葉』)。高倉天皇はいずれの皇子も養い子にしている。

　前者は後白河院の第八皇子道法《どうほう》で、承安四年(一一七四)一〇月仁和寺に入り、師かつ兄の守覚法親王から密教の経典を学んだ。守覚は、国家仏教の最右翼たる真言密教界を統制するため、後白河が宗教界に送りこんだかれの分身ともいうべき人物(横内、一九九六)。第八皇子の母は法眼応仁《ほうげんおうにん》(仁操)の娘、花園左府《はなぞのさふ》源有仁《ありひと》の姪にあたる女性(三条局)で(『仁和寺御伝《にんなじごでん》』他)、有仁は、白河院に皇位への道を阻まれた後三条天皇の皇子輔仁《すけひと》親王の子で、白河院の猶子となり、皇嗣に擬せられた時期もある。後白河は輔仁・有仁系と関係が深く、有仁は後白河元服時の加冠役を務め、二条を生んだ最初の妻懿子は有仁の養女であった(保立、一九九六a)。

　後者の第九皇子(後の天台座主承仁法親王)は、院が江口の遊女に産ませた子で(『天台座主記』)、建春門院の猶子として、かの女の異母弟蔵人右少弁平親宗が養っていた。前年安元元年八月一六日には、建春門院の七条殿から明雲の三条末の房に入室している(『山槐記』)。

　高倉が秘密裏に後白河の皇子二人を猶子にしたのは、聞きつけた兼実が、「そもそも両人同時にこのこと有り、人奇《き》(異様)となす、疑ふらくは儲弐《ちょに》(皇太子)たるべきの器か」と記しているように(『玉葉』一〇月二九日条)、徳子に皇子が生まれない事態を予想し、皇嗣の候補として準備したのである。それは時忠・親宗という建春門院の二人の兄弟が関与しているように、かの女のあらかじめの許容範囲で、もちろん後白河の強い希望であったのだろう。親宗は、後白河の近臣として知られた人物だからである(中村文a、二〇〇五)。

女院の没後ことが動きだしたのは、かの女が身を後白河院の側に置きながら、なおかろうじて法皇と平家対立の緩衝役だったからに相違ない。かの女が亡くなれば、もはや誰憚《はばか》るものもない。一方、清盛側にとり、徳子腹でない東宮が誕生し、そのまま高倉の退位に至るなら、平氏系新王朝を樹立する願望は一場の春夢と消える。それは絶対認められない。なお本書では、清盛の待ち望んだ王朝を、平家王朝でなく平氏系新王朝と呼称する。意味するところは、この王朝は清盛の武家平家の力のみではなく、時子・時忠(そして影の力としての滋子)ら公家平家との連合・合作によって、はじめて実現可能になるものだからである。

ここにきて後白河と清盛の対立は非和解的であり、衝突が公然化するのは時間の問題だった。同年一二月五日の人事で、ともに「院の近臣」であった左中将藤原定能と右中将光能が蔵人頭に就任した。上席者を差し置いての「超越」であり、有力候補に、家門才智にすぐれ年長でもあった左中将藤原雅長と、清盛最愛の息子で「無双の権勢」を誇っていた知盛がいた。後白河はかれらをあえて無視した。兼実も「希代と謂ふべし」と評する(『玉葉』)。しかし、暴発はまだからくも抑制されていた。

翌安元三年三月一五日から、後白河は恒例の和田での千僧供養に参加する。このとき、一〇〇の護摩壇《ごまだん》が設けられ、法皇は中央の壇に陣取り、三密の護摩を修した。その他の壇には東寺・天台・真言の師など、各宗の長者以下が座し、さらに一〇〇座それぞれに一〇人の伴僧が着く。清盛主催、法皇大阿闍梨の三日間の千僧供養法が終わると、一八日から三日間一〇〇〇人の持経者の供養があった。今度は法皇が財力を傾けて建春門院の菩提を供養した。持経者には殿上の侍臣以下、北面・武者所、院庁の主典代・庁官が皆ことごとく宛てられたという(『玉葉』三月二二日条)。

さいわい信西の孫にあたる聖覚《しょうかく》が父澄憲の作を編集した『転法輪抄《てんぽうりんしょう》』に、そのときの表白文と思われるものが残っている(「奉為同院(建春門院)摂州千僧供養表白」)。その場の雰囲気を感じとっていただくため、内容を摘記しよう。

冒頭近くで、福原・和田の主たる清盛が、漢の創業の功臣・名将である韓信《かんしん》と彭越《ほうえつ》、国家のため暗君を廃した殷《いん》の伊尹《いいん》と漢の霍光《かっこう》に喩えられ、本陣のとばりのなかで計略をめぐらし、万里のかなたで勝利を決し、「早く我が国の煙塵《えんじん》を鎮《しず》めて、永く王室の泰平を致す」とされている。煙塵は兵馬が行き交うために起こる土煙で、外敵の侵入、または戦乱を指す。

そして功により清盛が太政大臣になったことを述べ、「然れども功成り身退きて、俗を脱れ真に帰す、早く花洛の囂塵《ごうじん》を厭ひて、久しく摂州の幽閑を卜《し》」めたという。囂塵は物音が入り交じってやかましいさまである。

そして清盛本人は身をへりくだるが、子孫はおのずから繁栄した。清盛が「我が君と談咲(笑)して国の讎《あだ》を退」けた点は、戦国時代の斉《せい》の魯仲連《ろちゅうれん》や魏《ぎ》の段干木《だんかんぼく》に同じであるとする。前者は趙と魏の王に協力して秦への抗戦を進めて成功、趙の公子平原君《へいげんくん》に招かれたが仕えず、隠棲した人物(『史記』魯仲連列伝第二三)。後者は孔子の孫弟子で、仕官せず道を守り、魏の文侯が大臣になさんと請うたが受けず、ついに客礼を持って遇された人物である(『史記』魏

世家第一四など)。ついで法皇がこの地にたびたび臨幸し、今回も自ら大阿闍梨となって法会を進行させたことを述べる。つづいて

法皇の禅門を得《え》給へる、魚の水を得るが如し、禅門の法皇に値《あ》ひ給へる、舩《ふね》の檝《かじ》有るが如し、俗に在《あり》ては王室を補佐す、家を出ては善根《ぜんごん》を勧進す、この地のこの主を得たる、この主のこの地を占めたる、正に依りて具足し天地和合せり、この地実《げ》にも勝《しょう》善根の地なり、この処実に最吉祥の地なり

と、法皇と清盛の親密な関係をあらためて強調し、当地の勝地なるを賞揚する。結びは千人持経者の供養の目的である建春門院の菩提を弔う詞章である。

国母前の院聖霊《しょうりょう》(故建春門院)先年に法皇に伴ひ奉《たてまつり》て、この勝地に臨幸して、この大善に結縁す、星霜いまだ幾ばくならざるに哀楽相変ず、山の容《かたち》改まらず、波の音も替《かわること》無し、永く去りし者は聖霊の御音容なり、鳥の声も重ねて来り花の主も再び開く、永く帰らざる者は聖霊の花駕《かが》、恋慕の御志《おんこころざし》綿々として絶えず、追善の御営み生々として止むこと無し、去年の冬は難波の四天王寺に幸《みゆき》して、逆修《ぎゃくしゅ》の未遂の願を果し御《おわ》して、今歳の春は輪田の千僧の大法会を設けて、新たに正覚の尤《もっと》も速かめるの望みを成す、昔竜女が

波を出づる、早く南方無垢《なんぽうむく》の成道《じょうどう》を唱ふ、今法皇海に臨み給へる、宜しく西土有縁《さいどうえん》の魂ひを導くべし、乃《よ》りて法界平等利益至る

「去年の冬は難波の四天王寺に幸して」というのは、前年冬前の九月一三日、後白河法皇が四天王寺に御幸、七日間の逆修を行った事実を指す(『百練抄』)。逆修は、生前に、あらかじめ自分のために仏事を修して死後の冥福を祈ること、または老いた者が生き残って、若い者の冥福を修することだが、この場合は後者で、五〇歳の法皇が三五歳で先立った建春門院の冥福を祈った。

「南方無垢」は「南方無垢世界」、すなわちサカラ竜王の竜女が成仏したという浄土を指す。竜女の即身成仏になぞらえて、建春門院の速やかなる成仏を祈っているわけである。

表向き清盛の賢臣ぶりと進退の見事さを賞賛、両者の親密を強調し、福原のすばらしさを褒め称えているが、後白河の内面の真実とは遠いものがあったはず。建春門院にとっても想い出の地である福原での盛大な追善をもって、密かに平家との決別を思っていたのかも知れない。果たせるかな、後白河の福原への自らの意志での御幸は、これが最後になった。

## 4　安元の強訴と鹿ヶ谷事件

安元三年(一一七七)四月一三日、延暦寺衆徒が閑院内裏に押しかけ、加賀守藤原師高《もろたか》の配

流を訴えた。事件は、前年白山末寺の宇河《うかわ》（鵜川）という山寺の出湯で、馬を洗っているのを咎められた加賀目代が、報復に堂舎を焼き払った小競り合いに端を発する。

末寺白山のさらに末寺の事件なので、始め叡山の反応も鈍かったが、安元三年二月白山宮の衆徒が神輿を奉じて日吉社に着いたころから、山門大衆の動きが活発になった（延慶本『平家物語』巻一留守所白山遣牒状事同返牒事）。加賀守師高の父師光《もろみつ》は、藤原家成の養子だから、成親には弟にあたる。故信西の乳父子でもあり、出家して西光《さいこう》と名乗った。成親と並ぶ後白河院の寵臣の一人である。強訴のねらいは、院近習西光・成親の兄弟、ひいては後白河法皇にダメージを与えるところにあった、と見なければならない。

大衆は祇陀林寺に集結し、その数は始め四、五百、やがて二千余人の大集団になった。一同は日吉三社・祇園三社・京極寺（三条大路末、東京極大路の東）の神輿計七基を押し立てて二条大路を西行、閑院内裏に向かう（『愚昧記』など）。

これに立ちはだかるのが「官兵」で、主力は重盛率いる軍勢だった（『愚昧記』四月二〇日条）。かれは強訴直前の三月、太政大臣に昇った藤原師長の後任として、内大臣に就任していた。高倉天皇が東宮時代、春宮大夫であったことも評価されての人事である（『玉葉』三月五・六日条）。

大衆は石礫《いしつぶて》を打ち、引き抜いた逆茂木《さかもぎ》で差し突いたので、武士らは二条大路の町辻から陣中（大内裏を擬した特別空間で、閑院内裏を中心とする、東は町小路、南は三条坊門小路、西は堀川小路、北は冷泉小路で囲まれた三町四方をいう。その四方の境とそこを貫通する西洞院大路・油小路・二条大路が形成する六つの辻が、大内裏門に見立てられて陣口《じんぐち》といわれた）の西洞院大路まで後退する。そうこうするうちに、後白河の命によって、武士らが矢を放った。ために死傷者が出、矢が日吉十禅師と京極寺の神輿にあたった。威嚇のつもりだったが神輿の破損は重大失態で、衆徒らはこれさいわいと神輿を置き去りにして帰山する（『愚昧記』『顕広王記』など）。放置された神輿の処置は、いつも厄介である。

翌一四日、大衆が武器・武具を帯し再度入洛するというので、高倉天皇は夕刻閑院を脱出、法住寺殿を皇居にした。この挙にあたり治安維持の責任者たる重盛は、親しい左大臣藤原経宗に「事の体すでに京洛を棄てらるるか、行幸あるべからず、ただ例にまかせ切堤《きれづつみ》の辺り（高野川の東岸）で禦《ふせ》ぐべきの由、申さしめんと欲するは如何」と意見を求め、兼実も官兵が法住寺殿の近辺に無為に屯しているのを非難する（『愚昧記』『玉葉』）。

一方、院は、内侍所（神鏡）も法住寺殿に移すべきか否かを問うたが、諸卿の一致した反対で立ち消えになった。そこで後白河は、平経盛に内侍所守護のため閑院に出向け、と命じている。しかし、経盛は再三の出動命令にも「左右《そう》（あれこれ）は入道の許しに在り」と取り合わない。右大将宗盛も、院に「経盛は（天皇と）一所に候ずべきの由、入道申す所なり」と述べて弁護する。業を煮やした院は摂津源氏頼政の派遣を命じた（『玉葉』四月一五・一八・一九日条）。

この日、後白河法皇は神輿を射させた責任を暗に認め、関係者を罪科に処す旨の院宣を、天台座主明雲宛に発した（『玉葉』四月一六日条）。また一六日の賀茂祭が終わったのち、師高の現任を解き尾張に配流、神輿を射た武士を禁獄するという意向を伝え、衆徒の怒りを解かせている。それで大衆は下向を止めた(『愚昧記』)。しかし、約束の実行が遅れたので、一七日には衆徒の再度発向が噂され、京中貴賤は家財などを携え東西に奔走、多くは仁和寺・嵯峨辺りに避難するなど、洛中は騒然としていた(『愚昧記』)。

二〇日、加賀守藤原師高が尾張に配流される。また、神輿を射たとして、平利家《としいえ》・平家《いえ》兼《かね》・田使俊行《たづかいのとしゆき》・藤原通久《みちひさ》・藤原成直《なりただ》・藤原光景《みつかげ》の六人が獄所に送られた(『玉葉』)。六人は「内府(重盛)の郎従」だった。一時かれらを「(伊藤)忠景(上総介忠清の本名)の郎等」だと伝える誤報があったのは(『愚昧記』四月一五日条)、忠清が以前から重盛の軍事指揮の実際を担当していたからである(『顕広王記』四月一三日条)。

重盛の小松内府《こまつないふ》家と伊藤忠清・平家貞の関係は深い。平家の有力家人中、伊藤忠清・景家兄弟が譜代相伝の家人の代表であるのにたいし、平家貞は伊勢平氏一門傍流が家人化した存在の代表格である(髙橋昌、二〇一三b)。忠清は清盛、のち小松家の柱石であり、重盛長子維盛の乳父として、その後見人だった。獄所に送られた藤原光景は忠清の子である。また平利家は家貞の甥家資の子であり、家兼は家貞の長子家継の子だった(延慶本『平家物語』巻一時忠卿山門立上卿事付師高等被罪科事)。藤原通久は字《あざな》(通称)を加藤太《かとうだ》といったから、白河院政期に忠盛の郎等であった加藤成家の子孫であろうか(『古事談』巻一—八一)。田使俊行は、字が難波五郎であるから、備前を本拠にする平家家人難波経遠の縁者だろう。

二八日には有名な安元の大火が発生、大内裏・京中に甚大な損害があった。三〇日には関院内裏の南、仮の中宮庁に使われていた二条北、油小路西の経師《きょうじ》(経巻の表具をする職人)の家に夜盗が入り、放火して資財を掠め、宿衛士《しゅくえいのし》を傷つけるという事件が起こっている。このとき閑院内裏を守っていた者に、「大番の兵士」「四大番の者」がいたことは、第一章4節で触れた(『吉記』『顕広王記』)。

大火と夜盗騒ぎによる小休止が終わると、院の反撃が始まった。五月四日、院は明雲を近習の検非違使らに引き渡し、激しく責め立てさせた(『顕広王記』など)。その結果、大衆の行動は明雲が命じたものとされ、翌五日には法皇の命で明雲の天台座主・法務僧正の職が解かれ、かれの所持する荘園は没官になった。

没収の対象になったのは、堂舎と付属の所領・末寺合計四四カ所で(『玉葉』五月一一日条)、すべて鎌倉末期の梶井《かじい》門跡《もんぜき》(三千院門跡)が相承する所領群に含まれている(『三千院文書』)。明雲は、梨本門跡と梶井門跡を合併した天台座主最雲《さいうん》法親王の弟子で(尾上、一九七二／井上光、一九七五)、梨本流の本坊円融房《えんゆうぼう》を相承したので、これら所領を所持していたのである。

以後延暦寺大衆の、明雲の処罰に反対する不穏な動きが相次ぎ、軍兵の警戒も厳重、「合戦の庭の如し」とまでいわれた(『顕広王記』五月一四日条)。明雲への尋問はいぜん続いていたが、一三日新たに検非違使平兼隆が起用された。かれは伊勢平氏の一族和泉守信兼の子であり、のち頼朝の伊豆挙兵の際、最初に血祭りに上げられた著名な人物である。明雲はかれに手ひどく拷問されたらしい(『玉葉』五月一五・一六日条)。

一五日には山門の僧綱《そうごう》十余人が、衆徒の使になって法住寺御所に参上した。かれらは後白河院に、明雲配流および没官を停止するよう訴えたが、院は一蹴した。噂では院は、もし大衆の明雲奪還が現実になり撃退不能になったら、「ただ明雲の首を切るべし」と命じたという(『愚昧記』一六日条)。

二〇日、前天台座主明雲の罪名を議す陣定があった。この席で右大弁藤原長方が、今回の騒動はかれの扇動によるので死刑は逃れがたいが、明雲は高倉天皇に法華経を、後白河法皇に菩薩戒を授けた功がある、法律家は罪一等を減じて還俗の上流刑と答申しているが、猶予の仰せあるべしと述べ、諸卿もそれに同意した(『玉葉』五月二〇・二一日条など)。ところが翌日になって、明雲はいきなり伊豆配流と決まる。むろん後白河の独断である。

二三日明雲の護送中、延暦寺僧徒が近江勢多《せた》橋の西で行く手を遮り、前座主を奪い登山した(『玉葉』『顕広王記』など)。そのため、その日のうちから東西坂本を固め叡山を攻める、との報が流れている(『玉葉』)。事実、院は重盛・宗盛両大将を召し、坂本を固めるよう命じている。これにたいし、両名は「先づ入道に仰せ、その左右(指図)に随ふべし」と遁辞《とんじ》を弄した。そこで二四日の早朝、伊賀平内左衛門家長が院の使として馬で福原に向かう(『顕広王記』)。家長は、知盛の「一二の者」といわれた人物で、おそらく筑後守家貞の子だろう(髙橋昌、二〇一三b)。二五日午後遅くには清盛が入洛したとの情報が流れた(『顕広王記』)。院との頂上会談以外に局面打開の途なしと考えたからであろう。

二八日になって、清盛が参院し後白河と対面した。後白河の姿勢は変わらず強硬で、結局東西の坂本を固め叡山を攻めるという院の思い通りの結論になった。しかし、叡山を敵に回すのを嫌う清盛はこの案に不満で、翌日には「内心悦ばず」との観測が兼実の耳にも届いている(『玉葉』)。これに先立ち後白河の命を伝えるため僧綱らが登山し、衆徒に子細を尋ねたが、謀反ではない、「顕密の棟梁(明雲)」にもう一度謁見したかったからだと答えた(『百練抄』五月二三日条)。

二九日、後白河は、武器を携帯して京中を往来する輩を搦《から》め取ることと、諸国司への「台岳の末寺庄園」の注進を命じた。加えて「近江・美乃・越前三ヶ国、おのおの国内武士を注し申すべきの由、国司に仰せらる」と武士の動員準備を開始した(『玉葉』)。大衆の明雲奪還にたいする報復のため、延暦寺荘園の停廃を意図していたのだろう。後白河は、承安三年(一一七三)六月の興福寺僧徒の多武峰《とうのみね》焼打により興福寺・延暦寺僧徒が蜂起した事件でも、南都の行動を「謀反」と認定、一五大寺の寺領、諸国末寺の荘園を没官する措置に走った(『玉葉』承安三年一一月一二日条、『平安遺文』三六四三号など)。前例のない話ではない。

叡山攻撃が避けられなくなった六月一日、状況が激変した。明け方にまだ間のある時刻、突如西光が逮捕され、権大納言成親・右近衛少将成経父子も西八条殿に禁固された。路頭には軍兵が満ち、「およそ院の近習十二人刑罰に及ぶべしと云々、およそ咎《とが》に処すべき者七人と云々」などの噂が飛びかう(『顕広王記』六月一日条)。

拷問の結果西光は「入道相国を危ぶむべきの由、法皇及び近臣ら謀議せしむるの由」を承伏し、謀議に預かった人々のリストを記し申した。西光は一日夜半五条坊門朱雀で斬首、成親は二日備前に配流された(『玉葉』『愚昧記』六月二日条)。後者は重盛の助命の働きかけがひとまず実を結んだのであろう（『愚管抄』巻五高倉）。

三日、四月の強訴以来微妙な動きをしていた内大臣重盛から、兼官の左近衛大将を辞する意向が表明される（『愚昧記』）。同日深夜、法勝寺執行僧都俊寛・基仲法師ら六人の法皇近習が西八条殿に召し取られ、髻《もとどり》を露わにされ後ろ手に縛られたうえ、前庭を引き回された（『顕広王記』六月三日条）。

四日の夜明けごろになって、まず山城守中原基兼《もとかね》・検非違使左衛門尉惟宗信房《これむねののぶふさ》・同平康頼《やすより》・同平資行《すけゆき》の四人、ついで五日には俊寛が現職を解任された（『玉葉』六月四日条、『愚昧記』六月六日条、『顕広王記』）。六日になって基兼・基仲・資行らは免官で許されるが、康頼・俊寛はついにそのことがなかった（『顕広王記』）。五日、重盛の長子維盛が使者となって父の辞状を提出した。同じ日には大原で蟄居《ちっきょ》中の流人明雲を召し返す宣旨が出、六日には、流人加賀守師高とその関係者が誅《ちゅう》される（『百練抄』六月五日・九日条）。

事件からやや日をおいた六月一八日、権大納言成親とその子成経、および成親の仲間と目された左少将尾張守盛頼、越後守親実が解官された（『玉葉』『百練抄』）。成親の場合、じつは配流の前提としての現任の停止が、正式にはなされていなかった。それについて、太政官の事務方は「これ（配流は）禅門私の意趣によりてその志を遂ぐ、よりて公家（天皇）より停任せられず」と説明している（『玉葉』六月一一日条）。だが、清盛の圧力に押されて、私刑を追認したのか、結局かれも正式に権大納言を解任された。同じ日法勝寺執行の後任に法印静賢《ほういんじょうけん》が補任される（『玉葉』）。備前に配流された成親には重盛が密かに衣類を送っていたようだが

(『玉葉』六月二一日条)、七月九日には「艱難《かんなん》の責め」で殺されてしまう(『顕広王記』)。成親忘恩への清盛の怒りは、底深いものがあった。

以上が、鹿ヶ谷事件の経過と顚末である。『平家物語』では、成親らの平家打倒の陰謀を、摂津源氏の多田行綱が清盛に密告したとされているけれど(巻二西光被斬《きられ》)、どこまで真実を伝えているか、検討の余地がある。事件によって、叡山攻めはまさに吹き飛んだ。後白河の強硬な要求で、いよいよ大衆討伐を実施せざるを得ないところまで追いつめられていた清盛にとって、内容・タイミングともに好都合な事件だった。だから、平家討伐謀議の発覚を山門との衝突を回避するための口実にしたのではないか、とする見解も出されている(早川、二〇〇〇)。西光の逮捕理由は、初め明雲を配流に追いこんだ、邪心があって万人を法皇に讒《ざん》言《げん》したなどというものだったから(『玉葉』六月一日条)、謀議の存在自体疑えば疑える。

しかし、『百練抄』に「成親卿已下《いげ》密謀有るの由、源行綱入道相国に告言(告訴)すと云々」(六月一日条)と見え、『愚管抄』にも成親・西光らの謀議と、行綱の密告があったと記され(巻五高倉)、まったくのでっちあげとは考えにくい。『玉葉』は「或る人云はく、西光が白状の事、実事と云々」とも記す(六月一〇日条)。

注目されるのは『顕広王記』に、「法勝寺執行俊寛解官。事の発《おこ》りを尋ぬれば、事を大衆の謀《はかりごと》に寄せ、禅定相国を誅さんと欲すと云々」とある点である(六月五日条)。文意明瞭ならざるところがあるが、叡山攻めという口実で軍兵を集め、上洛中の清盛を不意を突いて討たんとした、というほどの意味であろう。関連して『保暦間記《ほうりやくかんき》』に、コレニ依《より》テ、山門ヲ責《せめ》ラルヘキ由《よし》、武家へ仰《おおせ》ラレケレ共、太政入道進ミ申サ、リケレハ、院近習ノ人々ヲ催《もよおし》テ山門ヲ責ラルヘシトテ軍兵ヲ調ヘラル、成親卿ヨキ次ト思テ日来《にちらい》ノ本望ヲ達セントスル処ニ、語ラフ所ノ中ニ多田蔵人行綱ト申者アリ、忽《たちまち》ニ心カハリシテ、此事《このこと》太政入道ニ告《つげ》ント思テ……

とある。おそらくこの辺りが真実に近かろう。よしんばその反平家の計画が酒席にありがちな大言壮語の域をあまり出ず、準備粗漏なものであったにせよ。そして、『平家物語』に見える五月二九日という行綱密告の日付については、清盛は早くから不穏な動静をキャッチしており、それを窮地に追いこまれた時点で最も有効に用いた、とする今成元昭氏の解釈が魅力的である(今成、一九七八)。

## 5　後白河との決別

保元・平治の両乱後、清盛(重盛)の統率する平家の軍事力は他を圧した。安元三年正月二四日、重盛は右大将から左大将に転じ、宗盛も右大将に就任する。これによって、平家は王朝が常置している武官の最高位を独占した。かれらの軍事的位置は公的にも揺るぎないものになったのである。

だが、王権に固有に備わる武力統帥の権能は、高倉天皇をいただく平家(清盛)の存在に大きく制約されながらも、いぜんとして後白河の手元に保持されていた。たとえば承安三年(一一七三)冬の南都大衆の発向に際しては、院宣を奉じた重盛が、筑前守平貞能を宇治に派遣し、阻止させている(『興福寺別当次第』覚珍の項)。かれらには、その任務の政治的重大さから「官兵」「官軍」という呼称が与えられた(『平安遺文』三六四〇・三六四六号など)。まさに大衆への「謀反」の語の適用に対応しているのである。安元三年の強訴時も、阻止の武士集団、実質的には平家の郎等たちからなる部隊は、「官兵」と呼称されている(『玉葉』四月一七日条)。そして、強訴阻止のため延暦寺の大衆に矢を射かけさせたのは、他ならぬ後白河院であった。

ところで、安元、遡って嘉応の強訴においても、平家が延暦寺衆徒の行動阻止に消極的であったことを、重盛・経盛・宗盛らの言動を通して見てきた。この構図は続く治承二年(一一七八)二月、後白河が園城寺で秘密灌頂《ひみつかんじょう》を受けようとしたので、同寺に年来熱望の戒壇(僧に戒を授けるための式場)が認可される事態を恐れた延暦寺が、蜂起や兵士動員を行った事件でも同様である。法皇は山徒を強く譴責するとともに、宗盛を福原に遣わして清盛を呼び出そうとしたが、清盛はあえて動かなかった(『玉葉』治承二年正月二〇・二二日条、『山槐記』治承二年正月二〇日条)。

法皇の強硬姿勢は、対延暦寺では平家の不服従のため腰砕けになり、おかげで何度も大衆の要求に屈する苦杯をなめた。これは見せかけの譲歩であったから、大衆の圧力が低下すると、後白河は本来の強硬姿勢を復活させたのである。よくかれの政策が場当たり的であったといわれるが、こと寺院大衆への対処についてはあたらない。

延暦寺処分にたいする双方の温度差は、清盛・後白河間の溝をさらに深めた。明雲奪還後の延暦寺攻撃をめぐって、清盛と後白河院の対立は頂点に達し、法皇(院近習)は、直接の軍事動員を試みかけた。後白河院が平家の頭越しに、近江・美濃・越前三カ国の国内武士の動員を企図した事実がそれである。王権の手足という武士の本質からいえば、不思議のない事態であるが、軍事権門たる平家にとっては、自己の存在意義、存立基盤を脅かされる非常事態である。

平家が消極的だったのは、延暦寺とことを構えたくないという判断があったからだろう。清盛の微温的態度の原因を探れば、まず清盛と天台座主明雲との個人交渉の深さがあげられよう。すぐる仁安三年二月一一日の出家時、清盛・時子二人の戒師を務めたのは前年天台座主に就任したばかりの明雲だった(『兵範記』)。その後、明雲は清盛が福原で開いた最初の千僧供養の導師を務めるなど(『兵範記』嘉応元年三月二一日条)、二人の関係は濃密で、「ヒトヘノ平氏ノ護持僧」といわれるほどの間柄だった(『愚管抄』巻五安徳)。だから、治承三年(一一七九)に清盛がクーデタを起こし後白河院政を停止したとき、明雲は座主に返り咲いた。六条・高倉・安徳三代の天皇の護持僧も勤めている。

むろん、指導者間の個人的親交だけで、政策判断や同盟関係の全体が説明し尽くせるものではない。この間の政治史の構図として、後白河院が顕密寺院、ことに延暦寺の寺院大衆の行動にたいし強硬で抑圧的な姿勢をとり続けたのに比べ、平家(清盛)は慎重な態度を保持し続けた。清盛が保守派だったからというより、自らが主導権を握れる王権誕生(高倉院―安徳天皇)を待望する立場から、後白河派の権力強化につながる叡山統制にブレーキをかけようとした、と考えるべきであろう。

安元の強訴は、建春門院の没後なんとか抑制されていた後白河院・院近習勢力と平家の対立を公然たるものにし、鹿ヶ谷事件を誘発する直接の契機になった。事件以後、春秋二季恒例のようだった後白河の福原御幸は、行われなくなる。表向き維持されていた両者の政治同盟は終止符が打たれた。

こうして後白河時代の第四期が始まる。鹿ヶ谷事件以降、治承三年(一一七九)一一月の平家の軍事クーデタまでの期間である。この期は、『玉葉』治承元年一一月一五日条に、「今度の除書(除目)、一向に内(天皇)の御沙汰たるべし、院は知《し》ろし食《め》すべからざるの由これを申さると云々」とあるように、後白河の人事への口出しは自粛されるようになった。除目・叙位は高倉天皇と関白基房の手でなされ、任人折紙《にんじんおりがみ》(実質的な補任権者の命を示す、被補任者を列記したメモ書き)も天皇のもとで作られるようになる。実際にはかれらが人事に不慣れなため手続きがスムーズに進まなかったり、院は院で自分に必要な人事は変わらず進めていったりしたのであるが。とはいえ、後白河の自儘《じまま》な院政の展開にとって、平家が従来以上に大きな障害物となったことは否めない(玉井、二〇〇〇)。

同年七月五日より、建春門院の一周忌仏事がゆかりの閑院で行われた。それとは別に天皇が、亡き母のため前年秋より金字妙法蓮華経を書写しており(『玉葉』)、その宸筆御八講会《しんぴつごはっこうえ》の実施場所が問題になった。蔵人左少弁兼光は兼実に以下のように語っている。

「後白河院は「天皇の母后の場合、先々の例ではその旧居で実施された、天皇はいま八条院御所に行幸している、閑院に帰って行うべし」と申された。しかし、世間には「八条院御所への行幸は清盛のにわかな一言で決まったもので、無断で閑院に還御すれば清盛が内心何と思うかわからない、八条院御所でやっても問題ない、必ずしも閑院にお帰りになる必要はない」との声もあるようです。それで場所の件は福原の清盛に問い諮《はか》って、その返事によって結着すべきです、二三日は決定すべきではありません」と(『玉葉』六月二一日条)。いまや天皇の母にして院の愛妻の冥福を祈る法事の場所決定すら、廷臣の保身で清盛の意向を忖度するような状況が現出していた。

鹿ヶ谷事件および後白河との決別の結果、平家内において、内大臣重盛の立場が微妙になった。かれは成親配流の数日後、兼任していた左近衛大将を辞任し、また翌年二月八日には内大臣を辞する意思を表明した(『玉葉』)。かれの姿勢は、安元三年四月一四日の強訴の噂による高倉天皇の法住寺殿への退避の際、すでに現れている。そのとき行幸反対の意見を左大臣経宗に伝達していたのであり(『愚昧記』四月一四日条)、それは父清盛の政治判断とは異なる、強訴と対決する後白河路線への同調だった。

左近衛大将の辞任は、院の近習である義兄の逮捕・流罪を断行した清盛への抗議と、平家の氏長者にして最高の武官職にありながら、それらしい軍事的役割を果たせなかったことへの無念を表現したものであろう。父の命に従順だった重盛にとっては、精一杯の抗議といえる。

『平家物語』が、重盛を聖徳太子十七条憲法をひきながら、君臣の和や法皇への奉公に励むべきを唱え、敢然と父に対立した人物として描いたのも根拠がないわけではない。晩年かれは京都東山の麓に四十八間の精舎《しょうじゃ》を建て、一間ごとに灯籠一つを懸け、また毎月一四・一五日には、一間に六人ずつ、合計二八八人の若く美しい女房たちを集めて念仏を唱えさせた、といわれる(『平家物語』巻三灯炉之沙汰)。

これらは後世の伝承が濃厚に付着しているものだけれど、鎌倉初期成立の一二巻本『表《ひょう》白集《びゃくしゅう》』に、大納言時代の重盛が聖徳太子信仰の中心である四天王寺で万灯会の施主になっていたことを示す表白が収められており、院の忠臣だったとの評判や、聖徳太子信仰とのかかわりについては、ほぼ正確な事実であろう(牧野・小川、一九九〇)。なお該表白の内容の具体的な分析については、拙稿を参照されたい(髙橋昌、二〇一三d)。

重盛の信仰を、健康を損ね気弱くなっていたがゆえ、と見るのは間違いではないだろう。同時にそれは父との間に行き違いが生じ、一門内で孤立を深めつつあったかれの、寒々とした内面世界に起因するものではないか。朝廷の慣例として、三度上表してはじめて辞職が認められる。だから重盛の初度内大臣辞表がすぐに認められるはずもないが、二月二〇日には早くも、右大将の宗盛が大納言になり、すぐさま内大臣になるという噂が世間に広がっている(『玉葉』)。それもかれにとって心理的な追い打ちだったのだろう。

## 6 言仁誕生

治承二年五月二四日、中宮権大夫時忠が、高倉天皇に徳子懐妊間違いなしを伝えた(『山槐記』)。六月二日には清盛が福原より上洛。翌日院に参上する。周辺は「中宮御妊の間の事か」と推測した(『山槐記』)。時子が日吉社に一〇〇日祈ったけれど験《げん》(効果)がなかったが、清盛入道が厳島に月詣したところ、六〇日ばかりで懐妊したという(『愚管抄』巻五高倉)。六月六日、典薬頭和気定成《わけのさだしげ》が御前に召され、医家の故実などを聞かれている。そのときの話として中宮は二月懐妊、現在五カ月にあたるとのこと(『玉葉』)。六月一〇日天皇は二月八日に上表された重盛の内大臣辞表を本人に返却し、慰留の役として重盛の子清経を派遣した。権中納言の中山忠親は、徳子の懐妊が確かなものになった以上、天皇は父子の関係にある重盛が、前官の立場で誕生に付き添うことは、「吉事(凶事の忌み言葉)」だと判断したからではないか、と推測している(『山槐記』)。

六月一七日御産の祈りの奉幣使《ほうへいし》が厳島にも派遣され、天皇位の不動と朝廷の盤石、さらには国家安穏・人民快楽が祈願された(『山槐記』)。六月二八日、閑院で着帯の儀が行われ、宗盛が腹帯を進める。重盛以下が出席し、宗盛の北方(時信の娘清子)が乳母として参入。この日から安産の御祈が始まり、諸社寺への奉幣・誦経などが始まった。洪水のような祈禱の大部分は、時子の指図準備によるものであり、後白河が沙汰したのは薬師法一回のみと、醒めた感情を示している(『山槐記』)。

七月二八日、徳子が産所である内大臣の六波羅泉殿に行啓した(『御《お》産部《さんぶ》類記《るいき》』)。一〇月の出産予定を計算に入れた移動である。清盛も一〇年ぶりに六波羅にやってきた(『山槐記』九月二日条など)。出産前後の状況については、『御産部類記』に収められた中山忠親の日記『山槐記』が詳しい。かれは徳子行啓の前々日、新たに中宮権大夫に任ぜられ、大夫に転じた時忠と並んで徳子づきの役所のトップになっていたからである。

その『山槐記』によって、徳子の出産関連の諸行事にあたり、一門中最も熱心に奉仕したのが重盛・頼盛だったのがわかる。重盛は首長であり養父であるから当然であろうが、頼盛は、役目柄奉仕の負担を負う中宮職の幹部でも何でもない。重盛の補佐役的な立場にあったとの説もあるが、背景の事情はよくわからない(田中大、二〇〇三a)。誕生する皇子に将来を賭けようという思いがあったのだろうか。安産を祈る七仏薬師《しちぶつやくし》法《ほう》と孔雀経法《くじゃくきょうほう》を修するにあたり、産所の泉殿が手狭で修法壇を置く場所がなかった。それで頼盛は自分の池殿を提供している(『山槐記』一〇月二五日条)。

一〇月二七日、出産の気配があり周囲は色めき立ったが、そのまま治まった。翌一一月の一二日、寅の刻(午前四時)産気づいたけれど出産はずれこみ、未の二点(午後二時前)に至って、待望の皇子が誕生する。『平家物語』によれば、中宮亮重衡が御簾のうちより素早く出でて「御産平安、皇子御誕生候ぞや」と高らかに申した。一同あっと悦こび、どよめきはしばし静まらなかった。清盛は、うれしさのあまりに声をあげて泣いたという(巻三御産)。

宗盛の妻清子が七月一六日死去したことにより、乳母を交替した洞院局《とういんのつぼね》（時忠の妻領子《りょうし》）が形ばかり乳付けをした（実際に授乳したのは時子家の身分低き女房）。忠親が伝え聞いたところでは、洞院局が皇子を抱き上げ、指に絹綿をまとわせて口中や舌の上をぬぐったが、血が多く入っていて、速やかにオギャアと泣かなかったという（『山槐記』一一月一二日条）。

一一月二六日夕刻、一旦福原に帰っていた清盛が上洛、皇子を皇太子にするよう要請し、これを承けて法皇は翌々日一一月二八日、兼実に、立太子を二、三歳で行ったときの先例が宜しくないので、年内に行いたいがどうだろうか、関白基房と相談し奏上して欲しい、と命じた。相談の結果、四歳まで待つのでは遅いということになり、「歳内は頗る卒爾《そつじ》（にわかなさま）と雖《いえど》も」立太子が実現することになる（『玉葉』）。一二月の立太子は、白河天皇の弟で皇位を継承せずに没した実仁《さねひと》親王の例しかなく、「その例不快」の声があった（『玉葉』一一月二九日条）。

こうして一二月九日親王の宣旨が下され、皇子に言仁《ときひと》の名字が定められる。一五日には中宮御座所（六波羅泉殿）で立太子の儀が行われ、東宮の傅《ふ》（皇太子の指導・補佐の役）として経宗が任じられた。この人事については、以前に清盛が兼実を任じたい意向との噂が流れ、法皇は重盛を任じるつもりだったが、重盛が経宗を推薦、結局経宗に落ち着いた。傅のポストに色気があった兼実は、「流刑の者猶これを嫌ふ、況んや面縛の人かな」と毒づいた。永暦元年（一一六〇）、経宗が後白河と対立して清盛に後ろ手に縛り上げられた、上流貴族にあるまじき過去の不名誉をあげつらっているのである。春宮坊は長官たる大夫が宗盛、権大夫兼雅、次官の亮が重衡、権亮維盛の陣容で発足した。六波羅で立太子が行われたのは清盛の計いによるが、ここは狭くて舎屋も数少ない、准拠に憚り多し、と貴族たちに怪しみの声があがった。また忠雅が儀式にあれこれ口出しをした点も非難の的になっている(『玉葉』)。

翌治承三年二月二八日、高倉天皇に第二皇子が誕生する。のちの後高倉院で、母は後白河院近習の藤原信隆の娘殖子《しょくし》である。殖子ははじめ中宮徳子の上臈《じょうろう》女房で兵衛督君《ひょうえのかみのきみ》と呼ばれた(『増鏡』巻一)。信隆は清盛の娘を別の妻としていたので(『尊卑分脈』)、その縁で殖子が徳子に仕えたのだろう。かの女はやがて高倉天皇の典侍となり天皇の寵愛を得て、後高倉と第四皇子(のちの後鳥羽天皇)の生母となった。その養育は知盛に任され、西八条殿で行われた(『山槐記』同日条、四月二三日条)。言仁に万一ある場合を予想して、控えとされたのであろう。

四月一六日、あたかも第二皇子の誕生を見届けたかのように、後白河院の第八皇子が出家した(『山槐記』)。建春門院の死後、高倉天皇が皇嗣候補と考えた、のちの道法法親王である(二八七頁)。同じ後白河院の若宮(第一一皇子)でかれの同母の弟真禎《しんてい》(太秦宮)はすでに前年六月一九日、東寺長者禎喜《ていき》の弟子になるため、閑院内裏より禎喜の房(三条北高倉東)に渡っている(『山槐記』)。「内々猶予の儀有りて出家を抑留」していた第八皇子の「東宮降誕の後」の出家は、当面かれを皇儲に立てる必要がなくなった結果である。

第八皇子が出家に向かう際まとった夏の直衣《のうし》は、じつは中宮徳子が調献したものであった。一足早く出家した弟の真禎の方は、はっきりと「中宮の御猶子」と記されており、これらから考え、第八皇子との猶子関係は高倉天皇単独のものではなく、徳子との間にも結ばれていた可能性がある。そのほか、徳子は高倉が有名な小督《こごう》との間に儲けた皇女と、猶子の関係を持っていた。範子《はんし》内親王がそれである(『山槐記』治承二年六月一七日・治承四年四月一二日条条)。

すなわちこれらは、徳子の腹でない高倉の子女が、徳子の養子もしくは一門の養育という形で、平家の管理下に置かれていた事実を示している(栗山、二〇一二c)。院が天皇の後宮を差配することによって、皇子誕生の過程に深く介入し、さらに皇位のゆくえも自ら決定するという院政期に成立した皇位継承システムは、ここにきてその実質を平家(清盛)の手に握られるに至ったのである。

## 7 宋銭の流通公認をめぐる守旧派との角逐

治承二年閏六月一七日、「新制《しんせい》十七箇条」が発令された。ことは、その三月に高倉天皇が複数の有力貴族に「近日新制を下さるべし、その間の事計らひ奏すべし。保元の制符《せいふ》の中より、取捨を加へ言上《ごんじょう》すべし」と命じたことに端を発する(『玉葉』三月一八日条)。保元の制符とは、後白河天皇の保元年間(一一五六~五九)に発せられた複数の新制群をさす。新制は平安中期以降、天皇の命にもとづいて出される禁制《きんぜい》(特定の行為を差し止める法規)を中心とする、そのたびごとの新しい法令である。

命を受けた有力貴族の一人が右大臣兼実で、かれは政治の刷新に意欲をもっていたから、保元の制符を適当に取捨選択せよ、との中途半端な天皇の指示に納得しなかった。兼実は、長保《ちょうほう》(九九九〜一〇〇四年)以後の代々の制符(新制)を関係官庁で捜し集め、また今の世を乱す行為を調査し、その上で既成の法のなかから取捨して発令すべきだと主張し、私案を提出する用意もあると粘った(『玉葉』四月二三日条)。

六月になってようやく天皇側が折れ、同月八日、兼実は蔵人頭藤原光能《みつよし》に「新制の条々」計一五カ条を書き記したものを与えた。光能は、その内容は清盛に示して同意を得ることになるだろうと語った。清盛は、このとき徳子の御産のため福原から上京していた。

そもそも今回の新制が、高倉天皇のイニシャティブのもとに進められているのは、前年六月に発生した鹿ヶ谷事件で、後白河法皇の側近勢力が粛清されて院権力が後退、平家の廟堂への圧力が一段と増大していた背景がある。高倉の新制制定への意欲は、後白河院政の陰で存在感の薄かった自らの治世到来を顕示する意味がある。当然清盛の後押しを前提にした新制であろうし、したがってその内容も清盛が了解できるものでなければならなかったのである。

同年閏六月一七日になって一七カ条の新制が公布された。そのうち諸国司に宛てた一二カ条は史料が残っているが(『平安遺文』三八五二号)、残り五カ条の内容は伝わらない。公布前の閏六月四日、光能からもたらされた情報によると、兼実提案一五カ条中、一四カ条が採用されたという。識見の高さで知られる兼実ならではだが、兼実案中没になった一カ条は、たんなる一条にとどまらない内容だった。井原今朝男氏は、それが万物沽価法《ばんぶつこかほう》にかんする何らかの提案であり、没になったのは清盛の側の拒否によるものであることを、明らかにしている(井原、二〇〇一)。

「沽価法」の沽価は売値の意味で、朝廷が市場における物品売買の公定価格を定める法である。そのほか中央諸官司や行事所《ぎょうじしょ》(朝廷の各種の行事・事業に際し、専らそのことを掌るために置かれた臨時の役所)が必要とする物品を諸国から納入させる場合、それらの国がその物品を交易によって調達する場合の価格や、代替品で納める際に適用される交換比率を定めた法などをいう(脇田、一九六九)。このように沽価の制定は、市場の安定のみならず、国家収入の増減、同じことだが各国々の負担の多寡にかかわる重要施策だから、一〇世紀中期から後期にかけて、また一一世紀後半などに次々と出され、直近の長寛年間(一一六三〜六五)にも準備が進められ、ついに発布に至らなかった(『玉葉』治承三年七月二七日条など)。

ところが、高倉天皇は一年後の治承三年七月二五日になって、兼実宛に綸旨《りんじ》(蔵人が勅命を奉じてかれの名前で出した文書)を発し、万物沽価法を制定する意志を示した。これは、どうしたことだろう。前年に兼実の提案を没にしたはずではなかったのか。その理由について、高倉天皇は「近日万物の沽価、殊に以て法に違ふ。唯に市人《いちびと》の背法するのみにあらず。殆ど州民の訴訟及ぶ」との社会状況への対応が必要だから、と述べている。つまり実勢価格の公定価格からの乖離が、平安京の公設市などで混乱を生じているのにとどまらず、地方民の訴訟に発展するという大きな社会問題が起こっていたのである。同じ事態を別の史料は、「近日、天下上下病悩す。これを銭《ぜに》の病と号す」(『百練抄』同年六月条)という。「銭の病」は身体に銭形の斑紋があらわれる感染症(麻疹《ましん》カ)をいう。それは斑紋が銭を連想させるほど、銭が普

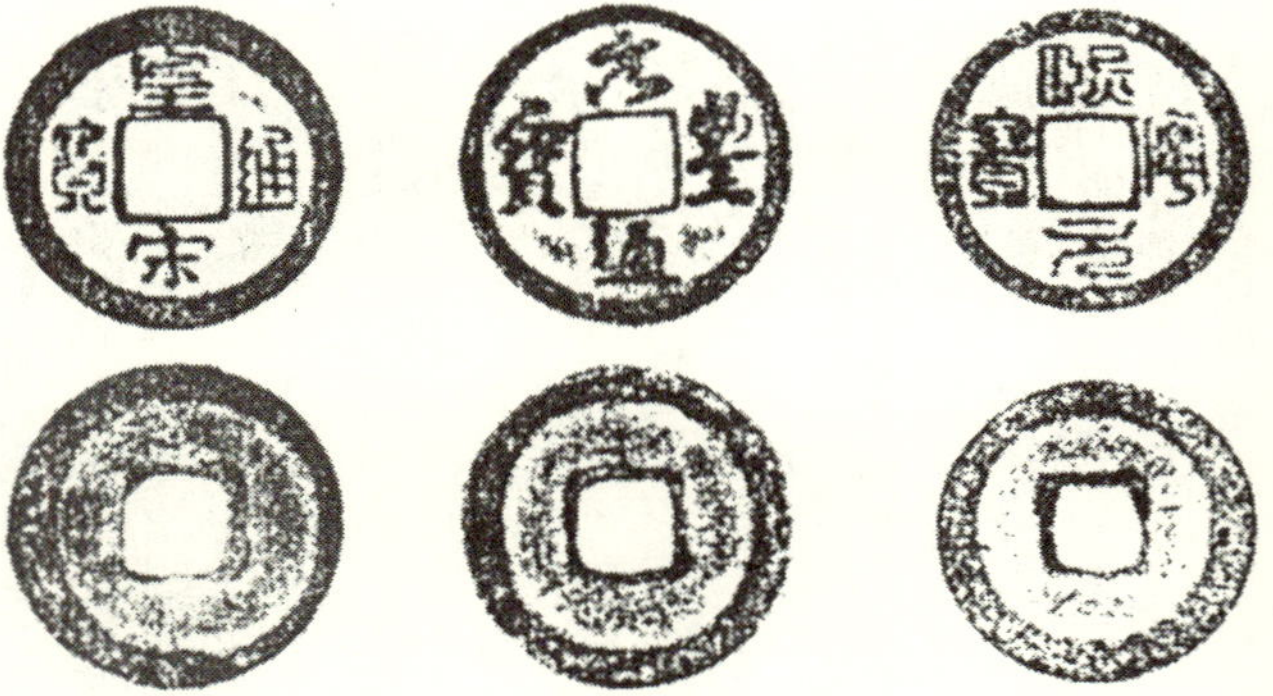

図 4-4　日本で出土する中国銭のうち数量面でのビッグスリー．いずれも北宋銭(表裏)．左から，1 位の皇宋通宝〈真書・初鋳 1038 年〉，2 位の元豊通宝〈行書・同 1078 年〉，3 位の熙寧通宝〈篆書・同 1068 年〉．兵庫県西宮市石在町より出土のもの(西宮市提供)

及・流通していた状況を示唆する、とも理解されている(橋本雄、二〇〇九)。

天皇綸旨がいう沽価の「背法」とは、同年一〇月二六日の検非違使別当宣で、市人の「高賈《こうか》(売)」が問題になっているから(『大夫尉《たいふのじょう》義経《よしつね》畏申記《かしこみもうしき》』)、具体的には市での販売価が高騰する事態をさしている。先に述べたように日本国内では、一一世紀以降銭貨の流通が途絶えて、およそ一世紀半の間、米・布帛《ふはく》などなどの物品貨幣を、交換手段として使用していた。ところが一二世紀中葉ごろになって中国から大量の宋銭が流入し、商取引に用いられるようになった(図 4-4)。そうなると売買の決済に絹・米などを用いようとすると、使い勝手の悪さから売値を釣り上げられ、物品貨幣の購買力は低下する。それを嫌って米や絹を商品(食糧や衣料素材)として市場に出そうとすると、一時的な供給過多が生じ、他財との交換比は低下する。

市場における諸物資の米・絹建て価格の急騰が起こったばかりか、地方から代納される絹や米の価値目減りが国家の財政収入の減少を招く。また地方は地方で、貢納すべき物品を交易で調達しようとすると、絹や米を基準とする公定価格は、時価から著しく乖離してしまっている。そのことへの貢納物品の売り手側の不満(州民の訴訟)も起こっていたのであろう。

そうしたなかでの七月五日の天皇綸旨は、冒頭で「万物沽価法」云々と切り出し、なかほどで「就中《なかんずく》銭の直《あたい》の法」と続けている。なかんずくといっているから、今回の沽価法の核心は、「銭の直の法」の制定にあった。それは一〇世紀末まで使用された皇朝十二銭に替わる「近代渡る唐土の銭」の流通公認をともなうものであった。

すなわち、この時点での「銭の直の法」の制定は、宋銭と物品貨幣(に用いられる商品)との交換比を定め、それにより物品貨幣の価値下落に歯止めをかけ、全体として公定物価の体系を維持しようとしたもの、と考えられる。結果で言えばそれは外国銭の使用を朝廷が公認することになる。天皇の綸旨で「就中銭の直の法、還りて皇憲《こうけん》に背く。宜しく停止すべしと雖も」といっているのは、外国の銭の国内流通を独立国家が公的に認めてよいのか、という国家の面子を盾にとった反対論が起こると予想されるからである。だが綸旨はそれに続けて「漢家《かんけ》日域これを以て祥《さいわい》となす」と、中国王朝や日本の民間では銭を吉祥とみなしていると断言し、開き直っている。

天皇が「銭の直の法」の制定によって物品貨幣の価値下落に歯止めをかけようとしたとす

れば、反対論者は宋銭の流通そのものを禁止することによって、物品貨幣の交換価値を回復し、公定物価の体系を維持し、治安や国家財政の安定を計ろうとしたのであろう。反対論者が宋銭の流通を停止させるためもちだした理屈は、宋銭は私鋳銭《しちゅうせん》(官でなく民間で私に鋳造した銭)と同じだという主張である。

しかし日本では私鋳銭にたいする既存の禁令では、禁じられるのは偽造貨の鋳造、正貨の変造、正貨を磨り削って銅をとる行為に限定され、それを使用する行為が科罰対象になったことはない。渡来銭の使用を私鋳銭と決めつけることは、条文解釈の範囲を越えた新たな立法を意味する(利光、一九九九)。これにたいして、天皇の側は反対論を予想し、先手をうって「私鋳銭の外、交易の条、寛宥《かんゆう》せらるべきか」と、私鋳銭を法の条文に定められたものに限定しようとしている。

高倉天皇が「銭の直の法」の制定(宋銭流通の「寛宥」)をともなう沽価法の制定を命じたことには、清盛の意向が反映していると考えるべきである。綸旨の名目上の差出人である蔵人頭源通親は、本章1節で述べたように、この時期は親平家の貴族としてふるまっていた(たとえば『玉葉』治承四年五月二七日条)。前年閏六月の新制策定の中心となって働き、公布の執行役を務めたのが蔵人頭の藤原光能であったことを思えば、高倉天皇は通親に沽価法の策定を推進させようとしていたと判断してよい。

右大臣兼実は、前述のようにすでに自らが沽価法の策定を献策していたから、今回の天皇の命令を表向き歓迎したが、沽価法に「銭の直の法」をもりこむのは、「但し法に過ぐるか」、これまでの法からの逸脱が過ぎるのではないか、宋銭の公認までゆくのは困るとの判断を持っていた(『玉葉』治承三年七月二五日条)。だから宋銭を私鋳銭同様とみなし八虐《はちぎゃく》(日本古代の律で、国家・社会の秩序を乱すものとして特に重く罰せられた、謀反をはじめとする八つの罪)にあたると断じた意見を「愚存に叶」うと述べたのである(『玉葉』同年七月二七日条)。となれば、清盛が前年兼実の沽価法の制定提案に賛同しなかったのは、沽価法一般に反対だったのではなく、宋銭の公認、「銭の直の法」を含まない沽価法など時代遅れと考え、時期を見計らって自分から提起に動こうと考えたからと思われる(髙橋昌、二〇一三g)。

こうして高倉天皇・源通親らの銭の直の法を核心とする沽価法の制定が発議されたが、宋銭の流通公認問題が、その後どのように審議されたか、具体的な記録は残されていない。ただ諸氏が指摘するように、翌八月三〇日になって、「市廛雑物《いちみせぞうもつ》沽価法」が宣下されたことが、『大夫尉義経畏申記』に載せられた検非違使別当宣《べっとうせん》によって知ることができる。

ちなみにときの検非違使別当は、清盛の義弟である権中納言平時忠である。平安京の東西市の沽価を統制していた市司《いちのつかさ》は京職《きょうしき》(律令制で、京の行政・訴訟・租税・交通などの事務をつかさどった役所)に属し、検非違使ははやくから京職の権能を吸収していた。時忠は売価をつり上げる市人が後を絶たないので、九月一九日の宣旨で、検非違使に五日に一度、順に交替して東西市に赴かせ違法を調べ糺《ただ》させることにし、一〇月三〇日からの実施を命じている。

古く小葉田淳氏は銭の停止は「無かったものと見るが穏当」とし(小葉田、一九三四)、保立道久氏はこの新制で「銭の直の法」(宋銭の寛宥)が採用された可能性が高いとする(保立、一九九六b)。井原氏は政治状況から寛宥も禁止もならず、宋銭の流通については現状維持だったとする(井原、二〇〇二)。たしかに、兼実など守旧派の反対に加え、当時は鹿ヶ谷事件後の平家の高姿勢に反発する後白河院権力のまきかえしが展開していた際どい時期だった。とはいえ、中国銭の流通禁止を平家や高倉天皇にのませることはさらに難しかっただろう。「銭の直の法」を採用しただろうという保立氏の見解に賛成する。九月一九日の宣旨で、検非違使に東西市で違法を糾弾するよう命じているのは、「銭の直の法」の徹底をはかる目的があったと思われる。

# 第五章　平氏系新王朝の誕生

## 1　治承三年一一月クーデタ

治承三年(一一七九)正月一二日、清盛は翌日出立が予定されていた駿河富士《するがふじ》への旅を取りやめ、息子の知盛に「代官」を命じた。しかしこれも中止になる(『山槐記』)。突然の富士旅行だが、浅間大神《せんげんのおおかみ》、別名コノハナノサクヤヒメノミコトをまつる駿河の浅間《せんげん》神社(現静岡県富士宮市宮町に鎮座)に参詣を計画したものか、と思われる。富士山そのものを神体とみた古代信仰より発する神社で、貞観元年(八五九)正三位の神階を与えられ、『延喜式』では名神大《みょうじんたい》社《しゃ》。駿河国の一宮。富士山は平安前期までは火や煙を吐く山という印象が強かったが、やがて空の青さを背に雪をいただく神々しい山容を、色濃き衣に白き衵《あこめ》着た姿に喩えるむきもあらわれた(『更級日記《さらしなにっき》』)。富士山にたいする観念の変化については、多賀宗隼氏の論稿が参考になる(多賀、一九九一)。清盛の同時代では西行第一の自讃歌と伝わる、

風になびく富士の煙《けぶり》の空に消えてゆくへも知らぬわが思ひかな(『新古今和歌集』雑中)

が有名だろう。主に歌枕として有名だった富士を直接実見しようとした清盛の行動的な姿勢は、やはり新鮮である。かれの参詣は実現しなかったが、この後足利義満も嘉慶《かけい》二年(一三八八)九月、駿河に遊び富士を観ている。義満は翌年の康応《こうおう》元年三月には厳島に遊覧した。もちろん政治色の強い遊覧で、前者は鎌倉府(足利氏満《うじみつ》)の自立策動に備えたもの、後者は讃岐の細川頼之《よりゆき》との関係修復や、大内氏と結び地方政権化への動きを見せる九州探題今川了俊《いまがわりょうしゅん》への威圧などのねらいがあった、と考えられている(佐藤進一九八〇)。清盛も、好奇心ばかりでなく、東海道の平家御家人たちに対する引き締め、という意図を有していたのであろうか(この点については[節末補注]参照)。

正月一七日から一九日まで、閑院内裏で除目があり、異例にも時忠が三度目の検非違使別当に就任した。「物狂《ぶっきょう》の至りなり、人臣の所行に非ず」と酷評される。それを含め人事は、院の近臣光能が高倉天皇と後白河の間を幾度か往復し、決まったものを天皇の御前で関白基房が折紙(メモ)に書き留める形で進められていった(『玉葉』『山槐記』)。

外孫が東宮にある嬉しさは別にして、治承三年は、清盛にとって厳しい試練の年になった。まず二月五日、法皇が熊野に出かけ(『山槐記』)、一〇日に予定されていた厳島社参詣が、「水上の危《あやう》」きを理由に中止される。ために延期を告げる勅使が福原の清盛の許へ遣わされている(『実定公記《さねさだこうき》』)。二月七日には、祈年穀奉幣にあたり、二十二社(平安中期以降、朝廷より特に崇敬を受け、国家の重大事や天変地異の際、使を派遣され奉幣にあずかった神社で、社数から二十二社という)に厳島社を加えようという議が出された(『玉葉』)。結局、それは許されず祭日に官幣を捧げるだけにとどめられた(『山槐記』二月二九日条)。いずれも背後に平家の強い要求があったはずだが、それをたやすく諾としない抵抗も増大していることがわかる。

六月・七月になると身内にたて続けに不幸が襲った。正月一〇日、内大臣重盛は中山忠親に、かれの子忠季の従五位上への昇叙を賀し、また別の子兼宗が朝覲行幸時の御遊の箏を誤りなくつとめたことを誉めた。忠親は日記に「(重盛は)かくの如きの時、必ず使を送られ、殊に芳心(親切な心)を致されるなり」と感想を記す(『山槐記』)。『愚管抄』が「イミジク心ウルハシクシテ」(巻五高倉)、『百錬抄』が「武勇時輩に軼《すぐ》ると雖も、心操(心ばえ)甚だ穏やかなり」(八月一日条)と形容する通り、優れた武人ながら穏和で気配りのできる人だった。この点、確かにかれは清盛の本来の美質の一端を受け継いでいた。

三月五日重盛は、高倉天皇の法住寺御所七条殿への方違《かたたが》え行幸に随従する。これが生涯最後の出仕になった(『山槐記』三月六日条)。三月一一日、重盛は病により内大臣の辞任を願う。蔵人頭源通親が、天皇がお許しになれば勅答があるでしょうと伝えると、この夕べから熊野詣の精進を始めるので勅答は後日に、と返答している(『山槐記』)。熊野では「後世の事」を祈ったという(『山槐記』五月二五日条など)。『平家物語』には熊野権現に死を願ったとあるが(巻三医師問答)、『愚管抄』に「父入道ガ謀叛心アルトミテ「トク(疾く)死ナバヤ」ナド云《いう》ト聞《きこ》ヘシニ」とあるので、そのような言動があったと信じられたのであろう。前々から食欲がなく、熊野詣前の精進屋の食事でかなりよくなったかに見えたが吐血し、一段と衰弱が加わった。

五月二五日には死期を悟り出家、二六日忠親の見舞いの使に、平素の念願（熊野詣）を障りなく遂げることができて、この上なく嬉しいと返礼している。六月二〇日には二時間ほど気絶の状態になった。翌日、法皇は自ら重盛の小松亭に出かけ病を見舞う（『山槐記』）。法皇は、六年前の承安三年（一一七三）四月一二日、法住寺殿の萱御所《かやのごしょ》が焼けたとき、大納言重盛がいち早く駆けつけ、侍たちに火元の中廊の柱を切らせ鎮火させた、その機転を賞したことを覚えていたのだろうか（『たまきはる』『玉葉』）。七月二〇日危篤状態に陥り、七月二九日の暁《あかつき》、ついに薨じた（『玉葉』）。四二歳。死因は胃潰瘍だろうが、背中にできた「悪瘡《あくそう》」だとする証言もある（『保暦間記』）。重盛はかつてかなり重篤《じゅうとく》な「脚病《かくびょう》（脚気《かっけ》）」を患っていたから（『愚昧記』仁安三年六月二〇・二七日条）、食欲不振や意識障害などの症状は、脚気が原因だった可能性もある。

これに先立つ六月一七日の夜半、高倉天皇准母で、清盛娘の白川殿盛子が死去した。享年は夫基実が亡くなった歳と同じ二四歳。かの女は夫の若死により摂関家の家を相続、殿下渡領《でんかのわたりりょう》（摂禄《せつろく》渡領とも。摂関・氏長者に直属し、その地位とともに伝領される氏長者領。平安末期には、氏長者の地位を象徴する備前鹿田荘《かたのしょう》など四カ所〈狭義の殿下渡領〉、および勧学院《かんがくいん》〈藤原氏子弟の学問所。藤原氏の氏寺・氏社の事務も取り扱う〉の所領、法成寺《ほうじょうじ》〈道長建立〉・東北院〈道長の娘 上東門院《じょうとうもんいん》彰子《しょうし》建立〉・平等院〈頼通建立〉の御堂流《みどうりゅう》寺院とその所領・末寺群をいう）を除く膨大な荘園、代々の日記や宝物を伝領していた。承安三年（一一七三）六月には、基実実弟の関白基房が妻に迎えるとの風聞があったが、真偽のほどは不明とされた（『玉葉』六月六日条）。二、三年を過ごした西八条殿から病のため六条猪熊《いのくま》（後見の重宗法師宅）に移り、臨終前日には本宅白川殿（白河御所）に帰って、そこで亡くなった。亡じたとき清盛は厳島詣で不在だった（『山槐記』一六・一七日条）。病床で三〇センチ余りの「生蛭《なまひる》」を吐いたという奇怪な情報もあった（『玉葉』八月一一日条）。

盛子の若死を、世間では「異姓の身をもつて藤氏の家を伝領、氏の明神これを悪《にく》み、つひにこの罰を致す」と噂したが、九条兼実は大明神がそれを咎めたのであれば、どうして一四年もの間罰が無かったのかと一笑に付し、あの資財や荘園等がなぜすぐに藤原氏に属さないのか、これは公家（天皇）がご計画になった処置であろうか、と疑問を呈している（『玉葉』六月一八日条）。

後段は盛子の遺領である摂関家領が、准母のかの女から、子に擬された高倉天皇の管理下に置かれようとしていることにたいする危機感が書かせた文章である。盛子の伝領は仮のものであり、かの女が死んだのだから、道理に任せて摂関家内で配分せられるべきだ、というのが兼実の理屈である。天皇のもとに移管するという件は、一九日になり、時忠から忠親に「庄園（盛子の遺領）一向に主上に附属し奉られ了んぬ」の連絡があった（『山槐記』）。

ところが「皆悉《ことごと》く内（天皇）の御沙汰」（『玉葉』六月二〇日条）になったはずの盛子遺領の管理は、前大舎人頭の藤原兼盛《かねもり》が白川殿倉預《くらあずかり》の名目で行うことになった（『玉葉』治承三年一一月二四日条）。兼盛は院近習の藤原能盛《よしもり》（もと清盛家司とは同姓同名の別人、『梁塵秘抄』口伝集では、後白河院の今様の弟子と記す）の弟である（『尊卑分脈』）。『愚管抄』には、白川殿没後、松殿基房が摂関家領を相続せんとして、後白河院に働きかけ、院が様々に指示したとある(巻五高倉)。つまり、兼盛の白川殿倉預とは、後白河が基房の訴えを利用して、摂関家領を自らの管理統制下においたことを意味する(田中文、一九九四b)。

八月一七日には、禁中に白河殿盛子・重盛の死は西光法師の怨霊のせい、との片仮名書きの落書があった(『玉葉』)。清盛の不幸を喜ぶ声が、身近に聞こえるようになった。

重盛や盛子の死と並行し、延暦寺内部では大きな紛争が発生していた。六月三日、釈迦堂(西塔《さいとう》)・根本中堂《こんぽんちゅうどう》(東塔《とうとう》)の堂衆が、横川《よかわ》に群れ渡り、そのため横川の学衆《がくしゅう》は皆下山した。その後、堂衆は横川と東塔の無動寺《むどうじ》を城にし、両方に結集した。一方、学衆は東塔・坂本を城となし、これに集まったという(『歴代皇紀』『帝王編年記』『玉葉』)。

学衆は学問や修業に従事する本来の僧侶、皇族や貴族層出身者を主体にした上級僧侶、堂衆は学衆の身辺に奉仕し、堂舎や僧房の飾り立て、雑用・力役に従う小領主や有力百姓の階層から出た下層の僧である。両者の間には越えがたい身分的な懸隔があって、院政期には両者の対立も目立ち始めていた。以後対立は、一一月二二日、両党が和平するまで続いた(『百練抄』)。その過程で追討使派遣が政治課題になり、たびたび堂衆追討の官兵が派遣され、それを教盛・知盛・経盛らが率いている(『山槐記』『百練抄』一〇月三日条、『玉葉』一〇月一九日条)。

かくするうち一〇月九日には、基房の子、八歳の左中将松殿師家《もろいえ》が、平家の推す非参議兼右中将の近衛基通らを超越して、権中納言に任じられた。師家は前年五位中将となり、いままた中納言中将に就任した。この官歴は摂関家嫡流の特権であるから、師家に嫡流の地位を継承させるための人事である(元木、一九九七)。それは後白河の管理下に置かれた摂関家領が、いずれ師家のものになることを意味する。兼実は、近衛基通は「権門(清盛)の親昵」だから、きっとふさぎこんでいるだろう、と感想を述べている(『玉葉』)。

同じ日、院の近習である藤原季能《すえよし》が二度目の越前守に任じられた(『公卿補任』寿永二年尻付)。小松家の知行国越前を召し上げ、院分国《いんぶんこく》に編入したことにともなう人事である。元来平家と越前・若狭との関係は深く、越前の場合、藤原季能が最初の国守を終えた永暦元年(一一六〇)から治承三年まで、基盛・保盛・資盛・通盛と平家一門の国守が続いた。西隣の若狭でも応保元年(一一六一)の経盛以下経光・敦盛・師盛と相継いでいる。基盛は清盛の次男、保盛は頼盛の子、資盛は重盛の次男、通盛が教盛の子、経光が経盛の猶子、敦盛が経盛の子、師盛が重盛の子である。

かれらの背後には当然一門の知行国主がいすわっていた。越前では長寛元年から仁安元年(一一六三〜一一六六)の頼盛(国守保盛)、仁安元年から治承三年(一一六六〜一一七九)までの重盛(国守資盛・通盛)である。若狭は、嘉応二年(一一七〇)以降一貫して、経盛が知行国主の立場にあった。そして、安元・治承年間になると、加賀・能登・丹後という北陸・山陰の諸国が、いずれも平家知行国になってくる。その結果、越前・丹後は小松家の重盛、若狭を経盛家、能登は教盛家と、固定的・独占的に保持するようになっていた。

さらに、安元二年(一一七六)から、越前では教盛家の通盛、能登では重盛家の忠房、また治承二年には若狭に重盛家の師盛、丹後では経盛家の経正と、一門中他家の若者を、それぞれ自家知行国の名目的な国守に起用することが始まっていた。知行国の固定と国守の一門たらいまわしである(表5-1)(髙橋昌、一九九四)。

これは、特定家が長期にわたって一国の国守を独占することへの非難をかわすために取られた方式だろうが、この地域を、他勢力の口出しを許さない、平家の排他的な支配領域にしようとする意図が透けて見える。それだけに重盛亡き後は、嫡子維盛が越前の知行国主になるのが当然視された。その越前の召し上げは、後白河に恭順だった小松家への冷淡な仕打ちであり、平家にたいする明らかな挑発行為である。後白河の人生の節目に見られる、力関係を考えない無思慮な攻撃性であろう。

たいするに清盛は、一一月一四日、武士数千騎を率いて上洛、西八条殿に入る。京師は軍事クーデタの勃発によって恐怖につつまれ、世上あれこれの声は喧噪を極めた。クーデタの名目として、法皇が重盛の越前国を召し上げた件と、白河殿の荘園にかんする措置があげられ、関白基房も、自分の子師家を権中納言に任じるなど、道理にあわぬ除目を行ったことが罪科とされた。そのほか法皇と関白が共謀して国政を乱したことにも、怒りが向けられていた。

このとき厳島参詣途上だった宗盛は呼び返された。かれは一〇月二〇日にも、高野山奥院にて法華経の供養を行っており(神宮文庫蔵『諸願文集《しょがんもんしゅう》』下)、大事を控えてのひき続く遠所への寺社参詣は、後白河への公然たる反逆に、加担をためらう気分を表現したものではないだろうか。だが、そのひるみはあえなく無視された。

一五日、清盛は基房の関白を辞めさせ、非参議の近衛基通をいきなり内大臣に任じ、さら

**表 5-1**　北陸・山陰の平家知行国と国主と国守

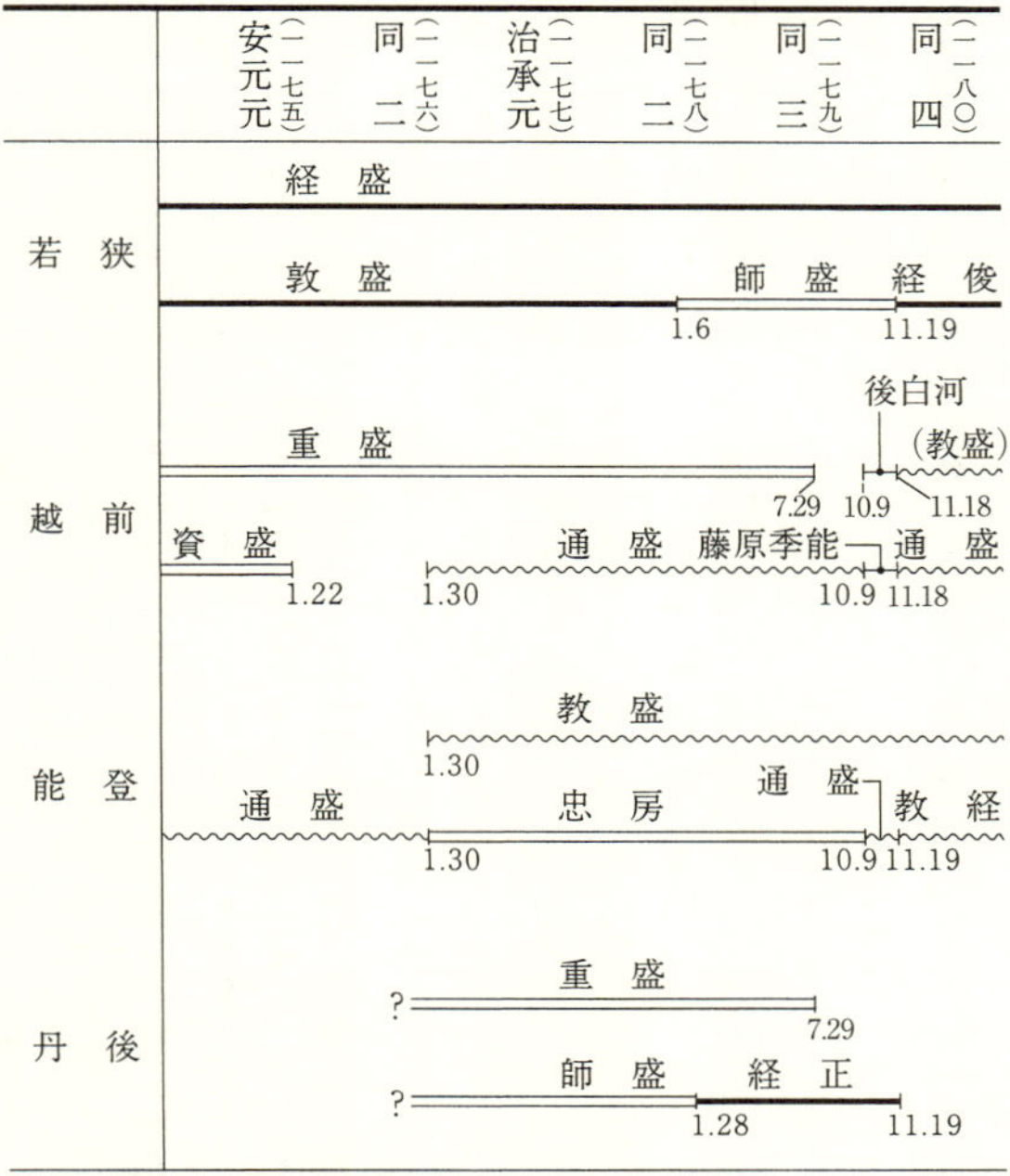


注１　各国の上段は知行国主，下段は国守をさす．
注２　━━は経盛家，══は重盛家，〰〰は教盛家をさす．
注３　1.6は１月６日を示す．

に関白になし、師家の権中納言も辞めさせた。一六日、前日来後白河は側近の法印静憲を二度も西八条殿に派遣し、清盛の慰撫に努めていたが、結局「只今の如くんば、(政治を)聞く事無し、世間の沙汰においては停止せられ了んぬ」(『玉葉』)、政務から一切手を引くと約束させられた。応保元年(一一六一)に次ぐ二度目の、より本格的な院の政務停止である。

一七日清盛の要求により臨時の除目が行われ、太政大臣藤原師長以下、反対派廷臣、院の近習ら三九名がいっせいに解任された。そのなかには院に近く、兄と歩調をともにしない頼盛も含まれていた。後日になって頼盛は、クーデタのとき、軍事力で清盛に対抗するのではと嫌疑をかけられたので、「ナガ(長)ク弓箭《ゆみや》ノミチ(道)ハステ(捨)候ヌル」と宣言した、と回想している(『愚管抄』巻五安徳)。かれが、武官職たる左兵衛督だけの停止にとどまり、権中納言を保持できたのは、そのせいかも知れない。

基房に娘忠子を嫁がせ親しかった忠雅は、累が及ぶのを恐れ閉門蟄居していたが、訪れた中山忠親に次のように語っている。基房関係の文書の提出を命じられ、それを内裏に納めた際に、自筆の日記が紛失した。推測するに、一六・一七・一八日の三日間をかけて、「雑々の反古《ほご》等」が、応接間に用いた部屋(出居《でい》)の風炉《ふうろ》(火鉢の類)で焼かれたが、人が見ていないうちに、そのなかに混じってしまったのだろう、と(『山槐記』一一月二八日条)。権大納言兼雅も兼官の東宮権大夫を解かれ震え上がったが、翌年正月二三日早々に出仕を許された(『公卿補任』兼雅尻付)。

一八日には基房と後白河側近を配流や畿外追放に処した。一八・一九の両日、大量の欠員を埋める除目がおこなわれる(『山槐記』)。翌二〇日、清盛は兼実にたいし、除目聞書には漏れているが、あなたの長男良通殿は権中納言兼右大将に任ぜられると聞き及んでいる、と恩着せがましい書状を送っている。兼実は、清盛の奏請により息子が任官したことは、「生涯の恥辱《ちじょく》」だが辞退もならず、自ら「悦恐《えっきょう》の由」返報を書いて遣わしたが、「諂諛《てんゆ》の甚だしき」と自嘲し、屈辱感をにじませた(『玉葉』)。この日後白河が鳥羽殿に幽閉され、頼盛を六波羅に伐つとの風聞もあったが、後者は誤報になった(『玉葉』)。これら処置を済ませた清盛は、二〇日いつものようにさっさと福原に帰ってゆく(『玉葉』『山槐記』)。

忠親は日記の二〇日条に、後日入手した情報を追記している。清盛の福原帰還の途中、木《き》津殿《づどの》(現京都市伏見区横大路草津町)前の河に碇《いかり》を降ろし、子息や武士たちが左右に控え篝火《かがりび》を焚くなか、連行してきた人びとを船首に引き据えて首を斬り、河中に投げ入れた、というものである(『山槐記』)。木津は鴨川・桂川の合流点にあり、草津とも今津ともいった。木津殿はこの鳥羽殿の外港にある宿泊の機能も備えた施設であろう。忠親は私刑された人物たちの名は「いまだ聞かず」としているが、京中では盛子遺領の管理役に任じられていた前大舎人頭の藤原兼盛が手を切られ、また院の近習であった藤原為行《ためゆき》・為保《ためやす》が殺されて海に投げこまれた、という物騒な噂が流れていたので、かれらを指しているのであろう(『玉葉』一一月二四日条)。

軍のクーデタにつきものの超法規の逮捕と見せしめの惨殺。清盛の怒りにもそれなりの理由はあるが、若き日の寛大で、よく人を許す心の広さはとうに失われ、人格の壊敗《かいはい》を招きつつあることがうかがえる。加齢の進行と多年の権力掌握による驕《おご》りが、こらえ性を無くさせ、暴力による報復をあたりまえとする感覚をもたらしていたのである。

前関白の基房は大宰権帥《だざいのごんのそち》に左降という形の配流刑に処せられ、出家後の二三日、淀河尻から福原に向かった(『玉葉』二四日条)。藤原隆季は大量解官のどさくさまぎれに親王のみに許された大宰帥になろうとし、一旦は目的を達するが、のち基房出家で空きポストになった権帥に落ち着く(『山槐記』一一月二〇日条、『公卿補任』基房・隆季尻付)。同月二七日には関白家の職員が補された。執事は権右中弁藤原光雅、年預は重衡、御厩上別当《みうまやかみべっとう》は清盛の子知度《とものり》などである(『玉葉』)。光雅の父祖は元来摂関家に仕え院政期に入り院に奉仕するようになっていたが、このとき光雅は清盛の命によって、基通の執事に起用されたのである(『玉葉』文治二年正月二七日条)。

かくして後白河時代の第五期がはじまり、高倉院―安徳天皇―平家という新王朝・新政治体制へ道が掃き清められた。このときより国政は高倉天皇と関白基通の合議および九条兼実への諮問により運営されるが、基通の経験不足は覆いがたく、高倉・平家一門・平家与党の公卿たちの内々の会議と、それに指示を与える清盛の意志が実質を決めた(田中文、一九九四d)。

加えて『平家物語』は、平家最盛期には「知行の国卅余箇国、既に半国に超えたり」といわれるような状況があったとする(巻一吾身栄花)。治承四年ごろの知行国集積状況を示すとすれば、必ずしも誇大な言ではない(表5-2)(菊池武、一九五五/石丸、一九七九/橋本義、一九八六b/五味、一九九一など)。治承四年の急増の原因は、もちろん後白河院政停止の軍事クー

**表5-2　平家知行国一覧**

(一) 仁安二年二月(平清盛任太政大臣時)

| 国名 | 国守 | 知行国主 |
|---|---|---|
| 尾張 | 平保盛 | 平頼盛 |
| 武蔵 | 平知盛 | 平清盛 |
| 常陸 | 平通盛 | 平教盛? |
| 越前 | 平資盛 | 平重盛? |
| 越後 | 平時実 | 平時忠? |
| 美作 | 平宗盛 | 平清盛 |

(二) 治承三年正月

| 国名 | 国守 | 知行国主 |
|---|---|---|
| 和泉 | 平信兼 | |
| 伊賀 | 平経俊 | 平経盛? |
| 尾張 | 平知度 | 平徳子(高倉天皇中宮) |
| 駿河 | 平維盛 | 平宗盛 |
| 若狭 | 平師盛 | 平経盛 |
| 越前 | 平通盛 | 平重盛 |
| 能登 | 平忠房 | 平教盛 |
| 丹後 | 平経正 | 平重盛 |
| 伯耆 | 平時家 | 平時忠 |
| 播磨 | 平行盛 | 平宗盛 |
| 紀伊 | 平為盛 | 平頼盛 |

(三) 治承四年二月(安徳践祚時)

| 国名 | 国守 | 院分・知行国主 |
|---|---|---|
| 伊勢 | 藤原清綱 | |
| 尾張 | 平時宗 | 平時忠? |
| 三河 | 平知度 | |
| 駿河 | 不明 | 平宗盛 |
| 武蔵 | 平知章 | 平知盛 |
| 上総 | 藤原忠清 | 平維盛? |
| 常陸 | 平宗実 | |
| 美濃 | 源則清 | 平宗盛? |
| 飛騨 | 藤原景家 | 平宗盛? |
| 出羽 | 平信兼 | |
| 若狭 | 平経俊 | 平経盛 |
| 越前 | 平通盛 | 平教盛? |

| 国名 | 国守 | 院分・知行国主 |
|---|---|---|
| 能登 | 平教経 | 平教盛 |
| 佐渡 | 平仲盛 | 平頼盛 |
| 丹波 | 平清邦 | 藤原兼雅 |
| 但馬 | 平経正 | 平経盛 |
| 播磨 | 平行盛 | 平宗盛 |
| 備中 | 平師盛 | |
| 紀伊 | 平為盛 | 平頼盛 |
| 淡路 | 平清房 | |
| 阿波 | 平宗親 | 平宗盛? |
| 讃岐 | 平惟時 | 後白河院 |
| 筑前 | 平貞俊 | |
| 薩摩 | 平忠度 | |

このほか長門などに可能性がある

デタであって、このとき平家は既往のそれに併せ、後白河法皇の院分国多数を手中に収めた。地方でも国主交替にともなって混乱が生じたように、政変は平家に反発する勢力を増やすことにつながり、結果的に平家政権崩壊の重大な原因の一つになるものであった。

**補注**　野口実氏は、波多野義常の所領相模国足柄上郡《あしがらかみぐん》松田郷に、大庭景親が仕切って「御所」を「造り儲け」ていたが、これには柱間二五間という長大な茅葺きの侍所が付属していた、御所は清盛が治承三年東国訪問を思い立ったとき宿館として準備したもので、侍所はそのとき東海道筋の武士たちを招集し一同を同一空間に着座させようと用意したものではないか、と論じている(野口、二〇一二)。

## 2　『太平御覧』の献上

治承三年(一一七九)一二月一六日、東宮言仁が西八条殿に行啓した(『山槐記』)。来歴の分かるものでは今日に残る最も古い平安京図(九条家本『延喜式』左京図)(福山、一九九四)には、左京八条一坊五・六・一一・一二・一三・一四の町、全部で六町分を墨線で囲み、「入道平相国清盛公の家、西八条殿、仁安元年二丈(町カ)を加ふ、或る本」との書きこみがある。はじめ四町で、仁安元年(一一六六)に二町を追加したと読める。仁安元年は、後白河と建春門院滋子の間に産まれた憲仁親王(高倉天皇)が東宮に立ち、清盛が内大臣になった年で、翌年には太政大臣に昇る。いよいよ権門としての道を歩み始めた清盛が、この年西八条殿を拡張した、と理解できるだろう。

より確実な同時代の日記類にあらわれる西八条関係の邸宅記事を総合すると、少なくとも八条一坊一一・一二・一三・一四の各町を占めていたことがわかる(図5-1参照)。五・六町も含め全体で六町もあり得ないことではない。西八条殿は単一の大きな区画でなく、独立した建物が街路を隔てて建っていた。いちばん重要な建物は、言仁が訪れた八条坊門小路南、櫛笥《くしげ》小路西(一一町)のそれで、「八条西殿」とも呼ばれていた。これが本来の時子亭で、何かあって主がここを明け渡さねばならないときは、向かいの「八条東殿」(一四町)に移る(『親経卿記』治承四年五月二二日条)。『山槐記』によると、「東門」「寝殿南階」「車寄」「中門」「前庭」「北面」などがあり、普通の貴族邸宅である。翌年五月二二日言仁が安徳天皇として再訪したとき、寝殿の正面階から差し出た廂《ひさし》(庇)を支える二本の柱の間隔が狭く、御輿が入らず困ったとあるので(『山槐記』)、六波羅の泉殿同様小規模寝殿だったようだ。その南の一二町には時子の持仏堂(光明心院)があった(『玉葉』安元元年三月九日条)。

普通の貴族亭だから防御施設らしきものはない。言仁の最初の行啓時など、辻ごとに鎧《よろい》をまとった武士を配して交通を遮断、七条方面には竹をもって籬《まがき》を結い白い幔幕《まんまく》を引く、大路小路の端々に控えるのは合わせて六百余騎の武士、というものものしさだった(『山槐記』治承三年一二月一六日条)。ここにも「伊都岐島別宮〈八条亭に坐すと云々〉」とあるように、厳島神が祭られている(『山槐記』治承二年一〇月一七日条)。

周辺にも平家一門の邸宅や家人の宿所が見うけられる。一二町の南、東寺境内の款冬《やまぶき》町に重衡の住宅(『東宝記』巻三)、八条二坊五町には「小松殿」、つまり重盛亭があった(九条家本『延喜式』左京図)。『建礼門院右京大夫集』に、「かくまでの情つくさでおほかたに花と月とをたゞ見ましだに」という、西八条での管弦の遊びで詠まれた歌が収められ、詞書に一門の公達が当番をきめて二、三人はたえず西八条殿に出向いていた、という意味のことが書かれている(九三)。このことから、周囲にかれらの宿舎があり、それを足場に西八条殿に参向していたと考えることは可能だろう。

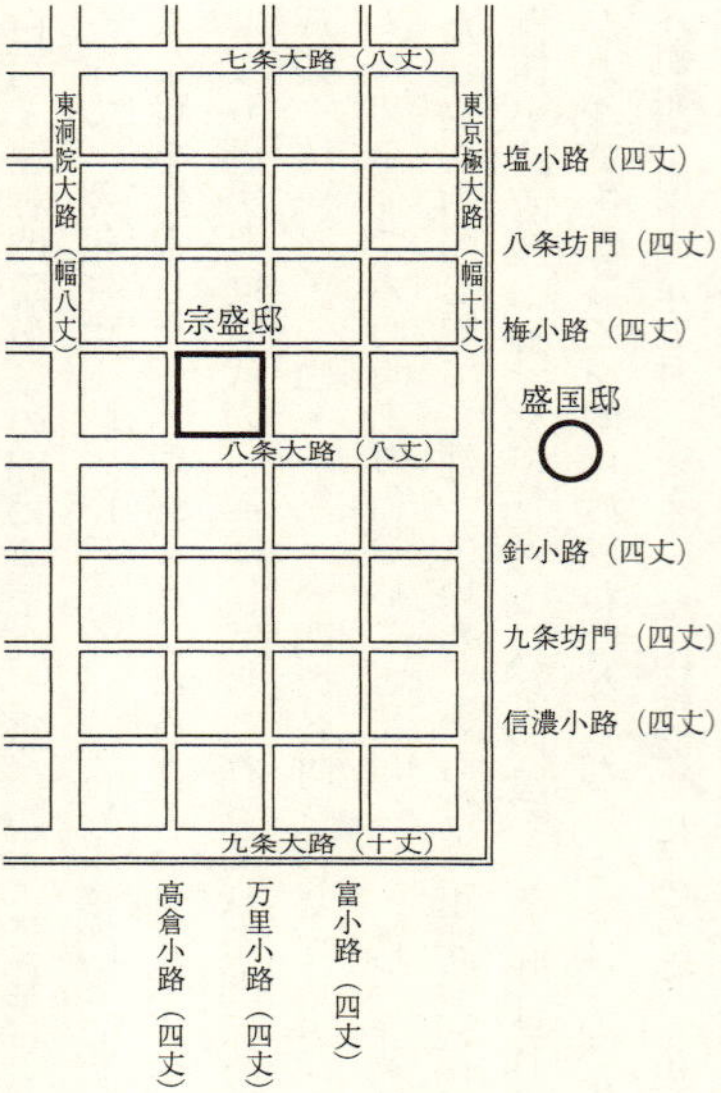


本題に戻ろう。治承三年一二月一六日の行啓時のこととして、三歳(満一歳と一カ月)の言仁が、清盛をまったく嫌わず、ツバで指を湿して明《あかり》障子《しょうじ》(現在の障子に当たる)に孔《あな》を開け、傍らの清盛が教えるとまた孔を開け、それを見た清盛が感涙にむせび、「この

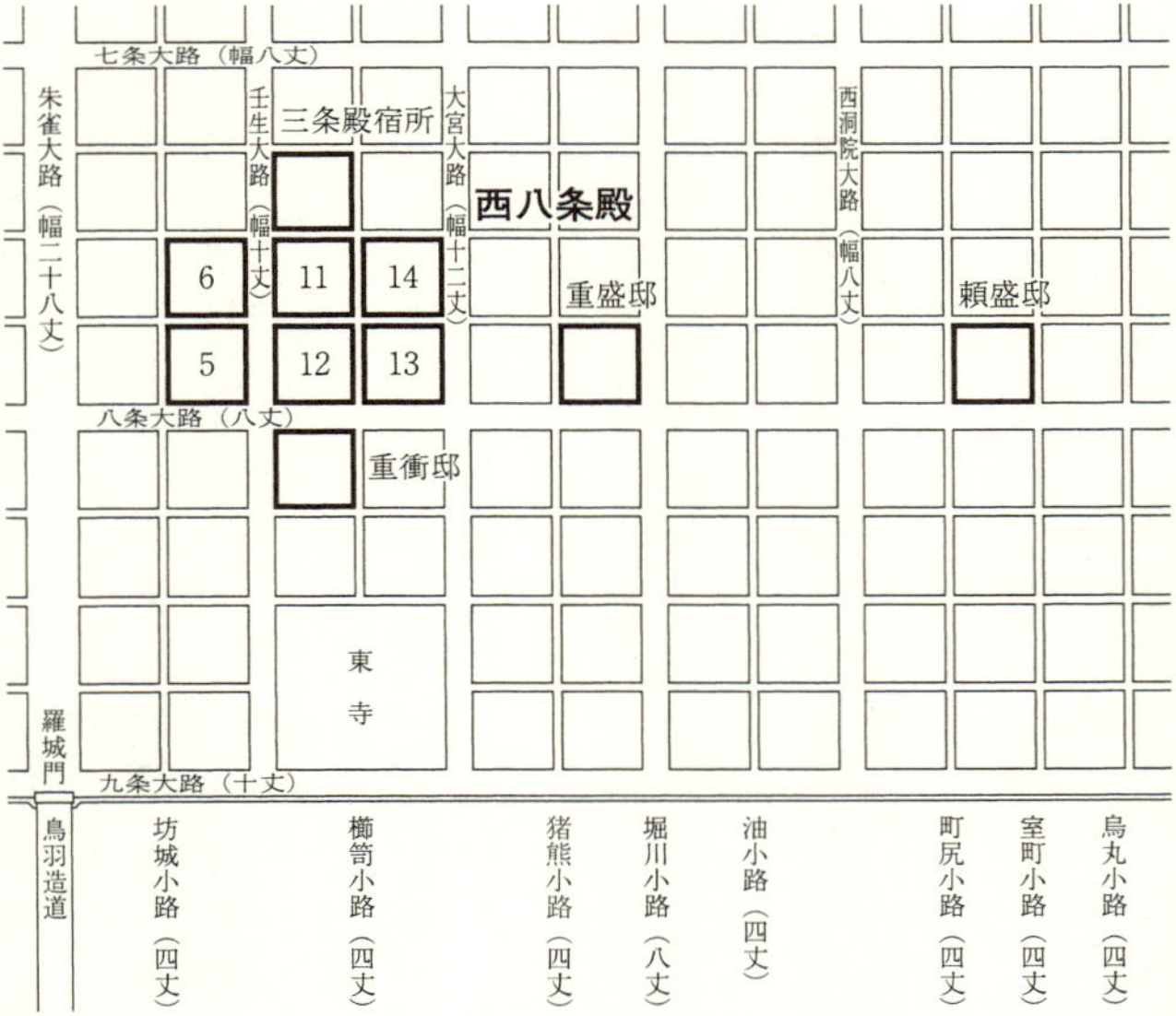


**図 5-1**　西八条と八条の平家邸宅

障子を倉底に納むべ」しと命じた、というのは有名な話である(『山槐記』)。清盛の好好爺ぶりがほほえましいが、より重要なのは『太平御覧《たいへいぎょらん》』の献上である。

『太平御覧』は、宋初の太平興国二年(九七七)、太宗の勅命をうけて編纂、全体を天・時序・地・皇王・偏覇《へんぱ》(蜀《しょく》の劉備《りゅうび》、呉《ご》の孫権《そんけん》のような一方の旗頭)・皇親・州郡など五五部門、五四二六題に分け(一〇〇〇巻)、あらゆる事類を網羅しようとした、いわば一大百科事典である。普通はこれを清盛の中国貿易の例証にしている。入手の方法はそれに違いないが、献上にこめられた意図を見逃すべきではない。

　これより一〇カ月前の二月一三日、忠親のもとに、清盛が本朝未到来の『太平御覧』「二百六十帖」を内裏に献上する、現物は摺本《すりほん》(木版印刷本、中国の宋代に刊行された書籍を宋版《そうはん》・宋板といい、印刷・校勘ともにすぐれている)だが、清盛が筆写し写本を手許に残しておく、との情報が届いている(『山槐記』)。この事前情報では二六〇帖、年末に実際に言仁に献上されたものは「総数三百巻」。いずれにせよ、これほど大部のものを清盛がすべて自ら筆写したとは考えられず、側近・能筆らが分担したと思われる。

　一二月一六日当日の献上は三帖のみ、箱や帙《ちつ》に納めず美しい裂《きれ》(布地)に包んだ。裂は蘇芳《すおう》色をぼかし染めにした浮線綾《ふせんりょう》(緯糸《たていと》を浮かすことで文様を織り出した高級な綾)という贅沢なもの。その上この包みは、玉をもって銀製の松の飾り物の枝に結んでいるという風流ぶりである。

　言仁への献本を日記に記した新東宮大夫中山忠親は、「後朱雀院儲君《ちょくん》(東宮)の時、万寿の比《ころ》御堂(藤原道長)より御送物有り、摺本文選・文集と云々、つぶさに経頼卿記《つねよりきょうき》に見ゆ、けだしかの例を追はるるなり」と記した(一二月一四・一六日条)。このことは実際に源経頼の日記『左経記《さけいき》』万寿《まんじゅ》二年(一〇二五)七月三日条に見え、藤原道長が摺本の『白氏文集《はくしもんじゅう》』一部と同『文選《もんぜん》』一部を、やはり斑濃《むらご》の薄物で包み、銀の飾り枝につけて孫たる東宮敦良《あつなが》、のちの後朱雀天皇に贈ったとある。『文選』は中国の周から梁《りょう》に至る一〇〇〇年間の文学作品のアンソロジーを文体毎に分類し編纂した書で、後世、知識人の必読書とされ、日本でも平安時代に盛んに用いられた。『白氏文集』はいうまでもなく唐の白居易の詩文集で、平安時代に写本が伝来、広く愛読されて当時の文学に影響を与えた。清少納言も「文《ふみ》は文集、文選……」と両者を漢詩文の筆頭に挙げている(『枕草子』三巻本第一九七段)。

それにしても「けだし」以下は、鋭く興味深い観察である。というのは、同じ年の正月一日、朝のうち院に参上していた清盛は、夜に入って閑院内裏に向かい、高倉天皇・中宮徳子・東宮言仁と対面した。その報をえた忠親は、「御堂以後いまだかくの如き事を聞かず、珍重の事なり」と感想をもらしている(『山槐記』)。忠親が念頭に置いていたのは、万寿四年(一〇二七)一一月二六日、死に臨んだ道長が、法成寺阿弥陀堂に孫の後一条天皇、娘の中宮威子《いし》、翌々二八日には孫の東宮敦良親王を迎えたという情報であろう(『栄華物語』巻三〇)。

忠親は、以前から清盛のふるまいに、晩年の御堂関白道長の姿を重ね合わせていたのである。それはただに忠親の印象たるにとどまらず、清盛自らが強く意識したパフォーマンスだったはずである。古来光源氏のモデルに擬せられる人物には、源融《とおる》・源高明《たかあきら》・在原行平《ありわらのゆきひら》・菅《すが》原道真《わらのみちざね》・藤原伊周《これちか》などがいるが、藤原道長もその一人で、『源氏物語』のすぐれた現代語訳をなした作家円地文子などは、「栄華を極める中年期の光源氏に、道長の影の漾泳《ようえい》しているのは争えない」という(円地、一九七八)。清盛が自らを光源氏になぞらえたのでは、という第三章6節の自説と併せれば、いよいよ興味深い。

それだけではない。『太平御覧』という書物の性格が問題になる。鎌倉期になると、「平家入道大相国〈清盛〉始めてこれを渡り取る。近き高倉院(後高倉院)以来連々宋人これを渡す、方今《ほうこん》(現在)は我朝数十本に及ぶか」といわれるように招来も数多くなったが(『妙槐記《みょうかいき》』文応元年四月二三日条)。御覧は天子が御覧になること、またその書物を指し、容易に入手披見《ひけん》し得る性格の書物ではなかった。

たとえば、高麗はすでに第一一代国王文宗《ムンジョン》のとき、宋に求めて得られず、その子第一五代粛宗《スクチョン》の六年(一一〇一)六月になって、ようやく全巻揃いを賜る。初めは購入しようとしたが、宋人が秘して許さなかったので、宋に派遣された使節が上表して懇請したところ、「聞く国王文を好めりと、近来海東の文物大いに興り、上《たてまつ》る所の表章《ひょうしょう》甚だ佳《か》なり、朝廷頗るこれを美とせり」と評価され、賜与をうけた粛宗は非常に喜んでいる(『高麗史』巻一一粛宗六年六月丙申条、同巻九六呉延寵伝、『東国通鑑《とうごくつうかん》』巻一八)。

高麗は、第一三代宣宗《ソンジョン》のときにも『太平御覧』を求めて果たさなかった(『宋史』外国三高麗伝元豊八年条)。宋が許さなかったことについて、中国史・書誌学者の尾崎康氏は、蘇軾《そしょく》(蘇東坡《そとうば》)らの再三の反対によるのだといい、それは宋が北方の遼(契丹)の脅威におののき、同書により宋の制度・地理などの国情が、遼につつぬけになるのを恐れたためだという(尾崎、一九九八)。高麗は宋だけでなく遼とも冊封《さくほう》関係(従属的な外交関係)を持っており、蘇軾がその姿勢をとがめ、中国典籍の購入を阻止したのはたしかな事実だから(『宋史』列伝九七蘇軾伝、同哲宗本紀元祐八年二月辛亥条)、『太平御覧』の購入についても、同様の可能性があるだろう。この点、高麗・朝鮮王朝史を専攻する北村明美氏の教示による。

清盛は、道長に倣いつつも、『文選』や『白氏文集』は伝統になずむ過去の天皇のもので、新時代の天皇には東アジア規模の情報の宝庫、『太平御覧』がより相応しい、と考えていたのだろう。しかも高倉の体調は、この冬よりかなり悪化し(『玉葉』治承四年五月一八日条)、言仁の即位も早めざるをえなくなっていた。だから西八条行啓前すでに、翌治承四年正月に着袴・魚味《ぎよみ》(真魚始《まなはじめ》)を行うことが内定、二月譲位、四月即位儀あるべしとされている(『山槐記』一二月一一日条)。一二月一四日後院が開設されたのも、そのことと無関係ではあり得ない(『百練抄』)。後院については第一章1節で述べたが、「(治天たる)上皇御座《おわ》す時、先例は後院を置かず」である。クーデタによって後白河院政が停止されたので、高倉天皇が新治天の座に据わった。後院の別当は参議左大弁長方、頭弁(弁官で蔵人頭を兼職する者をいう。事務に練達した有能な人物が選ばれた)吉田経房である。健康上の不安があるが、高倉による院政と言仁の即位がいまや目前のものとなりつつあった。

献本は、ただの舶来珍本趣味ではなく、近未来の天皇たる言仁に、知識欲旺盛な天皇、東アジア世界全般に関心を持つ天皇に育って欲しい、との願いをこめたものではなかったか。多忙な清盛が『太平御覧』をわざわざ自ら筆写し手許に留め置いたのも、知的な意味でも幼帝の後見たらんとする自らの覚悟を、広く知らしめんとするものだったのだろう。新政権の性格を予告する効果も意図されていたと思う。

## 3　経の島の改修

治承四年二月清盛は、経の島を改修するにあたり、九世紀初頭の「延喜の例」にもとづいて国家権力の手を借りたい、との解状《げじょう》を提出した。具体的には「石椋《いしぐら》(石垣)」造築役の徴収を内容としており、①河内・和泉・摂津および山陽・南海両道諸国に、荘園公領を問わず、田一町につき一人、畠は二町につき一人の割合で、人夫を強制雇用して提供させる、②東海・西海両道諸国については、大小雑多な貢納物を上納してきた船の船頭・水夫が本国に帰るとき、三日の人夫役を課する、の二つを柱としていた(『山槐記』三月五日条所収二月二〇日太政官符)。この要求にもとづき、清盛の希望と高倉天皇の命で、兼実が宣旨を下す上卿に指名される。二〇日夕刻一件処理のため、五位蔵人行隆が兼実の自亭にやってきた。解状は、「入道前太政大臣家」から差し出されたもので、文書末尾には前筑前守平貞能の署判があり、出家した人間の解状に家令が加署する前例がないなどの難点があった。

上卿を引き受けた兼実は、その件はたしかに問題で、理屈からいえば清盛個人の解状であるべきだと述べた。行隆も「太政官も同様の趣旨を述べております、しかしながら「この事必ず今日宣下せらるべし」とのことですので、いまからでは福原に通うことも不可能です、こっそり解状を書き改めるわけにもゆかず、進退きわまりました、太政官は「口宣《くぜん》(蔵人頭が勅命を口頭で上卿に伝えること、また、それを文書に表したもの)をもつて仰せ下さるべし」と申しておりますが」という。兼実は口宣は一層理由が無いと退け、家令加署の件は不問にふし、結局二〇日に太政官符として発給をみている(『玉葉』、『山槐記』三月五日条)。

清盛家政所の解状に平貞能が加署していた件は、貞能が平家の最有力御家人の一人であることを思えば、武力をちらつかせての断固実現の意志表明とも考えられる。そして「この事必ず今日宣下せらるべし」と指示したのは高倉天皇である。ひいては、清盛の強い希望だったのだろう。今日中にこだわったのは、翌二一日に高倉天皇の譲位、安徳の皇位継承を控えていたからで、まさにぎりぎりの日限での、駆けこみの承認要求だった。だから違式の上申文書であっても、在福原の清盛に、書式の修正すらいい出せなかった。

高倉治世中の承認という形にこだわったのは、安徳の即位はクーデタによる軍政下のそれで、正統性に瑕疵《かし》がある、との負い目があったからだろう。高倉なら同じ平氏系の天皇であっても、後白河と清盛の蜜月期に即位した、正統で成熟した判断力を有する天皇の裁可だ、とうたう効果がある。襁褓《むつき》もとれぬ幼帝の、その意志さえ問いえない決定ではないという見せかけであり、成人天皇がはじめた路線を、新天皇が受け継ぎ完成させる、という装いをこらしたわけである。

ところで、いったい何故、この時点で経の島の改修が要求されているのであろうか。筆者は、清盛の脳裏にすでに福原の地での新都建設の構想があったと考えている。いささか回り道になるが、判断の根拠を示しておきたい。話は安元三年(一一七七)四月二八日のいわゆる安元の大火にさかのぼる。

この日、京都樋口富小路《ひぐちとみのこうじ》から発した火は、折からの強風に煽られて末広がりに延焼、京内二万余家、二百余町が罹災し、焼死者数千人という大惨事になった。火は大内裏にも及んで、大極殿以下八省院一切・会昌門《かいしょうもん》・応天門《おうてんもん》など多数が焼け、宮城外でも大学寮・勧学院・関白基房以下公卿邸一四が焼失した(『玉葉』『仲資王記《なかすけおうき》』、『顕広王記』二八日条裏書)。八省院は大内裏中央部、朱雀門の北にある殿堂の名で、奈良時代には朝堂院《ちょうどういん》と呼ばれた。その北部の竜尾《りゅうび》壇《だん》上にあるのが大極殿、そのまた北には小安殿《こあどの》と呼ばれる大極殿の後殿《こうでん》(天皇が政事を取る所)がある。重要な政務、重要儀式が行われる場である。

七月一八日、後白河院は大極殿・八省院等修造の件につき、「関白(基房)に申して沙汰致すべし、年内に事始《ことはじめ》有るべし」と命ずる(『玉葉』)。八月二三日にいたり造八省院行事所始めなどの日時、別当・行事官などを定める造八省定があった(『玉葉』)。その日、国宛《くにあて》(経費の割当て国)は定められなかったが、翌日大極殿は藤原邦綱(備前の知行国主、以下同じ)、小安殿は藤原光隆(越後)、会昌門は源資賢(備中)、廻廊は諸国に宛てる、という風聞が流れている(『玉葉』)。国宛された用途は、一般には各国の正税《しょうぜい》(国郡の倉庫に蓄積した租。毎年出挙《すいこ》して利稲を国郡の諸経費に充てたが、のち地税化した)・不動穀《ふどうこく》(田租の一部を非常用として国郡の不動倉に封印しておいたもの。律令制の解体とともに諸種の名目で流用された)・公領への臨時賦課、あるいは一国平均役《いっこくへいきんやく》(国内の荘園・国衙領を問わず一律に賦課された臨時課税)でまかなわれる(上島、一九九二b)。一〇月八日には、造八省行事所始が行われた(『百練抄』)。

ついで、治承二年正月二〇日外記政始《げきのまつりごとはじめ》(年始などに外記庁で行われる、太政官の事務方が略式で上申する行政事項の、公卿による聞き取りや裁定)のとき、発給手続きを待つ文書のなかに「造八省国充《くにあて》(宛)の(太政)官符数十枚」があり(『山槐記』)、実際に中央への貢納免除と引き替えに、八省造営の賦課が行われていた様子もうかがえる(『平安遺文』三九四九号)。ところが、この後大極殿の再建は一向進捗をみせず、二年以上経った安徳の即位時でも、「前大納言邦綱卿の沙汰たるによりて、土木の営みを致すと雖も、いまだ立柱に及ばず、只材木少々竜尾壇に在りと云々」というていたらくだった(『山槐記』治承四年四月二二日条)。

平安中期以後、政務が主として内裏、さらには各公卿の私宅で行われるようになってからは、八省院は儀礼の場、とくに王位就任儀式(即位儀・大嘗会)挙行の場に特化した(髙橋昌、二〇一五)。新天皇の誕生については、平安時代の初めから皇位継承と即位儀礼が分離し、皇位継承は践祚(譲国)の式、天皇即位儀は皇位についた天皇がそれを天下に宣布する儀礼になった。即位儀は元日朝賀の式を準用したもので、中国色濃厚な儀式である。会場たる八省院以外で即位儀をやったのは、陽成《ようぜい》天皇(大極殿の焼亡により、豊楽殿《ぶらくでん》で)・冷泉天皇(精神的な疾患により紫宸殿で)・後三条天皇(大極殿・紫宸殿がともに焼亡し太政官庁《だいじょうかんちょう》で)の三例しかない(『山槐記』四月二二日条)。

言仁は清盛が待ちこがれていた皇子である。その誕生により、平家の天皇の即位が近い将来の現実になる以上、八省院の再建は絶対に欠かせないし、遅れはどんなに無理をしてでも、取り戻さねばならない。それが事実上中断しているのは、清盛側に、平安京での即位式にこだわらない事情が発生した、いいかえると新都での即位の可能性を考え始めたからではないか。新都を造るつもりがあるなら、大内裏に八省院を再建する必要はない。経費と労力が無駄になるばかりか、平安京大内裏の整備を行うことが、せっかく八省院を新造したばかりなのにと、遷都反対の口実もつくる。

後白河院とつばぜり合いを演じながら、東宮立坊にこぎつけた清盛は、いまや高倉―安徳と続く平氏系新王朝創設への展望を開くに至った(もっとも易姓《えきせい》革命の思想の無かった日本では、新王朝といっても王家内部における皇統の移動、それを支える有力政治勢力の交代に過ぎないのだが)。遷都は政治環境の大転換、少なくとも人心の一新をもたらす。それゆえ新王朝には新都がふさわしい(元木、二〇〇二)。中国で、王朝交代とともに都が洛陽と長安の間を振り子のように移動したように、明治新政府が京都から東京に遷都したように。

これより四〇〇年前、天智《てんじ》系の天皇として即位した桓武天皇も、長岡での新都建設に邁進した(瀧川、一九六七)。すなわち、壬申《じんしん》の乱(六七二年)で大海人皇子《おおあまのみこ》が天智天皇の皇子大友皇《おおとものみ》子《こ》(弘文《こうぶん》天皇)の近江朝廷を反乱によって打倒し、天武天皇として即位した結果、以後一〇〇年近く天智系の男性皇族は皇位から遠ざかっていた。しかし、奈良時代の相次ぐ政争・陰謀事件によって、天武系の男性皇族があるいは横死、あるいは失脚してついに不在になる。神《じん》護景雲《ごけいうん》四年(七七〇)称徳《しょうとく》女帝が独身のまま没すると、天智の孫にあたる白壁王《しらかべおう》が即位した(光仁《こうにん》天皇)。天智系天皇の復活である。

桓武は光仁天皇の第一皇子で、道鏡《どうきょう》時代の諸制度を改めた父の路線を継承発展させ、延暦三年(七八四)天武系の都たる平城京を廃し、山背《やましろ》(山城)長岡への遷都を断行。翌年及び延暦六年の冬至の日に、中国皇帝を模して長岡京の南郊で昊天上帝《こうてんじょうてい》(宇宙の主催神)の祭祀を行う。

長岡京は未完の都ではなかったが、怨霊の跋扈《ばっこ》などの理由で廃都、延暦一三年(七九四)平安京に遷都がなされた。桓武は三次にわたる蝦夷《えみし》征討を実施し、宗教界の統制や国司への監督を強め、百済王氏《くだらおうし》をはじめ渡来系氏族を登用するなど、意欲的な政治を展開している。この間遣唐使のもたらした「唐国《からくに》の物」を、天智・光仁など天智系皇統につらなる天皇陵にのみ奉呈していることも注目される(井上満、二〇〇六)。

では治承四年二月以前に、清盛が福原を新都候補地と考えていた兆候はあるのだろうか。筆者は以下がそれに該当すると考える。第一に、治承三年一一月クーデタの最中、清盛は高倉天皇に、自らを疎外した後白河の非をならしつつ、「しかじ、身の暇を賜はり辺地に隠居せんには。よりて両宮(中宮・東宮)を具し奉らんがため、行啓を催し儲くる所なり」と奏上した(『玉葉』一一月一五日条)。この「辺地」を「鎮西の方」とする風聞もあったが、『山槐記』一一月一五日条では、同じ件が「入道大相国天下を怨み、中宮を迎へ取り奉られ、福原に下向せらるべしと云々」と記されている。中宮徳子・東宮言仁の福原行きは、すでにこの時点で予告されている。

第二に経の島の国家による改修申請は、この後起こる福原遷都のわずか一〇〇日前のことである。経の島は遷都当初構想された和田京の範囲内にあった。常識的に考えても、安徳に引き継がれるべき国家的事業が、安徳をいただいて行われた福原遷都と無関係であるはずがない。この推測が正しいとすれば、国家による経の島の改修は、「海の都」建設にともなうインフラ整備を、真の目的を秘匿《ひとく》したまま一足早く進めるもの、と位置づけねばならない。

第三は、前掲経の島改修を求めた清盛解状に、「播磨は小安殿を造り、備前は大極殿を造る、すでにもつて営み大功、他国に准ずべから」ざるをもって、石椋造築役の賦課を免除すべし、と上申され承認されている点である。頓挫していたかにみえた八省院の造営の大

「功《こう・くう》」(事業をなすに要する費用)が、何でここで唐突にもちだされているのだろう。

当時備前の知行国主は前権大納言藤原邦綱、播磨の知行国主は同平宗盛だった。宗盛はいうまでもなく平家を率いる清盛の後継者である。邦綱は清盛の盟友で富裕をうたわれていた。かれは大内裏の造進にも格別の関心を持っていたらしく、「未来の亀鏡《ききょう》に備へんがため」「大内裏の絵」を作成していた(『簡要類聚抄《かんようるいじゅうしょう》』第二)。宗盛は財力や威信、邦綱は財力に加え造営の知識の習得にも欠けるところがない。

実際には造営事業は遅々として進んでいないにもかかわらず、「営み大功」を理由に、備前・播磨両国の賦課を免除させたのは、清盛の意を体する両名に平安京での造営をサボタージュさせ、新規の負担も免除し、その経済力を来たるべき遷都とそこでの八省院造営に向けて温存する、との意図が隠されていた、と考えるべきではないだろうか。

清盛は、やはり治承四年六月以前から、福原近隣に遷都することを考えていた可能性が高い。清盛は、新王朝にふさわしい新都建設、東アジア世界全体に深い関心を寄せる天皇と国際貿易港経の島、それらが藤原道長に擬される外祖父清盛と平家の精強な軍団によって支えられる、そのような王権を構想していたに相違ないのである。

## 4 高倉院の厳島詣

二月二一日、高倉天皇が譲位、かれの院政が始まる。皇位を譲る譲国の儀は、応徳三年

（白河退位、堀河天皇即位）の例に準拠して行われた（『玉葉』『山槐記』）。言仁が践祚し（安徳天皇）、関白基通が摂政に転じた。高倉院庁の別当は執事である隆季以下、権大納言藤原実国・参議藤原長方、同雅隆、頭中将平重衡・頭弁吉田経房のメンバーで（『山槐記』）、二四日には時忠・通親・平経正・左中弁藤原兼光が追加され（『山槐記』）、軍事部門を担当する御厩別当には知盛が就任した（『玉葉』三月四日条）。平家以外では、実国が歌人で高倉院の笛の師であるが、他は実務に長じた顔ぶれである。

三月四日、安徳新帝の滝口《たきぐち》として一七名の武士が任ぜられる。滝口は天皇最側近の武力である。そのなかには藤原景清《かげきよ》や藤原時頼《ときより》がいた（『山槐記』）。前者は清盛が持っていた官職任命権枠を使っての推挙で上総介《かずさのすけ》忠清の子。体が大きく力も強かったので悪七兵衛《あくしちびょうえ》と称された。壇ノ浦戦後逃亡、やがて源氏に降り、のち絶食して没。後世謡曲・歌舞伎などに脚色された有名人である。後者は安徳の乳母（時忠妻）たる帥典侍《そちのすけ》の推挙で任じられた。時頼は、建礼門院の雑仕横笛との悲恋によって遁世した滝口入道の名で知られる（『平家物語』巻十横笛）。重盛の知行国越前の疋田《ひきた》系斎藤氏出身である（髙橋昌、二〇一六a）。

三月七日になると、摂政基通が、内裏および八省院、太政官庁・神祇官などを「密々」に歴覧している（『玉葉』）。即位儀挙行の場所決定の資料をえるための視察であろう。未成の八省院は当然対象外で、九日に紫宸殿と太政官庁のいずれで即位儀を行うか、公卿九人・両大外記・大夫史らに問い、右大臣兼実の意見によって紫宸殿と決定、四月二二日に実施している（『山槐記』『玉葉』）。

三月高倉上皇が、厳島に参詣することになった。退位後真っ先に厳島に御幸するわけで、疑問・反発は大きかった。高倉には特別に祈願すべきことがあった上、清盛の強い要請に押されたらしい(『百練抄』三月一九日条)。三月一六日、兼実は、高倉から上皇・中宮書写の金《こん》泥経《でいきょう》三巻に外題を書くよう頼まれている(『玉葉』)。厳島で供養する経に能筆を添えたかったのである。

高倉上皇の出発は、一七日に予定されていた。ところが、延暦寺大衆が石清水、賀茂、春日社のいずれかでなければ、「我山の山王(日吉社)へこそ御幸はなるべけれ」(『平家物語』巻四厳島御幸)と呼号して蜂起した。また園城寺の僧徒が延暦寺と南都の衆徒を語らって、法皇・上皇を盗み出す謀議をめぐらした、との密告が宗盛の許に届く。そこで御幸は延引、宗盛は通盛・経正に法皇の鳥羽殿、知盛に高倉院の土御門東洞院御所を警固させた。検非違使源季貞を福原の清盛のもとに走らせ、御幸進発の適否を尋ねている(『玉葉』三月一六・一七日条、『山槐記』三月一六日条)。現場で適宜判断すべき事柄まで、一々指示を仰がれたのでは、清盛の気苦労もたいていではなかっただろう。このあたりが平家に人無しといわれるゆえんである。一七日高倉は時子の西八条殿に遷った。

一八日には、法皇を城南の鳥羽に置いておいたのでは不安だということで、鳥羽殿から前年のクーデタのとき殺した五条大宮の前備後守為行宅に遷そうとしたが、宗盛の「日次《ひなみ》(日柄)よろしからず」の判断で、途中から引き返している(『玉葉』一九日条)。

一九日明け方、高倉院は西八条を後にして厳島詣に出かける。途中雨が降りだし午後からは暴風雨になった。宗盛が供奉する手はずになっていたが、洛中の不穏な情勢に備えるため、福原からとって返すよう清盛に命じられている(『山槐記』)。

この旅については、随行の源通親が書いた『高倉院厳島御幸記』が詳しい。それによると、厳島に向かうため、川尻の寺江《てらえ》(尼崎市今福から大阪市西淀川区佃《つくだ》の辺り)の大納言藤原邦綱の亭に着いたとき、清盛から「唐《から》の船」が差し回されていた。「唐の船」は南宋で建造された中国の構造船である(いわゆるジャンク)。中国の造船技術は、宋から元にかけての時期、飛躍的な発展をみせたといわれるけれど、清盛時代の宋船の遺物は、まだ見つかっていない。中国造船史に詳しい山形欣哉氏は、この時期に肋材《ろくざい》と梁で形を決め、後から外板を張る西洋船(南欧地中海方式)類似の造船方式が生まれたと主張している(山形、二〇〇四)。

差し回された宋船には、「唐人《とうじん》」が乗り組んでいた。内燃・外燃機関とすぐれた航海のための計器を有する近代の船ならともかく、船乗りの熟練と技能・知識が決定的な意味を持つ帆船の場合、船だけ持ってきても動かせない。後世、明王朝が朝貢貿易で琉球を優遇するため、海船を支給していた事実を念頭に置くと(豊見山、二〇〇二)、清盛の宋船は、宋からクルーともども貸与された可能性だって、ないとはいえない。もちろん、多くの島と複雑な海岸線、早い潮流の瀬戸内海を安全に航行するためには、日本人船員も欠かせない。船乗りはいつでも諸民族の混成である。

「唐の船」で大阪湾を巡航し、その日は寺江で泊まった。翌日も雨模様のため乗船をあきらめ、一行は陸路をとり夕方近くに福原に入り清盛の歓待を受けた。二一日夜明け前、上皇らは福原を出発、やはり陸路を和田岬・須磨の浦など浦伝いに播磨に向かった。清盛は宋船に乗ったが、上皇座乗予定の御座船《ござぶね》は、乗客なしに帆をあげながら磯辺を伴走する。明石海峡という海の難所だから、波浪になれない上皇の体調に配慮したわけである。

清盛の宋船にたいし御座船は和船である。室町期までの日本の大型船は、準構造船と呼ばれる独特の形式だった。二つ以上の刳船《くりぶね》(丸木船)部材を前後に継ぎあわせて造った船底構造の両舷に、一～二段の舷側板をつけて乾舷《かんげん》を大きくし、耐波性や荷物積載量の増大をはかった船である。船上には屋形のほか、一本の帆柱があり、莚帆《むしろぼ》がかかる。そして舷外にはセガイ(舷外に突き出た船梁《ふなばり》の上に渡した板)が設けられ、水手《かこ》と呼ばれる漕ぎ手が櫓棚に座して櫓を漕ぐ。帆はわずかに追い風を利用するだけの初歩的な構造で、航行はむしろ櫓によったといわれ、普通の大型船で櫓は八～一二挺である(図5-2)(石井謙、一九五七・一九八三)。前年前太政大臣忠雅が厳島に参詣したとき、清盛は乗船に水手三六人の超大型船を提供した(『山槐記』治承三年六月二二日条)。上皇のときは「舟子」二〇人とある。『御幸記』に、水手は「えいや、えいや声」をあげたとあるから、「えいや、えいや」のかけ声で力漕したのだろう。

翌朝高砂の泊(兵庫県高砂市)から出航のとき、宋船で鼓(太鼓)を三度打って、その音を合図に出航した。前年の忠雅のときも、未明に清盛の船で打ちならす鼓を合図に、諸船一斉に経の島を出た。平家の船団では、宋船が全体の進退を指示していたことがわかる。神戸商船大学名誉教授で海事史の権威松木哲氏の教示によると、日本の前近代の船は太鼓を合図にすることはなく、船隊を組んで行動するには伝令船(快速の鯨船)を利用した。これ以前に日本に

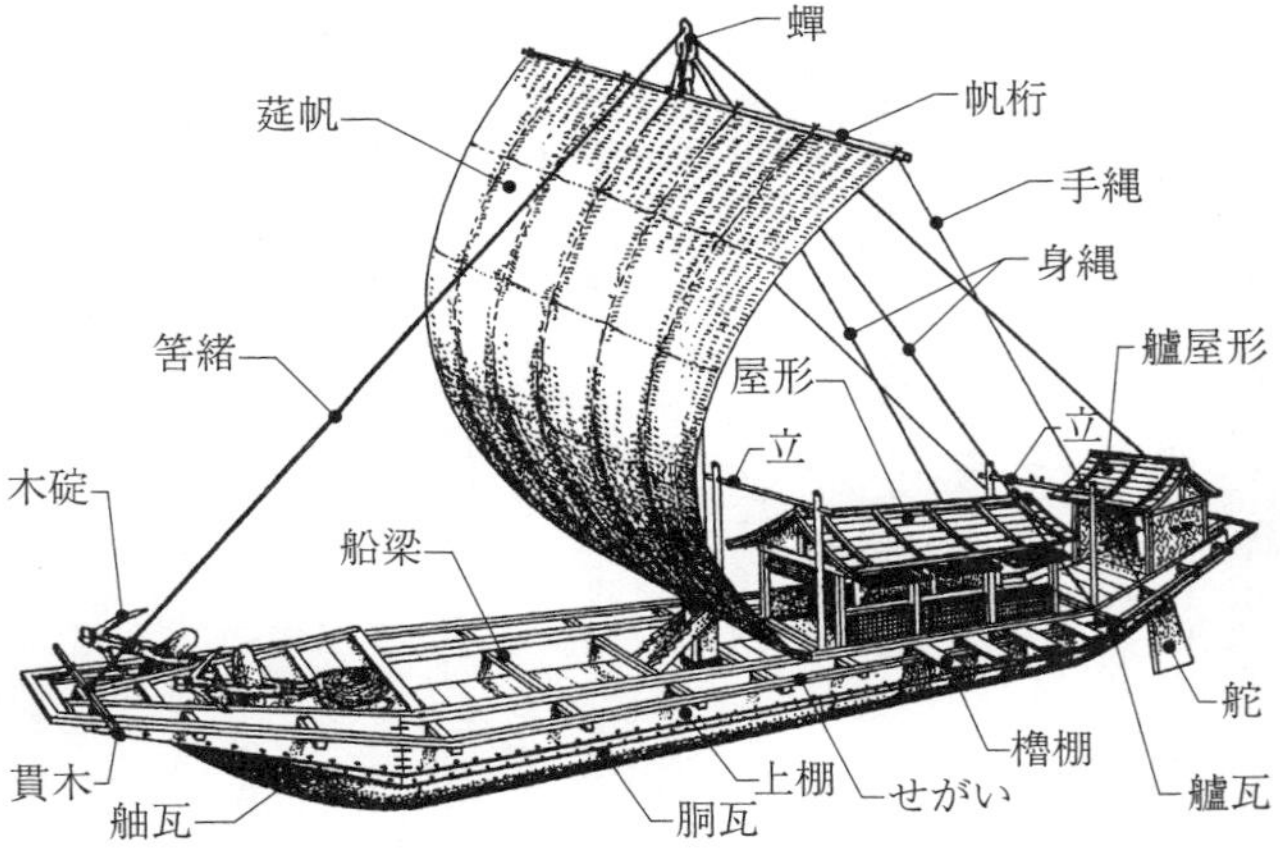


図 5-2　鎌倉時代の大型海船の説明図(二〇〇石積級準構造船)
(石井謙治『図説　和船史話』至誠堂，1983 年より)

来航した宋船に鼓やドラが積まれていたとあるので(『朝野群載《ちょうやぐんさい》』第二十崇寧四年六月日堤挙両浙路市舶司公憑)、太鼓音は中国人クルーの存在ゆえに採用された命令伝達法に違いない。

なお『平家物語』に、壇ノ浦合戦のときの平家方は、「舟は千余艘、唐船せう〳〵(少々)あひまじれり」(巻十一鶏合壇浦合戦)とある。「唐船」は平家の「大将軍」が乗船するはずのものだったから(同遠矢)、和船よりはるかな高性能を買われ、平時には清盛の乗用、戦時には平家水軍を率いる旗艦の役割を果たすことが期待されていた、と考えたい。

二六日宮島に到着、二七日神社に参籠。人びとは神主の佐伯景弘から厳島明神が宮島に垂迹された起源を聞いて感涙にむせんだ。子どもの巫女に明神が憑いて、清盛を召し何事か命じるという一幕もあったようだ。

帰路の四月五日上皇らは、福原に立ち寄った。人びとは一刻も早く都に帰りたいと思ったが、高倉院は「「福原の中御覧ぜん」とて、御輿にてこゝかしこ御幸」した。そのとき随行の源通親の感想として、「所のさま、作りたる所〳〵、高麗人《こまうど》の配しけるも理《ことわり》とぞ見ゆる」とある。なぜ唐突に「高麗人」が出てくるのかという疑問への正解は難しいが、同時代の高麗王朝で、風水説に基づいた都城の建設が行われていたという事実が関係するかも知れない。

風水思想とは、「狭義には住宅の立地選択の術、広義には環境と地景に対する一種の宇宙論的解釈」である（三浦國、一九八八）。よく知られているのは、東に流水があるを青龍《せいりゅう》、西に大道あるを白虎《びゃっこ》、南に池があるを朱雀、北に丘陵があるを玄武《げんぶ》とし、これらが揃う場所を四《し》神相応《しんそうおう》の吉地とする思想で、平安京を造営した際に、占地の参考にしたという歴史理解がある。後世史料による俗説であるが（井上満、二〇〇六）、中国ではこのような吉地観は唐から北宋時代までの風水書に見られる。

ところが、北宋時代を過渡期として明清時代に大きな変化があらわれた。選地にあたり東西南北の正方位よりも気脈の流れ（龍脈）を重視する思想が主流になってゆく。北宋で勃興し東アジアに広く伝播してゆく風水思想である（豊田、二〇一三）。この風水説で吉相とされる地形の概念図を掲げておく（図5-3）。地勢のすぐれた場所、すなわち明堂《めいどう》が、山丘の下方にあって南面し、東に青龍、西に白虎と呼ばれる丘陵が南方に延びている。そして、西方の丘陵は明堂の前方に迂回し、主水は西方の谷から出て明堂の前方を東方に流れる。その典型こそ高麗の首都開京《ケギョン》であろう(林、一九九二)。
その目で見ると、福原では東の諏訪山《すわやま》から西南の宇治野山・大倉山・荒田八幡宮へと断続的に連なる丘陵が青龍にあたる。夢野《ゆめの》辺りから東南に押し出して会下山《えげやま》公園や医療法人川崎病院へと続く山裾が白虎だ。そして、天王谷川が石井川と菊水橋のところで合して湊川になる。この石井川・湊川を主水に見立てれば、第二章で紹介した「湯屋」から西一〇〇メートルにあたる湊山町のあたりは、明堂の条件にかなっている。まさに清盛が別荘を設けるにふさわしい場所だろう(二八九頁、図6-2参照)。

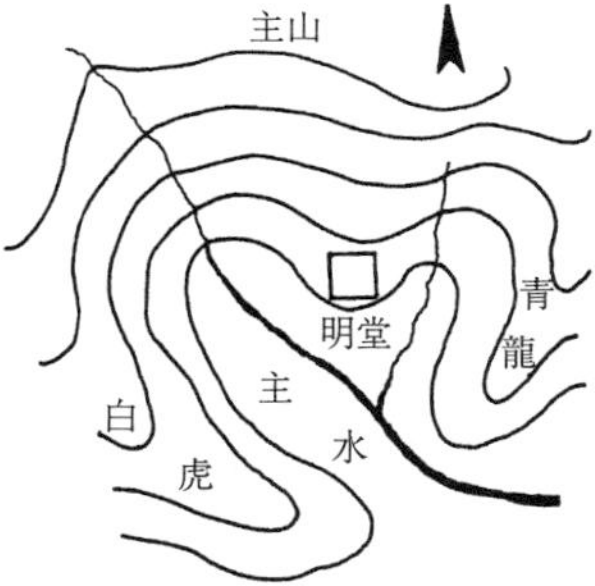

**図5-3** 風水地理説による理想的地勢

福原の地形は風水地理説の理想に近い。まともな研究者のいうことではないという非難を覚悟で、気脈や地勢を重視する占地や邸宅の配置は、清盛の依頼により高麗人がプランニングした結果ではないか、と夢想したい。ちなみに鎌倉の地形と建物も、こじつければ風水の観点で「見立て」ることができる、という見解があることを紹介しておく(河野、一九九二)。

当時の日麗交渉の様相については、『百練抄』平治元年(一一五九)八月二日条に高麗商人の来着らしき記事があり、嘉応元年(一一六九)にあたる毅宗《ウイジョン》二三年の正月三〇日には、高麗の毅宗が奉香里《ボンヒャンリ》離宮に行幸し、群臣と宴し、「宋商及び日本国の進める所の玩物《がんぶつ》を賜ふ」、とあることが参考になる(『高麗史』巻一九世家一九毅宗三)。この時期は第三章2節で述べたように、後白河と清盛が中国の明州に使を派遣していた時期である。「日本国」が宋商を使って毅宗に「玩物」を献上していたと読めるので、これも清盛が背景にいた可能性があるだろう。

## 5 以仁王の乱

五月一五日、以仁王《もちひとおう》の配流が決定された。が、王は園城寺(三井寺)に逃げ去った(『玉葉』『親経卿記』)。以仁は後白河天皇の第三皇子。京都の三条高倉に邸があったので三条宮・高倉宮ともいう。閑院流の権大納言藤原季成《すえなり》の娘成子を母に生まれたが、親王になれなかった。『平家物語』は「故建春門院の御そねみ」が原因だという(巻四源氏揃)。一方、鳥羽上皇最愛の娘で莫大な所領を相続した八条院暲子内親王が、以仁を猶子にしており、八条院女房で「無双の寵臣」といわれた三位局《さんみのつぼね》との間に儲けた王の若宮と姫宮も、八条院の猶子になっている。王は鳥羽―近衛―二条と継承されてきた正系の皇統を継承する存在だった(五味、一九八七)。

かれは貴族たちが「諸道ノ事沙汰アリテ、王位ニ御心カケタリ(もろもろの学問に精進され、やがて皇位に就こうという御心を持っておいでだ)」(『愚管抄』巻五安徳)と思っていたとあるように、不遇のうちにも高い矜持を養っており、しかも治承三年(一一七九)一一月クーデタの後、平家の護持僧と悪口された天台座主明雲に、自らの所領(常興寺領)を横奪された個人的な恨みもある(『山槐記』一一月二五日条)。これは以前天台座主最雲から弟子の以仁王に伝領されていたものである。

以仁王の謀反の意志を激烈に語った有名な「令旨《りょうじ》」では、平家の罪状を国家への反逆と仏法破滅の二点に求め、前者から「王位を推し取」った安徳天皇を否定し、逆徒追討を企てるおのれの立場を、壬申の乱時の大海人皇子に擬して即位予定者と規定、自らの命を「勅(天皇の命令)」、その下達文書を「宣(勅旨を述べ伝える文書、宣旨)」と称した。これは自らの即位によって、クーデタによって停止された父の院政を復活し、王法仏法相依の正統な国家権力秩序の回復をめざす、という王朝再建構想を表明したものであった(羽下、一九九五/五味、一九八七)。

五月二一日、平家は「前大将宗盛卿已下十人」の将で園城寺を攻めようとする。一一人は、宗盛を別格とすれば、「いはゆる大将の頼盛・教盛・経盛・知盛等の卿、維盛・資盛・清経等の朝臣、重衡朝臣、頼政入道等」である(『玉葉』)。「前大将」の大将が近衛大将という国家官制上の地位であるのにたいし、「いはゆる大将」は世にいうところの大将、軍記物などに見える武名高い武力集団の統率者というほどの意味である。平家の場合「頭殿《こうのとの》(重衡)の御家人」などといわれるように、各御家人は頂点たる清盛(のち重盛、さらに宗盛)に一元的に統率されているのではなく、平家一門を構成するそれぞれの家と個別に主従関係を結んでいた(飯田久、一九六九/野口、一九九四)。

こうした組織形態になったのは、政界進出によって清盛の子弟がおのおの公卿として公的な家政機関を有し、それぞれの侍所を通して侍(御家人)を統制するようになったからだと思われる(侍については[節末補注]参照)。この結果平家がまとまった軍勢を動員するときは、つねに一門を構成する各家(その御家人集団)のいわば連合艦隊という形をとらざるをえず、大将軍といえども他家所属御家人への直接指揮は、原則としてあり得なかった。

さて、追討の将の一人に以仁王に与《くみ》する源頼政が入っているところに、まだこの謀反の全容をつかみきっていない平家のうかつさがある。『平家物語』は、頼政が以仁王を説得して謀反に立ち上がらせたとするが(巻四源氏揃)、実際には逆と考えた方がよい。頼政とかれの子たちは二条天皇との関係が深く、二条―八条院関係の人脈で挙兵に加担したのだろう(五味、一九八七)。五月二一日の夜半、頼政は以仁王と合流するため、子息を率いて園城寺に入った(『玉葉』)。一方、その夕刻安徳は八条坊門櫛笥の時子邸に行幸、そこを居所としていた高倉上皇は、玉突きされて向かいの東第《ひがしのだい》に移る(『明月記《めいげつき》』『山槐記』二二日条)。

以仁王が挙兵に当たって頼政以外に頼みとしたのは、京都周辺、奈良の大寺院だった。なかでも園城寺は、後白河の帰依がとくに厚く、頼むに足りると考えたからだろう。南都の興福寺も藤原氏の氏寺であったため、氏長者関白基房の流罪に反発して以仁王に呼応した。以仁王が園城寺に逃げこむと、僧徒は延暦寺・興福寺に牒状を送って、反平家の寺院連合を形成しようとする。

ところが、園城寺でも上層部が平家に与する動きを見せて内部がまとまらず、延暦寺の山僧も座主明雲の説得により園城寺を攻める気配があり、形勢不利と見た以仁王・頼政らは南都に向かった。五月二六日、追撃する平家軍とのあいだに戦闘があり、一同は奮戦するも討ち取られた。夕方、清盛が福原より上洛する(『玉葉』)。

翌日院の殿上における議定で、園城寺と興福寺の謀反にどう対処するかが論議になった。源通親と藤原隆季は、園城寺の衆徒は退散したので、張本を師主らに逮捕させるだけでよい、興福寺は謀反に与したので罪は重い、速やかに官軍を派遣して攻めたて、末寺・荘園をすべて停廃すべきであると主張した。

これにたいし兼実は、いますぐ官軍を派遣するのではなく、使者を遣わして事情を調べ、結果次第で官軍を派遣するのがよろしいと慎重論を述べ、まさか同調すまいと思われていた左大臣経宗もこれに賛意を表した。隆季が納得せず食い下がると、兼実も色をなして反論し、結局官軍によるいますぐの追討は行わないことになった。兼実は日記で、隆季や通親らは「権門の素意(清盛のかねてからの思い)」を推し量って述べているのであって、それが王家や朝廷の大害だと知らない、と憤慨している(『玉葉』)。

翌五月二八日、高倉上皇は密かに清盛のもとに赴き、頼政以下の首を見た(『百練抄』)。以仁王の首は真偽の判定に時間がかかったが、学問の師日野宗業《むねなり》に見せて、ようやく間違いないと確認される(『愚管抄』巻五安徳)。五月三〇日、追討の賞として、宗盛の子清宗が二階を超え従三位に叙された(『百練抄』)。

事件自体は小さな武力発動であるが、その過程で平家の軍事力編成の特徴が見えている。

平家御家人制との関係に留意しながら、そのあり方を述べてみよう。

田中文英氏は、平家が総力戦に入ったとき、重要な位置を占めるのが追討使《ついとうし》を将とする追討軍であるとし、基幹たる戦闘部隊は、①平家一門をはじめ家人・郎等からなる直属軍、②各地から動員した直属軍以外の武士層の軍事力からなるとした。①はかねてから平家が育成してきた家人郎等組織を総結集して発動させたもの、②は追討使としての公的な軍事指揮・動員権にもとづいて、国衙に結集する地方武士などを編成したものであったという。妥当な指摘である。

以仁王の乱では、短時間で収束したこともあり、実際には①のさらに一部のみが働いた。それに関連して、田中氏が「追討使本隊の前兵として家人・郎等らの先遣隊を発向させるのは、(中略)平氏の常套手段であって」と述べ、本隊に先だって派遣された前衛部隊の存在を指摘していることは注目に値する(田中文、一九九四c)。このいわば先制打撃力の代表的事例が、以仁王乱時の忠清・景家らである。すなわち、以仁王・源頼政が園城寺を脱出、南都に向かったとき、宗盛はただちに飛騨守藤原景家・上総介藤原忠清に追撃させ、次いで平重衡・平維盛を大将軍にして宇治に向かわせた。宇治平等院で追いついた景家・忠清らは、激戦の末頼政らを討ち取り、その間王は奈良に急いだが、南山城の綺田《かばた》河原で討ち取られたという(『玉葉』『山槐記』『親経卿記』五月二六・二七日条)。

忠清・景家率いる部隊は、平家全軍のなかでも緊急出動が可能な精鋭だったのだろう。快速の先遣隊は以仁王の南都逃げこみを阻んだ。『平家物語』巻四橋合戦では、宇治橋上での以仁王側に参加した堂衆らの派手な立ち回りがあり、ついで平家方の馬筏《うまいかだ》による宇治川強行渡河がある。このとき上総介忠清は渡河をきらって迂回を主張するが、下野《しもつけ》国住人足利又太郎忠綱が、なんのこれしきと河に乗り入れ、三百余騎が続く。

史実は違っていて、景家の兵が橋から攻め、真っ先に河中に打ち入ったのは、上総介忠清とかれが率いる十数騎の集団だった。『玉葉』には「忠清已下十七騎先づ打ち入る。河水敢へて深きこと無し、遂に渡るを得る」(五月二六日条)、『山槐記』にも「忠景(忠清の本名)又追ひ来る、伴類十余騎時を作り、馬を河中に打ち入る。橋の上方に歩み渡る瀬有り。或いは又深淵と雖も、馬筏を以て郎等二百余騎渡河す」(同日条)とある。『平家物語』は、忠清を意図的に臆病凡庸な武将に造形し、しかも忠清の息、検非違使忠綱の活躍を、名前が同じなのをよいことに、追討戦参加の一武将に過ぎない関東武者の足利忠綱のそれにすりかえている(野口、二〇〇二)。『平家物語』が源氏(東国)を強兵、平家(西国)を弱兵に描こうとする、ことさらな意図が表れている場面の一つである。

この戦いには他に美濃源氏左兵衛尉重清も加わり戦功をあげている(『山槐記』五月二六日条)。ともに大番役で上京中の家礼《けらい》(忠清や景家のような永続的で緊密な従属関係にある譜代相伝の家人とは区別される、有期的で定量的な奉仕を行い去就向背を権利として有する従者)の参加である。先遣隊は忠清・景家とその一党だけで編成されるものではなく、同じ御家人でも足利忠綱・源重清のような平家とゆるやかな主従関係で結ばれた家礼たちも加わっていたようである。

忠清・景家と後続の大将軍との関係はいかなるものだったか。王、南都に向かうの報に接すると重衡・維盛はまず宗盛邸で会合、先遣隊が出動した後、なお大将軍一、二名を派遣すべきだと定まり、「事の由を奏せんと欲するの間、この両人左右無く馳せ向か」ったとある(『玉葉』五月二六日条)。つまり、二人は一門の軍議で大将軍の派遣が決まり、内裏(院)に追討を奏請している間、勅命を待つことなく出撃したのである。重衡にいたっては、単騎出動の慌ただしさだったという(『親経卿記』五月二六日条)。この事実は、平家内にあって、忠清と景家が出動し、しかもさらに大将軍派遣が必要な事態になれば、ほとんど自動的に誰々と決まっていたことを暗示する。

先に見たように忠清と維盛は直接の主人と従者の関係、さらにいえば養君と乳父の関係で、これはまったく自然な組み合わせである。清盛が「合戦ノ次第ハ忠清ガ計申ニ随ハセ給ベ」しと指示したように(延慶本『平家物語』巻五平家ノ人々駿河国ヨリ逃上事)、忠清は未練の大将維盛の参謀長にして事実上の軍司令官の立場にあった。乱のとき忠清は、南都側に防備を施す暇を与えず直進しようと逸る重衡・維盛にたいし、「晩に臨みて南都に着くの条、思慮あるべし、若き人々は軍陣の子細を知らず」と制止し(『山槐記』五月二六日条)、同年冬の富士川の合戦でも多勢に無勢を悟って敵前の撤兵を指導、「引退」を渋る維盛に「次第の理を立て、再三教訓」し同意させたという(『玉葉』一一月五日条)。

それに比べ、景家は宗盛の乳父で(延慶本『平家物語』巻七実盛打死スル事)、重衡との間に特別の関係はない。しかも、軍議は宗盛邸で行われたのだから、宗盛は、自分の一番頼りとする家人を重衡が指揮するのを不快に思えば、やめさせることも容易《たやす》かったはずである。

ここはつぎのように考えるべきだろう。宗盛は、重盛亡き後は名実ともに清盛の後継者であり、平家一門の表の顔だった。それゆえ巨大権門の公的な代表であり後には大臣にもなった。その宗盛が、直接兵を率いて戦場に出るなど、よほどの事態でない限りありえなかった。正嫡たる宗盛に代わってかれの家人の指揮を任されるとすれば、ミウチ意識が幅をきかせる時代のこととて、同母弟の知盛・重衡以外に適任はない。

重衡と維盛は年も二歳程度の違い、承安二年(一一七二)の徳子立后と同時に重衡が中宮亮、維盛は同権亮、治承二年(一一七八)言仁親王が東宮に立つと揃って東宮亮と同権亮に転じ、治承四年の安徳即位に際しては一足先に重衡、翌年には維盛が蔵人頭に就任、と官歴もよく似た叔父と甥である(秋山寿、一九九八)。

維盛—忠清、重衡—景家の組み合わせの理由は、以上のように理解されるが、それぞれが率いる軍団は平家の連合艦隊のなかでどういう位置にあったのか。むろん連合艦隊とはいっても、ほぼ同規模の艦隊の連合ではなく、当然主力艦隊とそうでない補助艦隊がある。太平洋戦争開始時の日本海軍を例にとれば、全部で九箇艦隊からなっていたが、主力は戦艦を基幹とする第一艦隊であり、重巡洋艦を中心とする第二艦隊以下に比して、その重要度や威圧感はずば抜けていた。

平家の場合主力部隊は、重盛以来の小松家に属する御家人集団と、時子の子どもたち、なかでも宗盛に従う御家人集団であって、そのそれぞれを維盛と知盛または重衡が率いる形になっていたのだろう。忠盛時代に楕円の二つの焦点であった清盛と頼盛のうち、時間の推移とともに頼盛家が圏外に去り、次世代では小松家と宗盛を中心とする時子所生の男子たちの二つの焦点からなる、新たな楕円が形成されていた。そして「父太郎」重盛の亡き後は、かつて一門の主流であった小松家は、新しい嫡子となった「母太郎」宗盛を中心とする、もう一つの焦点にしだいに圧倒されてゆく新たな状況が生まれていた。

そして、知盛・重衡両名の間では、「武勇に堪ふるの器量」(『玉葉』養和元年閏二月一五日条)を謳われた後者が、より頻繁に起用された。石母田正の名著『平家物語』(岩波新書、現岩波文庫)の影響もあって、知盛のすぐれた指揮官ぶりが印象づけられるが、それは『平家物語』(とくに語り本系、覚一本において)作者の物語構想にそった人物造形が行われた結果、というべきである。というのも知盛は、源平内乱中墨俣《すのまた》(巻六)、水島・室山(巻八)といった平家が勝利した合戦に、いずれも参加したとされているが、史実的には墨俣には不参加、水島・室山には参加していたかどうか知ることが不可能なのである(石井由、二〇一四)。以仁王追討にあっても、『平家物語』諸本の多くは知盛の指揮をいうが、確実な史料では参戦した形跡は見あたらない。一方重衡は、そのすべてに参加または参加したと推定される。知盛の武的イメージには、重衡の勇将ぶりが重ね合わされているだろう。

もちろん、知盛は治承四年(一一八〇)暮れの近江征討、壇ノ浦などで全軍の総指揮官的な役割を果たしている。しかし、平家の存亡がかかったこの一戦と、以仁王の乱のような一刻を争う追撃や水島・室山レベルの局地戦とは次元が違う。一門を構成する武将とその御家人のほとんどが参加し、統一指揮に卓越した指導力が求められるとき、「入道相国最愛の息子」

(『玉葉』安元二年一二月五日条)の信望が必要なのであろう。治承四年時点で、すでに正三位の公卿で二九歳の知盛と、五つ年下の頭中将重衡の存在感の違いでもある。

**補注**　侍とは「さぶらふ」の名詞形「さぶらひ」の転訛《てんか》したもの。摂政・関白のイエその他権門貴族に近侍し、位でいって六位、官職的には中央官衙の判官クラスという社会的中間層の汎称である。彼らの上層は長期の勤務の功によって五位になり、受領・検非違使の官・職を得るものもいたが、家格的にはいぜん侍を脱し得なかった。侍と武士は同義語ではない。武士の大半は権門貴族に奉仕する侍のうち、文を家業とする文士以外の、武芸を家業とする特殊技能者をいう。なお平安期の武士の最上層には下級貴族の者がいた。拙稿(髙橋昌、一九九七)参照。

# 第六章　福原遷都

## 1　和田京遷都計画

以仁王の乱がいまだ治まらぬ五月二三日、九条兼実亭に大納言源定房がやってきた。世情のことを話し合うなかで、定房は「官兵(平家の軍勢)が京中の諸人を率いて福原に向かう、と近日人びとが声をそろえていっている、天皇や院の行幸御幸があるに違いない、一人残らず引き連れてゆくとのことだ」と語っている(『玉葉』)。

虚報ではなかった。五月三〇日の午後になると、各方面に来月三日安徳天皇が福原に行幸する、上西門院(後白河の実姉)も同行だとの報が届けられた。遷都だと声が上がるが、詳細を知る人はなく、洛中にいたずらな騒動や悲泣だけが広がった。夕方になるとさらに出発が二日に繰り上がったと知らされる(以上『玉葉』『山槐記』)。

六月二日の明け方、安徳天皇以下の一団が、歴史に倦《う》み疲れた平安京を離れ、福原に向かった。この日から同年一一月二五日の平安京への都帰り完了までの約一七〇日間が、世にいう福原遷都である。

この福原遷都に論及した概説の類は多いが、その歴史的な意義、詳細についての研究はまだこれからというところである。それでも出発点となる業績として次のものがあり(喜田、一九七一/大山、一九七五/石田、一九七五)、また近年の研究に以下のものがある(山田、二〇一二ac/元木、一九九六b・二〇〇五ab/足利、一九九九/近藤、二〇〇五)。

さらに二〇〇四年一月一〇日には、緊急シンポジウム「平家と福原京の時代——楠・荒田町遺跡の評価をめぐって」が開かれた。これは後述する神戸大学医学部附属病院構内で発掘された二重壕遺構の保存をめざし、内外にその重要性をアピールするのを主たる目的にした研究集会であった。その席で、考古学研究者の岡田章一・須藤宏の両氏、文献史学から故元木泰雄氏と筆者、日本古典文学研究者の佐伯真一氏の報告があり、充実した討論がおこなわれ、ほどなくその記録集も刊行された(歴史資料ネットワーク(史料ネット)編、二〇〇五)。そのほか筆者の論文がある(髙橋昌、二〇一三f)。

六月二日の行幸に随行した主な顔ぶれは、天皇の列に四人の公卿、左大将藤原実定・検非違使別当平時忠・宰相中将藤原実守・同源通親、近衛府の幹部として左中将藤原泰通・右中将藤原隆房、蔵人では頭中将平重衡・頭弁吉田経房、そして摂政近衛基通がおり、高倉上皇・後白河法皇の列には、帥大納言藤原隆季・前大納言藤原邦綱、さらに前大将宗盛などが顔を並べていた(『玉葉』『親経卿記』)。

「洛陽(平安京)に留まるの輩中、刑を蒙るべきの者有り」という説が流れた割には、随行者は多いとはいえない。三〇日兼実が高倉上皇の招きに応じたとき、上皇は福原に供する顔ぶれはもっぱら清盛が決めるだけで、自分はそれに一切善し悪しをいわず、ただ聞きおくばかりだ、と熱のない突き放した口吻だったらしい(『玉葉』六月一日条)。翌六月一日、兼実は自分も福原に行くべきか否かを清盛に尋ねるが、寄宿の場所がないから急ぎ来なくてよい、追って自分の方から通知する、と素気ない返事が返ってきた(同右)。随行メンバーは、天皇の行幸に必ず供せねばならない近衛大将の実定を除けば、清盛と時子の一族の大半及び清盛の眼鏡にかなった昵近《じっきん》の公卿・殿上人、最低限必要な儀礼・実務の官人たちだった。もちろん、蔵人宮内権少輔藤原親経のように、数日後れで駆けつける官人たちもいたが(『親経卿記』六月五日条)。

それでも天皇の行幸ともなれば、相当数の邸宅・宿所が用意されていなければならない。出発前から、安徳天皇は平中納言頼盛の家、高倉上皇が清盛の別荘、後白河法皇は平宰相教盛の家、摂政基通は安楽寺《あんらくじ》(太宰府における菅原道真の廟所)別当安能僧都の房と、入るべき邸宅がそれぞれ決まっていた。随行の人びとは、福原到着後あちこちの平家関係者の宅や在地の寺社などに分宿したのだろう。が、宿所は始めから足りず、あぶれた人びとは「道路に坐すが如」きありさまだった(『玉葉』六月二日条)。

予定の宿舎に入った天皇と上皇は、四日夜になると、安徳は清盛の別荘、高倉は頼盛亭へと入れ替わり(『玉葉』六月六日条)、「本《もと》(元)の御所(高倉上皇御所)を以て内裏となす」とあるように(『玉葉』六月一四日条)、以後「禅門の家」が「内裏」あるいは「皇居」と呼ばれるようになる。

『親経卿記』六月二日条の伝えるところでは、平安京には重盛の息清経や維盛が留守居役として残り、残置の郎従らにたいし、京都に狼藉あるべからずの命が下った。大内の留守は伊豆(権カ)守源通資が担当し、外記局《げききょく》(外記庁とも)・官文殿《かんふどの》(弁官の文庫)・内蔵寮《くらりょう》・大学寮などには、とくに警固の兵士が追加派遣された。斎院として京都紫野に残った高倉天皇の第二皇女範子《はんし》内親王のもとにも、武士が遣わされる。白河の御願寺などには、格別の配備はなかった。政権所在地が他に遷ると旧都は権力の真空状態となり、治安の乱れから建物の破壊、財物その他の盗難・散逸が始まる。留守居役や警固の兵士の残置は、それに備えるためである。

福原への行幸は一般に遷都といわれ、同時代の記録の少なくとも当初は、みな遷都と記述していた。だが、現在の中世史の研究者たちには、興福寺など南都勢力との衝突を回避するための一時的な行幸や離宮、あるいは副都などとし、評価はたいへん低い。突然の、しかも新都が完成した上での天皇の移動ではなく、一七〇日間の滞在の後、早々に都帰りしたからである。しかし、それらの意見は、行幸のはじめから、神鏡(八《や》咫鏡《たのかがみ》、賢所《かしこどころ》・内侍所《ないしどころ》ともいう)が福原に行っていることの重大性を見落としている(『玉葉』六月二日条、『吉記』同年一一月二三・二〇日条)。

たんなる行幸なら神鏡をともなうことはない。三種の神器のほかの二器、剣(天叢雲剣《あめのむらくものつるぎ》)と璽《じ》(八《や》尺瓊曲玉《さかにのまがたま》といわれるが、平安時代の実際は玉璽=天皇歴代相伝の印だという説もある)は、つねに天皇とともにあり、行幸には剣璽役が捧持してゆく。しかし神鏡は、平安時代には平安宮内裏内の温明殿《うんめいでん》南側にある神殿の唐櫃《からびつ》に蔵されて、平安京を離れた例はない。神鏡が福原に渡ったということは、そこを天皇の正規の居所とするという政治意志の表明である。どんなに控えめにいっても、清盛に福原を正規の都とする決心があったことは疑いない。

関連して出京後、外記局・官文殿に警固の兵士が派遣されたという情報は、注目すべきであろう。外記は公卿直属の書記官として、詔書その他の公文書の文案の作成・検討や公事・儀式への奉仕などをつかさどった官で、大外記・少外記と史生からなる。外記局の文殿には外記日記(外記の公務日誌)のほか、政務・儀式運営の根拠となる文書、先例を調査報告する際の史料になる各種勘文《かんもん》(諮問を受けた官衙の官人や儒者・陰陽師など専門家たちが、先例故実を調べ、それに基づく自分の判断・意見を書き記して、上申した文書)などが保管されていた(中野、一九九六)。

一方、官文殿は左右弁官の文庫であり、太政官符・宣旨の本書や草案、さらに朝儀・公事の記録などが納められ(『類聚符宣抄《るいじゅうふせんしょう》』第六)、文殿別当たる大夫史《たいふのし》(官務。国家の中心的な事務機構である弁官局では、平安時代なかごろから大史で五位に昇るものが現れると、その筆頭は大夫史と称され、左右の別なく史以下の弁官局の官人を統轄し、太政官の庶務を掌握)が管理していた(橋本義、一九七六)。院政期になり小槻《おづき》氏の氏長者が大夫史の地位を独占・世襲するようになると、仕事に必要な太政官の文書の写や記録類を自分の手許に留め置くようになり(『玉葉』元暦元年正月二八日条)(橋本義、一九七六)、官文殿の有名無実化が進んでゆく。

遷都時の大夫史小槻隆職《たかもと》は、手許の文書群のうち役目柄たえず参看しなければならない文書だけを持って福原に行き、重要だがさしあたり不要なものは、京都の右京に設けた自らの文書庫に留め置いていた。それはかれにとって一時的な措置と意識されていたらしい(東大寺図書館蔵『因明十帖《いんみょうじゅうじょう》』紙背文書)(髙橋昌、二〇一三f)。そして、それら以外の官文殿に収納されていた文書群や外記局の文殿は、警固の兵士たちによって、厳重に封鎖されたのである。

安徳の行幸は突然であり、新都はまだ影も形もない。おまけに福原も遷都先ではない。福原は当座の逗留地に過ぎず、造都の候補地として「和田の松原の西の野」(『平家物語』巻五都遷)があった。これは福原の南方、現在の神戸市兵庫区南部・長田区一帯にあたる。六月九日になって、大納言実定・参議通親・頭弁経房・左少弁行隆・左大史小槻隆職・右大史小槻国宗《くにむね》らが、実地検分のため「輪田の崎」に向かい、翌々日には高倉上皇の殿上に左大臣経宗以下が参集、そこを新都建設地と決定した(『百練抄』『親経卿記』)。予定地の中心が和田(輪田)だったから、正確には和田京遷都計画と呼ぶべきであろう。

その京域については、大正末年に喜田貞吉《きたさだきち》が、条里地割に則った山陽道を中心軸(東北から西南にかけての長方形)とするプランを想定した(喜田、一九七二)。これにたいし、近年歴史地理学者の足利健亮氏が、四辺を東西南北に合わせた正方位の都を提唱し、その復元案がより妥当だと思われる(足利、一九九九)。足利案によれば、和田京は修築が決まった経の島を取りこむ構想になっていた(図6-1)。

北の六甲山地と南の難波《なにわ》の海にはさまれた神戸の地形では、図6-1のように、平安京の条坊(七条まで)をあてはめると、左京は南は五条まで、東は西洞院大路にあたる辺りまでし

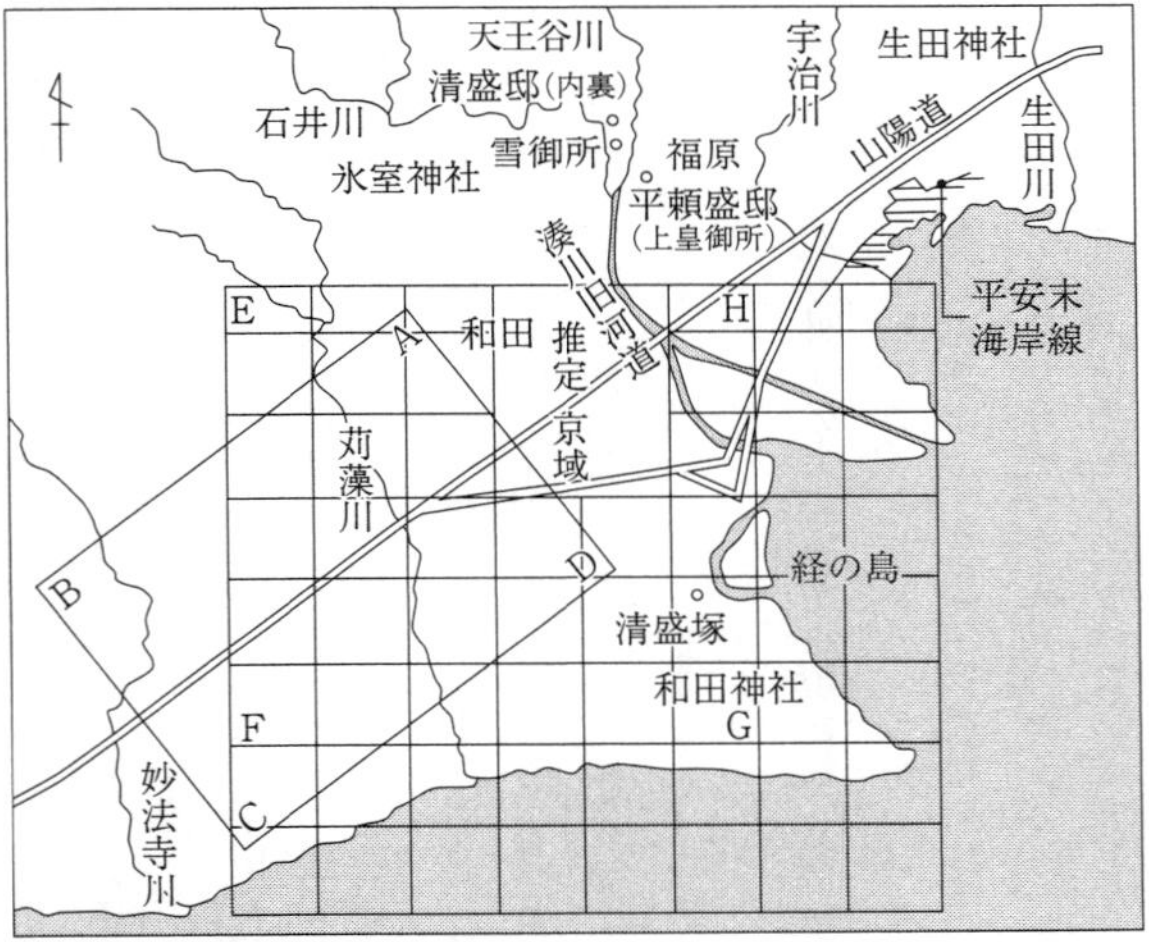


**図 6-1**　和田京の位置　A—B—C—D＝喜田貞吉プラン．E—F—G—H＝足利健亮プラン(足利健亮氏作成の原図を一部改変，吉村武彦ほか編著『日本の歴史を解く 100 人』文英堂，1995 年より)

か確保できない。右京も宮城の西に小山がある上、平地が幾ばくもない。それで計画はペーパープランのまま、早くも六月一五日には放棄された(『玉葉』)。

同日高倉上皇は、造都予定地を昆陽野《こやの》に変更し、木工寮《もくりよう》にその地を測量させよと命じた(『玉葉』)。ところが、これを聞いた清盛が印南野《いなみの》を京にすべしといい、厳島内侍は昆陽野に改むべしと託宣した、と情報が飛び交う始末である(『玉葉』六月一七日条)。昆陽野は現在の兵庫県伊丹市付近一帯を指した地名で「小屋野」とも書かれた。古代より西国と京都を結ぶ交通の要衝で、空間も十分ゆとりがある。

印南野については第二章4節で述べたように、清盛が大功田という形で、広域を自領化した播磨東部の地だった。印南野は「水無きによりて叶ひ難し」ということで(『百練抄』六月一五日条)、昆陽野案が有力に見えたが、七月に入ると結局どちらの案も立ち消えになった。

遷都の成否がかかる大事なときに、なぜこのような迷走で一カ月も無為に空費したのか謎が多い。この期間中のことについては、山田邦和氏の研究が触れている(山田、二〇一二b)。福原遷都関連で最も信頼できる史料の『山槐記』六月分が失われているため、詳細は今後の課題である。

この間小槻隆職は、持参の文書類を活用し、公卿らの国政運営や執務を下支えしたはずだが、もともとかれは安元の大火で多くの文書を失っていた(『玉葉』治承元年四月二九日条)。また行幸時に警固の兵士たちによって封鎖された平安京の官文殿の文書は、遷都一カ月後になっても、責任者たる隆職ですら披見がたやすくなかったらしい(東大寺図書館蔵『因明十帖』紙背文書)(高橋昌、二〇一三f)。太政官の事務主任がこんな状態では、日常の政務の渋滞は避けがたい。外記も外記の文書庫が封鎖されているので、諸司を統轄して儀式・節会を運営することに、多くの障りが生じていた。

清盛や隆職の思惑では、造都が軌道に乗れば、手許文書の残りのものや太政官関係の文書も当然移送されるはずだっただろう。しかし、造都先すら決まらない状況下では、福原と平安京の二つを同時併用せざるを得ない。まして権門寺社の移転などは話題にすら上っていなかったから、それらと一体のものである宗教儀式・法会も、平安京で行う他なかった(松薗、一九九七)。

行幸から二カ月以上たった時点で、両大外記の清原頼業・中原師尚《もろひさ》、大夫史の小槻隆職はたしかに福原に祇候していた。けれども頼業の場合、釈奠《せきてん》実施の準備のため旧都に帰っていたところ、急な命令で八月五日には福原に帰参せねばならなかった。釈奠は、孔子やその弟子を祀る中国渡来の儒教儀礼で、春秋二回主として大学寮で行われる。またそのころ六位の外記は二人いたが、一人は福原に候じ、一人は旧都に滞在していた(『山槐記』八月七日条)。このように、外記など事務官僚たちは、福原と平安京の間をせっせと往来するか、あるいはその一部が平安京に常駐するか、いずれかを選択せざるを得ない。

福原にほぼ常住する公卿も、平家一門を除くと、高倉上皇の執事別当隆季や左大将実定以外、ほとんど見あたらない。当時の国政審議の中心は、指名された特定メンバーによる院御所議定によってなされていたから(下郡、一九九九a)、必要な人物を京都から呼び寄せれば、重要案件も決定にもこぎつけられる。とはいえ、兼実など上皇から、福原に来て和田京建設について意見を述べよといわれ、しかも当地には一切宿所がないから、邦綱の寺江の別荘に入り、福原に日帰りせよと命ぜられる始末である(『玉葉』六月八日条)。

七月一六日、大外記頼業は兼実に、現地では「福原をしばらく皇居となすべし、道路を開き通し、宅地を人々に給ふべし、但し広きにおよばず」と伝え知らせてきた(『玉葉』)。こうして造都計画は、福原を天皇の暫時の滞在地と定め、それに必要な都市域の整備を行う方針に切り替えられてゆく。しだいに高まるさまざまな遷都消極論を踏まえた、玉虫色の妥協案というべきだろう。

以上から明らかなように、四〇〇年の平安京を棄て新都を建設する見識と意気ごみに比べ、準備の方はひいき目に見ても、十分とはいえなかった。遷都の計画は、すでに以前から清盛の頭脳で発酵しつつあったはずである。それがこのような準備不足と不首尾を露呈したのは、なぜだろうか。

安徳の誕生時点では、清盛は即位をもう少し後に予想していたのだろう。ここ半世紀で見れば、崇徳が五歳、近衛が三歳、後白河は二九歳、二条が一六歳、六条は二歳、高倉は八歳で即位した。最年長の後白河と最年少の近衛・六条は多少とも政争がらみの即位である。安徳の即位は三歳、満年齢でいえば一歳と三カ月、同じ三歳の近衛の二歳六カ月よりずっと早い。高倉の深刻な健康不安に加え、鹿ヶ谷事件で押さえこんだはずの後白河のまきかえしと露骨な挑発に、軍事クーデタで対抗せざるをえず、あげくは翌年二月に高倉の譲位、四月に安徳の即位儀を行うことを決定するなど(『山槐記』治承三年一二月一一日条)、新王朝創設の日程表全体が大幅に前倒しになる誤算が生じたのではないか。

すでに安徳が即位した以上、遷都も早めた方がよい。そこへもってきて、同年五月中旬の、自らを天武天皇になぞらえ、安徳を王位を押し取る偽王と真っ向から否定する以仁王の挙兵計画が発覚し、背後に興福寺や八条院など強力な勢力の存在が感知される。逡巡は許されない。清盛はなかば反射的に、遷都決行へと反応したのではなかったか。

準備なお不十分のまま遷都に突入せざるを得なかった最大の原因は、予想をうわまわる後白河院勢力の結束と清盛への反発にあったと思われる。

## 2　大嘗会をめぐる政治

和田京建設計画が頓挫ののち、福原を中心とした都市域整備計画にトーンダウンする。その後七月下旬から八月中旬まで、清盛を先頭にする人びとと伝統的な王朝貴族の間で、安徳天皇の大嘗会を平安京でやるか福原でやるかが、激しく議論された。

大嘗会は王位就任儀礼の掉尾《とうび》を飾る日本風の大祭である。天皇が年毎の稲の初穂を天神地祇《てんしんちぎ》にすすめ、またみずからも食する祭を新嘗祭《にいなめのまつり》といい、それとほぼ同じ内容を、天皇が即位したのち最初に大規模に行うのが大嘗会だった。往時は即位儀より大嘗会が重視されていた。新天皇の即位礼が七月以前ならばその年に、八月以降ならば翌年に行うのをきまりとする。二月二一日践祚した安徳天皇は、四月二二日紫宸殿で即位儀(即位礼)を済ませており(『玉葉』『山槐記』)、したがって大嘗会は年内に行われるべきであった。

この祭の中心をなすのは八省院(その正殿が大極殿)中央部の庭を舞台とする大嘗宮の儀で、同宮の東(左)に悠紀殿《ゆきでん》、西(右)に主基殿《すきでん》を設ける。神饌《しんせん》(神に供える新穀)をあらかじめ占って定めた国郡から奉らせ、一一月中旬卯《う》の日の夕刻から悠紀殿、次に主基殿で、徹夜の神事が行われる。天皇はそこに来臨してくる皇祖および天神地祇と向き合う形で神饌に箸を着け(神饌親供)、かつ寝具に臥して祖霊と合体し再生する所作を行ったらしい。このようにして、天皇としての資格を新たに身につけたものと考えられている(岡田精、一九八三)。

福原における大嘗会実施にかんする意見対立については、従来まったく関心が寄せられていないが、私見では、福原の現状に多少手を加えて正規の都へと持ってゆくか、福原はあくまで離宮にすぎないとして都遷りを拒否するのか、という政治の最大争点に直接からむ重要論争だった。それを記した史料もこみ入っていて読解に難儀するが、なんとか筋が通るよう議論の経過をたどってみよう。

都遷り拒否派の代表たる右大臣兼実は、六月中旬、高倉上皇から諮問を受けた三カ条のうち、「大嘗会の事」にたいしては、以下のように答えている。「大祀(大嘗会)」と「遷都」はいずれも国家の重事である、並行して行うのは国の費えが多い、しばらく旧都に還御して大嘗会を挙行してのち、遷都に専念するのが最も道理である。ただし、遷都をどうでも急いで行わねばならないなら、大嘗会を延期すべきであるが、『儀式(貞観儀式《じょうがんぎしき》)』(八七三〜八七七年ころ成立か)で挙行の形が定まって以来、当年実施すべき大嘗会を翌年に延期した例はない。だから、新宮の造営が間に合わなければ、少なくとも儀式に必要な要件を満たした施設(実例でいえば、紫宸殿を含む内裏のような)を、突貫工事で早急に仕上げるべきである。それが不可能なら、たとえ例がなくとも、大嘗会は明年に延期するほかない。

これにたいし頭弁吉田経房が、外記の調査報告によれば、七月以前即位の主が翌年に大嘗会を行った例は、九世紀初頭の大同・弘仁にある(平城・嵯峨両天皇の場合)と述べると、それは『儀式』選定以前の話で例にならないと反論し、さらに経房の、新都造営が実現しそうもないから、現在の御在所などに、少々舎屋を造り加えて行うのはどうかとの問いに、たとえ古昔の例があっても「離宮」で大礼を行うことには従いがたいと、峻拒《しゅんきょ》した(『玉葉』六月一五日条)。

大嘗会という王位就任仕上げの儀式を離宮で行うのは、孝謙天皇の「大郡宮《おおこおりのみや》」の「南の薬園の新宮」(現奈良県大和郡山市材木町)以来例がない(『続日本紀』天平勝宝元年一一月乙卯条)。四三〇年間も離宮で大嘗会を行っていないので、それを和田ないし福原で行えば、そこがすなわち安徳天皇の都と、遷都を公式に承認するに等しくなる。この地を「離宮」といい続けた兼実が、大嘗会は平安京に帰って行うか、明年に延期するかいずれかだと主張し、大嘗会の当年福原実施に水を注したのは、この段階での推進派との力関係を考慮し、そういう理屈で抵抗し、遷都推進の勢いが衰えるのを待つ一種の迂回戦術だったのである。

それにたいし清盛は、和田京頓挫の後福原を整備して居座るという現実路線に切り替え、この地で大嘗会を行うことで、なんとか遷都を既成事実化しようとした。一方、高倉上皇はといえば、遷都実現に見切りをつけ、離宮でよい、大嘗会も年内延期と決心していた。それは、七月二九日に福原を発ち八月一日入洛した大外記清原頼業が、兼実に面接して、院の仰せは「遷都の件は「故郷(旧都)を棄つべからず」であり、福原には離宮を立ててしばらく滞在あるべきである。八省院や内裏は必要がない、大路・小路を都合によって開き、しかるべき卿相・侍臣らを撰び、宅地配分せよとのご意向です、「大礼(大嘗会)の事延引」ともお命じになりました。その後なお今年行われるべきだというあれこれの説がありますが、いまだしかと決まったことだとは聞いていません」と伝えたことから明らかであろう(『玉葉』八月四日条)。

七月一六日に頼業が兼実に「福原をしばらく皇居となすべし」と伝え知らせたその「皇居」とは、高倉上皇にあっては「離宮」のことだったのである。「大礼(大嘗会)の事延引」もすでにその時点での決断だったと考えられる。

この機会に頼業は、福原における遷都反対の具体的な声も紹介している。嵯峨隠君子《さがのいんくんし》(中世の諸書に嵯峨や醍醐天皇の皇子と見えるが、多分に説話的な人物)の仁和のころ(八八五〜八八九年)の勘文と称するものに、桓武天皇が平安京を帝都たるにふさわしい地で「永代変易有るべから」ずと述べているとか、高倉上皇の夢に故建春門院が現れ、我を棄てて福原に来たことを深く怨んでいると語ったとか、中宮徳子や藤原隆季の夢に遷都反対の告げがあったとかの情報である(同右)。古の勘文や夢告《むこく》に名を借りた、上皇とその周辺を発信源とする反遷都の環境づくりが、進行しつつあったことがわかる。

約一カ月後の八月の末、頭弁経房が用務で福原から上京し、二九日に病の様子見を兼ねて兼実亭を訪問した。その時点までの遷都や大嘗会実施をめぐる福原での意見対立については、同日の『玉葉』の記事に経房の立場からの詳細な経過報告があるので、それを基本の史料に据えて具体的な情況を復元したい。

八月一日、それまで反遷都派の後ろ楯であった高倉上皇は、この日経房を召し、時忠に「なほ今年(福原で)大嘗会を行はるべし、よりて内裏を造営せらるべし、その間の事早々に申沙汰《もうしざた》(意向をうけたまわって準備万端を整えること)せしむべし」と命じさせている(『玉葉』八月八日・八月二九日条)。これは清盛の遷都実現の強い意志を前に、心ならずも翻意させられてしまった結果に違いない。大嘗会を実施するため内裏を造るというのは、八省院を造らない代わりに、その実施場所を内裏に肩代わりさせるためである。

上皇が清盛と遷都反対派の板挟みになって苦しみぬいていたのは、七月二九日、かれが摂政基通に「譲位の後もなお朝廷の政務を執ってきたのはなりゆきで、さらさら本意ではない、その器に堪えない、ここに申すに恐れあるも、近日になって病が重く、命も何時まで保つかわからない、基通がもっぱら天下の公務を処理なさるべきである、これは自分が嫌がってぃるからではない」と、内々申し伝えたことからも察せられる(『山槐記』)。『玉葉』によれば、高倉は上皇の尊号などを辞退せんとする行動に出たという。

ところが、上皇の大嘗会当年実施(内裏造営)の命に、経房が敢然と異を唱えた。その論拠は、①この度は六月二日のにわかな遷幸で、そのとき遷都だと仰せになっていない、②その後遷都せらるべきだという議(意見)があったけれど、その地も未定で、現在時点では御所もいまだ定まっておらず、帝都たるべしとの仰せだが、もはや離宮のようなものである、③旧都の人屋は一人もいまだ移住せず、もろもろの公事はことごとく旧都で行っている、の三点である。

そして、大嘗会のための内裏の造営は長岡から平安京へ遷都した延暦の例に符合していない。延暦のときは王相方《おうそうかた》(陰陽道で王相神のいる方角、季節毎にその所在の方角が変動し、その方角は、方塞がると称して、修理、造作などを避けた）を犯すという方角の禁忌（岡本、一九九一／フランク、一九八九）を避けていない、が、その一事をもって、遷都可能の論拠に用いるのは道理にあわない。延暦の例は内裏はすでに完成した場所への移徙《いし》（移転）であって、これから造る場合の犯土《ぼんど》（陰陽道で、遊行する土公《どく》〈土を守り掌る神〉が居るとされる時期に、その場所や方角において、土を掘ったり動かしたりするのを重い禁忌とし、これを犯すことを犯土という。内裏や官庁の建物の新造・補修にあたって、それがしばしば問題になった）と同日に論ずべきでない、と主張した（『玉葉』八月二九日条）。

延暦の例が話題に挙がっているのは、高倉院の内裏建設の命を承けた時忠が、福原は「犯土の作事」だと主張する反対派の意見を封ずるため、陰陽師安倍季弘の「移徙の禁忌と犯土は同じこと。延暦遷都の時すでに移徙した例があるから、今回の犯土についても問題はないと存ずる」という勘状《かんじょう》（勘文とも）を、拠り所にしたからである（『玉葉』八月二九日条）。

季弘の勘状は、延慶本『平家物語』によれば、治承四年は子《ね》の歳で大将軍（太白の精、すなわち金星で、万物を殺伐することを掌るという）は酉《とり》（西）の方にあり、平安京からその方角にあたる福原での造作・転居は凶のはずだが、長岡京から平安京に遷都した延暦一三年（七九四）一〇月二一日は、北が王相の方角にあたっていたにもかかわらず、方忌《かたいみ》（方角の塞がっているのを忌むこと）を避けていない、大将軍の禁は王相のそれに及ばないから、この延暦の佳例によって、今回の遷都はたとえ大将軍の方角であっても憚るべきでない、という内容だったようだ（巻四都遷事）。

「犯土の作事」の禁を持ちだせば、遷都どころか福原での皇居(里第)の新造すらかなわなくなる。経房の突出した個人的意見ではなく、背後に高倉の本心を踏まえた広範な賛同勢力があったに違いない。遷都反対派は、福原での都市域整備という清盛の後退に勢いを得て、いざ皇居建設が日程に上りはじめると、それにも反対し始めたわけである。

経房の意見にいらだった時忠は、和漢の学殖に富んだ大外記頼業が、周公旦《しゅうこうたん》(中国古代周の政治家。兄の武王をたすけて殷《いん》を滅ぼし、武王の死後は甥の成王《せいおう》を補佐して周王朝の基礎を築いた。周代の礼楽制度の多くはその手になると伝えられる)は「洛邑《らくゆう》(王城)を営むに方忌無きの由称《となえ》之申さしむ」といっている、と反論する。経房の勇気ある反対意見に援軍を得た思いの高倉院は、時忠をたしなめ、それは「漢家の摂録《せつろく》(籙)の例」であり「本朝の帝王の儀に比し難きか、経房の申す旨一々その謂《いわれ》有り」と語り、これらの主張などを摂政基通に伝えよと命じた。基通からはしかるべき公卿たちに諮問されるべきである、との意見があった(『玉葉』八月二九日条)。

そこで高倉院は、来る一二日に左大臣経宗・右大臣兼実・大納言実定・権大納言隆季・権中納言忠親をメンバーとする「院の殿上」での会議(院御所議定)を開くよう命ずる。在福原の実定・隆季を除く面々は京都から召すことになったが、兼実は召集を伝える経房の書札を携えた使者に、病重きにより参入に耐えずと返答した(『玉葉』八月八日条)。これを聞いた清盛は「聊《いささ》かも快からざれば、一切お参りの儀有るべからず」と返事をしてきた(『玉葉』八月一二日条)。真意は反対する者は来なくてよい、であろう。

一一日には五位蔵人藤原光長が兼実亭を訪問。兼実は、光長が大嘗会はきっと福原において行われるでしょうと語ったのに対し、「福原の地を帝都にすべしと院が命令を下されたのか、それとも離宮のままで大嘗会を行おうというのか、後者ならまったく道理にはずれており、古京に還御できないというなら、福原をもって都地と定めてのち、大嘗会を行うべきだと思うがどうか」と問いつめた。光長は「福原を都と定める件は申し出る人がありません、私の承知しているところでは、形のごとく里内を造営し、大嘗会を遂行するということで、その件は事情に詳しい方々にお聞き下さい」とかわし、さらに方角の禁忌の件で意見を聞くため、在京の陰陽師らを召すとの情報を伝えている。光長は日ごろ福原にあり六日に入洛しているので、これは八月一日からかれの福原出立直前、四日ごろまでの現地の雰囲気を伝えているのであろう(『玉葉』)。

以後一二日院御所議定の前哨戦として、福原では同月八日までに二つの流れが顕在化する。一つは清盛が意固地になっていよいよ遷都推進に力を入れ始めたことである。というのはその日より前に、隆季がひそひそ話で「遷都のことは、とても実現できそうもないものだから、どうしようもない命令ではないか、いまは結末を見届けるべきだ」と語り、これを聞きつけた清盛が「安からず(けしからん)」と怒り、この一言によって、いっそう遷都に励む心を奮い立たせ意地を張っているとのこと(『玉葉』八月八日条)。

一二日着の邦綱発の兼実への極秘情報によると、「去《いぬ》る比《ころ》」福原では古京に還御すべきだという意見がぼつぼつ出始めたので、隆季や時忠ら院庁の別当が相談し、高倉上皇の仰せとして清盛に都帰りを命じた。ところが清盛が、「都帰りは大変結構です、しかしこの「老法師」に限っては、お供に加わりません」といい放った、それで別当らはたちまち当てはずれになり、この件は一切沙汰止みになったという。

右の「去る比」は八月一日以前と考えねばならない。上皇の大嘗会当年実施、内裏建設への真逆の方針転換は、清盛の立腹が原因で、前述の隆季の発言も、都帰り提案を一蹴されたことが不満の捨て台詞と解釈できるからである。邦綱自身は日ごろから大嘗会は延引すると思っていたが、清盛の「何故に行われざるや、はなはだもつてその心を得ず」とのいらだちの声が聞こえてくるそばから、都帰りの話が出始めたことに驚きの声を上げている(『玉葉』八月一二日条)。

いま一つは、八日に脇陣《わきのじん》(詰所)で、清原頼業・中原師尚の両大外記、大夫史小槻隆職らが内々陰陽師らを召して意見聴取を行い、方角の禁忌を理由に対立していた皇居建設について、打開策が浮上した点である。この日、名人陰陽師として評判の高い安倍泰親(光長が都から召すとした陰陽師の一人か)は、建設について「犯土の作事においては、最も忌まれるべきは勿論である、ただし、清盛の扱いとしてしかるべき舎屋を造り、かれが移転した後そこを借り召され、皇居に用いるなら宜しいだろう、公家(天皇・朝廷)が建設にいささかでも関与するのは適当でない」と提案した。

八月一日に、福原での皇居建設に犯土の禁なしと説いた陰陽師の季弘は泰親の子だが、この日その主張に色をなして怒った父に気圧されて、その言い分に従うと述べた。それで、こ

「初め時宜に諛《へつら》わんため、詐偽をもって君に奏した。にもかかわらず、今度は言葉を変じて父命に従う、まことにこれ謀計の士、不忠の臣なり」と、人びとの眉をひそめさせている。

結局、天皇の命による公的な建設でなく、清盛の作事という私的な形を取り、実質的に皇居建設を進める点で、妥協が成立したらしい(『玉葉』八月二九日条)。反対派は、実を取らせながらも、公式の皇居建設はひとまず阻止に成功したのである。

話を八日の脇陣での内々の評議にもどすと、新造皇居を舞台とする大嘗会については、頼業が「七月に延引の沙汰があった、重要事項は再審しない、延期すべきだ」といい、師尚は「孝謙天皇の例があるから今年離宮で大嘗会を開催するのは問題ない」と主張。隆職は「現在に至るも準備がない、無理に決行するのはかえって『儀式』の趣旨にも反す、いまとなれば明年が現実的である」と説いて、延期説が多数を占めたようである(『玉葉』八月二九日条)。

翌日遅れて福原に参上した別の陰陽師賀茂在憲も、泰親の意見に同意。「一日の議定では、時忠が方角のことは一切議論あるべからずと命じたので、がまんして退出した、そのとき、時忠は季弘の説に依拠したが、もちろん論外だ」と述べている(『玉葉』八月二九日条)。

さて一二日、本番その日の高倉院殿上での議論は、どう決着したのだろうか。これについては『山槐記』の当日の記事が詳しい。それを中心に紹介する。参加者は、兼実を除く被召集者全員である。経房が参入し、上卿左大臣経宗に「「定議」に非ず、ただ各《おのおの》(めいめい自由な)の評定を申すべきなり」との院の言葉を伝えた。しかし、経宗は慣例どおり末座の忠親に発言を促し、忠親は以下の四点を述べ、それが全体を方向付けした。

①、方忌の件は賀茂在憲・安倍泰親の申す趣旨が一致している。当然大将軍の方を憚られるべきであろう。ただし、完全に旧都を棄てられたなら、現在の皇居(もと清盛別荘)が「御本所(天皇の本邸)」であるべきだ。方忌はそこから立てられるべきだが、この地は遷都の儀にあらず、ただの離宮とのこと。よって平安京から見て大将軍の方角たる福原には憚りの儀があるべきではないか。そもそも禁忌の方に遷るべきでない。それなのにこの地を天皇の本邸と見立て、そこからの忌だ、といい張るのは不審である。「本所の忌」とは忌方(福原)に遷ることをいうのは明白ではなかろうか。

②、そうではあるが、事情があって都を定められるのにためらいがあるのなら、八日の脇陣での内々の相談の如く、入道太政大臣(清盛)が土木の功を終えて、皇居を新たにせられるなら、問題ないだろう。

③、ただし、今年大嘗会を挙行せねばならないからといって、皇居を造営するという件は、都合よく運ばないのではないか、なぜなら今日明日に造作を始めたとしても、清盛の退去が完了したのち天皇が内裏(もと清盛別荘)を出られてそこに遷るのは、今月中には実現不可能である。しかるに九月には斎場所《さいじょうしょ》(大嘗会のとき、神供を調えるために設けられる建物。宮城の正北、平安京では北野の地を卜定した)を造らねばならない。皇居が定まらないのに、先ず斎場所を立てられるのはよろしくない。禁忌を避けるかのようであるが、清盛の建築を予期して、事前に斎場所を設けるのは、却って勝手な御振る舞いとなる恐れがある。

④、今年新嘗会の節会以前に皇居の造作を終え、大嘗会については明年行うのが理にかな

っているではないか。大同四年(八〇九)平城上皇が平城旧京に遷都しようとし、実現しなかったが、同年四月即位した嵯峨天皇の大嘗会はなお延期された。この度は遷都の義にあらずといえども、すでに皇居を遷されており、有事であるによって、かの吉例にまかせ、明年行われるべきではないか。

これに諸卿賛同し、経宗は「今年(大嘗会を)強《あなが》ちに行はるるの条、還りて不法の恐れ有るべし、又斎場所并《ならび》に引標《いんひょう》の間、その地等沙汰有るべし」と結んだ。後段は斎場所や標《ひょう》の山《やま》(大嘗会の卯の日、多数の引夫が牽く作物《つくりもの》。祇園祭の山鉾《やまほこ》のようなもの。悠紀・主基の標木を立て目印にした。高さは二丈以上、めでたい風流の意匠をこらした飾り物を拵える)を曳くために、その地の選定などの準備もせねばならない(がもう間に合わない)、といっているのである。頭弁経房は高倉院のもとに参上、議論のなりゆきを奏し、それをうけて高倉は「定め申す旨尤《もっと》も然るべし、異議に及ぶべからず」と述べ、延期を命じた(『山槐記』八月一二日条、『玉葉』八月二九日条)。

忠親は「大礼(大嘗会)の事、離宮において行はるるに何事の有らんや」と福原で行ってもよいという立場だったが(『玉葉』八月二九日条)、しかし本年実施には慎重でこれに経宗や隆季らも同意、大嘗会は来年に延期と決まった。こうして福原遷都は、親平家だった公卿の多くに、清盛と距離をおかせる重要な転機となった。その時点で、将来の可能性まで絶たれたわけではないが、遷都は宙吊り状態から実現厳しい状況に追いこまれたといえよう。

以上長々と遷都・大嘗会をめぐる意見対立を復元してきたが、八月二九日、兼実は、福原からやってきた経房を前に、改めて福原経営の将来計画を問うた。経房は、「福原はただ今の如くんば離宮なり、明後年に八省(院)を造らるべしと云々、今年五節(舞)以前に皇居を造らるべし、これ禅門私の造作なり、かの人移徙の後、借り召さるべきの儀と云々、すなはち件の離宮(新造の皇居)の傍らに、八省の地を占め置き、并《あ》はせて要須の所司の跡等[節末補注参照]を立つべし、この離宮をもつてすなはち内裏に用ふべし、大内(正規の内裏)においては移建すべからずと云々、件の指図源納言(雅頼)これを造進し、堀川納言(忠親)また潤色(修正)を加ふと云々」と語っている(『玉葉』)。

いまは離宮の状態にとどまるが、再来年には皇居の傍に八省院を造り、併せて必要な役所を立ち上げるに違いない、というのである。福原は離宮のままでは終わらないというのだから、明らかに遷都を実効あるものにしようとする揺り戻しがあることを予想している。明示されていないが、こういう揺り戻しの震源は清盛以外にはあり得ない。

また、内裏の造営と一体となった大嘗会について、兼実は「先度沙汰有り延引す、今また俄かにこの儀有り」と驚いている(『玉葉』八月二九日条)。兼実は八月一四日には、福原の邦綱からの書状で、一二日の院御所議定で「大嘗会なほ延引の由、(高倉院が)これを仰せられ了んぬ、明年行はるべし」と決定したという情報をえている(『玉葉』)。それから二週間以上もたつて「今また俄かにこの儀有り」というのだから、その後また実施の件が再燃したらしい。清盛が、最後の最後まで大嘗会本年実施に執着していたことを示すものではないか。

とはいえ、九月には斎場所を造らねばならないというのが、当年実施のタイムリミットである。九月に入ると、さすがに大嘗会の件は話題に上らなくなった。

なお大嘗会にかんする論争が一段落した八月一九日、清盛は厳島に向けて出発する。今回は厳島にとどまらず宇佐に回るとあり(『玉葉』一九・二〇日条)、お供に源通親を連れての旅だった(『山槐記』八月二一日条)。

**補注**　原文「占置八省之地并可立要須之所司之跡等」のうち、「之跡等」の部分は意味不明。誤記もしくは錯簡かと思われる。

## 3　よみがえる福原

福原における平家の邸宅については、第二章4節で清盛亭・頼盛亭について紹介した。また第五章4節では清盛亭の占地が風水説にもとづいている可能性について述べた。それらを踏まえて治承四年六月以降この地が、どのように様変わりしたかについて明らかにする作業が残っている。それを考えるためにも、近年福原地域にようやく発掘のメスが入り始めているので、その成果を紹介してみよう(以下、図6-2参照)。

**A**　楠・荒田町遺跡(第二次・第一五次・第四六次調査)

神戸市中央区の大倉山公園から西に続く丘陵上に位置する神戸大学医学部附属病院構内

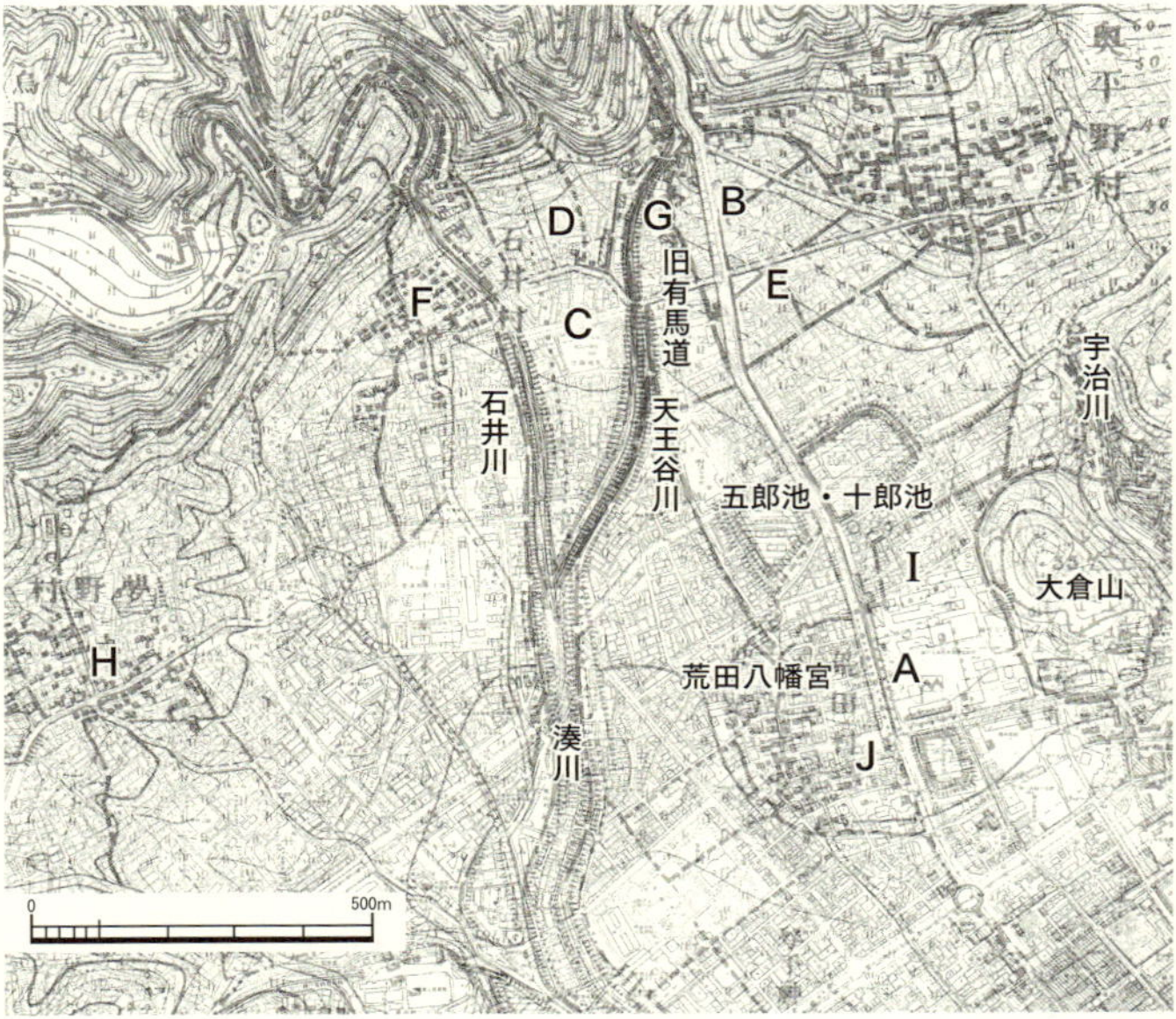


図 6-2　福原周辺の地形(明治 19 年仮製図＋現況図)(須藤宏氏作成協力)

(楠町七丁目)は、同遺跡の中心を占めると考えられており、一九八一年以来、神戸大学、次いで県埋蔵文化財調査事務所によって、それぞれ限られた範囲であるが、断続的に発掘調査が行われてきた。八二年の第二次調査では病院構内西北の一角から大型掘立柱建物の柱跡が検出された。瓦がほとんど出土していないことから、檜《ひ》皮葺《わだぶき》あるいは板葺の建物で、寝殿造の一部と考えられる。またその南側に、ごく部分的な発掘だったが、東西に並行する二本の溝の存在が確認された

（多淵、一九八三）。

その後二〇〇三年、病院構内の西北に民間資金を導入して立体駐車場を造ることになり、県によりⅠ区・Ⅱ区、二度の事前調査が行われている。Ⅰ区では東西二間、南北一間の掘立柱建物が検出され、八二年調査の大型掘立柱建物と方位がほぼ合致していることがわかった。Ⅱ区では八二年調査の溝跡が東西方向三九メートルにわたって姿を現した（図6-3）。二本の溝（二重壕）のうち、北側（SD01）は平均して上幅約二・七メートル、最深約一・七メートル、断面がV字形（薬研壕《やげんぼり》）をしており、南側（SD02）は断面がU字形（箱壕）で、平均上幅約一・八メートル、最深約一・八メートルあった（ただし、ともに上部は削平されている）（以上図6-4）。両者は掘削時期に差があり、SD01が後に掘削されたが、一定期間は同時に存在していた可能性があると考えられている（兵庫県教育委員会、二〇〇八）。

Ⅱ区の北壕の溝底からは大量の非ロクロ成形の土師器皿《はじきざら》が出ている。製作技法や口縁部の特徴より京都系の土師器皿とされるもので、年代的にはほぼ一二世紀後半、降っても一三世紀初頭までの幅に収まり、まさに平家時代のものである（岡田章、二〇〇五）。

本遺構は保存をもとめる研究者、関西の歴史諸学会の要望を踏まえた神戸大学当局の英断で、立体駐車場の設計変更が行われ、破壊の危機をまぬがれ埋めもどされた。さらに二〇一一年神戸市教育委員会による第四六次調査で、二重壕の西側に延長部分が検出され、総延長は現状で六五メートルに及ぶことが確認された（神戸市教育委員会文化財課、二〇一〇／神戸市教育委員会、二〇一一）（以上図6-4）。

そのほか二〇一二年の五三次調査(J)では、附属病院南辺から有馬街道(国道四二八号線)をわずかに西に越えた地で、平安中期後半から鎌倉時代の遺物が多く出土し、大型の井戸や掘建柱建物、木棺墓などの遺構も確認された。井戸からは九世紀後半から一〇世紀初めにかけての緑釉《りょくゆう》・灰釉《かいゆう》陶器が出土し、清盛以前にこの地に有力者の住まいがあったことがわかった。

図 6-3　楠・荒田町遺跡の二重壕遺構(兵庫県立考古博物館提供)

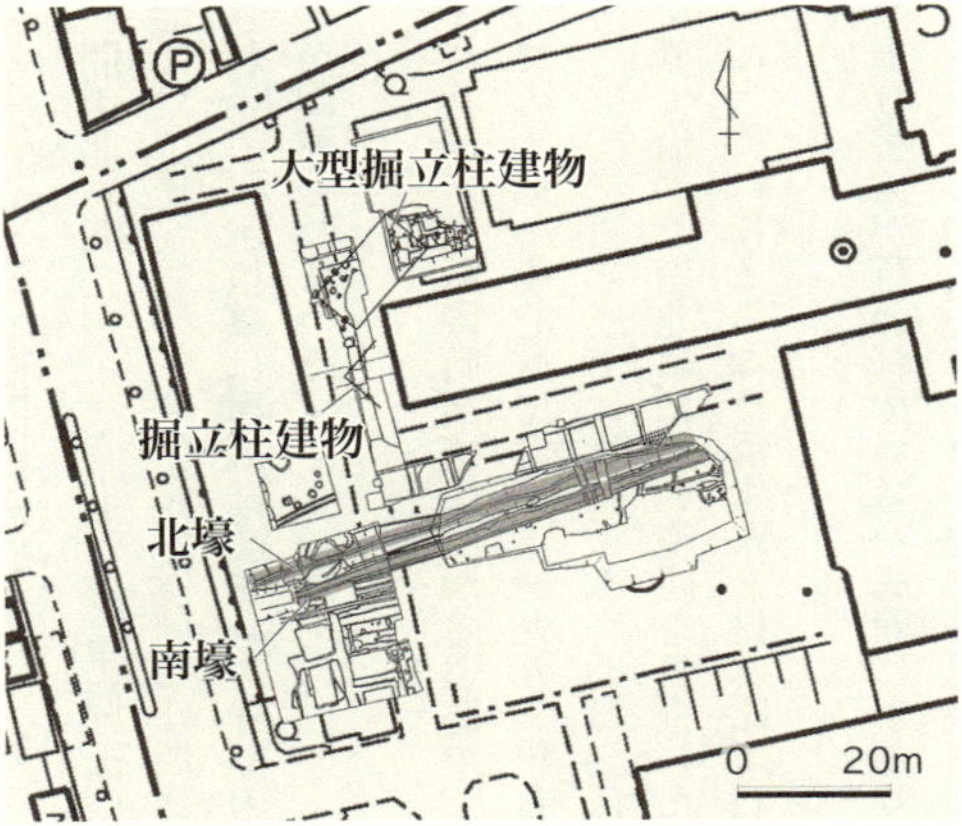


図 6-4　楠・荒田町遺跡調査(1981 年，2003 年)の成果(須藤宏氏作図)

掘建柱建物、木棺墓は平安末期から鎌倉時代のもので、掘建柱建物は総柱《そうばしら》（一間ごとにくまなく格子状に柱を立てたもの）で、少なくとも柱間南北六間（一二・三メートル）×東西三間（七・八メートル）以上の規模があり、これと重なる位置に同様の規模をもつ総柱の掘建柱建物があり、建物の建て替えが行われた可能性が想定されている。木棺墓は複数確認され、守り刀《とう》の鉄製刀子《す》や鏡、中国製の青磁椀・青白磁合子《ごうし》などが副葬されていた。

**B　祇園遺跡**（第二次・第五次調査）

これはAの北北西約七〇〇メートルの所、兵庫区上祇園町周辺に広がる遺跡で、天王谷川左岸の扇状地の扇頂付近に位置する。かつての福原の中心域である。一九九三年有馬街道の拡幅計画にともなう調査がきっかけになり、二〇〇五年までに神戸市教育委員会による一三次にわたる調査が実施された。主に道路東側に沿った南北に細長い範囲を調査したにとどまるが（B）、第二次・第五次の調査で庭園の池とそれにともなう導水路・排水路、石垣・土坑などが確認された。

池は最初に造られてから、二度の大きな造り替えが行われている。底面に小ぶりの石を敷き、西に浮島を持つⅠ期の池から、浮島を埋めこんで石垣を作り、池底や堤の斜面に比較的大ぶりの石を敷きつめるⅡ期、池の拡張が行われ南の堤に盛土され、玉石を敷きつめ洲浜を作るⅢ期と変遷し、池の風情も、水深が浅く水面のさざなみの下に池底の敷石が見えていたⅠ・Ⅱ期から、水深が深くなり底に泥がたまっていたⅢ期へと変化したらしい（図6-5）。池中から京都系土師器が大量に出土し、これらは宴会で使ったかわらけを投棄したものと考えられる。土器の編年から池の存続時間幅が、一二世紀後半内に収まることが明らかにされている。

池の南六〇メートルの地点からは、多量の瓦・かわらけの他、中国産の白磁・青磁など陶磁器類が出土した。当時京都には諸国で焼かれた瓦が大量に搬入されていたけれど、逆に京都産瓦が山城国外に持ちだされた例は、大阪四天王寺の例しか報告されていない。そのため建物住居跡はまだ出ていないが、この瓦を葺いていた建物は、京都から移築したものだろう、といわれている。また瓦では軒瓦《のきがわら》の比重が高いことから、総瓦葺きの寺院や官衙でなく、棟部分にだけ瓦を葺く檜皮葺の貴族邸宅と推定される。

出土陶磁器のなかで注目すべきは、中国の吉州窯《きっしゅうよう》(現江西省吉安市)で焼かれた玳瑁釉小碗《たいまいゆうしょうわん》

図 6-5　祇園遺跡で確認された園池遺構(神戸市文化財課提供)

図 6-6　祇園遺跡出土の吉州窯系玳瑁釉小碗(神戸市文化財課提供)

であろう(図6-6)。玳瑁はウミガメ科のカメのことで、背甲の黄色と黒色の不規則な細斑を鼈甲《べっこう》という。それに似た釉薬がかかった焼き物である。同種のものの日本での出土例は、博多など五指に満たない大変に珍しいものという(須藤、二〇〇五)。

当地区ではその後も調査が続けられていたが、二〇一一年、兵庫区下祇園町内の調査区で(E)、平安時代後期の掘建柱建物およびこれにともなうと考えられる柵列《さくれつ》、井戸、溝などが見つかった(第一四次調査)。建物は三棟で、建物1は南北五間(一〇・七メートル)×東西三間(六・〇メートル)以上、その西側に並ぶ建物2は南北四間(八・六メートル)×東西五間(一一・八メートル)東側に半間の庇もしくは縁が付いていた。その北側の建物3は南北三間(五・八メートル)×東西四間(八・四メートル)以上である。柵列は、南北方向の一一・一メートルで建物1と建物2の間を区切っている。建物との前後関係は不明である。

建物2と3は、ともに井戸を埋め立てた上に建てられている。井戸は二基で一つには廃棄するときの祭祀に使用した大量の土器類が出土した。なかには白磁の碗や合子や黒漆と生漆が塗られた和紙断片などが含まれていた。調査区の南端で見つかった区画溝1からは、珍しい白磁の水注《すいちゅう》や土師器の皿、須恵器《すえき》の大型甕《かめ》、山茶碗《やまぢゃわん》が出土し、この溝は邸宅内の区画溝と考えられる(神戸市教育委員会、二〇一二)。

### C　雪御所遺跡(第一次・第二次調査)

天王谷川は旧有馬道沿いに流下して平野部に抜け、西から流下した石井川と合して湊川になる。両川がつくるY字状空間の中央部には、明治期まで「雪之御所」という小字が所在した(現雪御所町は、一九一四年、小字河原・出合の二つと小字雪之御所の南半分が合してできた)。

一九〇二年(明治三五)、「雪之御所」の北にある湊山町で水道管敷設工事があった際、石材列が発見されたといわれている。ついで一九〇八年、その南の湊山小学校校舎改築の際、多数の土器・瓦片、礎石とも考えられる石材が発見された(大山、一九七五)。「雪之御所」は『平家物語』の「雪見の御所」の地と考えられ、同小学校校庭に「雪見御所旧跡」の石碑が据えられた(二〇〇五年より、石碑は校舎北側、道路沿いの塀際に移設)。出土した播磨系軒平瓦(一二世紀第4四半期の玉津田中遺跡〈第二章4節参照〉出土のものと同文)は小学校が管理していたが、現在は神戸市立博物館に管理替えされている。

その後一九八六年、校舎の建て替えにともなう調査が行われ(第一調査)、二〇一二年の第二次調査で、花崗岩の自然石を三～四段積み上げた南北方向の石垣や平家時代の土師器が多数廃棄された土坑が確認された。後世の攪乱《かくらん》がひどいこともあり、建物などの遺構は確認されなかった。

以上が二〇一二年までの主な発掘成果である。これらは文献史料に見える平家邸宅のいずれに該当するのだろうか。まずCは、重衡亭にあたる。遷都時安徳天皇は頼盛亭、高倉上皇は清盛の別荘に入ったが、直後の四日夜になると、安徳は清盛別荘、上皇は頼盛亭へと入れ替わった(『玉葉』六月六日条)。高倉上皇はその後も荒田の頼盛亭にいたが、体調不良を訴え、七月二八日になっても熱が下がらない。陰陽師が頼盛亭は「悪所」だからと占ったので、上皇は蔵人頭重衡の宿所に遷った(『山槐記』『親経卿記』)。この重衡亭について、『親経卿記』七月二八日条は「内裏の南、楼門の脇」と記す。楼門は二階建ての門で、同時期後白河法皇の法住寺御所の七条殿などで見られた。

一方、『山槐記』治承四年一一月二二日条には、新造の内裏に安徳天皇が遷った後の「本(元)の皇居」を、「禅門(清盛)の家、雪御所の北なり」と記す。となれば、重衡亭は内裏(清盛別荘、図6-2のD)の南だから、「雪御所」と同一物となる。それが御所を付して呼ばれているのは、高倉上皇の居所になったからだろう。ちなみに「新院御所の近隣」、つまり重衡亭の近隣には平盛俊の宅があり、九月五日の火事で焼けている(『山槐記』)。盛俊は平家の大番頭盛国の子供で、治承三年一一月には「入道前太政大臣家」の政所別当を勤める有力な御家人だった(『平安遺文』三八九一号)。

Bは対応する文献記事がなく、遺跡の居住者比定は難しい。が、清盛亭に安徳天皇が入って内裏になれば、平安京里内裏の慣例では、家主はそこを立ち退かねばならない。しかし、安徳は清盛の掌中の玉であるから、遷るとしてもなるべくその近隣を選ぶに違いない。ならば、上祇園町辺りが最も可能性がある。

この点を傍証を交えながら推測してみる。福原には当然宗盛亭もあり、『山槐記』一〇月一三日条に「件の所三間四面の寝殿、東庇の巡りは中門廊に当る、すなはち東方に所無きの故なり」と見えている。主殿の寝殿は正面の柱間が三つあり、四面に庇がついていた。普通はその寝殿から東西に対屋が延び、その対屋から南に中門廊(中門の設けられている廊下)が続くのであるが、ここでは東方の庇から直接廊が出ている構造だった。それは東方にスペースったを取れないからだと書いており、山または川あるいは崖などがあり空間にゆとりがなかったことを推測させる。

また清盛別荘と宗盛亭の位置関係について、平家の御家人豊嶋蔵人《てしまのくろうど》が「近年禅門并に幕下(宗盛)の辺りに夙夜《しゅくや》す」といわれている(『玉葉』一一月二三日条)。「夙夜」は早朝から夜遅くまでの意味だから、両者に昼夜奉仕できるなら、宗盛亭と清盛の別荘はごく近くに所在したのだろう。

Ｂ発掘の中心であった神戸市教育委員会の須藤宏氏は、筆者のこの意見にたいし、東に場所の余裕がなくしかも清盛亭の近隣という条件に当てはまりそうなのは、清盛亭の西、石井川の右岸に隣接した場所だとする(図６-２のＦ)。そして清盛亭の西に宗盛亭があれば、東の上祇園町にも清盛の別の子息の亭があった可能性があり、清盛亭は南面していたはずだから、東は右方より格の高い左方になる。だから最も可能性が高いのは宗盛の異母兄重盛の亭であろうとする(須藤、二〇〇五追記)。大胆かつ魅力的な仮説で支持したい。

むろん遷都の時点では、重盛は病没していたから、かれの長子維盛または次子資盛の亭になっていたのだろう。それが清盛別荘の内裏化による玉突きで清盛が遷ってき、維盛(資盛)は居所を明け渡したのではないか。推測に推測を重ねるようだが、この仮説は、Ｂの園池遺構の頻繁な作り替えを合理的に説明できるように思える。邸宅や庭園は家主の身分や社会的地位の違いによって、その規格や様式を異にするからである。

Ａが平中納言頼盛亭近隣の重要施設、もしくは頼盛亭の一部であることには、ひとまず問題ないかに見える。しかし二本の壕の東西方位は真北《しんぽく》からおよそ東に七〇度傾く。当八部郡条里の復元研究では、福原地域の大部分はその七条一里にあたるが(吉本、一九八一年)、この地で顕著に見られる条里状地割の東西線は、平均で真北から東に五二度傾いており、二本の壕の方位とは明らかに角度が異なっている。また二本の壕については、その間隔は広い所でも一メートル程度、二本併せて全壕幅五メートル程度であるから、防御機能を想定するにはいささか規模が物足りない。そのため一見二重壕のように見えるが、邸宅をとりまく北側の壕(SD01)と都市区画用の南側の溝(SD02)が、たまたまこの場所で並行して走っているだけではないか、との意見が有力になっている。

関連して八月一日に入洛した大外記清原頼業が、兼実に高倉上皇の言として「福原に離宮を立て、しばらく経廻有るべしと云々、八省・大内に及ばず、また大路・小路便に随ひてこれを抜き、しかるべき卿相・侍臣等を撰び、その地を宛つべしと云々」(『玉葉』八月四日条)と伝えたのが重要だろう。街路は土地の仕分けをするためのものであり、都市では街区に分けられる。街区は多くは建築物を建てる目的のものである。

二重壕の南側の壕(SD02)は、右の福原の再開発と関連するものではないか。楠・荒田町遺跡の二重壕をともなう建物は、この付近にそれ以前から存在していた地割の上に、新たに別角度で引き直された都市区画線に沿って建てられたのではないか。この着想を最初に提起したのも、やはり須藤氏だった。しかもこの遺跡の辺りは、清盛が新造した内裏に近いと考えられる。

というのは、一一月一一日新造内裏の完成後、五節を挙行するため安徳天皇が渡御した。『吉記』の同日条には、その新内裏までの行程を「御所の南大路を東行し、東大路に至り南行す、さらに東折し、東の造路《つくりみち》より南行、入道太政大臣亭の北の大路に至る、西折して西南門(右衛門陣)より入御」と記している。湊山町の内裏(清盛別荘)から出発して東→南→東→南で「入道太政大臣亭」、すなわち新造の内裏[節末補注]の北側を画する道路にいきあたり、それを西行して内裏西北端で南折し、西面に設けられた南北の門のうち南の門(右衛門陣)から入った。

行幸の実施責任者大納言藤原実定は、出発にあたり「路難の覚悟」を説いた。大行幸のようにも聞こえるが、かなりの起伏ある福原内の移動だからこういう表現を取っているだけで、実際には短距離の移動だったはずである。行程に見える道の初めの方は、条里の界線上もしくはそれに並行して走っていたと思われる。条里に規定されての移動であれば、東は東北東、南は南南東と読み替えるべきだろう。『吉記』に見える道路名は、これを書いた経房が便宜のため仮に名づけたものであったが、「東の造路」は「造路(新道)」という表現からして、遷都後都市計画道路として新たに開かれたものだったに違いない。

ちなみに、これに先立つ一一月一日、宗盛は仁和寺の守覚法親王に「福原の路造り」のための人夫を二〇〇人出して欲しい、と申し入れている。法親王はあわただしい話なので叶いがたいといいながら、近辺の所から徴発し現地に送るよう指示している(『北院御《きたいんお》室御日《むろおんひ》次記《なみき》』)。この「福原の路造り」のための人夫は、他の権門貴族にも要求したはずだが、安徳の新造の内裏への行幸に備えた道路整備要員だったかもしれない。

問題は新造内裏の立地場所で、上記行程を現地形上できちんとたどれるなら、場所も特定できるのだが、方向だけで距離を記さない記述では、遺憾ながら「御所」(清盛別荘)の東南方にあった程度しかいえない。しかし、後に述べるように親平家の貴族たちに宅地の分給が始まって、八月一二日忠親も地を賜り、その地は「皇居を立てられるべきの所南町の一町なり」とある(『山槐記』)。この南町の町は区切られた一区画の意味である。ところが、その同じ場所が他日の記事では「給地の山に向ふ」と表現されているので(『山槐記』一〇月一七日条)、小高い丘陵にあったことがわかる。清盛別荘から東南方向の丘陵といえば、頼盛亭のある大倉山から西に続く丘陵しかない。その忠親亭のすぐ北に新内裏があったわけだが、この丘陵のさらに北は同丘陵と六甲山地の山裾がつくる鞍部《あんぶ》になっており、鞍部の東は宇治川に向かってかなりの傾斜で落ちこんでいる。その結果、大倉山頂上(現在は公園化で削平されて低くなっている)と宇治川右岸の地との比高差は二〇メートル以上ある。

内裏のような最重要施設が顕著な傾斜地や上から見下ろされる鞍部に設けられるはずがない。だから大倉山の北はその候補地から除かれ、比高差の目立たない同丘陵西の北部、馬場町か医学部附属病院敷地内の可能性が高くなる。二〇〇六年馬場町で行われた試掘調査(図6-2のI)で、南北方向に断面V字形となる可能性の高い堀が確認されていることと併せ考えれば、二重壕遺構の北壕は頼盛亭関連というより、むしろこの新造の内裏に引きつけるべきものである可能性が出てくる。

以上を総合すれば、高倉上皇が荒田の頼盛亭から重衡亭に遷った後の七月末、大倉山西の台地一帯には地割の再設定が行われ、内裏を始め各種の建物が新造されていったという想定が成り立つ。楠・荒田町遺跡の八二年の第二次調査で出た大型の掘立柱建物の東西軸は、真北から約四三度東に振れており、二重壕の方位より福原地域に顕著な条里の方位に近いので、これが実は再開発以前の頼盛亭関連の遺構かもしれない（図6-4）。

すでに述べたように、前年六月八日、藤原忠雅が厳島詣の途上福原を訪れたとき、頼盛の「宿所」で禅門の歓待を受けた。原文では「禅門その儲《もうけ》の沙汰を致さる、前兵衛尉(源)行員《ゆきかず》行事たり」とある(『山槐記』治承三年六月二二日条)。翌年高倉院も頼盛亭(少なくとも厳島からの復路には)に入っている。あるいは、このころは清盛の勢力に圧倒され、頼盛亭の福原におけるもう一つの中心性や自立性は失われており、清盛別荘の機能を補う迎賓館的な施設になっていたのかもしれない。

須藤宏氏も、「福原遷都の初日に安徳天皇が頼盛邸に泊まり、正二位に叙されたという記事は(筆者注、『玉葉』六月六日条)、屋敷地を召し上げられる対価がこのお成りであり、叙位であった可能性もある」と述べ、荒田の頼盛亭の跡地に新内裏が建てられた可能性を提唱している(須藤、二〇〇五追記)。

なお以上の他の平家邸宅として、六月四日の福原到着のときに、法皇が入った平教盛亭がある。これについては延慶本『平家物語』に「一院ハ、四面ハハタ板(端板、目隠しのための板塀)シマハシタル所ノ口一《ひとつ》開タルニ御坐テ、守護ノ武士キビシクテ、輙《たやす》ク人モ不参ケリ」

とあった(巻四都遷事)。事実を伝えたものかどうか不明で場所も不明だけれど、伝承では兵庫区熊野町三丁目の熊野神社の近くといわれている(『西摂大観《せいせつたいかん》』下巻)(図6-2のHの辺り)。摂政基通が入った安楽寺別当安能の房については、『親経卿記』七月一九日条に、天皇が方違え行幸をし、皇居から一町許《ばか》りのところだとあるから、これも清盛別荘至近の地にあったらしい。

補注　この「入道太政大臣亭」が、新造内裏そのものであるという筆者の意見にたいし、それなら「なぜ太政大臣邸としか書かなかったのか」との疑問があるが、それは犯土の作事を理由とした反対論があり、清盛の私的な邸宅として造る形にした、という本章2節で詳述したような事情があったからである(歴史資料ネットワーク〈史料ネット〉編、二〇〇五の報告・討論参照)。

## 4　平家一門だけの都市

大嘗会延期決定五日後の八月一七日伊豆で頼朝が挙兵、ほとんど同時に熊野別当湛増《たんぞう》が紀伊で、また甲斐で武田信義が、正確な時期は不明ながら東信濃で源義仲が挙兵、九月には九州の筑紫でも反逆者が出、内乱は一気に全国化してゆく。それでも内裏の新造、福原の都市整備は着実に進んでいった。京都と福原の間を忙しく往来していた中山忠親は、八月二二日高倉院の御所に参上したとき、院別当の時忠から「皇居の差図」を示され、もし難があれば意見を述べなさい、といわれている。この差図は「大内を摸《かた》どり、少々間数を縮むるなり、北方はただ里亭の如し」というものだった(『山槐記』八月二四日条)。私的な作事という形で内裏建設を進める了解を取りつけた清盛は、意図的に大内(平安京大内裏の本内裏)に似せた建物を造営することで、来たるべき皇居のための既成事実を積み上げようとしたのだろう。

平安京の内裏は、築地塀で囲まれた外郭が南北一〇〇丈(約三〇三メートル)×東西七三丈(約二二一メートル)、内郭は南北七二丈(約二一八メートル)×東西五七丈(約一七三メートル)である(寺升、一九九四)。しかし一町規模の平安京土御門烏丸内裏でも「殿舎大略大内を摸どる」(『百錬抄』永久五年一一月一〇日)といわれており、表向きは清盛亭として建て、しかも土地の広さに限りがある現神戸大学医学部附属病院付近に造られたと考えられるので、方一町規模と考えるのが妥当だろう。この点山田邦和氏の教示をえた(山田、二〇一二c)。そして北部の後宮にあたる区画は里内裏形式だが、それ以外は大内を真似たというから、紫宸殿を備え、その正面に南庭と呼ぶ広場があり、それをコの字型に取り囲む形で、東に宜陽殿《ぎようでん》・春興殿《しゅんこうでん》、西に校書殿《きょうしょでん》・安福殿《あんぷくでん》にあたる各殿舎が建っていたのだろう。

そして九月中旬には「今は、さしたる公事の外、故京に還るべからず」と、公卿・貴族・官人たちに禁足令が出る(『玉葉』九月二二日条)。院御所議定では賛同を得られなくとも、清盛はまだ諦めてはいなかったのだ。遷都の事実を作り上げようとするかれの執念には、目を見張るものがある。

皇居造りは順調に進み、一〇月九日には、頭弁経房が忠親の所へやってきて、南殿(紫宸殿)に宛てられる寝殿の障子の図柄は、いかがしましょうかと意見を求めている。経房は時忠から「賢聖の障子」(平安京紫宸殿の母屋と北厢の隔てに立てられたふすま障子で、中国の殷から唐代に及ぶ賢臣三二名の肖像が描かれ、その賢臣名臣である由来が記されていた〈家永、一九九八〉)でどうか、忠親とも相談せよと指示された。ところが忠親は東三条第という、院政期には摂関家の儀式専用住宅として用いられた住宅を例に挙げ、そこの寝殿の障子には山水が描かれており、代々の天皇が里内裏に用いたときも改めなかった、だから南殿に擬すといっても「山水の障子」で問題は無い、と述べた。このとき忠親には、清盛が対屋を清涼殿として使うための舗設《しつらい》(室内の装飾、調度の敷設)を準備しているなどの情報が伝わっている(『山槐記』)。

時忠が経房に「賢聖の障子」の指示を与えたのは、大内に似せようという高倉院の意志が働いているのだろう。これにたいし、忠親は東三条第の障子に倣えといって、内裏様をやんわり退けている。そもそもこの新造内裏は清盛の私力による造営という形で落着したが、実際は高倉上皇の命で進められたらしい。一〇月二〇日兼実は、やってきた陰陽師の泰茂《やすしげ》(安倍泰親の子)に新都の作事の進捗状況を尋ね、「およそ作事指図以下の用途など、一事以上(高倉上皇の)御沙汰たり、ただ仮に他人(上皇)をもつて名となすの条、ひとへに神を謀《たばか》るに似たり、驕餝《きょうしょく》(うわべを偽り飾る)の沙汰なり」の証言を得ている(『玉葉』)。清盛は都帰りと遷都の間を揺れ動く高倉上皇を表に立てながら、この事業に公的な装いをとらせようとしていたのである。

この間九月二一日、上皇が体調不良を押して厳島に出立し(『玉葉』『百練抄』)、自筆の金泥提婆達多品一巻及び願文を奉納し(『源平盛衰記』巻二十三入道奉勧起請)、一〇月六日福原に帰還している(『玉葉』『山槐記』)。同日それと入れ替わるように、清盛も厳島及び宇佐宮に出かけた(『玉葉』一〇月九日条)。厳島ばかりか宇佐に向かったのは、瀬戸内始め西国の武士に対する示威・権勢誇示の意味もあったのだろうと推定されているが(工藤、一九九二b)、つきあいのある大宮司宇佐公通が前月一六日の臨時の除目で豊前守に就任している(『山槐記』)。むろん清盛の推挙による人事であるが(『玉葉』文治三年一〇月二日条)、祝意を述べるかたがた、政権への一層の協力を約束させる意図を持っていたのかもしれない。

ここで時間は少し遡るが、公卿に対する給地と邸宅建設の進捗状況について触れてみよう。事実が詳しくわかるのは忠親の事例である。忠親は、先述のように八月一二日内裏予定地の南に一町の地を賜っている。翌日には「家人等を居せしめんがため」「輪田の原」に行き、「小松原」に「二三町許り」の土地を選び定めている。ついでに忠親は「泊(大輪田泊)の方」に向かい、輪田四郎則久が提供する「高瀬船」に乗船して周辺を経廻り、「堤の上に登り南海を望み見」た、つまり和田岬より南に広がる大阪湾を眺めたらしい(『山槐記』)。輪田則久は前日にも給地の賜与に一役買っている。名字から推して現地の領主であろうか。

小松原は寛政一〇年(一七九八)刊の『摂津名所図会』に「和田小松原」として、「東は兵庫の町の端《はづれ》より、西は東尻池村まで一面の松原にして」とある。東尻池村の東南端は現在の兵庫区和田宮通八丁目がそれにあたる。福原からはかなり離れていた。福原は手狭で居住空間としては余裕がない。そのため身分の低い家人クラスは、福原中心部の上流階層の住まいする空間から閉め出されていた可能性がある。

また『吉記』の一一月一二日条に、夜半火事があり「浜辺の在家二町許り」が焼けたという記事がある。浜辺は海浜の意味だから、経の島の近くではないだろうか。そうならば、福原とは別に、経の島の近くに港湾関係者や民衆の家屋が集中していた情景を想像できる。

さて、八月二三日、京都から帰った忠親は、福原の仮宿所に入る。その近隣が給地だったので検分のため歴覧した。測量してみると「四方或いは三十一、二丈、或いは四十(異本では三十)四、五丈」の広さだという。四〇丈(一二一メートル)四方が京都の一町で正規の公卿亭の規格だから、狭い福原にしては、かなり優遇されているといってよい。

八月二五日、給地を見回っているとき、西町(西側の区画)に同じく給地を得た時忠がやって来た。時忠は清盛側近の源季貞《すえさだ》を遣わし、「福原の指図」を持ってこさせた。それを二人で開いて、「内裏以下人々の賜地等」を確認している。すでに福原全体の都市計画図ができていたらしい。忠親は二七日も給地を歴覧しており、こうした現地の丹念な観察によって、建てるべき自邸のイメージが固まったのだろう。

普請の準備は京都で始まった。九月六日、まず宿所用の棟門一宇を京都で造り、堀川を使って流下、淀川・大阪湾を廻漕して福原に運ばせている。忠親は九月二〇日にも、「福原の宿所の屋一宇」を旧都で造った。これも堀川を利用して運んだのだろう。そして一〇月七日になると、給地では宿所用の建材を準備する作業が始まった。忠親は自亭建築のため京より工《たくみ》十余人を現地に引き連れてきたのである。

一〇月八日には現場で工事が始まったとみえ、作事を見物している。この日午後、西隣の給地に時忠がやって来、かれから招待された。二人は建物内部の仕上げについてあらかじめ相談し、さらに建築資材置場で酒食を勧められている。以下、一〇日から三日連続で作事を見、一二日には二つの門が建ち、東廊の礎が据えられた。翌一三日には上棟が行われ、一四日からもほぼ隔日に作事を検分している。一七日には左少弁行隆も見物に来た。そして二一日に早くも工事は完成する。その夜忠親は新造の宿所に渡り、もとの宿所の地は次郎長房(もと後白河院の年預別当藤原俊盛の次男か)に譲った。

この間、作事見物に余念ないように見えた忠親だが、一〇月一〇日、第三章3節で紹介したように、従者を遣わし「輪田泊(経の島)」の唐船から漢方薬の材料を購入している。そのころ薬は、なんといってもメイド・イン・チャイナである。この中国船は先月一六日、同港に着岸していた(以上すべて『山槐記』)。東シナ海の季節風の風向きを考えると、普通なら帰国は翌年三月、四月が適期であるから(石井謙、一九八三)、なお半年ほど経の島に停泊していたと考えておきたい。

つぎに西隣の平時忠亭であるが、忠親亭とほぼ同時に建築が進行していたらしい。時忠の妻帥典侍(領子)は安徳天皇の乳母であるが、八月一九日、福原の宿所で男子を出産している(『山槐記』)。この宿所はむろん建築進行中の給地の亭とは別物で、仮宿舎を指している。

前大納言藤原邦綱の寺江の別荘は、神崎川(古名三国川)の河口にあった。建物の立派さ美麗さで知られ、瀬戸内海航路の終着点、または福原への中継点として、この時期フルに機能していた。その邦綱の福原での邸宅は、「宇治河の亭」「宇治の新亭」などと呼ばれているから、宇治川のそばにあったはずである(『吉記』一一月二〇・二三日条)。そして、一一月二三日いよいよ都帰りが始まると、天皇はまず乗り物でこの邸宅に赴く。『吉記』には「この都に幸《みゆき》の後新造の華亭なり」とあり、六月の遷都後建築が始まったもので、直前まで未完成だったらしい。時忠や邦綱のような平家政権中枢ないしそれと連携する重要人物でも、「遷都」以前には福原に常時の邸宅を持っていなかったのがわかり、興味深い。福原は元来平家一門(武家平氏)のためだけの都市であったのである。

以上は、平家一門もしくは親平家の公卿たちだが、右大臣兼実の場合はどうだろうか。平家には批判的な男であるが、世俗で生きるためには、少しは清盛に追従のポーズもとらねばならない。天皇の福原行幸出立前日、福原に赴くべきか否かを清盛に問うて、いますぐ来なくてよいと一蹴された件、高倉上皇から輪田京建設について意見をのべよと命じられ、福原にはしかるべき住居がないので、邦綱の寺江の別荘に入り、福原には日帰りせよと命ぜられた件については前に紹介した。

さらに九月八日になって邦綱から、あなたの所にも給地したので受け取って欲しいとの報があり、一〇月七日家司らを見にやらせる。ところが、一〇月一三日帰京した家司らは、給地なお未定と報告した(『玉葉』)。あまりにも条件が悪かったので、事前の打ち合せ通り、家司らの側で蹴ったのかも知れない。

都帰り決定という段になり、兼実もその前に一度くらいは福原に行かないとまずかろうと思うけれど、都帰りの日取りがなかなか決まらない。一一月一五日、兼実・良通父子はともかく行ってみようと家を出るが、途中福原より飛脚が到来、良通の下向については改めて指示する、子細は追って、という清盛の命を伝えたので、やむなく帰宅している(『玉葉』)。

結局「しかるべき卿相・侍臣等を撰び、その地を宛つべし」の原則の「しかるべき」とは、具体的には親平家の公卿廷臣を指すもので、兼実のような平家に批判的な人物は、その存在を煙たがられ、給地を後回しにされた、もしくは事実上予定がなかったのだろう。

## 5　潰えた夢

一一月、新内裏の完成にともない、清盛に家の賞(別荘の提供)と造宮の賞を与える件が問題になる。ところが、頭弁経房は、家の賞は当然行われるべきだが、造宮の賞の方は朝廷の命による造営でなく、清盛が私亭を新造しそれを天皇に提供するというのが議定の内容だった、それなのに「皇居」に似せたものを造り、私的に移転を終えて天皇に提供したのだ、なんで造宮の賞に値するものか、と疑問を呈した(『吉記』一一月一一日条)。

高倉上皇の関与を約束違反と追及はしないが、そのかわり名はもとより実すら認めぬしっぺがえしで、こういう駆け引きにかけては、王朝貴族はさすがに巧者である。兼実ものちに、あれは「皇居として造営せられず、人(人臣)の家としてこれを造られ、その後遷御し了んぬ」、もし皇居と称して犯土となれば、公家(天皇)のため不都合な事態になったに違いない、と述べている(『吉記』養和元年八月一七日条)。

ともあれ福原を新都とする既成事実はそれなりに積み上がっていった。が、内乱の広がりは予想以上で、事態は悪化の一途をたどった。一〇月近江でも反乱に呼応する者が現れ、それを防ぐために平家方と度々合戦があった(『玉葉』一〇月二日条)。頼朝も房総半島から鎌倉に入り、南関東に独立政権を構築しつつあった。富士川の戦いでは、甲斐源氏の活躍によって、平家遠征軍は戦わずして敗走する(『山槐記』一一月六日条、『吾妻鏡』一〇月二〇日条)。また延暦寺衆徒が蜂起、遷都を止めなければ、山城・近江両国を押領すべく準備中、との報も届く(『玉葉』一〇月二〇日条)。

東海道一帯が急速に反平家の勢力圏に入ってゆく事態の展開のなかで、一一月五日、畿内防衛のフロントである美濃の源氏らを、頼朝などから切り離し味方にする、という高倉上皇・時忠、そして多分宗盛も支持した柔軟路線が現れる(『吉記』一一月六・八日条)。しかし、清盛は美濃源氏も追討するといい、「私の郎従等」を派遣してこれを敵に回してしまう(『玉葉』一一月一二日・一二月四日条)(松島、二〇〇三)。

同日、宗盛が都帰りにつき清盛に諫言し口論に及ぶ、との伝聞が兼実の耳に入った(『玉葉』)。『平家物語』は宗盛を優しいが臆病な人間として形象化しているが、かれが父に従順だったのは事実だろう。その宗盛でさえ面を冒して諫め、口論になるほどだというのだから、大勢は清盛の意志にかかわりなく、都帰りへと雪崩をうちつつあったことがわかる。いまや清盛の孤立は誰の目にも明らかで、逆流に抗するため頑なさはいや増した。若き日の熟慮や柔軟さは別人のように失われ、一門への統制力は確実に弛緩しつつあった。

安徳が新造の内裏に行幸した翌一二日、ついに清盛が都帰りに同意した。頭弁経房の日記によれば、この日高倉院より召しがあったので急ぎ参入すると、別当の隆季が、帰都の議がある、ただし邦綱が院の御使として清盛の所に説得に向かった、帰ってくるのを待てという。数刻待ったが、一向命令がないので、夕方一旦退出した。夜も戌《いぬ》の刻(午後八時)になり、使を時忠のもとに送ってなりゆきを尋ねたところ、いまさら都帰りは手遅れだという[節末補注1]、さらに深更に及んでようやく蔵人弁(行隆)より帰都は間違いないの報があった。どちらを信ずべきかと考えている間に摂政基通より召しがあり、急ぎ参入すると、平(安)京に還御しなければならない、速やかに準備万端整えよと命が下る(『吉記』)。長い一日だった。この日まで都帰りを渋っていた清盛も、ついに折れたのだろう。

一六日巳《み》刻(午前一〇時ごろ)兼実のもとに福原からの飛脚が届き、来る二五、六日に帰都があるに違いない、だから一七日からの五節は新都で行うという。ところが、その後入った情報では、一四日時点では都帰りの件は「なほ未定」で、それは「時忠甘心《かんしん》(納得)せざるの故」とのこと(『玉葉』一一月一六日条)。時忠は以前隆季らと図って、院に清盛にたいし都帰りを命じさせようとしているが、一二日深夜には都帰りに消極的な発言をしている。軍事情勢が深刻な現時点で都帰りするのは、平家の威信を損ないマイナスが大きい点を、政治家の立場から危ぶんでいたのだろう。清盛が都帰りを容易に肯んじなかったのも、意地ばかりではなく、まさにそれが理由だったに違いない。

八月段階では五節までに内裏を新造する予定だったが、兼実宛飛脚が伝えたように五節を新造の内裏で挙行することが、都帰りの花道になった。五節は毎年一一月の中旬の新嘗祭(大嘗会)のとき、朝廷で行われた少女楽《しょうじょがく》の行事であるが、このときは五節とセットであるはずの新嘗祭自体は、京都の神祇官で行うという変則だった。一七日の丑の日に舞姫参入、その夜は帳台の試《こころみ》、一八日寅の日に殿上《てんじょう》淵酔《のえんずい》(一種の無礼講的な酒宴行事)、その夜は御前の試(舞楽を天覧)、一九日卯の日に童女《わらわ》御覧と、形の如く進んでゆく。

童女御覧は、舞姫に介添えする童女や下仕《しもづか》えを清涼殿の御前に召して御覧になる儀である。夕方になって紫宸殿を清涼殿に見立てて、母屋(身舎)の際に御簾を懸けわたし、西より第二間を中宮御所とした。第一間には女房たちが候じ、南庇を広庇に擬し中宮徳子の淵酔が行われた。公卿などに酒を賜い朗詠・今様などが行われ、同日の記事により清盛の妻時子(八条殿)も福原にいたことがわかる(『吉記』)。

二〇日の辰の日には都帰りのタイム・テーブルが発表された。二三日邦綱の宇治河亭に行幸、二六日入洛、皇居に予定されたのは邦綱の五条東洞院亭である。夕刻より豊明節会《とよのあかりのせちえ》が行われ、安徳天皇が紫宸殿に出御、群臣の前で五節の舞が演ぜられる。この日は、また都至近の地である近江で、近江源氏の蜂起があった(『吉記』『玉葉』二一日条、『山槐記』二二日条)。

五節の期間中にも内乱情勢は切迫し、一九日には「東乱近江の国に及ぶ」の報が流れ(『玉葉』)、二一日には伊勢に下向途中の宗盛の郎従十余人が勢多・野路《のじ》の辺りで討たれたことがわかった。そのなかには宗盛の乳父飛驒守藤原景家の姪の子も含まれている。甲賀入道（柏木義兼）とその父山本義経ら近江源氏の面々が張本という（『玉葉』）。

こうして二二日、都帰りの件も未定だとの流言が流れたが、高倉上皇は帰都に備え重衡亭から元の内裏である清盛別荘に遷る。行幸は明日であるが衰日《すいにち》（人の生年月の干支や年齢によって万事に忌み慎むべしという陰陽道の凶日）にあたるので、繰り上げて今日門出したのである（『山槐記』『吉記』）。この日高倉上皇の院宣が仁和寺に届いた。その文面には都帰りのための人夫三〇〇人、伝馬三〇疋、肥牛三〇頭、河船一艘を準備して送るべしとあり、守覚法親王は了解したと返事、ただちにこれらを荘々に賦課している。ただし牛は祗候の人びとから召したという（『北院御室御日次記』）。同様の命令が他の権門荘園領主にも届き、人夫らは都帰りの一行に路次路次で合流合力するよう、しかるべき形で割り振られたのであろう。

二三日夕方、都帰りが開始された。安徳天皇の輿に徳子が同座し、小雨そぼ降るなかを邦綱の宇治河亭に向かった。道路は深泥で落馬の人が多く出た（『吉記』）。所在の武士は、この二、三日の間、追討使の事に出で立たんがため、身の暇を賜って本国に下向、福原に残る勢は僅かに二〇〇〇騎だったという（『玉葉』一一月二三日条）。

二四日朝、天皇一行は宇治御所を発ち、後方には宗盛が随兵を引き連れて従う。平家一門もこれに同行したが、上皇は一足早く進発、法皇も夜明け時に進発した。人夫が乏少のため、王家代々の宝物以外の荷物は、すべて海船に載せて運ばれた。一行は大物（尼崎）から乗船し、邦綱の寺江亭に着いた。天皇と上皇の御所は別々、法皇は船で一夜を明かした（『吉記』）。

翌二五日、時々時雨、寒風惨烈の冬景色のなか寺江を解纜《かいらん》、その夜木津殿に着くはずが、日暮れの風が激しく唐崎《からさき》（現高槻市）に逗留するはめになった（『吉記』）。二六日天皇の乗った輿が京都に入り、天皇は五条東洞院亭に、高倉上皇は六波羅の頼盛の池殿に、法皇は重盛の旧宅泉殿に入った（『吉記』）。

一一月二九日、福原に残っていた清盛も京都に入って、かくして新都にかけた情熱は約一七〇日間の夢と消え去った。兼実は、都帰りに至った要因と世間が考えたものを四つ挙げている。一つは、関東の謀反は遷都が原因だから、君主が帝都に帰ればその口実を失うから、二つ目は遷都により延暦寺の僧徒が生計の途を失い、離山の原因となっているとの訴えがあったから、三つ目は上皇の病重きにより「辺土の行宮《あんぐう》（天皇が行幸の際に臨時に滞在する御殿）において、もし大漸（危篤）の事出で来たらば、終身の恨みを遺さんと欲す、まげて帰都有るべき由、院宣再三に及び、黙止《もだ》す能《あた》はず」、四つ目は清盛が積悪を深く悔いたからである。これらとくに四つ目が理由だとは考えがたい。しかし三つ目は大いにありそうな理由である。いまは強気一点張りながら、もともと感情過多なところがあった清盛には、高倉の再三の哀訴にはやはり心を揺さぶられたのであろう（『玉葉』一一月二六日条）。

もちろん都帰りを、清盛の現状打開の方途、再構築策として積極評価できないわけではない（元木、一九九六b）。しかし、清盛のそれにかけた意気ごみからすれば、福原遷都の失敗は、清盛の「革命」が、雄図空しく挫折した以外の何ものでもない。福原が六波羅幕府の不可欠な構成要素にしてヒンターラントだった、という第四章2節の趣旨からいえば、福原遷都は幕府的限界の超克、文字通り国家と国政の中心地の創出をめざしていた。しかし、平氏系新王朝の草創を内外に強く印象づけるこの野心的試みは失敗し、平家は半年にも満たずして都帰りし、やがて内乱の波間に族滅への道をたどる。

頼朝は娘大姫《おおひめ》の入内などのブレもあったが、結果としては、すでに述べたように清盛の跳躍・挫折から教訓を引き出し、最終的には平家によってひな型が提示されていた手法を、より厳格、より本格的に追求する現実路線を選択した。それからすれば新王朝と新都建設に猛進した清盛は、やはり「人のありさま、伝うけ給るこそ、心も詞もおよばれね」(『平家物語』巻一祇園精舎)と評さるべき人物だった。

司馬遼太郎の大村益次郎を主人公とする小説『花神』での喩えを借りれば、清盛は革命の思想家、頼朝はそれを引き継ぐ戦略家である。革命を完成させる最後世代、実務家にあたるのは北条義時であろうか［節末補注2］。著作を持たない清盛を思想家というのは奇異に聞こえるかもしれないが、少なくともその発想のレベルからいえば、間違いなく思想家の資質有りといえる。

なお、福原の新造内裏は、治承五年(一一八一)六月一二日、捨て置かれたままになっていたものを、南都焼き討ちで灰燼に帰した興福寺別院(一乗院)の建立に利用するとの案が浮上する(『玉葉』)。結局これは実現を見なかったようだ(『吉記』養和元年八月一七日条)。

**補注1**　原文は「件の沙汰は後千」とある。「後千」は意味不明だが、ことわざの「後の千金」か

(『宇治拾遺物語』巻一五―一一参照)。救助を要するときでなく、後になってから千金を与えても何の役にも立たぬ意である。

**補注2** 蛇足ながら、これは徳富蘇峰著『吉田松陰』に見える、「革命の大悲劇」には序幕の予言者、本幕の革命家、「打出し(演劇・相撲などで、一日の興行の終り)」の建設的革命家という三種の役者が必要だという主張の替え歌であろう。

# 終章　都帰りその後

## 1　反撃する平家

治承四年(一一八〇)一一月二六日、都帰りした高倉上皇は六波羅の池殿に入り、後白河法皇も重盛の泉殿に入る。しかしこの時期になると泉殿の重要性は低下していたようで、一二月八日法皇は池殿に遷り高倉上皇と同居する(『山槐記』)。

都帰りのとき、平家は安徳天皇も池殿に迎え入れようとした。これに頭弁経房が猛反対する。「内侍所(神鏡)河東に渡御するは先例になし」、天皇と一体であるべき三種の神器の神鏡が、鴨川の東に行った先例はない、天皇が福原に行幸したときは別として、それ以外では神鏡は京都を離れたことがない、と主張する。王朝貴族の世界では、六波羅は都の内ではないのである。経房はいま一つ、池殿は池の対岸に寺院がある、神事を行うのに寺が近いのはどんなものか、と理由をあげた(『吉記』一一月三〇日条)。かくて安徳天皇を六波羅に入れることができず、清盛は一旦天皇を邦綱の五条東洞院亭に入れることにした。

福原遷都が挫折し天皇以下が京都に帰還したのは、諸国源氏蜂起という危機的状況のなかだった。だから一一月三〇日、早速高倉院の殿上で「東国逆乱」のことが議された。九条兼実は、その席で硬骨の左大弁藤原長方《ながかた》が独り、法皇の執政再開と流人前関白松殿基房を召し返すべきだと再三主張したと聞き、「誠に是諫諍《かんそう》の臣なり」と感心している(『玉葉』一二月三日条)。追討使の派遣に慎重な意見もあったが、近江の賊徒を降せば美濃以下も帰伏するだろうとの発言もあり、まちまちのままに、その「大概」が高倉院に奏聞された。

平家の反撃はやはり近江から始まった。近江は北陸道からの年貢官物上納ルートであり、東国への関門である。一二月一日、まず伊賀の平田入道家継《いえつぐ》(平家貞の子)が甲賀の柏木義兼らを攻めて戦果をあげた。平家得意の先遣隊の派遣である(『玉葉』『山丞記《さんじょうき》』)。つづいて翌日追討軍が進発する。左兵衛督知盛が東国追討使として「一族の輩数輩」を率いて近江道を進み、さらに一門に連なる平信兼と盛国の孫盛澄《もりずみ》の軍も続いた。伊賀道からは小松家の資盛が平貞能をともなって進み、伊勢道からは御家人の伊勢守藤原清綱が進んだ(『玉葉』)。近江道は東海・東山道のことであり、伊賀道は後の内保越《うちぼごえ》(伊賀内保—柑子—龍法師—深川—水口のルート)、伊勢道は後の御代参街道《ごだいさんかいどう》(甲賀土山—笹尾—鎌掛—上野田—石原—岡本—大塚—今堀—八日市のルート)にあたると考えられる。湖東・湖南に展開する敵を三方向から挟撃するという分《ぶん》進合撃《しんごうげき》の雄渾《ゆうこん》な作戦である(図終-1)。

知盛に従った「一族」については、『明月記』が清経(重盛三男)・通盛(教盛長子)・経正(経盛長子)・忠度《ただのり》(清盛末弟)・知度《とものり》(清盛七男)・清房(清盛八男)らの名をあげている。第五章5節での想定に従えば、知盛は自らの御家人の他、宗盛の御家人(たぶんその一部)を直率してい

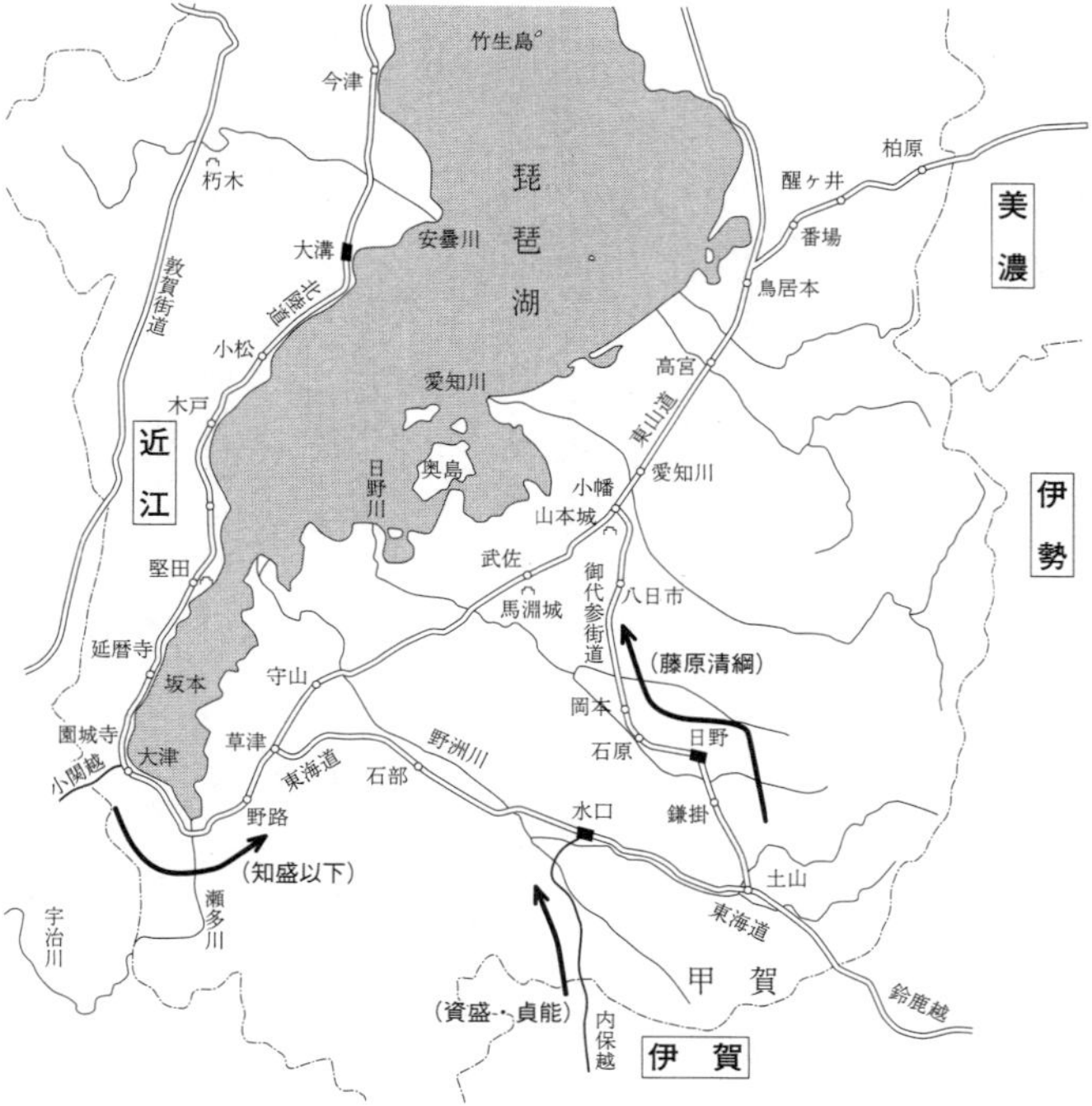


図終-1　治承 4 年 12 月の平家軍進撃路

たことになろう。普段なら重衡が知盛の位置に就くところだが、かれは経正ともども急に禁中祗候を命ぜられている(『山丞記』一二月二日条)。

翌三日には官軍が近江の反乱軍の一部を逃走させ、勢多(現大津市)・野路(現草津市)付近の在家数千宇を焼き払った。同日延暦寺の大衆が三つに分裂。一部は座主方で官軍に与力、一部の堂衆は近江源氏に、残る一派は中立を保った(『玉葉』)。一二月一〇日、平家軍と延暦寺の悪僧が山科辺りで交戦し、決着がつかないまま堂衆の一部は叡山や園城寺方面に引き退いた(『玉葉』一〇〜一二日条)。この日軍勢に供給する兵粮米を諸国に課し、能登(教盛知行国)・但馬《たじま》(経盛知行国)は了承したが、紀伊・佐渡(ともに頼盛知行国)は拒絶する(『山槐記』)。

近江の反平家勢力は、美濃・尾張の武士たちに支援されて強力だった。加えて知盛本隊は延暦寺・園城寺の大衆に後方を攪乱されるなど、苦戦を続ける。それでも、一一日には園城寺に焼討をかけ大衆を追い落としたらしい(『百練抄』)。つづいて一三日には伊賀道経由の資盛軍を合流させ、馬淵城(現近江八幡市)を落とし、二百余人を斬首、四十余人を捕虜にした(『玉葉』一五日条、『山槐記』一三日条)。さらに敵の主将山本義経(柏木義兼の父)の本拠山本城に迫るが(『玉葉』『山丞記』一六日条)、攻略に手こずったのか、二三日維盛が副将軍として近江に投入される(『玉葉』)。山本城はこれまで現長浜市湖北町の山本山城に宛てられてきたが、馬淵城との距離、軍の進撃路からいって現東近江市五個荘山本町がふさわしい。

維盛増援の甲斐あってか、平家は年内に近江をほぼ制圧したようで、翌正月九日には美濃国境近くの結戸で「凶徒の首三百十七人」を斬り、中旬には美濃に攻め入り(『山槐記』逸文正月八日条、『玉葉』正月一八日条)、二〇日には美濃源氏光長の蒲倉《かまくら》城を攻め落としている(『百練抄』、『玉葉』正月二五日条)。

日時を少し遡らせると、一二月一三日、伝聞によれば、前右中弁平親宗が頼朝と内通しており、従者を訊問したところ事実と認めたとのこと(『玉葉』)。親宗は清盛の妻時子や時忠の腹違いの弟である。もともと後白河院側に身を寄せている人物だが、それにしても頼朝と内通とは、である。『玉葉』は一二月一四日、山門の凶徒と南都の衆徒が合力して南北より六波羅を攻めるとの報があったことを記し、続けて「禅門・前将軍(宗盛)等気力衰へ了んぬ、郎従等多くもつて逃散す、残るところまた争鋒《そうほう》(武力であらそう)の心無しと云々」と書いている(『玉葉』)。宗盛はともかく、清盛までがこのとき戦意喪失していたという。清盛は、前年一一月のクーデタから安徳の即位、福原遷都、内乱への対処、そして志を曲げて都帰りと、この一年は心身ともに安まる暇がなかった。たしかにかれの心労は頂点に達していた。とくに高倉の健康恢復の望みが絶たれたのが大きかったのだろう。

翌々日の一六日、兼実に「禅門天下の事を前幕下《さきのばっか》(宗盛)に委ね了んぬ」との伝聞が届いていた(『玉葉』)。同日夜には前関白基房が配流先の備前から帰京する。かれの赦免は、すでに一二月二日決定済みだった(『山槐記』一二月四日条)。さらに一八日には清盛が「法皇天下の政《まつりごと》を知し食《しろしめ》す(お治めになる)べきの由」を再三申し入れた、法皇は初め固辞していたが、ついに承諾したという。またそれにともなって讃岐・美濃両国を法皇の院分国にするという噂も流れた(『玉葉』)。

高倉が没すれば、平氏系新王朝の構想は、抜本的に改めなければならない。三歳の幼帝の親政などあり得ないし、清盛もこの多難な時期に、国政・軍事のすべてを切り回す精神的・肉体的な負担には耐えられない。この際後白河に応分の役割を果たしてもらわねばならぬ。そこで院政復活の提案に踏み切り、それが院によって受け入れられた形になった。後白河院政時期区分の第六期がはじまった。

一見譲歩に見えるが後白河院政の全面復活かというと、もちろんそうではない。後述するように清盛が没した治承五年閏二月以降ですら、後白河を押し立てる姿勢を取りながらも、政治の最終的な主導権は平家に存した(松島、一九九二)。なにより平家の軍政が続いている状況のなかでは、後白河が自らの意志を自由に貫ける条件は整っていないし、平家がそれを許容するはずもない。それは一二月二〇・二一日の京官除目の経過を見るとはっきりする。高倉上皇は起き上がることもままならぬ病態で人事に関与できず、後白河もへりくだって関与を避け、清盛も口出しすることなく、結局摂政の基通が一切を取りはからったという(『山槐記』二二日条)。後白河は清盛に利用されるだけの存在であることを、いさぎよしとはしなかったのである。

それでも復権は復権で、翌二二日夜六波羅池殿で法皇主催の御仏名会《ぶつみょうえ》(『仏名経』に記載された過去・現在・未来の諸仏の名を唱え、一年間に犯した罪を懺悔《ざんげ》し、罪障の消滅を願うための法会)が行われた。院政の停止によって院中諸務が行われなくなった去年一一月以来久々のことで、公卿一三人、殿上人二八人という多数が参集した(『山槐記』『玉葉』)。翌々日には高倉院の御仏名会もあったが、こちらは公卿八名の参加で、人数で見劣りがする(『山槐記』)。後白河院の身辺はにわかに活気を帯び賑わしくなった。

平家が京都に帰ってくれれば、興福寺との対決が再燃する。『平家物語』巻五奈良炎上では、清盛が南都の狼藉を鎮めるため、検非違所として瀬尾《せのお》兼康《かねやす》以下五百騎を派遣したが、武力行使を禁じられたため、却って六十余人が搦め捕らえられ斬首された、そこで重衡を大将軍とする追討軍が派遣されたとする。

平家郎従の大量斬首が史実か否かは不明だが、以仁王を支援した過去があり、かつ関東の賊徒の近江進攻に呼応して上洛準備をしている報のあった興福寺衆徒に(『玉葉』一二月九日条)、打撃を加えるのは必要不可欠の措置であっただろう。二二日には、大和・河内の国人らに、官兵の進撃路守護が命じられた(『玉葉』)。禁中警衛の任務を解かれた重衡が、数千騎を率いて勇躍進発したのが二五日(『山丞記』)。その夜は宇治に宿し翌二六日は雨雪のため停滞、二七日上狛《かみこま》(現木津川市)に本営を進めた。先陣の阿波民部大夫成良(重能)は泉木津《いずみきづ》に向かい、一番乗りで日没前衆徒と矢戦を交えている(『山槐記』)。

翌二八日官兵は泉木津で合戦、木津川の対岸に攻め渡り、奈良坂《ならざか》・般若寺坂《はんにゃじざか》の両道[節末補注]を通って南都に侵入した。河内方面から南都に攻めこんだ別軍は苦戦するが(『山槐記』)、これらの攻撃で興福・東大両寺の主要な堂舎が炎上、建物内に避難していた多くの僧俗が焼死した。『平家物語』は、夜陰の明かりとして在郷の家に放った火が、強風にあおられて延焼したとする(巻五奈良炎上)。

清盛としては、後白河の出馬を要請したことで、弱気と侮られてはならない、この際敵対勢力たる反抗的な大衆は容赦なく叩く、と決めていたのだろう。さいわい近江方面の戦況は好転し始めた。この際一気に前途の暗雲を払いのけようと、疲れた心身に鞭を入れる。南都焼討は清盛にとって、そうした躍起ともいえる心理状態で敢行されたのではないだろうか。

とはいえ、権門そのものである巨大寺院まで敵に回すつもりはなかったから、堂塔と僧房(僧尼の起居する寺院付属の家屋)を区別し、「悪徒を捕へ搦め、房舎(僧房)を焼き払ふ」と予定していた(『玉葉』一二月二二日条)。大衆へのこの方針は一貫しており、半月前の園城寺焼討の際も「堂舎ヲノゾキテ房々(僧房)ハオホクヤキハラハセ」(『愚管抄』巻五安徳)とあり、「堂舎に及ばず」で、金堂は延焼したのを消し止めている(『玉葉』『山槐記』一二月一二日条)。南都の場合は、案に相違して、被害を大きく拡大させ、予想外の仏敵の汚名を着ることになったのである。

さらに翌正月六日には、南都の衆徒に与力しようとした河内源氏の石川義基《よしもと》が、従者の離反によって討たれ、首が清盛のところにもたらされた(『山槐記』)(川合、二〇〇四b)。知盛・重衡らの奮闘により、都の近辺ではなんとか敵を蹴散らし、軍事面での小康状態が得られた。

**補注** 現在では般若寺の前を通る道が奈良坂であるが、この時期の奈良坂は現在のJR関西本線のルートに近い車谷道、またはそれより少し西側の平城宮跡に至る歌姫道《うたひめみち》らしい(佐伯真、二〇〇五)。

## 2　戦時体制の構築をめざして

治承五年(一一八一)正月四日、東大寺・興福寺の門徒僧綱以下が解任され、寺領荘園が没収された(『百練抄』)。堂塔まで焼いてしまった以上、もはや遠慮は無用である。同日後白河院の近臣らを解官している。一一日には熊野辺の武勇の者が五十艘ばかりで伊勢に打ち入り、官兵三百余人を討ち取る事件があり、国内の勢をもって悪徒を追い払うよう伊勢国に宣旨を発給することになった。また年末から正月にかけて九州でも不穏な動きがあり、筑紫で菊池氏が反平家の兵をあげる。「余勢数万に及ぶ」という大規模なもので、九州各国に討伐の宣旨が発せられようとしていた(『玉葉』一一日・一二日条)。こうしたなか、一二日にはそれまでも息も絶え絶えだった高倉上皇が危篤に陥った(『玉葉』)。翌日六波羅の池殿に駆けつけた兼実に、邦綱が上皇の「病至つて重し、命旦暮《たんぼ》に在り」の声を伝えた。高倉院はすでに死を覚悟していた。ところが、院のそばにあった右中弁兼光が兼実に密かに驚くべき話を語る。

「或る人」が、上皇がいよいよ臨終になったら、中宮徳子を法皇の後宮に納めるという、清盛と後白河との間を執り成す策を考え、清盛夫妻もそれを承諾の気配だ、ところが中宮がそれならどうしても出家すると仰せられたので、急遽清盛が厳島の内侍に産ませた女子(御《み》子《こ》姫君《ひめぎみ》)をかの女に代えるとのことだと。

こういうきわどい策を案出し、清盛らを説得できる人物は時忠をおいてあるまい。幼児の安徳が親政を行う年齢に達するまでは後白河の院政しか手がなく、徳子をその配偶者にして第二の建春門院をもくろむ、国政は院と摂政基通の合議によって運営されるが、軍事問題はもちろん政務の一部についても宗盛が発言権を留保する、つまり後白河院政第三期の再現をめざすわけである。

徳子を後白河にというのは、政略としてはあり得るだろうが、人倫からいえばまことに無慚な案であった。救いはかの女が頑として首を縦に振らず出家をいいだし、清盛夫妻も是が非でもと固執しなかった点である。肉親の情に篤い清盛であれば、さすがに娘を哀しいと思ったのだろう。

翌一四日、高倉院が池殿で没し、その夜そそくさと清閑寺《せいかんじ》(現京都市東山区清閑寺山ノ内町、すでに六条天皇が葬られている)に葬った(『愚昧記』)。一六日畿内惣官職《そうかんしき》を設置し、平宗盛を宛てるとの案が示され、一九日正式に宣旨として発せられた。惣官職設置は高倉院の遺志であり、八日に口宣(口頭による天皇の命令、この場合実質は高倉院の命)の形で示されたが、上皇の死によって発給が遅れたものらしい(『玉葉』正月一六・一九日条、『山丞記』『百練抄』正月八日条)。

この職ははるか遡って奈良時代に、諸道の鎮撫使《ちんぶし》と併せて設置された経緯がある(『続日本紀』天平三年一一月二二日条)。それは畿内の兵馬を徴発して治安の取り締まりを行い、同時に国郡司の治績の巡察を任とした。それをいまこの時点で改めて設置したのだから、反乱軍追討のための高次の軍事動員を中心任務にしていた、と考えて大過ないだろう。臨時の軍政官ではあるが、五畿内・近江・伊賀・伊勢・丹波の九カ国を対象に、追捕・検断の権を掌握し、地方武士の指揮・統轄にあたったようだ。

一七日法皇が「天下の万機」を執ることになり、後白河の院政が正式に復活した（『百練抄』）。二四日、安徳天皇は父上皇の死により五条東洞院殿の倚廬《いろ》（父母の喪に服する期間過ごす質素な居所）に遷り（『玉葉』）、二月五日本殿に帰った（『玉葉』二月六日条）。二五日には、清盛が厳島の内侍に産ませた女子（安芸と号す、御子姫君）が後白河の後宮に入ったが、「ただ付女《ふじょ》の如」しと軽さは争えない。のちに後白河の「御猶子」とされたらしいが、兼実は例によって非難の声をあげている（『玉葉』三〇日条）。二月二日後白河院は池殿を出て、建春門院ゆかりの最勝光院南御所に遷った（『玉葉』）。

二月四日、故高松院（姝子《しゅし》内親王、鳥羽と美福門院の娘、二条天皇后）のものだった荘園および京地などが中宮徳子の領になった。これは建春門院を経て高倉院領になっていたのを、時忠が高倉院の遺言だと主張、法皇がはっきりした判断を下さない内に、中宮の令旨ありと号して強引に処理したようである。遺言というのも真偽不明で、後白河は内心喜ばなかったという（『玉葉』）。

二月七日、丹波国諸荘園総下司として平盛俊（盛国の子）が補任された。兼実は、大夫史小槻隆職に、荘園の下司のような下級の職を宣旨で任じた例があるかと密かに問うたが、「いまだかつて聞かず」との返事が返ってきた（『玉葉』八日条）。その歴史的性格については惣官と併せて、多くの議論があるが（石母田、一九八九ａｂ／五味、二〇二〇／田中文、一九九四ｃ／田中大、二〇〇三b)、ともかく平家も必死だったのは間違いない。また同日、左右京職の官人、太政官の使、検非違使らに、京中の在家を調査させた。軍隊を養い戦争遂行を可能にさせる物的保障である兵粮米《ひょうろうまい》を課すための準備である。また検非違使らを美濃に派遣して、渡船などを徴発し官軍に引き渡せとの宣旨が出た(『玉葉』二月八日条)。関東の反乱軍の尾張集結を前に、東国追討使知盛が病で急に京都に帰還することになり、重衡と交代している。人びとは大将軍の帰洛は不吉の徴《しるし》だと口を揃えた(『玉葉』二月九日条)。

そのころの軍隊は、体質的に長期の遠征に堪えられない。この間相当数の平家軍が京都に引き上げたと思われ、二月中旬ごろ在美濃の官兵は「僅か七八千騎」といわれている(『玉葉』二月一七日条)。二月末には阿波民部成良《しげよし》(重良・重能)の徒党が、美濃で尾張の源氏方と交戦した(『玉葉』二月二九日条)。成良は、既述のように前年末の南都攻略戦に従軍していたが、重衡出陣とともに美濃方面に転出せしめられたのであろう。その交戦時に官軍方の「池田太郎」という者が捕らわれ、生きながら連れ去られた。周辺の人々はその事実を秘匿しているという。かれは池田を名乗っているから、阿波国最西部、北上する吉野川が流路を九〇度変え一気に東流を開始する池田のあたり(現徳島県三好市池田)を本拠とする武士であろう。

二月一七日、安徳天皇は頼盛の新造の八条室町第に行幸した。還都のとき天皇を六波羅に入れようとして貴族の反対にあったが、西八条殿についても反対が出た。貴族にとっては、五条東洞院ならよい、河東は論外、西八条も具合が悪いというわけである。しかし八条室町第行幸を思いついた清盛は「ひとへに警衛のため、七条以南の儀有り」、防衛上の必要だとつっぱねて強引に遷してしまう(『吉記』四月一〇日条)。これは清盛最後の横車で、かれが死ぬと八条の皇居では公事が滞り上卿以下が難渋、下僚たちも遅刻して、結局四月一〇日、軍事情勢好転などを口実に御所を閑院に遷した。

## 3　「九条の末」への拘泥

清盛が、七条以南ならなぜ防衛可能と考えたか、真意はわからない。以仁王挙兵時にも、安徳天皇は西八条殿に緊急避難した。古来京都は攻めるに易く守るに難い。それは地形の問題だけでなく、そもそも平安京内は一種の聖域で、流血をともなう戦闘など以ての外だった。寺院大衆の強訴でも、叡山にたいしては西坂本(修学院付近)もしくは鴨川堤、南都にたいしては宇治の線で防ぐのが常道である。頼盛亭も含まれる七条以南は、当時京外と認識されていたから、うるさい制約なしに戦闘行動が可能なのであろう。

それだけではない。清盛の死後内裏を閑院に帰すいま一つの理由として、「平家の一族は八条を去り、元の如く六波羅に帰られ了んぬ」とある(『吉記』四月一〇日条)。八条室町の内裏は、八条の平家一族の存在抜きにはなり立ち難いというのである。この八条とは、西八条殿ではなく「八条河原」を指すらしい(『玉葉』閏二月一二日条)。

清盛の主張は、六波羅が駄目なら頼盛亭へという場あたり的なものでなく、この年の正月下旬ごろから、平家が九条の末に構築しつつあった軍事拠点と連動していたようだ。九条の末は、九条通を東に行って、京外になる鴨川両岸周辺である。この拠点については『玉葉』養和元年の正月二七日条に、清盛がしばらく「前大将(宗盛)新造の堂〈くだんの堂、鴨河の東に在り、九条の末に当たる〉」に滞在するにあたり、その近隣を「武士の宿館」に宛てるため、一帯を強制的に接収するとあるのが初見である。そして、宗盛は持ち主の一人兼実と皇嘉門《こうかもん》院《いん》(崇徳中宮、兼実の姉聖子《せいし》)に、「郎従に宛て賜ふ」ためだといって、「御領の中、河原の辺」の引き渡しを迫った。兼実はよく考えて返事せよとの女院の仰せによって、当該地の様子を図面にして宗盛に送ると返事している。

右でいう宗盛堂は『山槐記』に「法性寺一橋西辺」に建立したと見える(治承三年六月三日条)。現在、京都駅の東、鴨川を渡ってすぐに一之橋の地名が残っている。鎌倉時代の文書に、平家没官領として「法性寺大路二橋没官領」「壱所」というのが出てき、これは悪七兵《あくしちびょう》衛《え》の異名で有名な藤原景清(上総介忠清の子)の所領で(『鎌倉遺文』一一三三六号)、一之橋の南にあった。強制収用、郎従への割り当ての結果を物語るものに違いない。『平家物語』が、平家滅亡後知盛の遺児知忠が「法性寺の一の橋なる所」に忍んでおり、そこは「祖父入道相国、自然の事のあらん時、城郭にもせんとて堀をふたへにほッて(二重に掘って)、四方に竹を植ゑられたり」と述べていることも紹介しておく(巻十二六代被斬《ろくだいきられ》)。

この九条の末と平家の「八条河原」との関係であるが、宗盛は治承二年(一一七八)の夏以前に「八条北、高倉」に邸宅を造ったらしく、『山槐記』に「新亭」と見える(閏六月一五日条)。八条北高倉は鴨川を挟んで前出の宗盛堂とはすかいに向き合う場所である。八条高倉といえば市街地のように聞こえるが、鴨川はこの辺りでは西流して平安京域の内側を流れているから、近くまで河原が広がっていた。要するに、九条の末と八条高倉は、もともと鴨川の両岸にひろがる広大な河原およびその周縁であり、「八条河原」と一体のものだった(七一頁、図2-3参照)。

平家がこの地に軍事拠点を建設しようと意図した背景は、次のところにあったと考える。富士川戦の惨敗、美濃・尾張・近江の源氏蜂起など軍事情勢悪化が続くなか、治承四年(一一八〇)一二月、追い打ちをかけるように興福寺衆徒上洛の情報がもたらされた。そこで平家は兵力の増強を図るため、高倉院の院宣によって、公卿および受領から兵士を徴して内裏に献ずる策を取っている(『山槐記』一二月一〇・一四日条、『玉葉』一二月一四日条、『明月記』一二月一五日条、『山丞記』一二月一六日条)。つづいて権門の諸荘園から武士を徴することもはじまった(『玉葉』一二月一五日条)。これらがどれほどの戦力になったかは疑問だが、少なくとも王朝貴族たちを戦時体制に巻き込み、自らへの求心力を高める効果はあるだろう。

それ以外にも平家は当然自らの御家人を総動員するだろうし、こうした懸命の軍事動員が続けば、京都には各地から多数の軍兵が集結してくる。となれば、六波羅以外にもかれらの宿営地が必要になってくる。それが九条の末だったのではなかろうか。

清盛が八条室町御所に執着したのは、この宗盛の亭と堂を中心とする平家の軍事集落を、念頭においていたからに違いない。しかしながら、九条の末・八条河原軍事拠点構想は、清盛の死とともに雲散霧消した。宗盛以下は清盛の葬儀もそこそこに六波羅に引き上げてしまう。宗盛らは清盛ほどこの地に執着していなかった。天皇を七条以南に置き八条河原に軍事力を集結させるという策に全力投球できなかったのだろう。

もう少し清盛構想にこだわってみたい。八条室町邸との関係以外に何かあるだろうか。一之橋は山城国愛宕郡と紀伊郡の境界であり、九条口のすぐそばである。九条口は九条通りの京極《きょうごく》(平安京の東の端)の南から鴨川を渡る地点で、宇治や南都に向かう交通上の要衝である。法性寺近辺は民衆の交通路としても賑わった(『更級日記』)。

この地に軍事拠点を造れば、宇治や奈良方面からの敵にも備えられる。事実兼実の土地をむりやり取り上げた一カ月前に南都焼討があった。地形的にいうと、南から京に向かう軍勢は、現在東福寺が位置する低位段丘を南北に貫通する法性寺大路(現本町通)を北上せねばならない。西は鴨川との間の氾濫平野である。段丘の南の緩斜面に空堀《からぼり》・搔楯《かいだて》・逆茂木《さかもぎ》などの施設を施し、東の丘陵も押さえれば、迎撃は容易かつ効果的になる。南方に軍事的脅威がある場合、どうしても押さえておきたい地点の一つだろう。後白河法皇の法住寺殿に不穏な動きがあったとしても、北の六波羅と連絡して挟撃もできる。

八条室町御所を軍事力の傘の下に置き、法住寺殿ににらみを利かせながら、宇治や南都方面の脅威に備える。このように考えれば、清盛が「八条」に執着した意味も見えてくるだろう。しかし、そもそも、なぜ河原が軍事拠点になるのだろうか。源頼政の邸も鴨川左岸、近衛南河原東にあったことが思い起こされる(『山槐記』治承四年五月二二日条)。河原は基本空き地である上に、鴨川の分流によって自然にできた中洲や中島が天然の堀を備えた郭として利用できた、というアイデアはどうかと考えているのだが。

## 4　清盛死す

二月二六日、関東方面の賊徒が騒がしいので、いよいよ宗盛が自ら追討使として出馬し、一族の武士の大半が下向するはずだった。が、清盛の突然の病によって中止になった。鎮西の情勢悪化により重衡が九州に派遣される話もあったが、これも停止された(『玉葉』)。『玉葉』によれば、二七日より「頭風《ずふう》」を病んでいるという情報が流れ、月が改まって閏二月に入ると、一日には「十の内九は憑《たの》みなし」と危機的な状態になった。『養和元年記』によれば「頭風の気」を発したのは二二日、「温気(熱)の発動」は二四日という(閏二月四日条)。

清盛が伏せっていたのは八条河原の平盛国の家である。『吾妻鏡』には京都の九条河原口とあり(養和元年閏二月四日条)、一般にそれが信じられているが、何度か述べたように同時代の日記では「八条河原」で、高倉天皇の生誕地だった(『師元朝臣記』永暦二年九月三日条)。ここらは清盛が最後に拠点を構築しようとした九条末の範囲でもある。

閏二月二日、兼実は使を清盛・邦綱のところに送って病を見舞わせた。奇しくも盟友の邦綱も死の床に就いている。三日夜、前権大納言邦綱が出家した(『玉葉』四日条)。その死は同月二三日に訪れる(『玉葉』)。

『愚昧記』によれば、同月三日、中宮徳子が六波羅の泉殿に渡った。清盛に謁するためである。記主の三条実房は、「ただし清盛はこの間この家にはいない。八条河原の盛国の家で伏せっていたから、中宮は密々八条河原に渡らねばならないということだ、それなら回り道をせずに直に行啓すればよいのに不審だ」と書いている。

四日夜、清盛死去の報が流れた。なお実否不明という状況だったが、後白河の宮に武士が群集しているとの噂があり、人びとは法皇が宗盛に「変異の心」を抱いたからだと思った(『玉葉』閏二月四・五日条)。翌五日になって清盛の死は確定的になった。やはり前夜の内に亡くなっていたのである。

『平家物語』が伝えるところによれば、清盛は、発病の日から水さえ喉を通らず、身体の熱いことは、さながら火でも焚《た》いているようである。口から漏れる言葉といえば、ただ「あた、〳〵(熱い熱い)」とばかり。あまりの堪え難さに比叡山から汲んできた水を石で造った水槽にたたえ、それに浸って身を冷やすと、水はたちまち沸き上がって、まもなく湯になった。少しは楽になるかと筧《かけい》の水を引いて注ぎかけると、まるで焼け石か焼けた鉄のように、水が飛散してよりつかない。たまに体にぶつかった水は、炎となって燃えるので、殿中が黒煙で一杯になったという。そしてついに四日、「悶絶躃地《もんぜつびゃくち》して、遂にあつち死にぞしたまひける」と(巻六入道死去)。

オーバーなようだが、『養和元年記』に、「それより以来五内《ごだい》(五臓に同じ)焦《こ》ぐが如し。雪を器に盛り、頭上に置かしめ、水を船に洪《ひろ》げ身体を寒《ひや》すと雖も、煙毛穴より騰《のぼ》り、雪水湯の如し」とあり、これが典拠だろう。

『玉葉』『養和元年記』のいう「頭風」とは頭部の痛む病状で、頭痛、めまいなどの症状をともなう。鎌倉末期の薬物書には「その証、頭面多汗悪風頭痛」(『万安方《まんあんぽう》』)(小野、二〇〇二)、江戸前期の医学書にも、「痛んでやがて治るを頭痛と云ふ。この証は浅く軽し。(中略)時々ありて止んで又発るを頭風と云ふ。この証は重し」(『医方大成論諺解《いほうたいせいろんげんかい》』)とある。『平家物語』の「悶絶躃地」が難しいが、悶え苦しみ、地に倒れ伏すの意味で、「あつち死に」は、跳ね回って悶死するという解釈になるだろう。

歴史に詳しい脳神経外科の専門医若林利光氏は、「悶絶躃地」は「痙攣《けいれん》」にあたり、手足にマヒもなく急に頭痛が起こり、引き続き高熱を発し、痙攣を起こして死んだ、しかも意識は比較的保たれていたというのだから、死因は髄膜炎《ずいまくえん》じゃないかと診断する。髄膜炎は、カゼから中耳炎や副鼻腔炎を起こし、脳を包んでいる髄膜に炎症を起こす病気で、単なるカゼから中耳炎・副鼻腔炎になるのは、現代でも非常に多い。近年は抗生物質のおかげで、髄膜炎までいかない場合がほとんどだけれど、清盛の場合、カゼから中耳炎などを起こし、髄膜炎まで悪化したのだろうと(若林、一九九四)。

死去間違いなしの報をうけて、兼実は弔問使として家司の藤原基輔を送ったところ、喪家の一カ所に徳子・時子・宗盛らが集まっていた。午前中に兼実亭にやってきた左大史隆職《たかもと》が職事弁官(五位の蔵人を兼ねる左少弁)の藤原行隆から聞いた内密の話によると、清盛は四日の朝側近の僧円実法眼をもって後白河に、「愚僧早世の後、万事は宗盛に仰せつけ了んぬ、毎事仰せ合せ、計らひ行はるべきなり」と申し入れた(『玉葉』閏二月五日条)。清盛としては、やはり後白河院政第三期のような政治体制実現の言質を取りたかったのだろう。これにたいし後白河がどう応えたかは不詳だが、「禅門怨みの色を含むこと有り」とあるので、期待通りの答えでなかったのは確実である。それで院は行隆を召して、「天下の事はひとへに前幕下の最なり、異論有るべからず」と言い直させたという。

「天下の事は」云々を、清盛の言のように解釈するむきがあるが、発言主にたいし行隆(隆職)は「仰せて云ふ」と敬語を使っている。円実や清盛に敬語を使う必要はないし、行隆と清盛の仲の悪さは有名で「向顔せざること十余年に及ぶ」といわれたから(『明義進行集《みょうぎしんぎょうしゅう》』)、清盛ではあり得ない。「最」はこの時期アツマル、スグル、などの訓があり、意味ではすべる、しめくくる、第一などがあるから、取り仕切るといったほどの意味である。後白河としては死に赴く清盛への、その場限りのリップサービスだったのだろう。

一門への遺言は、『平家物語』に、死の二日前苦しい息の下で、「死後の仏経供養などいらぬ、頼朝の首を我が墓前に懸けることこそ供養と思え」と言い置いたとある(巻六入道死去)。この約半年の後、頼朝の和平提案があったときも、宗盛は院に、故禅門が「閉眼の刻」「我が子孫一人と雖も生き残る者は、骸《むくろ》を頼朝の前に曝《さら》すべし」といったことを理由に拒絶しているので(『玉葉』養和元年八月一日条)、ほぼ事実を伝えたものであろう。

一時疲れ切っていたかに見えた清盛は、残るほむらをかき立て、子孫らに最後の一人まで戦い抜けと命じたのである。一方、しばらくのち清盛の死を知った頼朝は「君の御敵を伐《う》ち奉るをもつて望みとなす、しかるに(清盛は)さいぎつて天罰を蒙り了んぬ、仏神の加被《かひ》(加護)は、ひとへに我が身に在り、士卒の心いよいよ相励むべ」しと意気高く叫んだ、と伝えられる(『玉葉』養和元年四月二一日条)

また『平家物語』は入道の死んだ夜、「六波羅の南」、すなわち法皇の法住寺殿の辺りで二、三〇人の声がして「うれしや水、なるは滝の水」という拍子をとって舞い踊り、どっと笑う声がしたという(巻六築島)。「うれしや水」は延年《えんねん》の舞の歌詞で、延年は当時権門寺院で法会後の余興に、僧侶や稚児が行った舞である。

『百練抄』では「八日葬礼、車を寄するの間、東方に今様乱舞の声〈三十人許りの声〉有り、人をもつてこれを見せしむ、最勝光院の中に聞ゆ」とある。最勝光院は法住寺殿内の故建春門院の御願寺で、南御所という殿舎があり、女院没後も法皇は時々御座所とし、二月二日にもここに遷っていた。一同のなかに法皇がいたのは疑いない。かれ自身が編した『梁塵秘抄』の四句神歌《しくのかみうた》に「滝は多かれど　嬉しやとぞ思ふ。鳴る滝の水」の句もある。歌詞からもわかる通り祝言歌であり、ついに疫病神が去った開放感を発散させるにはふさわしい。対岸の平家一門にとっては、この歓声・嬌声は、体内の血を逆流させる歯噛みの思いだったに違いない。

閏二月六日、西八条殿が炎上した(『百練抄』)。『平家物語』は放火とする(巻六築島)。同じ日、院の殿上で公卿の議定が行われている。それに先だって宗盛は、院に「故入道の行いについては、私めの思い通りでないことがありましたが、諫めることもできず、ただかれの命を守ってやってきました、いまは万事ひたすら院宣の趣旨にそって、考え行うつもりです」と弁解がましい言葉を述べ、西海・北陸道の運上物を関東での戦の兵粮米に宛てるため使用してよいか、また謀反人を「宥め行ふ」方針に転ずるのか、あくまで追討すべきなのか、このところを公卿らを召して決定して欲しい、平家はそれに従って行動すると下手に出た(『玉葉』)。

その日の院御所議定においては、反乱の起こっている関東と西海に、院宣を携えた使者を送って反応を見るようにしよう、とおおむね意見が一致した。翌七日それを聞いた兼実は、「大略、暫し征伐を休《や》め、先づ院宣をもつて宥めらるべきの儀候か」と内容をまとめている。平家の軍事力による追討路線からの脱却方針である。

ところが、その結論が使者の静賢によって平家に伝えられると宗盛は、重衡を来る一〇日派遣する、そのため「東国の勇士ら頼朝に乖《そむ》き、重衡に随ふべきの由、院宣に載すべし」と要求する。静賢は、追討路線を変更すべきでないということか、それなら院宣を出す意味がない、そちらが申されたことにもとづいて、すでに公卿の群議があったのに、いまの返答の趣旨は、それと食い違っているではないかと反論すると、宗盛は頼盛・教盛らの長老と相談し、重ねて返答すると答えた(『玉葉』七日条)。

こうしたやりとりのあげく、九日までに「庁の御下文(院宣)」の草案が作成されたが、院は根拠がない、これでは駄目だと反対、しかし宗盛はこの状をそのまま賜り、征討軍に先んじて諸方面に示し、その上で重衡を派遣したいと申請(『玉葉』九日条)、結局一五日に重衡が

「院庁の御下文(院宣)」を携え一万三〇〇〇の兵を率いて美濃・尾張方面に出陣した。一九日には美濃・尾張国境に着くべし、という(『玉葉』一五日条)。

これら一連の経過は、院政の再開といっても、軍事を中心とする政治の実権はいぜん平家が握っており、宗盛や一門の長老たちの思いとは別に、平家内では反乱を実力で鎮圧するという主戦論が大勢を占めていたことを物語っている。それこそまさに清盛の願ったところであり、偉大な指導者の遺志がはっきりしている以上、一族の結集力を高めるためにも、宗盛たちの選択肢は当面それ以外にありようがなかったのである。

清盛の遺骨は、序章で述べたように円実法印が携えてなつかしい福原に帰り、明石の海を見晴るかす山田法華堂に納められた(『吾妻鏡』)。『転法輪抄』の一部ではないかといわれている表白の模範文例集『言泉集《ごんせんしゅう》』には、妻時子が亡夫の死を悼む仏事の際、澄憲に作文《さくもん》させた表白の一節が載せられている。

> 生有れば死有り、実に人の初と終となり、一《ひと》りは去り、一りは後《おく》る、即ち物の別と離となり、古より今に至《いたる》まで人皆これを免れず、尊より賤に至るまで物の悉《ことごと》くこれを遁《のが》ることなし、悲しみの我に限らざることを知り、別れの今に限らざることを悟る
>
> 一《ひと》ひ誓ての後霜《しも》(年月)を送りて志を変へず、偕老《かいろう》の芳契《ほうけい》(ちぎり)三十年、男女所生八、九人

偕老は、むろん夫婦が仲良くともに老いるまで連れ添うことである。

内乱はこの後なお四年間、継続した。それは七世紀の壬申の乱をはるかにうわまわる、列島がかつて経験したことのない苛烈な国内戦だった。

西行は、

世の中に武者起りて、西東北南軍《いくさ》ならぬ所なし。打続き人の死ぬる数聞くおびたゝし。まこととも覚えぬほどなり。こは何事の争ひぞや、あはれなることのさまかなと覚えて

死出の山越ゆる絶え間はあらじかしなくなる人の数続きつつ

と歌った(『聞書集《ききがきしゅう》』)。

# 主な参考文献

青山幹哉、一九八七年「鎌倉幕府の「御恩」と「奉公」」『信濃』三九巻一一号
秋山哲雄、二〇〇五年「都市鎌倉の東国御家人」『ヒストリア』一九五号
秋山寿子、一九九八年「二人の三位中将」梶原正昭先生古稀記念論文集刊行会編『軍記文学の系譜と展開』汲古書院
足利健亮、一九九九年「清盛時代の大輪田泊と福原、和田京」歴史資料ネットワーク(史料ネット)編『歴史のなかの神戸と平家』神戸新聞総合出版センター
阿部秋生、一九五九年「明石の君の物語の構造」『源氏物語研究序説　下』東京大学出版会
荒木　浩、二〇一四年(初出二〇〇六年)「武恵妃と桐壺更衣、楊貴妃と藤壺――桐壺巻の准拠と構想」
同『かくして『源氏物語』が誕生する』笠間書院
有川宜博、二〇〇四年「平氏政権と大宰府」『太宰府市史　通史編Ⅱ』第一編第一章、太宰府市
有田志穂子、二〇二二年「鹿ヶ谷事件以後の平重盛の政治的位置について」『学習院史学』六〇号
伊井春樹、一九八〇年a「源氏物語注釈の発生――『源氏釈』の形態」同『源氏物語注釈史の研究　室町前期』桜楓社
伊井春樹、一九八〇年b「院政期源氏学の諸相――『源氏物語注釈』所収古注逸文の性格」(同右)
飯田久雄、一九六九年「平氏と九州」竹内理三博士還暦記念会編『荘園制と武家社会』吉川弘文館
飯田悠紀子、一九八一年「平安末期内裏大番役小考」御家人制研究会編『御家人制の研究』吉川弘文館

家永三郎、一九九八年『改訂重版・上代倭絵全史』名著刊行会
生澤喜美恵、一九九六年「平家文化とその周辺」『岩波講座　日本文学史第四巻　変革期の文学I』岩波書店
石井謙治、一九五七年『日本の船』創元社
石井謙治、一九八三年『図説 和船史話』至誠堂
石井　進、一九八七年(初出一九六九・一九七一年)「中世成立期の軍制」同『鎌倉武士の実像――合戦と暮しのおきて』平凡社
石井　進、二〇〇四年a(初出一九五九年)「大宰府機構の変質と鎮西奉行の成立」同『石井進著作集　第一巻　日本中世国家史の研究』岩波書店
石井　進、二〇〇四年b(初出一九七〇年)「院政時代」同『石井進著作集　第三巻　院政と平氏政権』岩波書店
石井由起夫、二〇一四年(初出一九八六年)「不在の大将軍――武将像の形成」同『軍記物語　戦人と環境――修羅の群像』三弥井書店
石川　徹、一九七九年a「光源氏須磨流謫の構想の源泉――日本紀の御局新考」同『平安時代物語文学論』笠間書院
石川　徹、一九七九年b「明石の上論」(同右)
石丸　熙、一九七一年「院政期知行国制についての一考察――とくに平氏知行国の解明をめざして」『北海道大学文学部紀要』二八号
石田善人、一九七五年「平氏政権の崩壊」『兵庫県史　第二巻』第一章第二節、兵庫県
石田善人、一九八九年「中世の加古川」『加古川市史　第一巻　本編1』第四章、兵庫県加古川市

石母田正、一九八九年a（初出一九五九）「平氏政権の総官職設置」同『石母田正著作集第九巻　中世国家成立史の研究』岩波書店
石母田正、一九八九年b（初出一九六〇年）「鎌倉幕府一国地頭職の成立」（同右）
市澤　哲、二〇〇七年「南北朝内乱からみた西摂津・東播磨の平氏勢力圏」歴史資料ネットワーク（史料ネット）編『地域社会から見た「源平合戦」――福原京と生田森・一の谷合戦』岩田書院
伊藤正義、一九七二年「中世日本紀の輪郭――太平記におけるト部兼員説をめぐって」『文学』四〇巻一〇号
稲本万里子、二〇〇三年「描かれた出産」服藤早苗他編『生育儀礼の歴史と文化――子どもとジェンダー』森話社
井上満郎、二〇〇六年『桓武天皇――当年の費えといえども後世の頼り』ミネルヴァ書房
井上光貞、一九七五年『新訂　日本浄土教成立史の研究』山川出版社
井原今朝男、一九九五年a「中世の天皇・摂関・院」同『日本中世の国政と家政』校倉書房
井原今朝男、一九九五年b「摂関・院政と天皇」（同右）
井原今朝男、二〇〇一年「宋銭輸入の歴史的意義――沽価法と銭貨出挙の発達」池享編『銭貨――前近代日本の貨幣と国家』青木書店
今井源衛、一九六二年「明石上について」同『源氏物語の研究』未来社
今井林太郎、一九八二年「摂津国輪田荘の一考察」『大手前女子大学論集』一六号
今関敏子、一九八七年「たまきはる」同『中世女流日記文学論考』和泉書院
今成元昭、一九七八年「南都北嶺」久保田淳編『解釈と鑑賞別冊　講座日本文学　平家物語』下、至文堂

上島　享、一九九二年a「成功制の展開――地下官人の成功を中心に」『史林』七五巻四号
上島　享、一九九二年b「平安後期国家財政の研究――造宮経費の調達を中心に」『日本史研究』三六〇号
上村和直、二〇〇六年「法住寺殿の考古学的検討」髙橋昌明編『院政期の内裏・大内裏と院御所』文理閣
上横手雅敬、一九七三年『平家物語の虚構と真実』講談社
上横手雅敬、一九八九年「平氏政権の諸段階」安田元久先生退任記念論集刊行委員会編『中世日本の諸相　上巻』吉川弘文館
上横手雅敬、二〇〇八年「書評・髙橋昌明著『平清盛　福原の夢』」『日本史研究』五五六号
榎本　渉、二〇〇八年「「板渡の墨蹟」と日宋貿易」四日市康博編著『モノから見た海域アジア史』九州大学出版会
榎本　渉、二〇一〇年『僧侶と海商たちの東シナ海』講談社選書メチエ
円地文子、一九七八年「源氏物語私見」同『円地文子全集16』新潮社
大石直正、一九七八年「中世の黎明」同他編『中世奥羽の世界』東京大学出版会
大石直正、二〇〇一年(初出二〇〇〇年)「奥州藤原氏の相続形態」同『奥州藤原氏の時代』吉川弘文館
太田静六、一九八七年「平清盛の邸宅」同『寝殿造の研究』吉川弘文館
大村拓生、二〇〇六年「儀式路の変遷と都市空間」同『中世京都首都論』吉川弘文館
大村拓生、二〇〇八年「大輪田・福原と兵庫津」大手前大学史学研究所編集発行『兵庫津の総合的研究――兵庫津研究の最新成果』
大山喬平、一九七五年「平氏政権と大輪田泊」『兵庫県史　第二巻』第一章第一節、兵庫県

岡　元司、二〇〇三年「南宋期浙東における墓と地域社会」岸田裕之編『中国地域と対外関係』山川出版社
岡田精司、一九七〇年「即位儀礼としての八十嶋祭」同『古代王権の祭祀と神話』塙書房
岡田精司、一九八三年「大王就任儀礼の原形とその展開」『日本史研究』二四五号
岡田章一、二〇〇五年「楠・荒田町遺跡の調査」歴史資料ネットワーク(史料ネット)編『平家と福原京の時代』岩田書院
岡本充弘、一九九一年「院政期における方違」村山修一他編『陰陽道叢書1　古代』名著出版
尾崎　康、一九九八年「『太平御覧』——統一王朝による集大成」『しにか』九巻三号
小野裕子、二〇〇三年「清盛と重盛の病と医」小峯和明編『『平家物語』の転生と再生』笠間書院
尾上寛仲、一九七二年「天台宗三門跡の成立」『印度学仏教学研究』二一巻一号
梶谷亮治、二〇〇一年「平家納経雑感」『鹿園雑集(奈良国立博物館研究紀要)』二・三合併号
梶谷亮治、二〇〇五年「平家納経と平安文化」奈良国立博物館編『台風被災復興支援　厳島神社国宝展』読売新聞大阪本社
角重　始、二〇〇一年「中世地域経済の発展と広島湾頭——〝祇園〟を中心として」広島文教女子大学人間科学研究所編『陰陽路の歴史と風景』渓水社
川合　康、二〇〇四年a(初出一九九三年)「後白河院と朝廷」同『鎌倉幕府成立史の研究』校倉書房
川合　康、二〇〇四年b(初出二〇〇〇年)「河内石川源氏の「蜂起」と『平家物語』」(同右)
河辺隆宏、二〇〇七年「日宋貿易における年紀制管理と貿易形態の変化」佐藤信・藤田覚編『前近代の日本列島と朝鮮半島』山川出版社
川本重雄、二〇〇六年「続法住寺殿の研究」髙橋昌明編『院政期の内裏・大内裏と院御所』文理閣

菊池紳一・宮崎康充、一九八四年「国司一覧」『日本史総覧　第Ⅱ巻』新人物往来社
菊池武雄、一九五五年「平氏受領表」『世界歴史事典22』平凡社
喜田貞吉、一九七一年(初刊一九二四年)『神戸市史　別録一(復刻版)』第七～第九章、名著出版
北山良雄、一九八九年「平安期の内大臣について」『滋賀史学会誌』七号
金順姫(キムスンヒ)、一九九五年『源氏物語研究――明石一族をめぐって』三弥井書店
木村英一、二〇一六年(初出二〇〇六年)「王権・内裏と大番」同『鎌倉時代公武関係と六波羅探題』清文堂出版
工藤敬一、一九九二年a(初出一九七二年)「内乱期の大宮司宇佐公通」同『荘園公領制の成立と内乱』思文閣出版
工藤敬一、一九九二年b(初出一九七八年)「鎮西養和内乱試論」(同右)
熊谷隆之、二〇〇四年「六波羅探題考」『史学雑誌』一一三編七号
栗山圭子、二〇一二年a(初出一九九八年)「後院からみた中世王家の成立」同『中世王家の成立と院政』吉川弘文館
栗山圭子、二〇一二年b(初出二〇〇一年)「准母立后制にみる中世前期の王家」(同右)
栗山圭子、二〇一二年c(初出二〇〇二年)「院政期における国母の政治的位置」(同右)
倉塚曄子、一九八四年「海幸・山幸」『平凡社百科大事典2　イン―カイ』平凡社
神戸市教育委員会、一九九五年『平成四年度神戸市埋蔵文化財年報』
神戸市教育委員会、二〇一一年『楠・荒田町遺跡　第四二・四三・四六次発掘調査報告書』
神戸市教育委員会、二〇一三年『祇園遺跡第一四次調査報告書』
神戸市教育委員会文化財課、二〇一〇年「楠・荒田町遺跡第四六次発掘調査現地説明会資料」

神戸新聞明石総局編集・発行、二〇〇〇年『明石を科学する』
河内祥輔、二〇〇二年『保元の乱・平治の乱』吉川弘文館
河野眞知郎、一九九二年「鎌倉は陰陽道的都市か？」『中世都市研究』第二号
小葉田淳、一九三四年「中世初期の銭貨流通について」『経済史研究』一一巻二号
小松茂美、一九七九年「「彦火々出見尊絵巻」の制作と背景」同編『日本絵巻大成22　彦火々出見尊絵巻　浦島明神縁起』中央公論社
小松茂美、一九九六年a「一品経供養と結縁衆」同『小松茂美著作集10　平家納経の研究　第二巻』第三章、旺文社
小松茂美、一九九六年b「伊都岐島千僧供養日記」『小松茂美著作集11　平家納経の研究　第三巻』第三章、旺文社
五味文彦、一九七五年「院支配権の一考察」『日本史研究』一五八号
五味文彦、一九八四年a「院支配の基盤と中世国家」同『院政期社会の研究』山川出版社
五味文彦、一九八四年b「東大寺浄土堂の背景」(同右)
五味文彦、一九八七年「以仁王の乱――二つの皇統」同『平家物語、史と説話』第二章、平凡社
五味文彦、一九九一年「武家政権と荘園制」『講座日本荘園史2　荘園の成立と領有』吉川弘文館
五味文彦、一九九九年『人物叢書・平清盛』吉川弘文館
五味文彦、二〇二〇年(初出一九七九年)「平氏軍制の諸段階」同『鎌倉時代論』吉川弘文館
米谷豊之祐、一九九三年「後白河院北面下臈――院の行動力を支えるもの」同『院政期軍事・警察史拾遺』近代文芸社
米谷豊之祐、二〇〇六年『平信範』新風書房

近藤安紀、二〇〇五年「『平家物語』における還都」『古代文化』(特輯 平家と福原)第五七巻四号
佐伯真一、二〇〇五年『物語の舞台を歩く 平家物語』山川出版社
佐伯智広、二〇〇三年「徳大寺家の荘園集積」『史林』八六巻一号
佐伯智広、二〇一五年(初出二〇〇四年)「二条親政の成立」同『中世前期の政治構造と王家』東京大学出版会
櫻井陽子、二〇一三年(初出二〇〇一~〇三年)「延慶本(応永書写本)本文考」同『『平家物語』本文考』汲古書院
佐々木隆、一九九九年『伊藤博文の情報戦略――藩閥政治家たちの攻防』中公新書
佐藤進一、一九八〇年『足利義満――国家の統一に賭けた生涯』平凡社
佐藤康宏、二〇〇五年「都の事件――「年中行事絵巻」・「伴大納言絵巻」・「病草紙」」『講座日本美術史第六巻 美術を支えるもの』東京大学出版会
佐野みどり、二〇〇二年「物語る力――中世美術の場と構想力」共著『日本の中世7 中世文化の美と力』中央公論新社
斯波義信、一九九二年「港市論」荒野泰典他編『アジアのなかの日本史Ⅲ 海上の道』東京大学出版会
斯波義信、二〇〇一年(初刊一九八八年)「寧波の景況」同『宋代江南経済史の研究 訂正版』汲古書院
島谷弘幸、一九九七年「一品経の白眉「平家納経」の書」『平家納経と厳島の宝物』広島県立美術館
下郡 剛、一九九九年a『後白河院政の研究』吉川弘文館
下郡 剛、一九九九年b「公卿議定制に見る後白河院政」(同右)
下郡 剛、二〇〇一年「伝奏の女房――高倉院政期の性と政」院政期文化研究会編『院政期文化論集第一巻 権力と文化』森話社

ジャメンツ、マイケル、二〇〇三年「『平家勘文録』作者伝承の再考――宰相入道俊教とその舎弟桜町中納言繁教のケース」平成一五年度仏教文学大会(於京都女子大学)、報告レジュメ
須藤　宏、二〇〇五年「本皇居・新内裏の位置と祇園遺跡」歴史資料ネットワーク(史料ネット)編『平家と福原京の時代』岩田書院
平　雅行、一九九二年(初出一九八七年)「中世移行期の国家と仏教」同『日本中世の社会と仏教』塙書房
多賀宗隼、一九七七年「平家一門――清盛の地位と役割」『日本歴史』三五四号
多賀宗隼、一九九一年「研究余録・平清盛と東国――富士山と日本人」『日本歴史』五一三号
高橋一樹、二〇〇三年「院御願寺領の形成と展開――中世前期の最勝光院領を素材に」『国立歴史民俗博物館研究報告』一〇八集
高橋　崇、一九七〇年「大化改新と給与」同『律令官人給与制の研究』吉川弘文館
髙橋昌明、一九九四年「院政期の越前・若狭」『福井県史　通史編2　中世』第一章第一節、福井県
髙橋昌明、一九九七年(初出一九八四年)「中世の身分制」同『中世史の理論と方法――日本封建社会・身分制・社会史』校倉書房
髙橋昌明、一九九九年a「福原の夢　清盛と対外貿易」歴史資料ネットワーク(史料ネット)編『歴史のなかの神戸と平家』神戸新聞総合出版センター
髙橋昌明、一九九九年b『武士の成立　武士像の創出』東京大学出版会
髙橋昌明、一九九九年c(初出一九九八年)「中世成立期における国家・社会と武力」同『武士の成立　武士像の創出』(同右)
髙橋昌明、二〇〇九年「研究展望・六波羅幕府という提起は不適当か――上横手雅敬氏の拙著評に応え

る」『日本史研究』五六三号
髙橋昌明、二〇一一年a（初刊一九八四年）『［増補改訂］清盛以前――伊勢平氏の興隆』平凡社ライブラリー
髙橋昌明、二〇一一年b（初刊一九九七年）「重盛の母」『［増補改訂］清盛以前――伊勢平氏の興隆』（同右）
髙橋昌明、二〇一二年「平家政権の新しさ」『歴史地理教育』七八八号
髙橋昌明、二〇一三年a（初出一九九八年）「平家の館について――六波羅・西八条・九条の末」同『平家と六波羅幕府』東京大学出版会
髙橋昌明、二〇一三年b（初出二〇〇二年）「平氏家人制と源平合戦」（同右）
髙橋昌明、二〇一三年c（初出二〇〇四年）「後白河院と平清盛――王権をめぐる葛藤」（同右）
髙橋昌明、二〇一三年d（初出二〇〇四年）「平重盛の四天王寺万灯会について」（同右）
髙橋昌明、二〇一三年e（初出二〇〇五年）「清盛家家政の一断面――備後国大田荘関係文書を手がかりとして」（同右）
髙橋昌明、二〇一三年f（初出二〇〇六年）「福原遷都をめぐる政治――治承二年（一一七八）から同四年八月末まで」（同右）
髙橋昌明、二〇一三年g（初出二〇一〇年）「宋銭の流通と平家の対応」（同右）
髙橋昌明、二〇一三年h「序、ならびに用語について」（同右）
髙橋昌明、二〇一三年i「大輪田泊について」（同右）
髙橋昌明、二〇一三年j「六波羅幕府再論」（同右）
髙橋昌明、二〇一五年（初出二〇〇六年）「大内裏の変貌」同『洛中洛外　京は〝花の都〟か』文理閣
髙橋昌明、二〇一六年a（初出一九九三年）「利仁将軍とその「子孫」」同『東アジア武人政権の比較史的

研究』校倉書房
髙橋昌明、二〇一六年b（初出一九九五年）「後白河法皇を描ききる夢――棚橋光男、人と仕事」（同右）
髙橋昌明、二〇一六年c（初出二〇〇四年）「東アジアの武人政権」（同右）
髙橋昌明、二〇一六年d（初出二〇一三年）「幕府とは、そして六波羅幕府へ」（同右）
髙橋昌明、二〇一六年e（初出二〇一四年）「西行と南部荘・蓮華乗院」（同右）
髙橋昌明、二〇一九年「平家政権の日中間交渉の実態について」専修大学社会知性開発研究センター『古代東ユーラシア研究センター年報』五号
髙橋昌明、二〇二〇年（初刊一九九二年）『定本　酒呑童子の誕生――もうひとつの日本文化』岩波現代文庫
瀧川政次郎、一九六七年「革命思想と長岡遷都」同『法制史論叢　第二冊　京制並に都城制の研究』角川書店
竹居明男、一九九八年（初出一九九二年）「蓮華王院の宝蔵」同『日本古代仏教の文化史』吉川弘文館
田中圭子、二〇〇七年「平忠盛家の薫物と「香之書」」『文学・語学』一八八号
田中大喜、二〇〇三年a「平頼盛小考」『学習院史学』四一号
田中大喜、二〇〇三年b「平氏の一門編制と惣官体制」『日本歴史』六六一号
田中文英、一九九四年a『平氏政権の研究』思文閣出版
田中文英、一九九四年b（初出一九六八年）「平氏政権と摂関家」同『平氏政権の研究』（同右）
田中文英、一九九四年c「治承・寿永の内乱」（同右）
田中文英、一九九四年d「高倉親政・院政と平氏政権」（同右）
田中久夫、二〇〇四年「伊予河野氏と平氏と明石海峡――大蔵谷の稲爪神社と舞子の山田浦を中心に」

『御影史学論集』二九号
棚橋光男、二〇〇六年(初刊一九九五年)『後白河法皇』講談社学術文庫
谷山　茂、一九八四年(初出一九五五年)「平忠盛と異本忠盛集」同『谷山茂著作集6　平家の歌人たち』角川書店
多淵敏樹、一九八三年「福原京の遺構の発掘――神戸大学附属病院内遺跡」『日本建築学会大会学術講演梗概集(北陸)』
玉井　力、二〇〇〇年(初出一九八七年)「「院政」支配と貴族官人層」同『平安時代の貴族と天皇』岩波書店
田村　裕、一九七八年「厳島社領荘園の形成と倉敷について」松岡久人編『内海地域社会の史的研究』マツノ書店
角田文衞、一九九三年「建春門院」古代学協会編『後白河院』吉川弘文館
寺升初代、一九九四年「平安宮の復元」角田文衞総監修、古代学協会、古代学研究所編『平安京提要』角川書店
寺本直彦、一九七〇年a「中世歌壇における詠源氏物語和歌」同『源氏物語受容史論考』風間書房
寺本直彦、一九七〇年b「源氏講式について」(同右)
寺本直彦、一九七二年「源氏物語の享受史」山岸徳平他監修『源氏物語講座　第八巻　諸本・源泉・影響・研究史』有精堂出版
冨倉徳次郎、一九六六年『平家物語全注釈　上巻』角川書店
豊見山和行、二〇〇二年「南の琉球」共著『日本の中世5　北の平泉、南の琉球』中央公論新社
豊田裕章、二〇二三年「日本中世初期の都市構造と気脈や地勢を重視する風水思想との関わり」吉村美

香編『巫・占の異相――東アジアにおける巫・占術の多角的研究』志学社
永島福太郎、一九七五年「外国貿易と兵庫港」『兵庫県史　第二巻』第五章第四節、兵庫県
中野淳之、一九九六年「外記局の文書保管機能と外記日記」河音能平編『中世文書論の視座』東京堂出版
中村　文、二〇〇五年a「平親宗」同『後白河院時代歌人伝の研究』笠間書院
中村　文、二〇〇五年b「源有房」(同右)
中村啓信、一九九〇年『信西日本紀鈔とその研究』髙科書店
奈良国立博物館編、二〇〇五年「図版63　国宝法華経法師功徳品第十九(中島博解説)」『台風被災復興支援　厳島神社国宝展』読売新聞大阪本社
奈良国立博物館編、二〇〇九年『図録・特別展　聖地寧波』
日本學士院編、一九七九年(復刊)『帝室制度史　第六巻』吉川弘文館
野村貴郎、二〇〇二年『北神戸――歴史の道を歩く』神戸新聞総合出版センター
野口　実、一九九四年(初出一九七九年)「平氏政権下における諸国守護人」同『中世東国武士団の研究』髙科書店
野口　実、二〇〇二年「橋合戦における二人の忠綱」『文学』隔月刊第三巻四号
野口　実、二〇一二年「平清盛と東国武士――富士・鹿島社参詣計画を中心に」『立命館文学』六二四号
羽下徳彦、一九九五年(初出一九八〇年)「以仁王〈令旨〉試考」同『中世日本の政治と史料』吉川弘文館
橋本　雄、二〇〇九年「中世日本の銅銭――永楽銭から「宋銭の世界」を考える」伊原弘編『宋銭の世界』勉誠出版

橋本義彦、一九六四年『人物叢書・藤原頼長』吉川弘文館
橋本義彦、一九七六年（初出一九五九年）「官務家小槻氏の成立とその性格」同『平安貴族社会の研究』吉川弘文館
橋本義彦、一九八六年a（初出一九七六年）「貴族政権の政治構造」同『平安貴族』平凡社
橋本義彦、一九八六年b（初出一九七八年）「院宮分国と知行国再論」（同右）
橋本義彦、一九八六年c（初出一九八二年）「太政大臣沿革考」（同右）
橋本義彦、一九九二年『人物叢書・源通親』吉川弘文館
服部敏良、一九七五年『王朝貴族の病状診断』吉川弘文館
早川厚一、二〇〇〇年「平家物語の歴史叙述の方法と構想」同『平家物語を読む――成立の謎をさぐる』和泉書院
林博通、一九九二年「高麗の都城遺跡」杉山信三・小笠原好彦編『高句麗の都城遺跡と古墳――日本都城制の源流を探る』同朋舎出版
伴瀬明美、一九九六年「研究ノート・院政期における後宮の変化とその意義」『日本史研究』四〇二号
東原伸明、一九八八年「源氏物語と〈明石〉の力」物語研究会編『物語研究　第二集』新時代社
樋口健太郎、二〇〇七年「史料紹介・国立歴史民俗博物館所蔵・田中穣氏旧蔵本『山槐記』応保二年三月」『神戸大学史学年報』二二号
樋口健太郎、二〇一一年（初出二〇〇四年）「平安末期摂関家の「家」と平氏――白川殿盛子による「家」の伝領をめぐって」同『中世摂関家の家と権力』校倉書房
日野一郎、一九七五年「墳墓堂」石田茂作監修『新版仏教考古学講座　第七巻　墳墓』雄山閣出版
日野開三郎、一九三七年「沿海制置使」『東洋歴史大辞典』平凡社

日野開三郎、一九八四年「日宋関係史料としての「阿育王山妙智禅師塔銘」」同『日野開三郎東洋史学論集　第一〇巻』三一書房
兵庫県教育委員会、一九九五年『神戸市西区玉津田中遺跡――第四分冊』
兵庫県教育委員会、二〇〇八年『楠・荒田町遺跡Ⅱ　神戸大学医学部附属病院埋蔵文化財発掘調査報告2』
『兵庫史談』三二号、一九二八年「神戸市奥平野村雪の御所本内裏蹟考証」
福山敏男、一九六三年「厳島神社の社殿」『仏教芸術』五二号
福山敏男、一九九四年「平安京とその宮城の指図」角田文衞総監修、古代学協会・古代学研究所編『平安京提要』角川書店
藤田明良、一九九九年「清盛塚石塔と鎌倉時代の兵庫津」歴史資料ネットワーク(史料ネット)編『歴史のなかの神戸と平家』神戸新聞総合出版センター
藤田明良、二〇〇〇年「南都の「唐人」――東アジア海域から中世日本を見る」『奈良歴史研究』五四号
藤田　覚、一九九四年『幕末の天皇』講談社選書メチエ
藤田豊八、一九四三年a「宋代の市舶司及び市舶条例」同著、池内宏編『東西交渉史の研究　南海篇』荻原星文館
藤田豊八、一九四三年b「宋代輸入の日本貨につきて」(同右)
藤野秀子、一九七四年「大宰府府官大蔵氏の研究」『九州史学』五三・五四合併号
藤本史子、二〇〇八年「都市遺跡兵庫津の復元的研究」大手前大学史学研究所編集発行『兵庫津の総合的研究――兵庫津研究の最新成果』

フランク、ベルナール、一九八九年『方忌みと方違え――平安時代の方角禁忌に関する研究』斎藤広信訳、岩波書店
保立道久、一九九六年a『平安王朝』岩波新書
保立道久、一九九六年b「中世前期の新制と沽価法――都市王権の法、市場・貨幣・財政」『歴史学研究』六八七号
牧野和夫・小川国夫、一九九〇年『新潮古典文学アルバム13　平家物語』新潮社
正木喜三郎、一九九一年「大宰府領と平氏政権――大宰府目代藤原能盛考」同『大宰府領の研究』文献出版
正木有美、二〇〇七年「摂津国輪田荘の成立過程と内部構造」『ヒストリア』二〇五号
松島周一、一九九二年「清盛没後の平家と後白河院」『年報中世史研究』一七号
松島周一、一九九三年「藤原経宗の生涯――後白河院政と貴族層について」『愛知教育大学研究報告』第四二輯(人文科学編)
松島周一、二〇〇三年「高倉院政と平時忠」『愛知教育大学研究報告』第五二輯(人文・社会科学編)
松薗　斉、一九九七年「武家平氏の公卿化について」『九州史学』一一八・一一九合併号
三浦國雄、一九八八年『中国人のトポス――洞窟・風水・壺中天』平凡社
三浦正幸、一九八九年「ハイビジョンセミナー「厳島神社」での発言、『世界遺産登録記念　厳島神社千四百年の歴史』NHK広島放送局
三浦正幸、二〇〇二年「厳島神社の本殿」野坂元良編『厳島信仰事典』戎光祥出版
美川　圭、一九九六年『院政の研究』臨川書店
美川　圭、二〇〇六年『院政――もうひとつの天皇制』中公新書

三谷邦明・三田村雅子、一九九八年『源氏物語絵巻の謎を読み解く』角川選書
三田村雅子、二〇〇〇年「青海波再演――「記憶」の中の源氏物語」『源氏研究』五号
宮川葉子、一九九一年「平安期における女性の「名前」考」『ぐんしょ』再刊一四号
宮崎市定、一九九二年ａ「宋代における石炭と鉄」同『宮崎市定全集9』岩波書店
宮崎市定、一九九二年ｂ「宋代州県制度の由来とその特色」同『宮崎市定全集10』岩波書店
宮地直一、一九五六年『遺稿集第一巻　熊野三山の史的研究』理想社
三好俊文、二〇〇二年「守護領・守護所と播磨国府」入間田宣夫編『日本・東アジアの国家・地域・人間』入間田宣夫先生還暦記念論集編集委員会
武者小路穣、一九九〇年『絵巻の歴史』吉川弘文館
村井康彦、一九七三年『平家物語の世界』徳間書店
元木泰雄、一九九六年ａ(初出一九八六年)「院政期政治構造の展開」同『院政期政治史研究』思文閣出版
元木泰雄、一九九六年ｂ(初出一九八八年)「「福原遷都」考」(同右)
元木泰雄、一九九六年ｃ(初出一九九一年)「院の専制と近臣――信西の出現」(同右)
元木泰雄、一九九六年ｄ(初出一九九二年)「後白河院と平氏」(同右)
元木泰雄、一九九七年「五位中将考」大山喬平教授退官記念会編『日本国家の史的特質　古代・中世』思文閣出版
元木泰雄、二〇〇一年『平清盛の闘い――幻の中世国家』角川書店
元木泰雄、二〇〇四年『保元・平治の乱を読みなおす』ＮＨＫブックス
元木泰雄、二〇〇五年ａ「福原遷都をめぐる政情」歴史資料ネットワーク(史料ネット)編『平家と福原

京の時代』、岩田書院
元木泰雄、二〇〇五年b「福原遷都と平氏政権」『古代文化』(特輯 平家と福原)五七巻四号
元木泰雄、二〇一〇年「福原遷都」『新修神戸市史 歴史編Ⅱ 古代・中世』第六章第一節、神戸市
森由紀恵、二〇〇三年「中世の神仏と国土観」『ヒストリア』一八三号
山内晋次、一九九八年「航海守護神としての観音信仰」大阪大学文学部日本史研究室編『古代中世の社会と国家』清文堂出版
山内晋次、二〇〇三年『奈良平安期の日本とアジア』吉川弘文館
山内晋次、二〇〇九年『日宋貿易と「硫黄の道」』山川出版社
山形欣哉、二〇〇四年『歴史の海を走る――中国造船技術の航跡』農山漁村文化協会
山口隼正、二〇〇〇年「史料紹介・佐々木文書――中世肥前国関係史料拾遺」『九州史学』一二五号
山田邦和、二〇〇六年「後白河天皇陵と法住寺殿」髙橋昌明編『院政期の内裏・大内裏と院御所』文理閣
山田邦和、二〇一二年a(初出一九九二年)「「福原京」に関する都城史的考察」同『日本中世の首都と王権都市――京都・嵯峨・福原』文理閣
山田邦和、二〇一二年b(初出二〇〇五年)「福原遷都の混迷と挫折」(同右)
山田邦和、二〇一二年c(初出二〇〇五年)「「福原京」の都市構造」(同右)
横内裕人、一九九六年「仁和寺御室考――中世前期における院権力と真言密教」『史林』七九巻四号
横内裕人、二〇〇九年「重源における宋文化――日本仏教再生の試み」『アジア遊学』一二二号
吉本昌弘、一九八一年「摂津国八部・菟原両郡の古代山陽道と条里制」『人文地理』第三三巻四号
吉本昌弘、一九八五年「播磨国明石駅家・摂津国須磨駅家間の古代駅路」『歴史地理学』一二八号

吉森佳奈子、二〇〇三年『『河海抄』の『源氏物語』』和泉書院
利光三津夫、一九九九年「建久四年の銭貨禁令について」『古代文化』五一巻二号
龍　粛、一九六二年「後白河院の治世についての論争」同『平安時代』春秋社
歴史資料ネットワーク(史料ネット)編、二〇〇五年『平家と福原京の時代』(岡田章一・須藤宏・元木泰雄・髙橋昌明・佐伯真一の各報告／討論)岩田書院
若林利光、一九九四年『英雄たちのカルテ——歴史上の人物の「臨終」を科学する』オーエス出版
脇田晴子、一九六九年(初出一九六六年)「沽価法の成立と調庸制」同『日本中世商業発達史の研究』御茶の水書房
渡邊　誠、二〇一〇年「後白河法皇の阿育王山舎利殿建立と重源・栄西」『日本史研究』五七九号

# あとがき

講談社の学術局長だった鷲尾賢也氏から、選書メチエで清盛を書かないか、とお勧めいただいたのは一三年前、一九九四年の六月下旬だった。同じ席に山本幸司さんがいた。山本さんは、かつて『清盛以前——伊勢平氏の興隆』(平凡社選書、一九八四年)という私の最初の著書を担当して下さった怖い編集者で、その後研究者に転じている。

鷲尾さんの頭には、後白河を棚橋光男、源頼朝を山本幸司、そして清盛を私に、という構想があったらしい。その場で棚橋君の体調が思わしくないことに話題が及んだが、同年秋の終わりに、卒然と逝ってしまった。鷲尾氏の高配と熱い督促にうながされ、私も遺稿整理のお手伝いをし、なんとか『後白河法皇』をメチエのラインナップに加えることができた。山本さんはさっさと『頼朝の精神史』を世に問い、独り置き去りになってしまった。

『以前』を書いたから、清盛を出すのは自然な延長と思われるかも知れないけれど、すこし大げさにいえば、私にはアイザック・ドイッチャーが『スターリン——政治的伝記』(上原和夫訳、みすず書房、一九八四年、原著初版の出版は一九四九年)を書いたような決意と力量に欠けている、という自覚があった。

よく知られているように、ドイッチャーは、「スターリンの手で無残に打ち敗られた人々の一人」であり、反スターリニズムの著名な研究者・著述家である。かれは同書の序論で「この本を知的惰性から書かない」と宣言する。いわんとすることは、党派的感情を交えず、以前の仕事にも安住せず、スターリン勝利の不可避性の原因・結果を冷徹・清新に究明し、しかも非スターリン化に向けての闘いも不可避であることを明らかにする点にある。その巌のような信念が、党組織と同一化した、個人的な彩りに乏しい、たぐい希な政治的人間像を、深く印象的に描き出すことに成功したのである。

私はドイッチャーほどには、対象への感情を抑制することができない予感があり、なにより父忠盛クラスならともかく、歴史と王家への果敢な挑戦者であり、時代を創造的に切り開いた政治的巨人の像をとらえる視角と方法、いや叙述の具体的材料さえ当時ほとんど手許に持っていなかった。が、何時ものことだが、なんとかなるという根拠のない楽観、矛盾するようだがドイッチャーのように自らを厳しく追い詰めてみたいというモノ書きに憧れる気分、それで日ならずして、鷲尾さんに承諾の手紙を書いた。

そして、案の定、道草を食っているうちに、五味文彦(人物叢書)、元木泰雄(角川叢書)両氏の新たな水準の伝記的著作が出版されたのをはじめ、ハードルはどんどん高くなってゆく。本書に結実する基礎的な論文は、一九九七年頃からボツボツ書いていたから、決して忘れていたわけではないけれど、歳月は容赦なく過ぎていった。

書かねばの決意が固まったのは、昨年八月の終わり、あるトラブルに逢着したからである。突然の、我がこととは思えないような展開に意気消沈もした。やがて、なるようにしかならぬ、問題解決までは一番やりたい、やらねばならぬことをやろうと思い直す。年を越してさいわい一件は円満解決した。災いが福を呼びこんだかどうかは分からぬが、またドイッチャーの仕事に及びもつかないのは仕方ないとして、期間中に懸案の書の大半を粗書きすることができた。余勢を駆って完成までこぎつけられたのは、やはり嬉しいし、安堵もしている。

じつは来年の三月末で、滋賀大学・神戸大学併せて三二年間という、長くて短かった国立大学教員の生活を終える。定年後のことついては何も決まっていないが、本書の続編として『治承・寿永の内乱（源平の内乱）』を書く課題に取り組み、三〇歳になるすこし前から始めた平家にかんする仕事をともかくも完成させたいと願っている。

栗山圭子・樋口健太郎両氏には、一応書き上げた原稿の点検に力を貸してもらった。お二人は神戸大学大学院（文学研究科・文化学研究科）における優秀な受講生であるとともに、同時代を研究する年少のライバルである。おかげで内容的により確かなものに仕上がったことを、感謝したい。平安京文化研究会の仲間たちには、日ごろから大小と無く教示をいただいている。出来上がった本書を肴に、辛口評を聞かせていただくのが楽しみである。

講談社選書出版部の山崎比呂志さん、次いで佐々木啓予さんには、親身なお世話になった。山本幸司氏には、またしても裏方で助けられた。奇縁というべきであろう。

二〇〇七年九月三〇日

髙橋昌明

# 現代文庫版のあとがき

本書は二〇〇七年一一月に上梓した同名のメチエ選書の増補本である。

加筆箇所は数え切れないが、大きな加筆は第三章2節の中国との交渉の開始にかんする部分、同3節の経の島の造築は、大輪田泊の改修でなく場所や施設の性格が異なるものであることを説いた部分、第四章に新たに7節として宋銭の流通の公認をめぐる守旧派との角逐の様相を叙述した部分である。第六章3節の福原での発掘成果(二〇一二年ごろまでの)など、原著刊行後の研究の進展に応じて、加筆修正が必要となった箇所も多かった。

そのほか、第六章2節の大嘗会をめぐる政治など、史料分析に歯切れの悪さを感じていた箇所に再検討を加えた。陰陽道の犯土や方忌みへの理解がともなうので、読解はなかなか難しい。

文学部系の学問にとって、文章の洗練度や表現の適否は重要な評価点である。原著を繙読し、全篇にこれならまずまずと思えるような修正を施した。また参考文献の注の形式を文庫本らしい形に変更した。以上によって全体のボリュームが原著より二割ほど増した。かくして本書の価値はより高まったと思う。

ただし原著刊行時にもっとも議論を呼んだ六波羅幕府にかんする記述については、藤原実頼の左近衛大将の辞状(部分)の引用を読み下しから意訳文に代え(一七九〜一八〇頁)、ごく些細な語句の変更を行った以外は、原著のままとした。二〇〇七年という時点での、六波羅幕府という提起がもつ研究史上の意義は小さくない、と考えているからである。

もちろん批判を無視しているわけではない。上横手雅敬氏から寄せられたもっとも包括的な批判については(上横手、二〇〇八)、「六波羅幕府という提起は不適当か――上横手雅敬氏の拙著評に応える」(髙橋昌、二〇〇九)で反論した。同稿は拙著『平家と六波羅幕府』に第四章「六波羅幕府再論」(髙橋昌、二〇一三j)と改題して収録ずみである。その際上横手氏との一対一の論争ではない形にし、幕府という用語と平家の大番役について補強、かつ拙稿「平家政権の新しさ」(髙橋昌、二〇一二)での主張を加え、大幅に書き改めている。

その後さらに小論「幕府とは、そして六波羅幕府へ」を東京大学出版会のPR誌『UP』二〇一三年一〇月号に掲載している。同論は若干の補筆の後、拙著『東アジア武人政権の比較史的研究』に同名の補論として収録している(二〇一六d)。以上で十分とは思っていないが、これらによって論争は暫定的な休戦状態に入った感があった。

ところが最近になって、東島誠氏からあらたな批判をいただいた。同氏『「幕府」とは何か――武家政権の正当性』(NHKブックス、二〇二三年)である。これについては、発刊直後私信で反論を書く心づもりを伝えた。遠くない将来に機会を得て、約束を果たしたいと考えている。もって諒とされたい。

末筆ながら、本文庫でも編集を担当して下さった古川義子さん、校正に協力いただいた佐藤敦子さんに、感謝申し上げる。

二〇二四年八月二四日

高橋昌明

本書は二〇〇七年一一月、講談社選書メチエとして刊行された。岩波現代文庫への収録にあたり、全体に加筆修正を施した。詳細は「現代文庫版のあとがき」を参照されたい。

# 人名索引

## あ 行



## か 行

## さ 行

## た 行

## な 行



## は 行

## ま 行

## や 行



## ら行，わ行

増補 平清盛　福原の夢

2024年10月11日　第1刷発行

著　者　髙橋昌明《たかはしまさあき》

発行者　坂本政謙

発行所　株式会社 岩波書店
〒101-8002 東京都千代田区一ツ橋 2-5-5

案内 03-5210-4000　営業部 03-5210-4111
https://www.iwanami.co.jp/

印刷・精興社　製本・中永製本


ISBN 978-4-00-600482-8　　Printed in Japan

# 岩波現代文庫創刊二〇年に際して

二一世紀が始まってからすでに二〇年が経とうとしています。この間のグローバル化の急激な進行は世界のあり方を大きく変えました。世界規模で経済や情報の結びつきが強まるとともに、国境を越えた人の移動は日常の光景となり、今やどこに住んでいても、私たちの暮らしは世界中の様々な出来事と無関係ではいられません。しかし、グローバル化の中で否応なくもたらされる「他者」との出会いや交流は、新たな文化や価値観だけではなく、摩擦や衝突、そしてしばしば憎悪までをも生み出しています。グローバル化にともなう副作用は、その恩恵を遥かにこえていると言わざるを得ません。

今私たちに求められているのは、国内、国外にかかわらず、異なる歴史や経験、文化を持つ「他者」と向き合い、よりよい関係を結び直してゆくための想像力、構想力ではないでしょうか。

新世紀の到来を目前にした二〇〇〇年一月に創刊された岩波現代文庫は、この二〇年を通して、哲学や歴史、経済、自然科学から、小説やエッセイ、ルポルタージュにいたるまで幅広いジャンルの書目を刊行してきました。一〇〇〇点を超える書目には、人類が直面してきた様々な課題と、試行錯誤の営みが刻まれています。読書を通した過去の「他者」との出会いから得られる知識や経験は、私たちがよりよい社会を作り上げてゆくために大きな示唆を与えてくれるはずです。

一冊の本が世界を変える大きな力を持つことを信じ、岩波現代文庫はこれからもさらなるラインナップの充実をめざしてゆきます。

（二〇二〇年一月）

G419
新編 つぶやきの政治思想
李静和
秘められた悲しみにまなざしを向け、声にならないつぶやきに耳を澄ます。記憶と忘却、証言と沈黙、ともに生きることをめぐるエッセイ集。鵜飼哲・金石範・崎山多美の応答も。

G420-421
ロールズ 政治哲学史講義（I・II）
ジョン・ロールズ
サミュエル・フリーマン編
齋藤純一ほか訳
ロールズがハーバードで行ってきた「近代政治哲学」講座の講義録。リベラリズムの伝統をつくった八人の理論家について論じる。

G422
企業中心社会を超えて
―現代日本を〈ジェンダー〉で読む―
大沢真理
長時間労働、過労死、福祉の貧困……。大企業中心の社会が作り出す歪みと痛みをジェンダーの視点から捉え直した先駆的著作。

G423
増補「戦争経験」の戦後史
―語られた体験／証言／記憶―
成田龍一
社会状況に応じて変容してゆく戦争についての語り。その変遷を通して、戦後日本社会の特質を浮き彫りにする。〈解説〉平野啓一郎

G424
定本 酒呑童子の誕生
―もうひとつの日本文化―
髙橋昌明
酒呑童子は都に疫病をはやらすケガレた疫鬼だった――緻密な考証と大胆な推論によって物語の成り立ちを解き明かす。
〈解説〉永井路子

## 岩波現代文庫[学術]

G425
### 岡本太郎の見た日本
赤坂憲雄

東北、沖縄、そして韓国へ。旅する太郎が見出した日本とは。その道行きを鮮やかに読み解き、思想家としての本質に迫る。

G426
### 政治と複数性
―民主的な公共性にむけて―
齋藤純一

「余計者」を見棄てようとする脱‐実在化の暴力に抗し、一人ひとりの現われを保障する。開かれた社会統合の可能性を探究する書。

G427
### 増補 エル・チチョンの怒り
―メキシコ近代とインディオの村―
清水透

メキシコ南端のインディオの村に生きる人びとにとって、国家とは、近代とは何だったのか。近現代メキシコの激動をマヤの末裔たちの視点に寄り添いながら描き出す。

G428
### 哲おじさんと学くん
―世の中では隠されている いちばん大切なことについて―
永井均

自分は今、なぜこの世に存在しているのか？友だちや先生にわかってもらえない学くんの疑問に哲おじさんが答え、哲学的議論へと発展していく、対話形式の哲学入門。

G429
### マインド・タイム
―脳と意識の時間―
ベンジャミン・リベット
下條信輔
安納令奈 訳

実験に裏づけられた驚愕の発見を提示し、脳と心や意識をめぐる深い洞察を展開する。脳神経科学の歴史に残る研究をまとめた一冊。
〈解説〉下條信輔

## 岩波現代文庫［学術］

G430
### 被差別部落認識の歴史
―異化と同化の間―
黒川みどり

差別する側、差別を受ける側の双方は部落差別をどのように認識してきたのか――明治から現代に至る軌跡をたどった初めての通史。

G431
### 文化としての科学／技術
村上陽一郎

近現代に大きく変貌した科学／技術。その質的な変遷を科学史の泰斗がわかりやすく解説、望ましい科学研究や教育のあり方を提言する。

G432
### 方法としての史学史
―歴史論集1―
成田龍一

歴史学は「なにを」「いかに」論じてきたのか。史学史的な視点から、歴史学のアイデンティティを確認し、可能性を問い直す。現代文庫オリジナル版。〈解説〉戸邉秀明

G433
### 〈戦後知〉を歴史化する
―歴史論集2―
成田龍一

〈戦後知〉を体現する文学・思想の読解を通じて、歴史学を専門知の閉域から解き放つ試み。現代文庫オリジナル版。〈解説〉戸邉秀明

G434
### 危機の時代の歴史学のために
―歴史論集3―
成田龍一

時代の危機に立ち向かいながら、自己変革を続ける歴史学。その社会との関係を改めて問い直す「歴史批評」を集成する。〈解説〉戸邉秀明

2024. 10

## 岩波現代文庫[学術]

G435
### 宗教と科学の接点
河合隼雄

「たましい」「死」「意識」など、近代科学から取り残されてきた、人間が生きていくために大切な問題を心理療法の視点から考察する。〈解説〉河合俊雄

G436
### 増補 軍隊と地域
―郷土部隊と民衆意識のゆくえ―
荒川章二

一八八〇年代から敗戦までの静岡を舞台に、矛盾を孕みつつ地域に根づいていった軍が、民衆生活を破壊するに至る過程を描き出す。

G437
### 歴史が後ずさりするとき
―熱い戦争とメディア―
ウンベルト・エーコ
リッカルド・アマデイ訳

歴史があたかも進歩をやめて後ずさりしはじめたかに見える二十一世紀初めの政治・社会の現実を鋭く批判した稀代の知識人の発言集。

G438
### 増補 女が学者になるとき
―インドネシア研究奮闘記―
倉沢愛子

インドネシア研究の第一人者として知られる著者の原点とも言える日々を綴った半生記。「補章　女は学者をやめられない」を収録。

G439
### 完本 中国再考
―領域・民族・文化―
葛兆光
辻康吾監訳
永田小絵訳

「中国」とは一体何か？　複雑な歴史がもたらした国家アイデンティティの特殊性と基本構造を考察し、現代の国際問題を考えるための視座を提供する。

G440
## 私が進化生物学者になった理由
長谷川眞理子

ドリトル先生の大好きな少女がいかにして進化生物学者になったのか。通説の誤りに気づき、独自の道を切り拓いた人生の歩みを語る。巻末に参考文献一覧付き。

G441
## 愛について
―アイデンティティと欲望の政治学―
竹村和子

物語を攪乱し、語りえぬものに声を与える。精緻な理論でフェミニズム批評をリードしつづけた著者の代表作、待望の文庫化。〈解説〉新田啓子

G442
## 宝塚
―変容を続ける「日本モダニズム」―
川崎賢子

百年の歴史を誇る宝塚歌劇団。その魅力を掘り下げ、宝塚の新世紀を展望する。底本を大幅に増補・改訂した宝塚論の決定版。

G443
## 新版 ナショナリズムの狭間から
―「慰安婦」問題とフェミニズムの課題―
山下英愛

性差別的な社会構造における女性人権問題として、現代の性暴力被害につづく側面を持つ「慰安婦」問題理解の手がかりとなる一冊。

G444
## 夢・神話・物語と日本人
―エラノス会議講演録―
河合隼雄
河合俊雄訳

河合隼雄が、日本の夢・神話・物語などをもとに日本人の心性を解き明かした講演の記録。著者の代表作に結実する思想のエッセンスが凝縮した一冊。〈解説〉河合俊雄

## 岩波現代文庫[学術]

G445-446

### ねじ曲げられた桜(上・下)
―美意識と軍国主義―

大貫恵美子

桜の意味の変遷と学徒特攻隊員の日記分析を通して、日本国家と国民の間に起きた「相互誤認」を証明する。〈解説〉佐藤卓己

G447

### 正義への責任

アイリス・マリオン・ヤング
岡野八代
池田直子 訳

自助努力が強要される政治の下で、人びとが正義を求めてつながり合う可能性を問う。ヌスバウムによる序文も収録。〈解説〉土屋和代

G448-449

### ヨーロッパ覇権以前(上・下)
―もうひとつの世界システム―

J.L.アブー=ルゴド
佐藤次高ほか訳

近代成立のはるか前、ユーラシア世界は既に一つのシステムをつくりあげていた。豊かな筆致で描き出されるグローバル・ヒストリー。

G450

### 政治思想史と理論のあいだ
―「他者」をめぐる対話―

小野紀明

政治思想史と政治的規範理論、融合し相克する二者を「他者」を軸に架橋させ、理論の全体像に迫る、政治哲学の画期的な解説書。

G451

### 平等と効率の福祉革命
―新しい女性の役割―

G.エスピン=アンデルセン
大沢真理監訳

キャリアを追求する女性と、性別分業に留まる女性との間で広がる格差。福祉国家論の第一人者による、二極化の転換に向けた提言。

G452
## 草の根のファシズム
―日本民衆の戦争体験―
吉見義明

戦争を引き起こしたファシズムは民衆が支えていた――従来の戦争観を大きく転換させた名著、待望の文庫化。〈解説〉加藤陽子

G453
## 日本仏教の社会倫理
―正法を生きる―
島薗進

日本仏教に本来豊かに備わっていた、サッダルマ（正法）を世に現す生き方の系譜を再発見し、新しい日本仏教史像を提示する。

G454
## 万民の法
ジョン・ロールズ
中山竜一訳

「公正としての正義」の構想を世界に広げ、平和と正義に満ちた国際社会はいかにして実現可能かを追究したロールズ最晩年の主著。

G455
## 原子・原子核・原子力
―わたしが講義で伝えたかったこと―
山本義隆

原子・原子核について基礎から学び、原子力への理解を深めるための物理入門。予備校での講演に基づきやさしく解説。

G456
## ヴァイマル憲法とヒトラー
―戦後民主主義からファシズムへ―
池田浩士

史上最も「民主的」なヴァイマル憲法下で、ヒトラーが合法的に政権を獲得し得たのはなぜなのか。書き下ろしの「後章」を付す。

2024. 10

G457
# 現代《いま》を生きる日本史
須田努
清水克行

縄文時代から現代までを、ユニークな題材と最新研究を踏まえた平明な叙述で鮮やかに描く。大学の教養科目の講義から生まれた斬新な日本通史。

G458
# 小国
―歴史にみる理念と現実―
百瀬宏

大国中心の権力政治を、小国はどのように生き抜いてきたのか。近代以降の小国の実態と変容を辿った出色の国際関係史。

G459
# 〈共生〉から考える
―倫理学集中講義―
川本隆史

「共生」という言葉に込められたモチーフを現代社会の様々な問題群から考える。やわらかな語り口の講義形式で、倫理学の教科書としても最適。「精選ブックガイド」を付す。

G460
# 〈個〉の誕生
―キリスト教教理をつくった人びと―
坂口ふみ

「かけがえのなさ」を指し示す新たな存在論が古代末から中世初期の東地中海世界の激動のうちで形成された次第を、哲学・宗教・歴史を横断して描き出す。〈解説〉山本芳久

G461
# 満蒙開拓団
―国策の虜囚―
加藤聖文

満洲事変を契機とする農業移民は、陸軍主導の強力な国策となり、今なお続く悲劇をもたらした。計画から終局までを辿る初の通史。

2024. 10

## 岩波現代文庫［学術］

G462
### 排除の現象学
赤坂憲雄

いじめ、ホームレス殺害、宗教集団への批判――八十年代の事件の数々から、異人が見出され生贄とされる、共同体の暴力を読み解く。時を超えて現代社会に切実に響く、傑作評論。

G463
### 越境する民
近代大阪の朝鮮人史

杉原達

暮しの中で朝鮮人と出会った日本人の外国人認識はどのように形成されたのか。その後の研究に大きな影響を与えた「地域からの世界史」。

G464
### 越境を生きる
ベネディクト・アンダーソン回想録

ベネディクト・アンダーソン
加藤剛訳

『想像の共同体』の著者が、自身の研究と人生を振り返り、学問的・文化的枠組にとらわれず自由に生き、学ぶことの大切さを説く。

G465
### 我々はどのような生き物なのか
―言語と政治をめぐる二講演―

ノーム・チョムスキー
福井直樹
辻子美保子編訳

政治活動家チョムスキーの土台に科学者としての人間観があることを初めて明確に示した二〇一四年来日時の講演とインタビュー。

G466
### ヴァーチャル日本語 役割語の謎
金水敏

現実には存在しなくても、いかにもそれらしく感じる言葉づかい「役割語」。誰がいつ作ったのか。なぜみんなが知っているのか。何のためにあるのか。〈解説〉田中ゆかり

2024.10

## 岩波現代文庫［学術］

G467
### コレモ日本語アルカ？
―異人のことばが生まれるとき―
金水 敏

ピジンとして生まれた〈アルヨことば〉は役割語となり、それがまとう中国人イメージを変容させつつ生き延びてきた。〈解説〉内田慶市

G468
### 東北学／忘れられた東北
赤坂憲雄

驚きと喜びに満ちた野辺歩きから、「いくつもの東北」が姿を現し、日本文化像の転換を迫る。「東北学」という方法のマニフェストともなった著作の、増補決定版。

G469
### 増補 昭和天皇の戦争
―「昭和天皇実録」に残されたこと・消されたこと―
山田 朗

平和主義者とされる昭和天皇が全軍を統帥する大元帥であったことを「実録」を読み解きながら明らかにする。〈解説〉古川隆久

G470
### 帝国の構造
―中心・周辺・亜周辺―
柄谷行人

『世界史の構造』では十分に展開できなかった「帝国」の問題を、独自の「交換様式」の観点から解き明かす、柄谷国家論の集大成。佐藤優氏との対談を併載。

G471
### 日本軍の治安戦
―日中戦争の実相―
笠原十九司

治安戦(三光作戦)の発端・展開・変容の過程を丹念に辿り、加害の論理と被害の記憶からその実相を浮彫りにする。〈解説〉齋藤一晴

G472
## 網野善彦対談セレクション
1 日本史を読み直す
山本幸司編

日本史像の変革に挑み、「日本」とは何かを問い続けた網野善彦。多彩な分野の第一人者たちと交わした闊達な議論の記録を、没後二〇年を機に改めてセレクト。（全二冊）

G473
## 網野善彦対談セレクション
2 世界史の中の日本史
山本幸司編

戦後日本の知を導いてきた諸氏と語り合った、歴史と人間をめぐる読み応えのある対談六篇。若い世代に贈られた最終講義「人類史の転換と歴史学」を併せ収める。

G474
## 明治の表象空間（上）
―権力と言説―
松浦寿輝

学問分類の枠を排し、言説の総体を横断的に俯瞰。近代日本の特異性と表象空間のダイナミズムを浮かび上がらせる。（全三巻）

G475
## 明治の表象空間（中）
―歴史とイデオロギー―
松浦寿輝

「因果」「法則」を備え、人びとのシステム論的な「知」への欲望を満たす社会進化論の跋扈。教育勅語に内在する特異な位相の意味するものとは。日本近代の核心に迫る中巻。

G476
## 明治の表象空間（下）
―エクリチュールと近代―
松浦寿輝

言文一致体に背を向け、漢文体に執着した透谷・一葉・露伴のエクリチュールにはいかなる近代性が孕まれているか。明治の表象空間の全貌を描き出す最終巻。〈解説〉田中 純

2024. 10

G477
## シモーヌ・ヴェイユ
冨原眞弓

その三四年の生涯は「地表に蔓延する不幸」との闘いであった。比類なき誠実さと清冽な思索の全貌を描く、ヴェイユ研究の決定版。

G478
## フェミニズム
竹村和子

最良のフェミニズム入門であり、男／女のカテゴリーを徹底的に問う名著を文庫化。性差の虚構性を暴き、身体から未来を展望する。〈解説〉岡野八代

G479
## 増補 総力戦体制と「福祉国家」
—戦時期日本の「社会改革」構想—
高岡裕之

戦後「福祉国家」とは全く異なる総力戦体制＝「福祉国家」の姿を、厚生省設立等の「戦時社会政策」の検証を通して浮び上らせる。

G480-481
## 経済大国興亡史 1500-1990(上・下)
チャールズ・P・キンドルバーガー
中島健二訳

繁栄を極めた大国がなぜ衰退するのか—国際経済学・比較経済史の碩学が、五〇〇年にわたる世界経済を描いた。〈解説〉岩本武和

G482
## 増補 平清盛 福原の夢
髙橋昌明

『平家物語』以来「悪逆無道」とされてきた清盛の、「歴史と王家への果敢な挑戦者」としての姿を浮き彫りにし、最初の武家政権「六波羅幕府」のヴィジョンを打ち出す。

2024. 10